國家社科基金重大項目（10&ZD104）
上海市教育委員會〇八五工程項目
上海市教育委員會重點科研項目

上海師範大學古籍整理研究所編
主　編　朱易安　傅璇琮　周常林　戴建國
執行主編　戴建國

全宋筆記

第五編

六

大象出版社

目録

◎洪　邁撰

容齋三筆

孔凡禮　整理

目録

自序

王右將軍逸少，晉、宋間第一流人也。遺情軒冕，擺落世故，蓋其生平雅懷。自去會稽内史，遂不肯復出。自誓於父母墓下，詞致確苦。予味其言而深悲之。又讀所與謝萬石書云：「坐而獲逸，遂其宿心。比嘗與安石東游山海，頤養閑暇之餘，欲與親故時共懽宴，銜杯引滿，語田里所行，故以爲撫掌之資，其爲得意，可勝言邪。常依依陸賈、班嗣之處世，老夫志願盡於此也。」案，是時逸少春秋財五十餘耳，史氏不能賞取其高，乃屑屑以爲坐王懷祖之故，待之淺矣。予亦從會稽解組還里，于今六年，仰瞻昔賢，猶駑蹇之視天驥，本非倫儗，而年齡之運，踰七望八，法當挂神虎之衣冠，無假於誓墓也。幸方寸未渠昏，於寬閑寂寞之濱，窮勝樂時之暇，時時捉筆據几，隨所趣而志之，雖無甚奇論，然意到即就，亦殊自喜。於是《容齋三筆》成累月矣。稚子云：「不可無序引。」因攄寫所懷，并發逸少之孤標，破《晉史》之妄，以詔兒姪，冀爲《四筆》它日嘉話。慶元二年六月晦日序。

卷一 十四則

晁景迂經説

景迂子晁以道留意六經之學，各著一書，發明其旨，故有《易規》、《書傳》、《詩序論》、《中庸》、《洪範傳》、《三傳説》。其説多與世儒異。

謂《易》之學者所謂應、所謂位、所謂承乘、所謂主，皆非是。大抵云，《繫辭》言卦爻象數剛柔變通之類非一，未嘗及初應四、二應五、三應六也。以陽居陽、以陰居陰爲得位，得位者吉。以陽居陰、以陰居陽爲失位，失位者凶。然則九五、九三、六二、六四俱善乎？六五、六三、九二、九四俱不善乎？既爲有應無應、得位不得位之説，而求之或不通，則又爲承乘之説。謂陰承陽則順，陽承陰則逆，陽乘柔則吉，陰乘剛則凶，其不思亦甚矣。又必以位而論中正，如六二、九五爲中且正，則六五、九二俱不善乎？初、上、三、四永不得用中乎？卦各有主，而一概主之於五，亦非也。

其論《書》曰：予於《堯典》，見天文矣，而言四時者不知中星。《禹貢》敷土治水，而言九州者不知經水。《洪範》性命之原，而言九疇者不知數。舜於四凶，以堯庭之舊而流放竄殛之。穆王將善其祥刑，而先醜其耄荒。湯之伐桀，出不意而奪農時。文王受命爲僭王，召公之不説，類乎無上。太甲以不順伊尹而放，羣叔才有流言而誅，啓行孥戮之刑以誓不用命，盤庚行劓殄之刑而遷國，周人飲酒而死，魯人不板榦而屋誅。先時不及時而殺無赦。威不可訖，老不足敬，禍不足畏，凶德不足忌之類。惟此經遭秦火煨燼之後，孔壁朽折之餘，孔安國初以隸篆推科斗。既而古今文字錯出東京，乃取正於杜林。傳至唐，彌不能一，明皇帝詔衛包悉以今文易之，其去本幾何其遠矣。今之學者盡信不疑，殆如手授於洙、泗間，不亦惑乎。論《堯典》中星云：於春分日而南方井、鬼七宿合，昏畢見者，孔氏之誤也。豈有七宿百九度而於一夕間畢見者哉。此實春分之一時正位之中星，非常夜昏見之中星也。於夏至而東方角、亢七宿合，昏畢見者，孔氏之誤也。豈有七宿七十七度而於一夕間畢見者哉。此夏至一時之中星，非常夜昏見者也。秋分、冬至之説皆然。凡此以上，皆晁公之説。所辯聖典，非所敢知。但驗之天文，不以四時，其同在天者常有十餘宿。自昏至旦，除太陽所舍外，餘出者過三之二，安得言七宿不能於一夕間畢見哉。蓋晁不識星故云爾。

其論《詩序》，云作詩者不必有序。今之説者曰，《序》與《詩》同作，無乃惑歟。且逸詩之傳者，岐下之石鼓也，又安覩《序》邪？謂晉武公盜立，秦仲者石勒之流，秦襄公取周地，皆不應美。《文王有聲》爲繼伐，是文王以伐紂爲志，武王以伐紂爲功。《庭燎》、

《沔水》、《鶴鳴》、《白駒》，箴、規、誨、刺於宣王，則《雲漢》、《韓奕》、《崧高》、《烝民》之作妄也。未有《小雅》之惡如此，而《大雅》之善如彼者也。謂《子衿》、《候人》、《采緑》之《序》駢蔓無益，《樛木》、《日月》之《序》爲自戾，《定之方中》、《木瓜》之《序》爲不純。孟子、荀卿、左氏、賈誼、劉向漢諸儒論説及《詩》多矣，未嘗有一言以《詩序》爲議者，則《序》之所作晚矣。晁所論是否，亦未敢輒言。但其中有云秦康公隳穆公之業，日稱兵於母家，自喪服以尋干戈，終身戰不知已，而序《渭陽》，稱其「我見舅氏，如母存焉」，是果純孝歟？陳厲公弑佗代立，而序《墓門》責佗「無良師傅」，失其類矣。予謂康公《渭陽》之詩，乃贈送晉文公入晉時所作，去其即位十六年。衰服用兵，蓋晉襄公耳，《傳》云「子墨衰絰」者也。康公送公子雍于晉，蓋徇其請。晉背約而與之戰，康公何罪哉。責其稱兵於母家，則不可。陳佗殺桓公太子而代之，故蔡人殺佗而立厲公，非厲公罪也。晁詆厲以申佗，亦爲不可。

其論《三傳》，謂杜預以左氏之耳目，奪夫子之筆削。《公羊》家失之舛雜【一】，而何休者，又特負於《公羊》。惟《穀梁》晚出，監二氏之違畔而正之，然或與之同惡，至其精深遠大者，真得子夏之所傳。范甯又因諸儒而博辯之，申《穀梁》之志，其於是非亦少公矣，非若杜征南一切申《傳》，汲汲然不敢異同也。此論最善。

然則晁公之於羣經，可謂自信篤而不詭隨者矣。

【一】公羊家失之舛雜　「失」原作「也」，據李本改。

邳彤酈商

漢光武討王郎時，河北皆叛，獨鉅鹿、信都堅守，議者謂可因二郡兵自送，還長安。惟邳彤不可，以爲若行此策，豈徒空失河北，必更驚動三輔。公既西，則邯鄲之兵，不肯背城主而千里送公【二】，其離散逃亡可必也。光武感其言而止。東坡曰：「此東漢興亡之決，邳彤亦可謂漢之元臣也。」彤在雲臺諸將中，不爲人所標異，至此論出，識者始知其然。漢高祖没，吕后與審食其謀曰：「諸將故與帝爲編户民，今乃事少主，非盡族是，天下不安。」以故不發喪。酈商見食其曰：「誠如此，天下危矣。陳平、灌嬰將十萬守滎陽，樊噲、周勃將二十萬定燕、代，此聞帝崩，諸將皆誅，必連兵還鄉以攻關中，亡可蹻足待也。」食其入言之，乃發喪。然則是時漢室之危，幾於不保，酈商笑談間，廓廓無事，其功豈不大哉。然無有表而出之者。迨吕后之亡，吕禄據北軍，商子寄紿之出游，使周勃得入。則酈氏父子之於漢，謂之社稷臣可也。寄與劉揭同説吕禄解將印，及文帝論功，揭封侯賜金，而寄不録，平、勃亦不爲之一言，此又不可曉者。其後寄嗣父爲侯，又以罪免，惜哉。

武成之書

孔子言：「周之德，其可謂至德也已矣。三分天下有其二，以服事殷。」所謂服事者，

【二】千里送公　「千」原作「十」。馬本、祠本作「千」，《後漢書》卷二十一《邳彤傳》作「千」。今據改。

美其能於紂之世盡臣道也。而《史記·周本紀》云西伯蓋受命之年稱王，而斷虞芮之訟，其後改法度，制正朔，追尊古公、公季爲王。是説之非，自唐梁肅至于歐陽、東坡公、孫明復皆嘗著論，然其失自《武成》始也。孟子曰：「吾於《武成》，取二三策而已矣。」今考其書，云「大王肇基王迹，文王誕膺天命，以撫方夏」，及武王自稱曰「周王發」，皆紂尚在位之辭。且大王居邠，猶爲狄所迫逐，安有「肇基王迹」之事，文王但稱西伯，焉得言「誕膺天命」乎。武王未代商，已稱周王，可乎。則《武成》之書，不可盡信，非止「血流標杵」一端也。至編簡舛誤，特其小小者云。

象載瑜

《漢·郊祀歌·象載瑜》章云：「象載瑜，白集西。」顔師古曰：「象載，象輿也。山出象輿，瑞應車也。」《赤蛟》章云「象輿轙」，即此也。而《景星》章云：「象載昭庭。」師古曰：「象謂縣象也。縣象祕事，昭顯於庭也。」二字同出一處，而自爲兩説。案樂章詞意，正指瑞應車，言昭列於庭下耳。三劉《漢釋》之説亦得之，而謂「白集西」爲西雍之麟，此則不然。蓋歌詩凡十九章，皆書其名於後，《象載瑜》前一行云「行幸雍獲白麟作」，自爲前篇「朝隴首覽西垠」之章，不應又於下篇贅出之也。

管晏之言

孟子所書：「齊景公問於晏子曰：『吾欲觀於轉附、朝儛，遵海而南，放於琅邪，吾何脩而可以比於先王觀也？』晏子對曰：『天子諸侯，無非事者。春省耕而補不足，秋省斂而助不給。今也不然，師行而糧食。從流下而忘反謂之流，從流上而忘反謂之連，從獸無厭謂之荒，樂酒無厭謂之亡。先王無流連之樂，荒亡之行。』景公説，大戒於國。」《管子·内言·戒》篇曰：桓公將東游，問於管仲曰：「我游猶軸轉斛，南至琅邪。司馬曰：『亦先王之游已』，何謂也？」對曰：「先王之游也，春出原農事之不本者，謂之游。秋出補人之不足者，謂之夕。夫師行而糧食其民者，謂之亡。從樂而不反者，謂之荒。先王有游夕之業於民，無荒亡之行於身。」桓公退再拜，命曰寶法。觀管、晏二子之語，一何相似，豈非傳記所載容有相犯乎？管氏既自爲一書，必不誤，當更考之《晏子春秋》也。

共工氏

《禮記·祭法》、《漢書·郊祀志》皆言共工氏霸九州，以其無録而王，故謂之霸。《曆志》則云：「雖有水德，在火木之間，非其序也。任知刑以彊，故伯而不王。周人譽其行序，故《易》不載。」注言：「以其非次故去之。」《史記·律書》：「顓頊有共工之陳，以平水害。」文穎曰：「共工，主水官也。少昊氏衰，秉政作虐，故顓頊伐之。本主水官，因爲水行也。」然《左傳》郯子所叙黄帝、炎帝五代所名官，共工氏以水紀，故爲水師而水名。杜預云：「共工氏以諸侯霸有九州者，在神農之前，太昊之後，亦受水瑞，以水名官。」蓋其與炎、黄諸帝均受五行之瑞，無所低昂，是亦爲王明矣。其子曰后土，能平九州，至今祀以爲社。前所紀謂「周人去其行序」，恐非也。至於怒觸不周之山，天傾西北，地不滿東南，此説尤爲誕罔。洪氏出於此，本曰「共」，《左傳》所書晉左行共華、魯共劉，皆其裔也。後又推本水德之緒加水於左而爲洪云。《堯典》所稱「共工方鳩僝功」，即舜所流者，非此也。時以名官，故舜命垂爲之。

漢志之誤

昔人謂顔師古爲班氏忠臣，以其注釋紀傳，雖有舛誤，必委曲爲之辨故也。如《五行志》中最多，其最顯顯者，與《尚書》及《春秋》乖戾爲甚。桑穀共生於朝【三】。劉向以爲商道既衰，高宗乘敝而起，既獲顯榮，怠於政事，國將危亡，故桑穀之異見。武丁恐駭，謀於忠賢。顔注曰：「桑穀自太戊時生，而此云高宗時，其説與《尚書大傳》不同，未詳其義，或者伏生差謬。」案《藝文志》自云：「桑穀共生，太戊以興。鳴雉登鼎，武丁爲宗。」乃是本書所言，豈不可爲明證，而翻以伏生爲謬，何也？僖公二十九年，大雨雹。劉向以爲

【三】桑穀共生於朝　「生」原作「主」，據下文及《漢書》改。

信用公子遂，遂專權自恣，僖公不寤，後二年，殺子赤，立宣公。又載文公十六年，蛇自泉宫出。劉向以爲其後公子遂殺二子而立宣公。此是文公末年事，而劉向既書之，又誤以爲僖，顔無所辯。隱公三年，日有食之。劉向以爲其後鄭獲魯隱。注引「狐壤之戰，隱公獲焉」。此自是隱爲公子時事耳，《左傳》記之甚明。宣公十五年，王札子殺召伯、毛伯。董仲舒以爲成公時。其它如言楚莊始稱王，晉滅江之類，顔雖隨事敷演，皆云未詳其説，終不肯正詆其疵也。《地理志》中沛郡公丘縣曰：「故滕國，周懿王子叔繡所封。」顔引《左傳》「郜、雍、曹、滕，文之昭也」爲證，亦云未詳其義。真定之肥纍、菑川之劇、泰山之肥成皆以爲肥子國，而遼西之肥如又云「肥子奔燕，燕封於此」。魏郡元城縣云：「魏公子元食邑於此，因而遂氏焉。」常山元氏縣云：「趙公子元之封邑，故曰元氏。」不應兩邑命名相似如此。正文及《志》五引虖池河，皆注云：「虖音呼，池音徒河反。」又「五伯迭興」注云：「此五伯謂齊桓、宋襄、晉文、秦穆、楚莊也。」而《諸侯王表》「五伯扶其弱」注云：「謂齊桓、宋襄、晉文、秦穆、吴夫差也。」《異姓諸侯王表》「適戍彊於五伯」注云：「謂昆吾、大彭、豕韋、齊桓、晉文也。」均出一書，皆師古注辭，而異同如此。

漢將軍在御史上

《漢書·百官公卿表》，御史大夫掌副丞相，位上卿，銀印青綬，前後左右將軍亦位上卿，而金印紫綬。故《霍光傳》所載羣臣連名奏曰：丞相敞、大將軍光、車騎將軍安世、度遼將軍明友、前將軍增、後將軍充國、御史大夫誼。且云羣臣以次上殿。然則凡雜將軍，皆在御史大夫上，不必前後左右也。

上元張燈

上元張燈，《太平御覽》所載《史記·樂書》曰：「漢家祀太一，以昏時祠到明。」今人正月望日夜游觀燈，是其遺事，而今《史記》無此文。唐韋述《兩京新記》曰：「正月十五日夜，勑金吾弛禁，前後各一日以看燈。」本朝京師增爲五夜，俗言錢忠懿納土，進錢買兩夜，如前史所謂買宴之比。初用十二、十三夜，至崇寧初，以兩日皆國忌，遂展至十七、十八夜。予案國史，乾德五年正月，詔以朝廷無事，區寓乂安，令開封府更增十七、十八兩夕。然則俗云因錢氏及崇寧之展日，皆非也。太平興國五年十月下元，京城始張燈如上元之夕，至淳化元年六月，始罷中元、下元張燈。

七夕用六日

太平興國三年七月，詔：「七夕嘉辰，著於甲令。今之習俗，多用六日，非舊制也，宜復用七日。」且名爲七夕而用六，不知自何時以然【四】。唐世無此説，必出於五代耳。

【四】不知自何時以然　祠本「以」作「始」。

宰相參政員數

太祖登極，仍用周朝范質、王溥、魏仁浦三宰相，四年皆罷，趙普獨相。越三月，始創參知政事之名，而以命薛居正、吕餘慶，後益以劉熙古，是爲一相三參。及普罷去，以居正及沈義倫爲相，盧多遜參政。太宗即位，多遜亦拜相。凡六年，三相而無一參。自後頗以二相二參爲率。至和二年，文彦博爲昭文相、劉沆爲史館相，富弼爲集賢相，但用程戡一參。惟至道三年吕端以右僕射獨相【五】，而吏部侍郎温仲舒、兵部侍郎王化基、工部尚書李至、户部侍郎李沆四參政，前後未之有也。

朱崖遷客

唐韋執誼自宰相貶崖州司户，刺史命攝軍事衙推，牒詞云：「前件官，久在相廷，頗諳公事，幸期佐理，勿憚麐賢。」當時傳以爲笑，然猶未至於挫抑也。盧多遜罷相流崖州，知州乃牙校，爲子求昏，多遜不許，遂侵辱之，將加害，不得已，卒與爲昏。紹興中，胡邦衡竄新州，再徙吉陽，吉陽即朱崖也。軍守張生，亦一右列指使，遇之亡狀，每旬呈，必令囚首詣廷下。邦衡盡禮事之，至作五十韻詩，爲其生日壽，性命之憂，朝不謀夕。是時，黎酋聞邦衡名，遣子就學，其居去城三十里，嘗邀致入山，見軍守者，荷枷絣西廡下，酋指而語

【五】至道三年吕端以右僕射獨相　「三」原作「二」。馬本、祠本作「三」，《宋史·宰輔表》作「三」，今據改。

曰：「此人貪虐已甚，吾將殺之，先生以爲何如？」邦衡曰：「其死有餘罪，果若此，足以洗一邦怨心。然既蒙垂問，切有獻焉。賢郎所以相從者爲何事哉？當先知君臣、上下之名分。此人固亡狀，要之爲一州主，所謂邦君也。欲訴其過，合以告海南安撫司，次至廣西經略司，俟其不行，然後訟于樞密院，今不應擅殺人也。」酋悟，遽釋之，令自書一紙引咎，乃再拜而出。明日，邦衡歸，張詣門悔謝，殊感再生之恩，自此待爲上客。邦衡以隆興初在侍從，録所作《生日詩》示仲兄文安公，且備言昔日事。乃知去天萬里，身陷九淵，日與死迫，古今一轍也。

張士貴宋璟

唐太宗自臨治兵，以部陳不整，命大將軍張士貴杖中郎將等，怒其杖輕，下士貴吏。魏徵諫曰：「將軍之職，爲國爪牙，使之執杖，已非後法，況以杖輕下吏乎。」上亟釋之。明皇開元三年，御史大夫宋璟坐監朝堂杖人杖輕，貶睦州刺史，姚崇爲宰相，弗能止，盧懷慎亦爲相，御疾亟，表言璟明時重器，所坐者小，望垂矜録，上深納之。太宗、明皇，有唐賢君也，而以杖人輕之故，加罪大將軍、御史大夫，可謂失政刑矣。

韓歐文語

《盤谷序》云：「坐茂樹以終日，濯清泉以自潔。采於山，美可茹，釣於水，鮮可食。」《醉翁亭記》云：「野花發而幽香，佳木秀而繁陰。」「臨溪而漁，溪深而魚肥；釀泉爲酒，泉香而酒洌。山殽野蔌，雜然而前陳。」歐公文勢，大抵化韓語也。然「釣於水，鮮可食」與「臨溪而漁，溪深而魚肥」、「采於山」與「山殽前陳」之句，煩簡工夫，則有不侔矣。

卷二 十六則

漢宣帝不用儒

漢宣帝不好儒，至云俗儒不達時宜，好是古非今，使人眩於名實，不知所守，何足委任。匡衡爲平原文學，學者多上書薦衡經明，當世少雙，不宜在遠方。事下蕭望之、梁丘賀。望之奏衡經學精習，説有師道，可觀覽。宣帝不甚用儒，遣衡歸故官。司馬温公謂俗儒誠不可與爲治，獨不可求真儒而用之乎？且是古非今之説，秦始皇、李斯所禁也，何爲而效之邪？既不用儒生而專委中書宦官，弘恭、石顯因以擅政事，卒爲後世之禍，人主心術，可不戒哉。

國家府庫

真宗嗣位之初，有司所上天下每歲賦入大數，是時，至道三年也，凡收穀二千一百七十萬碩，錢四百六十五萬貫，絹、紬一百九十萬疋，絲、綿六百五十八萬兩，茶四十九萬斤，黄蠟三十萬斤。自後多寡不常，然大略具此。方國家全盛，民力充足，故於征輸未能爲害。今之事力，與昔者不可同日而語，所謂緡錢之入，殆過十倍。民日削月朘，未知救弊之術，爲可慮耳。黄蠟一項，今不聞有此數。

劉項成敗

漢高帝、項羽起兵之始，相與北面共事懷王。及入關破秦，子嬰出降，諸將或言誅秦王。高帝曰：「始懷王遣我，固以能寬容，且人已服降，殺之不祥。」乃以屬吏。至羽則不然，既殺子嬰，屠咸陽，使人致命於懷王。王使如初約，先入關者王其地。羽迺曰：「懷王者，吾家武信君所立耳，非有功伐，何以得顓主約？今定天下，皆將相諸君與籍力也，懷王亡功，固當分其地而王之。」於是陽尊王爲義帝，卒至殺之。觀此二事，高帝既成功，猶敬佩王之戒，羽背主約，其末至於如此，成敗之端，不待智者而後知也。高帝微時，嘗繇咸陽，縱觀秦皇帝，喟然太息曰：「大丈夫當如此矣。」至羽觀始皇，則曰：「彼可取而代也。」雖史家所載，容有文飾，然其大旨固可見云。

占術致禍

吉凶禍福之事，蓋未嘗不先見其祥。然固有知之信之，而翻取殺身亡族之害者。漢昭帝時，昌邑石自立，上林僵柳復起，蟲食葉曰「公孫病已立」。眭孟上書，言當有從匹夫爲天子者，勸帝索賢人而禪位，孟坐祅言誅，而其應乃在孝宣，正名病已。哀帝時，夏賀良以爲漢曆中衰，當更受命，遂有陳聖劉太平皇帝之事，賀良坐不道誅。及王莽篡竊，自謂陳後，而光武實應之。宋文帝時，孔熙先以天文圖讖，知帝必以非道晏駕，由骨肉相殘，江州當出天子，遂謀大逆，欲奉江州刺史彭城王義康。熙先既誅，義康亦被害，而帝竟有子禍，孝武帝乃以江州起兵而即尊位。薄姬在魏王豹宮，許負相之當生天子，豹聞言心喜，因背漢，致夷滅，而其應乃在漢文帝。唐李錡據潤州反，有相者言，丹陽鄭氏女當生天子，錡聞之，納爲侍人。錡敗，没入掖庭，得幸憲宗而生宣宗。五代李守貞爲河中節度使，有術者善聽人聲，聞其子婦符氏聲，驚曰：「此天下之母也。」守貞曰：「吾婦猶爲天下母，吾取天下，復何疑哉。」於是決反，已而覆亡，而符氏乃爲周世宗后。

絳侯萊公

漢周勃誅諸吕，立文帝以安劉氏。及爲丞相，朝罷趨出，意得甚。上禮之恭，常目送之。爰盎進曰：「丞相何如人也？」上曰：「社稷臣。」盎曰：「絳侯所謂功臣，非社稷臣。社稷臣，主在與在，主亡與亡。方吕后時，諸吕用事，擅相王，絳侯爲太尉，本兵柄，弗能正。吕后崩，大臣相與共誅諸吕，太尉主兵，適會其成功，所謂功臣，非社稷臣。丞相如有驕主色，陛下謙遜，臣主失禮，竊爲陛下弗取也。」後朝，上益莊，丞相益畏。久之，勃遂有逮繫廷尉之禍，幾於不免。寇萊公決澶淵之策，真宗待之極厚，王欽若深害之。一日會朝，準先退，欽若進曰：「陛下敬畏寇準，爲其有社稷功邪？」上曰：「然。」欽若曰：「臣不意陛下出此言。澶淵之役，不以爲恥，而謂準有社稷功，何也？」上愕然，曰：「何故？」對曰：「城下之盟，雖春秋時小國猶恥之。今以萬乘之貴，而爲此舉，是盟於城下也，其何恥如之。」上愀然不能答。由是顧準稍衰，旋即罷相，終海康之貶。嗚呼，絳侯、萊公之功，揭若日月，而盎與欽若以從容一言，移兩明主意，訖致二人於罪斥。讒言罔極，吁可畏哉。

無名殺臣下

《傳》曰：「欲加之罪，其無辭乎？」古者置人於死地，必求其所以死。然固有無罪殺之，而必爲之名者。張湯爲漢武造白鹿皮幣，大農顔異以爲本末不相稱，天子不悦。湯又與異有隙。異與客語，客語初令下有不便者【一】，異不應，微反脣。湯奏當異九卿，見令不便，不入言而腹非，論死。自是後有腹非之法。曹操始用崔琰，後爲人所譖，罰爲徒隸，使人視之，詞色不撓。操令曰：「琰雖見刑，而對賓客虬須直視，若有所瞋。」遂賜琰死。隋煬帝殺高熲之後，議新令，久不決。薛道衡謂朝士曰：「向使高熲不死，令決當久行。」有人奏之，帝怒，付執瀍者推之。裴蘊奏：「道衡有無君之心，推惡於國，妄造禍端。論

【一】客語初令下有不便者「客語」二字原脱，據《史記》卷三十《平準書》補。

其罪名，似如隱昧，原其情意，深爲悖逆。」帝曰：「公論其逆，妙體本心。」遂令自盡。冤哉，此三臣之死也。

平天冠

祭服之冕，自天子至于下士執事者皆服之，特以梁數及旒之多少爲别。俗呼爲平天冠，蓋指言至尊乃得用。范純禮知開封府，中旨鞫淳澤村民謀逆事。審其故，乃嘗入戲場觀優，歸塗見匠者作桶，取而戴於首，曰：「與劉先主如何？」遂爲匠擒。明日入對，徽宗問：「何以處？」對曰：「愚人村野無所知，若以叛逆蔽罪，恐辜好生之德，以不應爲，杖之足矣。」案《後漢·輿服志》蔡邕注「冕冠」曰：「鄙人不識，謂之平天冠。」然則其名之傳久矣。

介推寒食

《左傳》晉文公反國，賞從亡者，介之推不言禄，禄亦弗及，推遂與母偕隱而死。晉侯求之不獲，以綿上爲之田，曰：「以志吾過。」綿上者，西河界休縣地也。其事始末只如此。《史記》則曰：「子推從者書宫門，有『一蛇獨怨』之語。文公見其書，使人召之，則亡。聞其入綿上山中，於是環山封之，名曰介山。」雖與《左傳》稍異，而大略亦同。至劉向《新序》始云：「子推怨於無爵齒，去而之介山之上，文公待之，不肯出。以謂焚其山宜出，遂不出而焚死。」是後雜傳記，如《汝南先賢傳》則云：「太原舊俗，以介子推焚骸，一月寒食。」《鄴中記》云：「并州俗，冬至後一百五日，爲子推斷火冷食三日。魏武帝以太原、上黨、西河、雁門皆沍寒之地【二】，令人不得寒食，亦爲冬至後百有五日也。」案《後漢・周舉傳》云：「太原一郡，舊俗以介子推焚骸，有龍忌之禁。至其亡月，咸言神靈不樂舉火，由是士民每冬中輒一月寒食，莫敢烟爨。舉爲并州刺史，乃作吊書置子推廟，言盛冬去火，殘損民命，非賢者之意，宣示愚民，使還温食。於是衆惑稍解，風俗頗革。」然則所謂寒食，乃是冬中，非今節令二三月間也。

進士訴黜落

天禧三年，京西轉運使胡則言滑州進士楊世質等訴本州黜落，即取元試卷，付許州通判崔立看詳。立以爲世質等所試不至紕繆，已牒滑州依例解發。詔轉運司具析不先奏裁直令解發緣由以聞，其試卷仰本州繳進。世質等仍未得解發。及取到試卷，詔貢院定奪，乃言詞理低次，不合充薦，復黜之，而劾胡則、崔立之罪。蓋是時貢舉條制猶未堅定，故有被黜而來訴其枉者。至於省試亦然，如葉齊之類由此登第。後來無此風矣。

【二】沍寒　「沍」原作「冴」，據李本、馬本改。

後漢書載班固文

班固著《漢書》，制作之工，如《英》、《莖》、《咸》、《韶》，音節超詣，後之爲史者，莫能及其髣髴，可謂盡善矣。然至《後漢》中所載固之文章，斷然如出兩手。觀《謝夷吾傳》云，第五倫爲司徒，使固作奏薦之，其辭至有「才兼四科，行包九德」之語。其他比喻，引稷、契、咎陶、傅説、伊、吕、周、召、管、晏，此爲一人之身，而唐、虞、商、周聖賢之盛者，皆無以過。而夷吾乃在《方術傳》中，所學者風角占候而已，固之言一何太過歟。

趙充國馬援

前漢先零羌犯塞，趙充國平之，初置金城屬國，以處降羌，西邊遂定。成帝命揚雄頌其圖畫，至比周之方、虎。後漢光武時，西羌入居塞内，來歙奏言，隴西侵殘，非馬援莫能定。乃拜援太守，追討之。羌來和親，於是隴右清静。而自永平以後，訖于靈帝，十世之間，羌患未嘗少息。故范曄著論，以爲：「二漢御戎之方，爲失其本。先零侵境，趙充國遷之内地。當煎作過，馬文淵徙之三輔。貪其暫安之勢，信其馴服之情，計日用之權宜，忘經世之遠略，豈夫識微者之爲乎。」援徙當煎於三輔，不見其事。《西羌傳》云：「援破降先零，徙置天水、隴西、扶風三郡，事已具《援傳》。」然援本傳蓋無其語，唯段紀明與張奐爭討東羌奏疏，正謂趙、馬之失，至今爲梗。充國、文淵，爲漢名臣，段貶之如此，故嘩據而用之，豈其然乎？

漢人希姓

兩《漢書》所載人姓氏，有後世不著見者甚多，漫紀于此，以助氏族書之脱遺。複姓如公上不害、合傅胡害、室中同、昭涉掉尾、單父右軍、陽城延、息夫躬、游水發根、吾丘壽王、落下閎、梁丘賀、五鹿充宗、公户滿意、堂谿惠、申章昌、告星賜、闞門慶忌、安國少季、馬適建、都尉朝、毋將隆、紅陽長仲、烏氏嬴、周陽由、勝屠公、毋鹽氏、歐侯氏、士孫喜、索盧恢、屠門少、瓜田儀、工師喜、駮馬少伯、公乘歆、鮭陽鴻、弓里游、公沙穆、胡母班、周生豐、友通期、公緒恭、公族進階、水丘岑、叔先雄。單姓如繒賀、蟲達、靈常、賁赫、其石、旅卿、祕彭祖、革朱、樛樂、冷豐、冥都、澓中翁、蒯徹、直不疑、閎孺、使樂成、栝育、制氏、猗頓、義縱、雋不疑、疏廣、云敞、枚乘、終軍、鹵公孺、食子公、馯臂、倗宗、衡胡、乘宏、簡卿、快欽、所忠、假倉、眭孟、釁惲、塗惲、射姓、后倉、姓偉、如氏、苴氏、百政、免公、髮福、質氏、濁賢、稽發、萬章、瞯氏、佗羽、繡君賓、漕中叔、栩丹、帛敞、遲招平、汝臣、駒幾、稱忠、逯普、臺崇、沐茂、匽氏、勞丙、抗徐、闞宣、沮雋、卑整、編訢、亶誦、尋穆、夜龍、弓林、行巡、祋諷、角閎、芳丹、堅鐔、錫光、傜偉、重異、力子都、維氾、詩索、繇延、夷長公、防廣、鐔顯、移良、緱玉、蕃嚮、渠穆、臨孝存、脂習、筰融、茨充、處興、興渠、具爰、諒輔、騰是、卿仲遼、謁煥、矯慎、晃華、洼丹、禰衡。

絳灌

《漢書・陳平傳》：「絳、灌等讒平。」顏師古注云：「舊説云：絳，絳侯周勃也。灌，灌嬰也。而《楚漢春秋》，高祖之臣，别有絳灌，疑昧之文，不可據也。」《賈誼傳》：「絳、灌、東陽侯之屬盡害之。」注亦以爲勃、嬰。案，《史記・陳平世家》曰：「絳侯、灌嬰等咸讒平。」則其爲兩人明甚，師古不必爲疑辭也。《楚漢春秋》，陸賈所作，皆書當時事，而所言多與史不合，師古蓋屢辯之矣。《史、漢・外戚竇皇后傳》實書絳侯、灌將軍，此最的證也。夏侯嬰爲滕令，故稱滕公，而《史》并灌嬰書爲滕、灌，賈誼所稱亦然，甚與絳、灌相類。《楚漢春秋》一書，今不復見，李善注《文選》劉歆《移博士書》云：「《楚漢春秋》曰：漢已定天下，論羣臣破敵禽將，活死不衰，絳灌、樊噲是也。功成名立，臣爲爪牙，世世相屬，百出無邪，絳侯周勃是也。」然則絳灌自一人，非絳侯與灌嬰。師古所謂疑昧之文者此耳。張耳歸漢，即立爲趙王，子敖廢爲侯，敖子偃嘗爲魯王，文帝封爲南宫侯，而《楚漢春秋》有「南宫侯張耳」。淮陰舍人告韓信反，《史記・表》云欒説，《漢・表》云樂説，而《楚漢》以爲謝公，其誤可見。

題詠絶唱

錢伸仲大夫於錫山所居漆塘村作四亭，自其先人已有卜築之意，而不克就，故名曰「遂初」；先壠在其上，名曰「望雲」；種桃數百千株，名曰「芳美」；鑿地涌泉，或以爲與惠山泉同味，名曰「通惠」。求詩於一時名流，自葛魯卿、汪彦章、孫仲益既各極其妙，而母舅蔡載天任四絶獨擅場。《遂初亭》曰：「結廬傍林泉，偶與初心期。佳處時自領，未應魚鳥知。」《望雲亭》曰：「白雲來何時，英英冠山椒。西風莫吹去，使我心搖搖。」《芳美亭》曰：「高人不惜地，自種無邊春。莫隨流水去，恐汙世間塵。」《通惠亭》曰：「水行天地間，萬派同一指。胡爲穿石來，要洗巢由耳。」四篇既出，諸公皆自以爲弗及也。吴傅朋游絲書。賦詩者以百數，汪彦章五言數十句，多用翰墨故事，固已超拔，而劉子翬彦冲古風一篇，蓋爲絶唱。其辭云：「圓清無瑕二三月，時見游絲轉空闊。誰人寫此一段奇，著紙春風吹不脱。紛紜糾結疑非書，安得龍蛇如許臞。神蹤政喜縈不斷，老眼只愁看若無。定知苗裔出飛白，古人妙處君潛得。勿輕漠漠一縷浮，力遒可挂千鈞石。眷予弟兄情不忘，軸之遠寄悠然堂。謝公遺髯凛若活，衛后落鬟摇人光。翻思長安夜飛蓋，醉哦聲落南山外。亂離契闊四十秋，筆意與人俱老大。政成着脚明河津，外家風流今絶倫。文章固自有機杼，戲事豈足勞心神。」此章尤爲馳騁痛快，且卒章含譏諷，正中傅朋之癖。予少時見二公所作，殊敬愛之，至今五十年，尚能記憶，懼其益久而不傳，故紀於此。

秀才之名

秀才之名，自宋、魏以後，實爲貢舉科目之最，而今人恬於習玩，每聞以此稱之，輒指爲輕己。因閲《北史·杜正玄傳》載一事云：「隋開皇十五年，舉秀才，試策高第，曹司以策過左僕射楊素，素怒曰：『周、孔更生，尚不得爲秀才，刺史何忽妄舉此人。』乃以策抵地不視。時海内唯正玄一人應秀才，曹司重以啓素，素志在試退正玄，乃使擬相如《上林賦》、王褒《聖主得賢臣頌》、班固《燕然山銘》、張載《劍閣銘》、《白鸚鵡賦》，曰：『我不能爲君住宿，可至未時令就。』正玄及時竝了。素讀數徧，大驚曰：『誠好秀才。』命曹司録奏。」蓋其重如此。又，正玄弟正藏，次年舉秀才，時蘇威監選，試擬賈誼《過秦論》、《尚書·湯誓》、《匠人箴》、《連理樹賦》、《几賦》、《弓銘》，亦應時竝就，又無點竄。然則可謂難矣。《唐書·杜正倫傳》云：「隋世重舉秀才，天下不十人，而正倫一門三秀才，皆高第。」乃此也。

魏收作史

魏收作元魏一朝史，修史諸人，多被書録，飾以美言，夙有怨者，多没其善。每言：「何物小子，敢共魏收作色，舉之則使上天，案之當使入地。」故衆口喧然，稱爲「穢史」。諸家子孫，前後投訴，云遺其家世職位，或云不見記録，或云妄有非毁，至於坐謗史而獲罪編配，因以致死者。其書今存，視南北八史中，最爲冗謬。其自序云：「漢初，魏無知封高良侯，子均，均子恢，恢子彦，彦子歆，歆子悦，悦子子建，子建子收。」無知於收爲七代祖，而世之相去七百餘年。其妄如是，則其述他人世系與夫事業可知矣。

卷三 十九則

兔葵燕麥

劉禹錫《再游玄都觀詩・序》云：「唯兔葵燕麥，動摇春風耳。」今人多引用之。予讀《北史・邢邵傳》載邵一書云：「國子雖有學官之名，而無教授之實，何異兔絲燕麥，南箕北斗哉。」然則此語由來久矣。《爾雅》曰：「莃，兔葵。籥，雀麥。」郭璞注曰：「頗似葵而葉小，狀如藜；雀麥即燕麥，有毛。」《廣志》曰：「菟葵，爚之可食。」古歌曰：「田中菟絲，何嘗可絡。道邊燕麥，何嘗可穫。」皆見於《太平御覽》。《上林賦》：「葴析苞荔。」張揖注曰：「析，似燕麥，音斯。」葉庭珪《海録碎事》云：「兔葵，苗如龍芮，花白莖紫。燕麥草似麥，亦曰雀麥。」但未詳出於何書。

北狄俘虜之苦

元魏破江陵，盡以所俘士民爲奴，無問貴賤，蓋北方夷俗皆然也。自靖康之後，陷於金虜者，帝子王孫，官門仕族之家，盡没爲奴婢，使供作務。每人一月支稗子五斗，令自舂爲米，得一斗八升，用爲餱糧。歲支麻五把，令緝爲裘，此外更無一錢一帛之入。男子不能緝者，則終歲裸體，虜或哀之，則使執爨，雖時負火得煖氣，然纔出外取柴歸，再坐火邊，皮肉即脱落，不日輒死。惟喜有手藝，如醫人、繡工之類，尋常只團坐地上，以敗席或蘆藉襯之。遇客至開筵，引能樂者使奏技，酒闌客散，各復其初，依舊環坐刺繡，任其生死，視如草芥。先公在英州，爲攝守蔡寯言之，蔡書於《甲戌日記》，後其子大器録以相示，此《松漠記聞》所遺也。

太守刺史贈吏民官

漢薛宣爲左馮翊，池陽令舉廉吏獄掾王立，未及召，立妻受囚家錢，慙恐自殺。宣移書池陽曰：「其以府決曹掾書立之柩，以顯其魂。」顔師古注云：「以此職追贈也。」後魏并州刺史以部民吴悉達兄弟行著鄉里，板贈其父渤海太守。此二者，皆以太守、刺史而擅贈吏民官職，不以爲過，後世不敢然也。

李元亮詩啓

建昌縣士人李元亮，山房公擇尚書族子也。抱材尚氣，不以辭色假人。崇寧中，在太學，蔡嶷爲學録，元亮惡其人，不以所事前廊之禮事之。蔡擢第魁多士，元亮失意歸鄉。

大觀二年冬，復詣學，道過和州。蔡解褐即超用，才二年，至給事中，出補外，正臨此邦。元亮不肯入謁。蔡自到官，即戒津吏門卒，凡士大夫往來，無問官高卑，必飛報，雖布衣亦然。既知其來，便命駕先造所館。元亮驚喜出迎，謝曰：「所以來，顓爲門下之故。方脩贄見之禮，須明旦扣典客，不意給事先生卑躬下賤如此，前贄不可復用，當别撰一通，然後敬謁。」蔡退，元亮旋營一啓，旦而往焉，其警策曰：「定館而見長者，古所不然；輕身以先匹夫，今無此事。」蔡擿讀嗟激，留宴連夕，餉以五十萬錢，且致書延譽於諸公間，遂登三年貢士科。元亮亦工詩，如「人閑知晝永，花落見春深」，「朝雨未休還暮雨，臘寒才過又春寒」，皆佳句也。

元魏改功臣姓氏

魏孝文自代遷洛，欲大革胡俗，既自改拓跋爲元氏，而諸功臣舊族自代來者，以姓或重複，皆改之。於是拔拔氏爲長孫氏，達奚氏爲奚氏，乙旃氏爲叔孫氏，丘穆陵氏爲穆氏，步六孤氏爲陸氏，賀賴氏爲賀氏，獨孤氏爲劉氏，賀樓氏爲樓氏，勿忸于氏爲于氏，尉遲氏爲尉氏，其用夏變夷之意如此。然至于其孫恭帝，翻以中原故家，易賜蕃姓，如李弼爲徒河氏，趙肅、趙貴爲乙弗氏，劉亮爲侯莫陳氏，楊忠爲普六茹氏，王雄爲可頻氏，李虎、閻慶爲大野氏，辛威爲普毛氏，田宏爲紇干氏，耿豪爲和稽氏，王勇爲庫汗氏，楊紹爲叱利氏，侯植爲侯伏侯氏，竇熾爲紇豆陵氏，李穆爲搨拔氏，陸通爲步六孤氏，楊纂爲莫胡盧氏，寇雋爲若口引氏，段永爲爾綿氏，韓褒爲侯呂陵氏，裴文舉爲賀蘭氏，王軌爲烏九氏，陳忻爲尉遲氏，樊深爲萬紐于氏，一何其不循乃祖彝憲也。是時蓋宇文泰顓國，此事皆出其手，遂復國姓爲拓跋，而九十九姓改爲單者皆復其舊。泰方以時俗文敝，命蘇綽倣《周書》作《大誥》，又悉改官名，復周六卿之制，顧乃如是，殆不可曉也。

東坡和陶詩

《陶淵明集·歸園田居》六詩，其末「種苗在東皐」一篇，乃江文通雜體三十篇之一，明言斆陶徵君《田居》。蓋陶之三章云：「種豆南山下，草盛豆苗稀。晨興理荒穢，帶月荷鋤歸。」故文通云：「雖有荷鋤倦，濁酒聊自適。」正擬其意也。今《陶集》誤編入，東坡據而和之。又，《東方有一士》詩十六句，復重載於《擬古》九篇中，坡公遂亦兩和之，皆隨意即成，不復細考耳。陶之首章云：「榮榮窗下蘭，密密堂前柳。初與君別時，不謂行當久。出門萬里客，中道逢嘉友。未言心先醉，不在接杯酒。蘭枯柳亦衰，遂令此言負。」坡和云：「有客扣我門，繫馬庭前柳。庭空鳥雀噪，門閉客立久。主人枕書卧，夢我平生友。忽聞剥啄聲，驚散一杯酒。倒裳起謝客，夢覺兩愧負。」二者金石合奏，如出一手，何止子由所謂「遂與比轍」者哉。

孔戣鄭穆

唐孔戣在穆宗時爲尚書左丞，上書去官，天子以爲禮部尚書致仕，吏部侍郎韓愈奏疏曰：「戣爲人守節清苦，論議正平，年纔七十，筋力耳目，未覺衰老，憂國忘家，用意至到。如戣輩，在朝不過三數人，陛下不宜苟順其求，不留自助也。」不報。明年正月，戣薨。國朝鄭穆在元祐中以寶文閣待制兼國子祭酒請老，提舉洞霄宫，給事中范祖禹言：「穆雖年出七十，精力尚彊，古者大夫七十而致仕，有不得謝，則賜之几杖。祭酒居師資之地，正宜處老成，願毋輕聽其去。」亦不報。然穆亦至明年卒。二事絶相類。

陳季常

陳慥字季常，公弼之子，居於黄州之岐亭，自稱龍丘先生，又曰方山子。好賓客，喜畜聲妓，然其妻柳氏，絶凶妬，故東坡有詩云：「龍丘居士亦可憐，談空説有夜不眠。忽聞河東師子吼，拄杖落手心茫然。」河東師子，指柳氏也。坡又嘗醉中與季常書云：「一絶乞秀英君。」想是其妾小字。黄魯直元祐中有與季常簡曰：「審柳夫人時須醫藥，今已安平否？公暮年來想漸求清淨之樂，姬媵無新進矣，柳夫人比何所念以致疾邪？」又一帖云：「承諭老境情味，法當如此，所苦既不妨游觀山川，自可損藥石，調護起居飲食而已。

河東夫人亦能哀憐老大，一任放不解事邪？」則柳氏之妬名固彰著于外，是以二公皆言之云。

文用謚字

先王謚以尊名，節以壹惠，故謂爲易名。然則謚之爲義，正訓名也。司馬長卿《諭蜀文》曰：「身死無名，謚爲至愚。」顔注云：「終以愚死，後葉傳稱，故謂之謚。」柳子厚《招海賈文》曰：「君不返兮謚爲愚。」二人所用，其意則同。唯王子淵《簫賦》曰：「幸得謚爲洞簫兮，蒙聖主之渥恩。」李善謂：「謚者號也，言得謚爲簫而常施用之。」以器物名爲謚，其語可謂奇矣。

高唐神女賦

宋玉《高唐》、《神女》二賦，其爲寓言託興甚明。予嘗即其詞而味其旨，蓋所謂發乎情，止乎禮義，真得詩人風化之本。前賦云：「楚襄王望高唐之上有雲氣，問玉曰【一】：『此何氣也？』對曰：『所謂朝雲者也。昔者先王嘗游高唐，夢見一婦人，曰，妾巫山之女也，願薦枕席。王因幸之。』」後賦云：「襄王既使玉賦高唐之事，其夜王寢，夢與神女遇，復命玉賦之。」若如所言，則是王父子皆與此女荒淫，殆近於聚麀之醜矣。然其賦雖篇首

【一】問玉曰　「玉」原作「王」，據上下文意改。

極道神女之美麗，至其中則云：「澹清静其愔嫕兮，性沉詳而不煩。意似近而若遠兮，若將來而復旋。褰余幬而請御兮，願盡心之惓惓。懷貞亮之絜清兮，卒與我乎相難。頩薄怒以自持兮，曾不可乎犯干。歡情未接，將辭而去。遷延引身，不可親附。願假須臾，神女稱遽。闇然而冥，忽不知處。」然則神女但與懷王交御，雖見夢於襄，而未嘗及亂也。玉之意可謂正矣。今人詩詞顧以襄王藉口，考其實則非是。頩，音疋零反，斂容怒色也。柳子厚《謫龍説》有「奇女頩爾怒」之語，正用此也。

其言明且清

《禮記·緇衣篇》：「詩云：　昔吾有先正，其言明且清。國家以寧，都邑以成，庶民以生。誰能秉國成？不自爲正，卒勞百姓。」鄭氏注不言何詩。今《毛詩·節南山》章但有下三句而微不同。《經典釋文》云：「從第一句至『庶民以生』五句，今《詩》皆無此語，或皆逸詩也。」予案《文選》張華《答何劭》詩曰：「周任有遺規，其言明且清。」然則周任所作也。而李善注曰：「《子思子》詩云：『昔吾有先正，其言明且清。』」世之所存《子思子》亦無之，不知善何所據？　意當時或有此書，善必不妄也，特不及周任遺規之義，又不可曉。

侍從轉官

元豐未改官制以前，用職事官寄禄。自諫議大夫轉給事中，學士轉中書舍人。歷三侍郎，學士轉左曹禮、户、吏部，餘人轉右曹工、刑、兵部。左右丞，吏侍轉左，兵侍轉右。然後轉六尚書，各爲一官。尚書轉僕射，非曾任宰相者不許轉，今之特進是也。故侍從止於吏書，由諫議至此凡十一轉。其庶僚久於卿列者，則自光禄卿轉祕書監，繼歷太子賓客，遂得工部侍郎。蓋以不帶待制以上職，不許入兩省、給、諫耳。元豐改諫議爲太中大夫，給、舍爲通議，六侍郎同爲正議，左右丞爲光禄。兵、户、刑、禮、工書同爲銀青，吏書金紫。但六轉，視舊法損其五。元祐中以爲太簡，增正議、光禄、銀青爲左右，然亦財九資。大觀二年，置通奉以易右正議，正奉以易右光禄，宣奉以易左光禄，以右銀青爲光禄，而至銀青者去其左字，今皆仍之。比倣舊制，今之通奉，乃工、禮侍郎，正議乃刑、户，正奉乃兵、吏，宣奉乃左右丞，三光禄乃六尚書也。凡侍從序遷至金紫無止法，建炎以前多有之。紹興以來，階官到此絶少，唯梁揚祖、葛勝仲致仕得之。近歲有司不能探賾典故，予以宣奉當磨勘，又該覃霈，顔師魯在天官，徑給回授一據，而不明言其所由。比程叔達由宣奉納禄不遷官，而於待制閣名陞二等。程大昌亦然，以龍圖直學士徑升本學士，尤非也。予任中書舍人日，已階太中，及以集英修撰出外，吏部不復爲理年勞，凡十八年，始以待制得通議，殊可笑。蓋臺省之中，無復有老吏矣。

曹子建七啓

「原頭火燒淨兀兀，野雉畏鷹出復没。將軍欲以巧伏人，盤馬彎弓惜不發。地形漸窄觀者多，雉驚弓滿勁箭加。衝人決起百餘尺，紅翎白鏃隨傾斜。將軍仰笑軍吏賀，五色離披馬前墮。」此韓昌黎《雉帶箭》詩，東坡嘗大字書之，以爲絶妙。予讀曹子建《七啓》論羽獵之美云：「人稠網密【一】，地逼勢脅。」乃知韓公用意所來處。《七啓》又云：「名穢我身，位累我躬。」與佛氏《八大人覺經》所書「心是惡源，形爲罪藪」，皆修己正心之要語也。

姦鬼爲人禍

晉景公疾病，求醫于秦，秦伯使醫緩爲之。未至，公夢疾爲二豎子曰：「彼良醫也，懼傷我，焉逃之？」其一曰：「居肓之上，膏之下，若我何。」醫至，曰：「疾不可爲也。」隋文帝以子秦孝王俊有疾，馳召名醫許智藏，俊夢亡妃崔氏泣曰：「本來相迎，如聞許智藏將至，其人當必相苦，奈何？」明夜復夢，曰：「吾得計矣，當入靈府中以避之。」及智藏至，診俊脉，曰：「疾已入心，不可救也。」二姦鬼之害人，如出一轍。近世許叔微家一婦

【一】人稠網密　「網」原作「綱」，據馬本、庫本改。

人，夢二蒼頭，前者云：「到也未？」後者應云：「到也。」以手中物擊一下，遂魘。覺後心痛不可忍，叔微以神精丹餌之，痛止而愈。此事亦與上二者相似。

監司待巡檢

今監司巡歷郡邑，巡檢、尉必迎於本界首，公裳危立，使者從車内遣謁吏謝之，即揖而退，未嘗以客禮延之也。至有倨横之人，責橋道不整，驅之車前，使徒步與卒伍齒者。予記張文定公所著《搢紳舊聞》中一事，云：「余爲江西轉運使，往虔川，巡檢殿直今保義成忠郎。康懷琪乘舟於三十里相接，又欲送至大庾縣，遂與偕行。及至縣驛，驛正廳東西各有一房，予居其左，康處於右。日晚，命之同食，起行數百步，逼暮而退。夜聞康暴得疾，余急趨至康所，康已具舟將歸虔，須臾數人扶翼而下，余策杖隨之。」觀此，則是使者與巡檢同驛而處，同席而食，至於步行送之登舟，今代未之見也。

十二分野

十二國分野，上屬二十八宿，其爲義多不然，前輩固有論之者矣。其甚不可曉者，莫如《晉·天文志》謂：「自危至奎爲娵訾，於辰在亥，衛之分野也，屬并州。」且衛本受封於河内商虚，後徙楚丘。河内乃冀州所部，漢屬司隸，其它邑皆在東郡，屬兖州，於并州了不相干，而并州之下所列郡名，乃安定、天水、隴西、酒泉、張掖諸郡，自係涼州耳。又謂：「自畢至東井爲實沈，於辰在申，魏之分野也，屬益州。」且魏分晉地，得河内、河東數十縣，於益州亦不相干，而雍州爲秦，其下乃列雲中、定襄、鴈門、代、太原、上黨諸郡，蓋又自屬并州及幽州耳。謬亂如此，而出於李淳風之手，豈非蔽於天而不知地乎。

公孫五樓

南燕慕容超嗣位之後，悉以國事付公孫五樓，燕業爲衰。晉劉裕伐之，或曰：「燕人若塞大峴之險，堅壁清野，大軍深入，將不能自歸。」裕曰：「鮮卑貪婪，不知遠計，謂我不能持久，不過進據臨朐，退守廣固，必不能守險清野。」超聞有晉師，引羣臣會議，五樓曰：「吴兵輕果，利在速戰，不可爭鋒，宜據大峴，使不得入，各命守宰，依險自固，焚蕩資儲，芟除禾苗，使敵無所資。彼僑軍無食，可以坐制。若縱使入峴，出城逆戰，此下策也。」超不聽，裕過大峴，燕兵不出，喜形于色，遂一舉滅燕。觀五樓之計，正裕之所憚也。超平生信用五樓，獨於此不然，蓋天意也。五樓亦可謂智士，足與李左車比肩。後世姦妄擅國，以誤大事者多矣，無所謂五樓之智也。

薦士稱字著年

漢、魏以來諸公上表薦士，必首及本郡名，次著其年，又稱其字。如漢孔融薦禰衡表云：「處士平原禰衡，年二十四，字正平。」齊任昉爲蕭揚州作薦士表云：「祕書丞琅邪王暕，年二十一，字思晦。」「前侯官令東海王僧孺，年三十五，字僧孺。」是也。唐以來乃無此式。

兄弟邪正

王安石引用小人，造作新法，而弟安國力非之。韓絳附會安石制置三司條例以得宰相，而弟維力爭之。曾布當元符、靖國之間，陰禍善類，而弟肇移書力勸之。兄弟邪正之不同如此。

校勘記

【一】諸將用兵不能及信　「諸」原作「請」，據李本改。

卷四 十五則

三豎子

趙爲秦所圍，使平原君求救於楚，楚王未肯定從。毛遂曰：「白起小豎子耳，興師以與楚戰，舉鄢郢，燒夷陵，辱王之先人，此百世之怨也。」是時，起已數立大功，且勝於長平矣。人告韓信反，漢祖以問諸將，皆曰：「亟發兵坑豎子耳。」帝默然，唯陳平以爲兵不如楚精，諸將用兵不能及信【一】。英布反書聞，上召諸將問計，又曰：「發兵擊之，坑豎子耳。」夫白起、信、布之爲人，材能不可揜，以此三人爲豎子，是天下無復有壯士也。毛遂之言，祇欲激怒楚王，使之知合從之利害，故不得不以起爲懦夫。至如高帝諸將，不過周勃、樊噲之儔，韓信因執而歸，棲棲然處長安爲列侯，蓋一匹夫也。而噲喜其過己，趨拜送迎，言稱臣，況於據有全楚萬乘之地，事力强弱，安可同日而語。英布固嘗言：「諸將獨患淮陰、彭越，今皆已死，餘不足畏。」則豎子之對，可謂勇而無謀，殆與張儀詆蘇秦爲反覆之人相似。高帝默然，顧深知其非也。至於陳平，則不然矣。若乃韓信謂魏將柏直爲豎子，則誠然。柏直庸庸無所知名，漢王亦稱其口尚乳臭，真一豎子也。阮籍登廣武，歎曰：「時無英雄，使竪子成名。」蓋歎是時無英雄如昔人者。俗士不達，以爲籍譏漢祖，雖李太白亦有是言，失之矣。

樞密稱呼

樞密使之名起於唐，本以宦者爲之，蓋内諸司之貴者耳。五代始以士大夫居其職，遂與宰相等。自此接于本朝，又有副使、知院事、同知院事、簽書、同簽書之别，雖品秩有高下，然均稱爲樞密。明道中，王沂公自故相召爲檢校太師、樞密使，李文定公爲集賢相，以書迎之於國門，稱曰「樞密太師相公」，予家藏此帖。紹興五年，高宗車駕幸平江，過秀州，執政從行者四人。在前者傳呼「宰相」，趙忠簡也，次呼「樞密」，張魏公也，時爲知院事；次呼「參政」，沈必先也，最後又呼「樞密」，則簽書權朝美云。予爲檢詳時，葉審言、黄繼道爲長貳，亦同一稱。而二三十年以來，遂有知院、同知之目，初出於典謁、街卒之口，久而朝士亦然，名不雅古，莫此爲甚。

從官事體

國朝優待侍從，故事體名分多與庶僚不同，然有處之合宜及肆意者。如任知州申發諸司公狀不繫銜，與安撫監司序官往還用大狀不書年，引接用朱衣，通判入都廳之類，皆雜著於令式。其明載國史者尚可考。大中祥符五年六月，詔：「尚書丞郎、兩省給諫知州府，而本部郎中、員外郎及兩省六品以下官充本路轉運使副者，承前例須申報。雖職當統攝，方委於事權，而官有等差，宜明於品級。自今知制誥、觀察使以上知州府處所申轉運司狀，並止簽案檢，令通判以下具銜供申。」張詠以禮部尚書知昇州，上言：「臣官忝六曹，祠部乃本行司局，而例申公狀，似未合宜。望自今尚書丞郎知州者，除申省外，其本行曹局，止簽案檢。」從之。紹興中，范同以前執政知太平州，官係中大夫不帶職，申諸司狀繫銜。提刑張絢封還之，范竟不改。次年轉太中，再任，始去之。劉焞爲江西運判，移牒屬郡知、通云「請聯銜具報」。邁時以太中守贛，以於式不可，乃作公劄，同通判簽書。劉邦翰曾任權侍郎，以朝議大夫、集英修撰知饒州。趙燁以承議郎提點刑獄，欲居其上，劉不校，趙又畏人議己，於是遇朝拜國忌日，先後行香。王十朋自侍御史徙權吏部侍郎，不拜，除集撰，知饒州，自處如庶官。林大中亦自侍御史改吏侍，不曾供職，除直寶文閣，知贛州，全銜猶帶權知兼勸農事借紫，而盡用從官禮數。黄涣爲通判，入都廳，爲之不平。鄭汝諧除權侍郎，爲東省所繳，不得供職，而以祕撰知池州，公狀至提刑司，不繫銜，爲鄧馹牒問。唐瑑以司農少卿，王佐以中書檢正，皆暫兼權户侍，及出知湖、饒二州，悉用朱衣雙引。此數君，皆失於討問典章，非故爲尊大也。陳居仁以大中、集撰知鄂州，只用一朱衣，蓋在法，學士乃雙引，人以爲得體。邁頃守贛、建，官職與居仁等，而誤用兩朱，殊以自悔。又如監司見前執政，雖本路，並客位下馬。伯氏以故相帶觀文學士帥越，提舉宋藻穿戟門訶殿，云浙東監司如何不得穿紹興府門，將至廳事，始若勉就客位者。主人亟令掖以還。

九朝國史

本朝國史凡三書，太祖、太宗、真宗曰《三朝》，仁宗、英宗曰《兩朝》，神宗、哲宗、徽宗、欽宗曰《四朝》。雖各自紀事，至於諸志若天文、地理、五行之類，不免煩複。元豐中，《三朝》已就，《兩朝》且成，神宗專以付曾鞏使合之。鞏奏言：「五朝舊史，皆累世公卿、道德文學、朝廷宗工所共準裁，既已勒成大典，豈宜輒議損益。」詔不許，始謀纂定，會以憂去，不克成。其後神、哲各自爲一史，紹興初，以其是非褒貶皆失實，廢不用。淳熙乙巳，邁承乏修史，丙午之冬，成書進御，遂請合九朝爲一，壽皇即以見屬。嘗奏云：「臣所爲區區有請者，蓋以二百年間典章文物之盛，分見三書，倉卒討究，不相貫屬，及累代臣僚，名聲相繼，當如前史以子係父之體，類聚歸一。若夫制作之事，則已經先正名臣之手，是非褒貶，皆有據依【二】，不容妄加筆削。乞以此奏下之史院，俾後來史官知所以編纘之意，無或輒將成書擅行删改。」上曰：「如有未穩處，改削無害。」邁既奉詔開院，亦修成三十餘卷矣，而有永思攢宫之役，才歸即去國，尤袤以《高宗皇帝實録》爲辭，請權罷史院，

【二】皆有據依　「有」下原重「有」字，衍，據李本删。

於是遂已。祥符中，王旦亦曾修撰兩朝史，今不傳。

銀牌使者

金國每遣使出外，貴者佩金牌，次佩銀牌，俗呼爲金牌、銀牌郎君。北人以爲契丹時如此，牌上若篆字六七，或云阿骨打花押也。殊不知此本中國之制，五代以來，庶事草創，凡乘置奉使於外，但給樞密院牒。國朝太平興國三年，因李飛雄矯乘廐馬，詐稱使者，欲作亂，既捕誅之，乃詔自今乘驛者，皆給銀牌，國史云「始復舊制」，然則非起於虜也。端拱二年，復詔：「先是馳驛使臣給篆書銀牌，自今宜罷之，復給樞密院牒。」

省錢百陌

用錢爲幣，本皆足陌。梁武帝時，以鐵錢之故，商賈浸以姦詐自破。嶺以東，八十爲百，名曰東錢。江、郢以上，七十爲百，名曰西錢。京師以九十爲百，名曰長錢。大同元年，詔通用足陌，詔下而人不從，錢陌益少，至于末年，遂以三十五爲百。唐之盛際，純用足錢。天祐中，以兵亂窘乏，始令以八十五爲百。後唐天成，又減其五。漢乾祐中，王章爲三司使，復減三。皇朝因漢制，其輸官者，亦用八十，或八十五，然諸州私用，猶有隨俗至於四十八錢。太平興國二年，始詔民間緡錢，定以七十七爲百。自是以來，天下承用，公私出納皆然，故名省錢。但數十年來，有所謂頭子錢，每貫五十六，除中都及軍兵俸料外，自餘州縣官民所當得，其出者每百纔得七十一錢四分，其入者每百爲八十二錢四分，元無所謂七十七矣。民間所用，多寡又益不均云。

舊官銜冗贅

國朝官制，沿晚唐、五代餘習，故階銜失之冗贅，予固已數書之。比得皇祐中李端愿所書「雪竇山」三大字，其左云：「鎮潼軍節度觀察留後、金紫光禄大夫、檢校刑部尚書、使持節華州諸軍事、華州刺史兼御史大夫、上柱國。」凡四十一字。自元豐以後，更使名，罷文散階、檢校官、持節、憲銜、勳官，只云「鎮潼軍承宣使」六字，比舊省去三十五，可謂簡要。會稽禹廟有唐天復年越王錢鏐所立碑，其全銜九十五字，尤爲冗也。

吏胥侮洗文書

郡縣胥史，揩易簿案，鄉司尤甚。民已輸租税，朱批於户下矣，有所求不遂，復洗去之，邑官不能察，而又督理。比其持赤鈔爲證，則追逮横費，爲害已深。此特小小者耳，臺省亦然，予除翰林日，所被告命後擬云「可特授依前正奉大夫充翰林學士」，蓋初書黄時全文，故官告院據以爲式，其制當爾。而告身全銜亦云「告正奉大夫充翰林學士」，予以語吏部蕭照鄰尚書曰：「如此則學士繫銜在官下，於故事有戾，今欲書謝表，當如何？」蕭悚然。旋遣部主事與告院書吏至，乞借元告以去，明日持來，則已改正，移職居官上，但減一「充」字，於行内微覺疏，其外印文，濃淡了無異，其妙至此。

宣告錯誤

士大夫告命，間有錯誤，如文官，則猶能自言，書鋪亦不敢大有邀索。獨右列爲可憐，而軍伍中出身者尤甚。予檢詳密院諸房日，有涇原副都軍頭乞换授，而所持宣内添注「副」字，爲房吏所沮，都頭者不能自明。兩樞密以事見付，予視所添字與正文一體，以白兩樞曰：「使訴者爲姦，當妄增品級，不應肯以都頭而自降爲副，其爲寫宣房之失，無可疑也。」樞以爲然，乃爲改正。武翼郎李青當磨勘，尚左驗其文書，其始爲「大李青」，吏以爲罔冒，青無詞以答【三】。周茂振權尚書，閱其告命十餘通，其一告前云「大李青」，而告身誤去「大」字，故後者相承，只云「李青」，即日放行遷秩，且給公據付之。兩人者幾困於吏手，幸而獲直。用是以知枉鬱不伸者多矣。

軍中抵名爲官

紹興以來，兵革務煩，軍中將校除官者，大帥盡藏其告命，只語以所居官，其有事故亡

【三】吏以爲罔冒青無詞以答　「以」原脱，據馬本，祠本補。「無」後原有「而」字，衍，據李本删。

没者，亦不關申省部除籍，或徑以付它人，至或從白身便爲郎、大夫者。楊和王爲殿帥，罷一統領使歸部，而申樞密院云：「此人元姓名曰許超，只是校尉，偶有修武郎李立告，使之鼎名，因得冒轉，續以戰功積累，今爲武顯大夫，既已離軍，自合依本姓名及元職位。」超詣院訴，而不能爲之詞。予檢詳兵房，爲言曰：「一時冒與，自是主將之命。修武以前，固非此人當得。若武翼之後，皆用軍功，使其戰死於陣，則性命須要超承當。今但當剋除不應得九官，而理還其餘資，庶合人情，於理爲順。」兩樞密甚然予説，即奏行之。

禍福有命

秦氏顓國得志，益厲刑辟，以箝制士大夫，一言語之過差，一文詞之可議，必起大獄，竄之嶺海，於是惡子之無俚者恃告訐以進。趙超然以「君子之澤，五世而斬」責汀州，吴仲寶以《夏二子傳》流容州，張淵道以《張和公生日詩》幾責柳而幸脱，皆是也。予教授福州日，因訪何大圭。忽問：「君識天星乎？」答曰：「未之學。」曰：「豈不能認南方中夏所見列宿乎？」曰：「此却粗識一二。」大圭曰：「君今夕試仰觀熒惑何在？」是時正見於南斗之西。後月餘，再相見，時連旬多陰，所謂火曜，已至斗魁之東矣。大圭曰：「使此星入南斗，自有故事。」予聞其語，固已竦然，明日來相訪，曰：「吾曹元不洞曉天文，昨晚葉子廉見顧，言及於此，蹙頞云：『是名魏星，無人能識，非熒惑也。』」予曰：「十二國星，只在牛、女之下，經星不動，安得轉移？」圭曰：「乾象欲示變，何所不可？子廉云：『後漢建安二十五年亦曾出。』」蓋秦正封魏國公，圭意比之曹操。予大駭，不復敢酬應。它日，與謝景思、葉晦叔言之，且曰：「使邁爲小人告訐之舉，有所不能，萬一此段彰露，爲之奈何。」謝、葉曰：「可以言命矣。與是人相識，便是不幸，不如靜以待之。」時歲在己巳，又六年，秦亡，予知免禍，乃始不恐。

真宗北征

真宗親征契丹，幸澶淵，以成却敵之功。是時景德元年甲辰，決此計者，寇萊公也。然前五歲，當咸平二年己亥，契丹寇北邊，上自將禦之，至澶州、大名府，聞范廷召破虜於莫州北，乃還京。時張文定公、李文靖公爲相，不知何人贊此決，而後來不傳。用是以知真宗非宴安酖毒而有所畏者，故寇公易以進言。

宰相不次補

景德元年七月，宰相李沆薨。時無它相，中書有參知政事王旦、王欽若，不次補。寇準爲三司使，真宗欲相之，患其素剛，難獨任，乃先以翰林侍讀學士畢士安爲參政，纔一月，並命士安、準爲相，而士安居上【四】。旦、欽若各遷官而已。準在太宗朝已兩爲執政，

【四】纔一月並命士安準爲相而士安居上　「一月」原作「二月」，據李本改。按，據《宋史·宰輔表》，作「一」是。

今士安乃由侍從超用，惟辟作福，圖任大臣，蓋不應循循歷階而升也。

外制之難

中書舍人所承受詞頭，自唐至本朝，皆只就省中起草付吏，逮於告命之成，皆未嘗越日，故其職爲難。其以敏捷稱者，如韋承慶下筆輒成，未嘗起草；陸扆初無思慮，揮翰如飛；顔蕘草制數十，無妨談笑；鄭畋動無滯思，同僚閣筆；劉敞臨出局，倚馬一揮九制：皆見書於史策。其遲鈍窘擾者，如陸餘慶至晚不能裁一言，和幪閉户精思，徧討羣籍，與夫「斲窗舍人」、「紫微失却張君房」之類，蓋以必欲速成故也。周廣順初，中書舍人劉濤責授少府少監，分司西京，坐遣男頊代草制詞也。頊時爲監察御史，亦責復州司户。自南渡以來，典故散失，每除書之下，先以省劄授之，而續給告，以是遷延稽滯。段拂居官時，纔還家即掩關謝客，畏其促詞命也。先公使虜歸，除徽猷閣直學士，時劉才邵當制，日於漏舍囑之，至先公出知饒州，幾將一月，猶未受告。其它倩誘朋舊，俾之假手者多矣。故膺此選者，不覺其難，殊與昔異。

文臣换武使

祖宗之世，文臣换授武使，皆不越級。錢若水自樞密副使罷守工部侍郎，後除帥并州，乃换鄧州觀察使。王嗣宗以中丞、侍郎，李士衡以三司使，李維以尚書，王素以端明左丞，亦皆觀察。慶曆初，以陜西四帥方禦夏、羌，欲優其俸賜，故韓琦、范仲淹、王沿、龐籍皆以樞密、龍圖直學士换爲廉車。自南渡以來，始大不然。張澄以端明學士，楊倓以敷文學士，便爲節度。近者趙師夔、吴琚以待制而换承宣使，不數月間遇恩，即建節鉞。師揆、師垂以祕閣修撰换觀察使，皆度越彝憲，誠異恩也。

卷五 十七則

舜事瞽叟

《孟子》之書，上配《論語》，唯記舜事多誤，故自國朝以來，司馬公、李泰伯及吕南公皆有疑非之説。其最大者，證萬章塗廩、浚井、象入舜宫之問以爲然也。孟子既自云堯使九男事之，二女女焉，百官牛羊倉廩備，以事舜於畎畝之中。則井、廩賤役，豈不能使一夫任其事？堯爲天子，象一民耳，處心積慮殺兄而據其妻，是爲公朝無復有紀綱法制矣。六藝折中於夫子，四岳之薦舜，固曰：「瞽子。父頑，母嚚，象傲，克諧以孝，烝烝乂，不格姦。」然則堯試舜之時，頑傲者既已格乂矣。舜履位之後，命禹征有苗，益曰：「帝初于歷山，往于田，日號泣于旻天，于父母，負罪引慝，祗載見瞽瞍，夔夔齋慄，瞽亦允若。」既言允若，豈得復有殺之之意乎？司馬公亦引九男、百官之語，烝烝之對，而不及益贊禹之辭，故詳叙之以示子姪輩。若司馬遷《史記》、劉向《列女傳》所載，蓋相承而不察耳。至於桃應有瞽叟殺人之問，雖曰設疑似而請，然亦可謂無稽之言。孟子拒而不答可也。顧再三爲之辭，宜其起後學之惑。

孔子正名

子路曰：「衛君待子而爲政，子將奚先？」子曰：「必也正名乎。」子路曰：「子之迂也，奚其正？」夫子責數之以爲「野」。蓋是時，夫子在衛，當輒爲君之際，留連最久，以其拒父而竊位，故欲正之，此意明白。然子欲適晉，聞其殺鳴犢，臨河而還，謂其無罪而殺士也。里名勝母，曾子不入；邑稱朝歌，墨子回車。邑里之名不善，兩賢去之，安有命世聖人，而肯居無父之國，事不孝之君哉。是可知已。夫子所過者化，不令而行，不言而信，衛輒待以爲政，當非下愚而不移者。苟其用我，必將導之以天理，而趣反其真，所謂命駕虛左而迎其父不難也。則其有補於名義，豈不大哉。爲是故不忍亟去以須之。既不吾用，於是慨然反魯。則輒之冥頑悖亂，無所逃於天地之間矣。子路曾不能詳味聖言，執迷不悟，竟於身死其難，惜哉。

潛火字誤

今人所用潛火字，如潛火軍兵，潛火器具，其義爲防。然以書傳考之，乃當爲熸。《左傳》襄二十六年，楚師大敗，王夷師熸。昭二十三年，子瑕卒，楚師熸。杜預皆注曰：「吴、楚之間謂火滅爲熸。」《釋文》音子潛反，火滅也。《禮部韻》將廉反，皆讀如殲音。則知當曰熸火。

永興天書

大中祥符天書之事，起於佞臣，固無足言。而寇萊公在永興軍，信朱能之詐，亦爲此舉，以得召入，再登相位，馴致雷州之禍，鳳德之衰，實爲可惜。而《天禧實録》所載云：「周懷政與妖人朱能輩僞造靈命，冀圖恩寵，且日進藥餌。辛相王欽若屢言其妄，復密陳規諫。懷政懼得罪，因共誣譖，言：『捕獲道士譙文易，蓄禁書，有神術，欽若素識之。』故罷相也。」朱能之事，欽若欲以沮寇公之入則有之，謂其陳規諫，當大不然。儻非出於寇，則欽若已攘臂其間矣。《實録》蓋欽若提舉日所進，是以溢美，豈能弭後人公議哉。

王裒嵇紹

舜之罪也殛鯀，其舉也興禹。鯀之罪足以死，舜徇天下之公議以誅之，故禹不敢怨，而終治水之功，以蓋父之惡。魏王裒、嵇紹，其父死於非命。裒之父儀，猶以爲司馬昭安東司馬之故，因語言受害，裒爲之終身不西向而坐。紹之父康以魏臣鍾會譖之於昭，昭方謀篡魏，陰忌之，以故而及誅。紹乃仕於晉武之世，至爲惠帝盡節而死。紹之事親，視王裒遠矣。温公《通鑑》猶取其蕩陰之忠，蓋不足道也。

張詠傳

張忠定公詠爲一代偉人，而治蜀之績尤爲超卓，然《實録》所載，了不及之，但云：「出知益州，就加兵部郎中，入爲户部，使馬知節自益徙延，難其代。朝廷以詠前在蜀，寇攘之後，安集有勞，爲政明肅，遠民便之，故特命再任。」而已。國史本傳略同，而增書促招安使上官正出兵一事。皆詆其知陳州營産業，且與周渭、梁鼎輩五人同傳，殊失之也。韓魏公作公神道碑云：「公以魁奇豪傑之才，逢時自奮，智略神出，勳業赫赫，震暴當世，誠一世偉人。」道州所刻帖，有公與潭牧書一紙，王荆公跋其後云：「忠定公殁久矣，而士大夫至今稱之，豈不以剛毅正直有勞于世若公者少歟。」文潞公云：「予嘗守蜀，覩忠定之象，遺愛在民，欽服已甚。」黄誥云：「公風烈如此，而不至於宰相，然有忠定之才，而無宰相之位，於公何損。有宰相之位，而無忠定之才，於宰相何益。公雖老死，安肯以此易彼哉。」觀四人之言，史氏發潛德之幽光，爲有負矣。

緋紫假服

唐宣宗重惜服章，牛叢自司勳員外郎爲睦州刺史，上賜之紫，叢既謝，前言曰：「臣所服緋，刺史所借也。」上遽曰：「且賜緋。」然則唐制借服色得於君前服之，國朝之制，到闕則不許。乾道二年，予以起居舍人侍立，見浙西提刑姚憲入對，紫袍金魚。既退，一閤門吏踵其後囁嚅。後兩日，憲辭歸平江，乃緋袍。予疑焉，以問知閤曾覿曰：「聞臨安守與本路監司皆許服所借，而憲昨紫今緋，何也？」覿曰：「監司惟置司在輦下則許服【一】，漕臣是也，若外郡則否。前日姚誤紫，而謁吏不告，已申其罰，且備牒使知之，故今日只本色以入。」姚蓋失於審也，然考功格令既不頒於外，亦自難曉。文惠公知徽州日，借紫，及除江東提舉常平，告身不借。予聞嘗借者當如舊，與郎官薛良朋言之，於是給公據改借。後於江西見轉運判官張堅衣緋，張嘗知泉州，紫袍矣，予舉前説，張欣然即以申考功，已而部符下，不許，扣其故，曰：「唯知州借紫而就除本路，雖運判、提舉皆得如初，若它路則不可。」竟不知法如何該説也。若曾因知州府借紫，而後知軍【二】，則其服亦借，不以本路它路也。近吴鎰以知郴州除提舉湖南茶鹽，遂仍借紫，正用前比云。

樞密名稱更易

國朝樞密之名，其長爲使，則其貳爲副使；其長爲知院，則其貳爲同知院。如柴禹錫知院，向敏中同知，及曹彬爲使，則敏中改副使。王繼英知院，王旦同知，繼馮拯、陳堯叟亦同知，及繼英爲使，拯、堯叟乃改簽書院事，而恩例同副使。王欽若、陳堯叟知院，馬知節簽書，及王、陳爲使，知節遷副使，其後知節知院，則任中正、周起同知。惟熙寧初，文

【一】監司惟置司在輦下則許服　馬本、庫本「置司」作「置局」。

【二】而後知軍　李本、馬本、庫本、祠本「軍」後有「州」字。

彦博、吕公弼已爲使，而陳升之過闕，留，王安石以升之曾再入樞府，遂除知院。知院與使並置，非故事也，安石之意以沮彦博耳。紹興以來，唯韓世忠、張俊爲使，岳飛爲副使。此後除使固多，而其貳只爲同知，亦非故事也。又使班視宰相，而乾道職制雜壓，令副使反在同知院之下，尤爲未然。

過稱官品

士大夫僭妄相尊，日以益甚。予向昔所記文官學士、武官大夫之諺，今又不然。天聖職制，内外文武官不得容人過稱官品，諸節度、觀察，雖檢校官未至太傅者，許稱太傅，防禦使至横行使，許稱太保；諸司使許稱司徒；幕職官等稱本官；録事參軍稱都曹；縣令稱長官；判司、簿、尉許稱評事。其太傅、太保、司徒皆一時本等檢校所帶之官也。自後法令不復有此一項，以是其風愈熾，不容整革矣。

仁宗立嗣

東坡作《范蜀公墓誌》云：「仁宗即位三十五年，未有繼嗣，嘉祐初得疾，中外危恐。公獨上疏乞擇宗室賢者，異其禮物，以系天下心。」凡章十九上。至元祐初，韓維上言，謂其首開建儲之議，其後大臣乃繼有論奏。《司馬温公行狀》云：「至和三年仁宗始不豫，國嗣未立，天下寒心而不敢言，惟諫官范鎮首發其議，光時爲并州通判，聞而繼之。」案至和三年九月，改爲嘉祐元年，歲在丁酉。而前此皇祐五年甲午，有建州人太常博士張述者，以繼嗣未立，上疏曰：「陛下春秋四十四，宗廟社稷之繼，未有託焉。以嫌疑而不決，非孝也。羣臣以諱避而不言，非忠也。願擇宗親才而賢者，異其禮秩，試以職務，俾内外知聖心有所屬。」至和二年丙申，復言之。前後凡七疏，最後語尤激切。蓋述所論，乃在兩公之前，而當時及後來莫有知之者，爲可惜也。

郎官員數

紹熙四年冬，客從中都來，持所抄《班朝録》一編相示，蓋朝士官職姓名也。讀至尚書郎，才有正員四人，其它權攝者亦只六七人耳。因記紹興二十九年，予爲吏禮部時，同舍郎二十人，皆正官。今既限以曾歷監司、郡守，故任館職及寺監、丞者不可進步，其自外召用者，資級已高，曾不數月，必序遷卿、少，以是居之者益少。政和末，郎員冗溢，至於五十有五。侍御史張樸上殿，徽宗諭使論列，退而奏疏，劾十有六人，大略云：「才品甚下，趍操卑污，有如汪師心者；性資茸闒，柔佞取容，有如黄願、汪希旦者；淺浮躁妄，爲胥輩所輕，有如李莊者；輕侻喧囂【三】，漫不省職，有如李揚者；麤冗不才，褊忿輕發，有如成禔者；人才碌碌，初無可取，有如張高者；志氣衰落，難與任事，有如常環者；大

【三】輕侻喧囂　庫本、祠本「囂」作「嚻」。

言無當，誕詭不情，有如梁子誨者；資望太輕，士論不厭，有如葉椿、唐作求、吴直夫、章芹、李與權、王良欽、强休甫者。乞行罷斥。」從之。考一時標榜，未必盡當，然十六人者後皆不顯，視今日員數，多寡不侔如是。秦檜居相位久，不欲士大夫在朝，末年尤甚。二十四司獨刑部有孫敏脩一員，餘皆兼攝，吏部七司至全付主管告院張云，兵、工八司，併於一寺主簿，又可怪也。

東坡慕樂天

蘇公責居黄州，始自稱東坡居士。詳考其意，蓋專慕白樂天而然。白公有《東坡種花》二詩云：「持錢買花樹，城東坡上栽。」又云：「東坡春向暮，樹木今何如。」又有《步東坡》詩云：「朝上東坡步，夕上東坡步。東坡何所愛？愛此新成樹。」又有《别東坡花樹》詩云：「何處殷勤重回首，東坡桃李種新成。」皆爲忠州刺史時所作也。蘇公在黄，正與白公忠州相似，因憶蘇詩，如《贈寫真李道士》云：「他時要指集賢人，知是香山老居士。」《贈善相程傑》云：「我似樂天君記取，華顛賞遍洛陽春。」《送程懿叔》云：「我甚似樂天，但無素與蠻。」《入侍邇英》云：「定似香山老居士，世緣終淺道根深。」而跋曰：「樂天自江州司馬除忠州刺史，旋以主客郎中知制誥，遂拜中書舍人。某雖不敢自比，然謫居黄州，起知文登，召爲儀曹，遂忝侍從。出處老少，大略相似，庶幾復享晚節閑適之似樂天。」則公之所以景仰者，不止一再言之，非東坡之名偶爾暗合也。

樂。」《去杭州》云：「出處依稀似樂天，敢將衰朽較前賢。」序曰：「平生自覺出處老少粗

縛雞行

老杜《縛雞行》一篇云：「小奴縛雞向市賣，雞被縛急相喧爭。家中厭雞食蟲蟻，不知雞賣還遭烹。蟲雞於人何厚薄，吾叱奴兒解其縛。雞蟲得失無了時，注目寒江倚山閣。」此詩自是一段好議論，至結句之妙，非它人所能跂及也。予友李德遠嘗賦《東西船》行，全擬其意，舉以相示，云：「東船得風帆席高，千里瞬息輕鴻毛。西船見笑苦遲鈍，汗流撐折百張篙。明日風翻波浪異，西笑東船却如此。東西相笑無已時，我但行藏任天理。」是時，德遠誦至三過，頗自喜。予曰：「語意絶工，幾於得奪胎法，只恐『行藏任理』與『注目寒江』之句，似不可同日語。」德遠以爲知言，鋭欲易之，終不能滿意也。

油污衣詩

予甫十歲時，過衢州白沙渡，見岸上酒店敗壁間，有題詩兩絶，其名曰《犬落水》、《油污衣》。犬詩太俗不足傳，獨後一篇殊有理致。其詞云：「一點清油污白衣，斑斑駁駁使人疑。縱饒洗遍千江水，爭似當初不污時。」是時甚愛其語，今六十餘年，尚歷歷不忘，漫

志于此。

北虜誅宗王

紹興庚申虜主亶誅宗室七十二王，韓昉作詔略云：「周行管叔之誅，漢致燕王之辟，兹惟無赦，古不爲非。不圖骨肉之間，有懷蠭蠆之毒。皇伯太師宋國王宗磐謂爲先帝之元子，常蓄無君之禍心；皇叔太傅兖國王宗儁、虞王宗英、滕王宗偉等，逞躁欲以無厭，助逆謀之妄作。欲申三宥，公議豈容；不頓一兵，羣凶悉殄。已各伏辜，并除屬籍訖。」紹熙癸丑，今虜主誅其叔鄭王，詔曰：「朕早以嫡孫，欽承先緒。皇叔定武軍節度使鄭王允蹈，屬處諸父，任當重藩，潛引凶徒，共爲反計，自以元妃之長子，異於它母之諸王，冀幸國災，窺伺神器。其妹澤國公主長樂牽同産之愛，駙馬都尉唐括蒲剌覩狃連姻之私，預聞其謀，相濟以惡。欲寬燕邸之戮，姑致郭鄰之囚。詢諸羣言，用示大戒。允蹈及其妻卞玉與男案春、阿辛并公主皆賜自盡，令有司依禮收葬，仍爲輟朝。」二事甚相類，蓋其視宗族至親與塗之人無異也。是年冬，倪正父奉使，館于中山，正其誅戮處，相去一月，猶血腥觸人，枯骸塞井，爲之終夕不安寢云。

州郡書院

太平興國五年，以江州白鹿洞主明起爲褒信主簿。洞在廬山之陽，常聚生徒數百人。李煜有國時，割善田數十頃，取其租廩給之。選太學之通經者，俾領洞事，日爲諸生講誦。於是起建議以其田入官，故爵命之。白鹿洞由是漸廢。大中祥符二年，應天府民曹誠即楚丘戚同文舊居造舍百五十間，聚書數千卷，博延生徒，講習甚盛。府奏其事，詔賜額曰應天府書院，命奉禮郎戚舜賓主之，仍令本府幕職官提舉，以誠爲府助教。宋興，天下州府有學自此始。其後潭州又有嶽麓書院，及慶曆中，詔諸路州郡皆立學，設官教授，則所謂書院者，當合而爲一。今嶽麓、白鹿復營之，各自養士，其所廩給禮貌乃過於郡庠。近者，巴州亦創置，是爲一邦而兩學矣。太學、辟雍並置，尚且不可，是於義爲不然也。

何韓同姓

韓文公《送何堅序》云：「何與韓同姓爲近。」嘗疑其説無所從出，後讀《史記·周本紀》，應劭曰：「《氏姓注》云，以何姓爲韓後。」鄧名世《姓氏書辯證》云：「何氏出自姬姓，食采韓原，爲韓氏。韓王建爲秦所滅，子孫散居陳、楚、江、淮間，以韓爲何，隨聲變爲何氏，然不能詳所出也。」韓王之失國者名安，此云建，乃齊王之名，鄧筆誤耳。予後讀孫愐《唐韻》云：「韓滅，子孫分散，江、淮間音以韓爲何，字隨音變，遂爲何氏。」乃知名世用此。

卷六 十五則

蕨萁養人

自古凶年饑歲，民無以食。往往隨所值以爲命。如范蠡謂吴人就蒲蠃於東海之濱；蘇子卿掘野鼠所去屮實，及齧雪與旃毛并咽之；王莽教民煮木爲酪；南方人饑餓，羣入野澤掘鳧茈；鄧禹軍士食藻菜；建安中，咸陽人拔取酸棗、藜藋以給食；晉郗鑒在鄒山，兖州百姓掘野鼠、蟄燕；幽州人以桑椹爲糧，魏道武亦以供軍；岷、蜀食芋。如此而已。吾州外邑皪崌山在樂平、德興境，李羅萬斛山在浮梁、樂平、鄱陽境，皆綿亘百餘里，山出蕨萁。乾道辛卯、紹熙癸丑歲旱【一】，村民無食，爭往取其根。率以昧旦荷鉏往掘，深至四五尺，壯者日可得六十斤。持歸搗取粉，水澄細者煮食之，如粔籹狀，每根二斤，可充一夫一日之食。冬晴且暖，田野間無不出者，或不遠數十里，多至數千人。自九月至二月終，蕨抽拳則根無力，於是始止。蓋救餓羸者半年，天之生物，爲人世之利至矣。古人不知用之，傳記亦不載，豈他邦不產此乎？

校勘記

【一】紹熙癸丑歲旱　「旱」原作「旦」，據馬本、庫本、祠本改。

賢士隱居者

士子脩己篤學，獨善其身，不求知於人，人亦莫能知者，所至或有之，予每惜其無傳。比得上虞李孟傳録示四事，故謹書之。

其一曰：慈溪蔣季莊，當宣和間，鄙王氏之學，不事科舉，閉門窮經，不妄與人接。高抑崇居明州城中，率一歲四五訪其廬。季莊聞其至，必倒屣出迎，相對小室，極意講論，自晝竟夜，殆忘寢食。告去則送之數里，相得驩甚。或問抑崇曰：「蔣君不多與人周旋，而獨厚於公，公亦惓惓於彼，願聞其故？」抑崇曰：「閲終歲讀書，凡有疑而未判，與所缺而未知者，每積至數十，輒一扣之，無不迎刃而解。」而蔣之所長，他人未必能知之。世之所謂知己，其是乎？

其二曰：王茂剛，居明之林村，在巖壑深處，有弟不甚學問，使顓治生以餬口，而刻意讀書，足跡未嘗妄出，尤邃於《周易》。沈焕通判州事，嘗訪之。其見趣絶出於傳注之外云。氣象嚴重，窺其所得，蓋進而未已也。

其三曰：顧主簿，不知何許人，南渡後寓于慈溪。廉介有常，安於貧賤，不蘄人之知。至於踐履間，雖細事不苟也。平旦起，俟賣菜者過門，問菜把直幾何，隨所言酬之。它飲食布帛亦然。久之人皆信服，不忍欺。苟一日之用足，則玩心墳典，不事交游。里中有不安其分、武斷彊忮者，相與譏之，曰：「汝豈顧主簿耶？」

其四曰：周日章，信州永豐人。操行介潔，爲邑人所敬。開門授徒，僅有以自給，非其義一毫不取。家至貧，常終日絶食，鄰里或以薄少致餽，時時不繼，寧與妻子忍餓，卒不以求人。隆寒披紙裘，客有就訪，亦欣然延納，望其容貌，聽其論議，莫不聳然。縣尉謝生遺以襲衣，曰：「先生未嘗有求，吾自欲致其勤勤耳，受之無傷也。」日章笑答曰：「一衣與萬鍾等耳，儻無名受之，是不辨禮義也。」卒辭之。汪聖錫亦知其賢，以爲近於古之所謂獨行者。

是四君子，真可書史策云。

張籍陳無己詩

張籍在他鎮幕府，鄆帥李師古又以書幣辟之，籍却而不納，而作《節婦吟》一章寄之，曰：「君知妾有夫，贈妾雙明珠。感君纏綿意，繫在紅羅襦。妾家高樓連苑起，良人執戟明光裏。知君用心如日月，事夫誓擬同生死。還君明珠雙淚垂，何不相逢未嫁時。」陳無己爲潁州教授，東坡領郡，而陳賦《妾薄命》篇，言爲曾南豐作，其首章云：「主家十二樓，一身當三千。古來妾薄命，事主不盡年。起舞爲主壽，相送南陽阡。忍著主衣裳，爲人作春妍？有聲當徹天，有淚當徹泉。死者恐無知，妾身長自憐。」全用籍意。或謂無己輕坡公，是不然。前此，無己官於彭城，坡公由翰林出守杭，無己越境見之於宋都，坐是免歸，故其詩云：「一代不數人，百年能幾見？昔爲馬首銜，今爲禁門鍵。一雨五月涼，中宵大江滿。風帆目力短，江空歲年晚。」其尊敬之盡矣。薄命擬況，蓋不忍師死而遂倍之，忠厚之至也。

杜詩誤字

李適之在明皇朝爲左相，爲李林甫所擠去位，作詩曰：「避賢初罷相，樂聖且銜盃。爲問門前客，今朝幾個來？」故杜子美《飲中八仙歌》云：「左相日興費萬錢【二】，飲如長鯨吸百川，銜盃樂聖稱避賢。」正詠適之也。而今所行本誤以「避賢」爲「世賢」，絶無意義，兼「世」字是太宗諱，豈敢用哉。《秦州雨晴》詩云：「天永秋雲薄，從西萬里風。」謂秋天遼永，風從萬里而來，可謂廣大。而集中作「天水」，此乃秦州郡名，若用之入此篇，其致思淺矣。《和李表丈早春作》云：「力疾坐清曉，來詩悲早春。」正答其意。而集中作「來時」，殊失所謂和篇本旨。

【二】左相日興費萬錢　「左」原作「在」，據馬本、庫本、祠本改。

東坡詩用老字

東坡賦詩，用人姓名，多以老字足成句。如《壽州龍潭》云「觀魚并記老莊周」，《病不赴會》云「空對親春老孟光」，《看潮》云「猶似浮江老阿童」，《贈黄山人》云「説禪長笑老浮屠」，《元長老衲裙》云「乞與佯狂老萬回」，《東軒》云「挂冠知有老蕭郎」，《侍立邇英》云「定似香山老居士」，《贈李道士》云「知是香山老居士」，《蒜山亭》云「奇逸多聞老敬通」，《汶公東堂》云「一帖空存老遂良」，《次韻韶守》云「華髮蕭蕭老遂良」，《游羅浮》云「還須略報老同叔」，《贈辯才》云「中有老法師」，《寄子由》云「青山老從事」，《贈眼醫》云「忘言老尊宿」，「妙高臺中老比丘」，《謝惠酒》云「青州老從事」，《謝餉魚》云「誰似老方朔」，《贈吴子野扇》云「得之老月師」，《次韻李端叔》云「此是老牛戬」，是皆以爲助語，非真謂其老也。大抵七言則於第五字用之，五言則於第三字用之。若其它錯出，如「再説走老瞞」，「故人餘老龐」，「老濞宫粧傳父祖」，「便腹從人笑老韶」，「老可能爲竹寫真」，「不知老奘幾時歸」之類，皆隨語勢而然。白樂天云：「每被老元偷格律。」蓋亦有自來矣。

杜詩命意

杜公詩命意用事，旨趣深遠，若隨口一讀，往往不能曉解，姑紀一二篇以示好事者。如：「能畫毛延壽，投壺郭舍人。每蒙天一笑，復似物皆春。政化平如水，皇恩斷若神。時時用抵戲，亦未雜風塵。」第三聯意味頗與前語不相聯貫，讀者或以爲疑。按，杜之旨本謂技藝倡優不應蒙人主顧眄賞接，然使政化如水，皇恩若神，爲治大要既無所損，則時時用此輩，亦亡害也。又如：「亂後碧井廢，時清瑶殿深。銅缾未失水，百丈有哀音。側想美人意，應悲寒甃沈。蛟龍半缺落，猶得折黄金。」此篇蓋見故宫井内汲者得銅缾而作，然首句便説廢井，則下文翻覆鋪叙爲難，而曲折宛轉如是，它人畢一生模寫不能到也【三】。又一篇云：「鬭雞初賜錦，舞馬既登床。簾下宫人出，樓前御柳長。仙游終一閟，女樂久無香。寂寞驪山道，清秋草木黄。」先忠宣公在北方，得唐人畫《驪山宫殿圖》一軸，華清宫居山顛，殿外垂簾，宫人無數，穴簾隙而窺，一時伶官戲劇，品類雜沓，皆列于下。杜一詩真所謂親見之也。

【三】一生模寫不能到也　「寫」原爲空格，據馬本、庫本補。

擇福莫若重

《國語》載范文子曰：「擇福莫若重，擇禍莫若輕。」且士君子樂天知命，全身遠害，避禍就福，安有迨于禍至擇而處之之理哉。韋昭注云：「有兩福擇取其重，有兩禍擇取其輕。」蓋以不幸而與禍會，勢不容但已，則權其輕重，順受其一焉。《莊子·養生主》篇云：「爲善無近名，爲惡無近刑。」夫孳孳爲善，君子之所固然，何至於縱意爲惡，而特以不麗於刑爲得計哉。是又有説矣。其所謂惡者，蓋與善相對之辭，雖於德爲愆義，非若小人以身試禍自速百殃之比也。故下文云：「可以全生，可以保身，可以盡年。」

其旨昭矣。

用人文字之失

士人爲文，或采已用語言，當深究其旨意，苟失之不考，則必詒論議。紹興七年，趙忠簡公重脩《哲録》，書成，轉特進，制詞云：「惟宣仁之誣謗未明，致哲廟之憂勤不顯。」此蓋用范忠宣《遺表》中語，兩句但易兩字，而甚不然。范之辭云：「致保佑之憂勤不顯。」專指母后以言，正得其實。今以保佑爲哲廟，則了非本意矣。紹興十九年，予爲福州教授，爲府作《謝曆日表》，頌德一聯云：「神祇祖考，既安樂於太平；歲月日時，又明章於庶證。」至乾道中，有外郡亦上表謝曆，蒙其采取用之，讀者以爲駢儷精切，予笑謂之曰：「此大有利害，今光堯在德壽，所謂『考』者何哉？」坐客皆縮頸，信乎不可不審也。

李衛公輞川圖跋

《輞川圖》一軸，李趙公題其末云：「藍田縣鹿苑寺主僧子良贄於予，且曰：『鹿苑即王右丞輞川之第也。右丞篤志奉佛，妻死不再娶，潔居逾三十載。母夫人卒，表宅爲寺。今冢墓在寺之西南隅，其圖實右丞之親筆。』予閲玩珍重，永爲家藏。」弘憲題其前一行云：「元和四年八月十三日，弘憲題。」弘憲者，吉甫字也。其後，衛公又跋云：「乘閒閲篋書中，得先公相國所收王右丞書《輞川圖》，實家世之寶也。先公凡更三十六鎮，故所藏書畫多用方鎮印記。大和二年戊申正月四日，浙江西道觀察等使、檢校禮部尚書兼潤州刺史李德裕恭題。」又一行云：「開成二年秋七月望日，文饒記。」前後五印，曰淮南節度使印、浙江西道觀察處置等使之印、劍南西川節度使印、山南西道節度使印、鄭滑節度使印，并贊皇二字。又内合同印，建業文房之印，集賢院藏書印，此三者南唐李氏所用，故後一行曰：「昇元二年十一月三日。」雖今所傳云臨本，然正自超妙。但衛公所志，殊爲可疑。《唐書·李吉甫傳》云：「德宗以來，姑息藩鎮，有終身不易地者。吉甫爲相歲餘，凡易三十六鎮。」吉甫平生只爲淮南節度耳，今乃言身更三十六鎮，誠大不然。所用印記，如浙西、西川、山西、鄭滑，皆衛公所歷也。且書其父手澤，不言第幾子，而有李字，又自標其字，皆非是，蓋好事者妄爲之。白樂天詩所説清涼寺【四】，即輞川云。洪慶善作《丹陽洪氏家譜序》云：「丹陽之洪本姓弘，避唐諱改。有弘憲者，元和四年跋《輞川圖》。」亦大錯也。

白公夜聞歌者

白樂天《琵琶行》，蓋在潯陽江上爲商人婦所作。而商乃買茶於浮梁，婦對客奏曲，樂天移船，夜登其舟與飲，了無所忌，豈非以其長安故倡女不以爲嫌邪？集中又有一篇

【四】清涼寺　馬本、祠本「涼」作「源」。

題云《夜聞歌者》，時自京城謫潯陽，宿於鄂州，又在《琵琶》之前。其詞曰：「夜泊鸚鵡洲，秋江月澄澈。鄰船有歌者，發調堪愁絕。歌罷繼以泣，泣聲通復咽。尋聲見其人，有婦顏如雪。獨倚帆檣立，娉婷十七八。夜淚似真珠，雙雙墮明月。借問誰家婦？歌泣何淒切。一問一霑襟，低眉終不說。」陳鴻《長恨傳序》云：「樂天深於詩多於情者也，故所遇必寄之吟詠，非有意於漁色。」然鄂州所見，亦一女子獨處，夫不在焉，瓜田李下之疑，唐人不譏也。今詩人罕談此章，聊復表出。

謝朏志節

荀彧佐魏武帝，劉穆之佐宋高祖，高德政佐齊文宣，高熲佐隋文帝，劉文靜佐唐高祖，終之篡漢、晉、魏、周及取隋，其功不細矣。彧以不言伏后事與勸止九錫，飲酖而死。穆之居守丹陽，宋祖北伐，而九錫之旨從北來，愧懼而卒。德政以精神凌逼，爲楊愔所譖，熲以爲相畜妾，爲獨孤后所譖，文靜以妾弟告變，爲裴寂所譖，皆不免於誅。蕭道成謀篡宋，欲引謝朏參贊大業，屏人與之語，朏無言。道成必欲引參佐命，以爲左長史，從容問道石苞事諷之，朏訖不順指。及受宋禪，方爲侍中，不肯解璽綬，引枕而卧，步出府門，道成之子頤欲殺之，道成畏得罪於公議，曰：「殺之適成其名，正當容之度外耳。」遂廢于家，海陵王之世復爲侍中。宣城王鸞謀繼大統，多引朝廷名士，朏心不願，乃求出爲吴興太守。其弟淪爲吏部尚書，朏致酒與之，曰：「可力飲此，無預人事。」其心蓋惡鸞而未如之何也。朏之志節行義，凛凛如此。司馬温公猶以爲譏，斯亦可恕也已。《續筆》於士匄、韓厥下略及之，故復詳論于此。

琵琶亭詩

江州琵琶亭，下臨江津，國朝以來，往來者多題詠，其工者輒爲人所傳。淳熙己亥歲，蜀士郭明復以中元日至亭，賦古風一章，其前云：「白樂天流落湓浦，作《琵琶行》，其放懷適意，視憂患死生禍福得喪爲何物，非深於道者能之乎？賈傅謫長沙，抑鬱致死，陸相竄南賓，屏絶人事，至從狗竇中度食飲。兩公猶有累乎世，未能如樂天逍遥自得也。予過九江，維舟琵琶亭下，爲賦此章。」「香山居士頭欲白，秋風吹作湓城客。眼看世事等虚空，雲夢胸中無一物。舉觴獨醉天爲家，詩成萬象遭梳爬。不管時人皆欲殺，夜深江上聽琵琶。賈胡老婦兒女語，淚濕青衫如著雨。此公豈作少狂夢，與世浮沉聊爾汝。我來後公三百年，潯陽至今無管絃。公詩有「潯陽地僻無管絃」之句。長安不見遺音寂，依舊匡廬翠掃天。」郭君，成都人，隆興癸未登科，仕不甚達。但賈誼自長沙召還，後爲梁王傅乃卒，前所云少誤矣。吾州餘干縣東干越亭有琵琶洲在下，唐劉長卿、張祜輩皆留題。紹興中，王洋元勃一絶句云：「塞外風煙能記否，天涯淪落自心知。眼中風物參差是，只欠江州司馬詩。」真佳句也。

減損入官人

唐開元十七年，國子祭酒楊瑒上言：「省司奏限天下明經、進士及第每年不過百人。竊見流外出身，每歲二千餘人，而明經、進士不能居其什一，則是服勤道業之士，不如胥吏之得仕也。若以出身人太多，則應諸色裁損，不應獨抑明經、進士。」當時以其言爲然。淳熙九年，大減任子員數，是時，吏部四選開具以三年爲率，文班進士大約三四百人，任子文武亦如之。而恩倖流外，蓋過二千之數，甚與開元類也。

韓蘇文章譬喻

韓、蘇兩公爲文章，用譬喻處，重複聯貫，至有七八轉者。韓公《送石洪序》云：「論人高下，事後當成敗，若河決下流東注，若駟馬駕輕車就熟路，而王良、造父爲之先後也，若燭照數計而龜卜也。」《盛山詩序》云：「儒者之於患難，其拒而不受於懷也，若築河隄以障屋霤；其容而消之也，若水之於海，冰之於夏日；其翫而忘之以文辭也，若奏金石以破蟋蟀之鳴、蟲飛之聲。」蘇公《百步洪》詩云「長洪斗落生跳波，輕舟南下如投梭。水師絶叫鳧鴈起，亂石一線爭磋磨。有如兔走鷹隼落，駿馬下注千丈坡。斷絃離柱箭脱手，飛電過隙珠翻荷」之類是也。

唐昭宗贈諫臣官

唐僖宗幸蜀，政事悉出内侍田令孜之手。左拾遺孟昭圖、右補闕常濬上疏論事，昭圖坐貶，令孜遣人沉之於蟇頤津，賜濬死。《資治通鑑》記其事。予讀《昭宗實録》，即位之初，贈昭圖起居郎，濬禮部員外郎，以其直諫被戮，故褒之。方時艱危，救亡不暇，而初政及此，《通鑑》失書之，亦可惜也。

卷七 十四則

執政辭轉官

真宗天禧元年，合祭天地，禮畢，推恩百僚，宰相以下遷官一等。時參知政事三人，陳彭年自刑部侍郎遷兵部，王曾自左諫議大夫遷給事中，張知白自給事中遷工部侍郎。而知白獨懇辭數四，上敷諭，終不能奪。王曾聞之，亦乞寢恩命。上曰：「知白無他意，但以卿爲諫議大夫，班在上，已爲給事中，在下，所以固辭，欲品秩有序爾。」於是從知白所請，而優加名數，進階金紫光禄大夫，併賜功臣爵邑。元祐三年四月，宰執七人，自文彦博仍前太師外，右僕射吕公著除司空，同平章軍國事，中書侍郎吕大防除左僕射，同知樞密院范純仁除右僕射，尚書左丞劉摯除中書侍郎，右丞王存除左丞，唯知樞密院安燾不遷，乃自正議大夫特轉右光禄。燾上章辭，令學士院降詔不允。學士蘇軾以爲：「朝廷豈以執政六人五人進用，故加遷秩以慰其心？既無授受之名，僅似姑息之政，欲奉命草詔，不知所以爲詞，伏望從其所請。」御寶批：「可，且用一意度作不許詔書進入。」燾竟辭，始免。紹興三十一年，陳康伯自右相拜左相，朱倬自參政拜右相，時葉義問知樞密院，元居倬上，不得遷，朝論謂宜進爲使，學士何溥面受草制之旨，曾以爲言，高宗不許。紹熙五年七月，主上登極，拜知樞密院趙汝愚爲右相，參政陳騤除知院，同知院事余端禮除參政，而左丞相留正以少保進少傅，乃係特遷，且非覃恩，正固辭，乃止。

宗室補官

壽皇聖帝登極赦恩，凡宗子不以服屬遠近，人數多少，其曾獲文解兩次者，並直赴殿試，略通文墨者，所在州量試，即補承信郎。由是入仕者過千人以上。淳熙十六年二月、紹熙五年七月，二赦皆然，故皇族得官不可以數計。偶閱《唐昭宗實録》載一事云：「宗正少卿李克助奏：『准去年十一月赦書，皇三等以上親無官者，每父下放一人出身；皇五等以上親未有出身陪位者，與出身。寺司起請承前舊例，九廟子孫陪位者，每父下放一人出身，共放三百八十人。其諸房宗室等，各赴陪位納到文狀，共一千二十七人。除元不赴陪位及不納到狀，及違寺司條疏，不取宗室充係落下外，係三百八十人，合放出身。』勑准赦書處分。」予案昭宗以文德元年即位，次年十一月南郊禮畢肆赦，其文略云：「皇三等以上親，委中書門下各擇有才行者量與改官，無官者，每父下放一人出身；皇五等以上親未有出身陪位者，與出身。」然則亦有三等五等親、陪位與不陪位之差别也。

孫宣公諫封禪等

景德、祥符之間，北戎結好，宇内乂寧，一時邪諛之臣，唱爲瑞應祺祥，以罔明主，王欽若、陳彭年輩實主張之。天書既降，於是東封、西祀、太清之行，以次丕講，滿朝耆老方正之士，鮮有肯啓昌言以遏其姦焰，雖寇萊公亦爲之。而孫宣公奭獨上疏爭救，于再于三，《真録》出於欽若提綱，故不能盡載，以故後人罕稱之，予略摘其大槩紀於此。

一章論西祀，曰：「汾陰后土，事不經見。漢都雍，去汾陰至近；河東者，唐王業所起之地，且又都雍，故武帝、明皇行之。今陛下經重關，越險阻，遠離京師根本之固，其爲不可甚矣。古者聖王先成民而後致力於神，今土木之功，累年未息，水旱作沴，饑饉居多，乃欲勞民事神，神其享之乎。明皇嬖寵害政，姦佞當塗，以至身播國屯。今議者引開元故事以爲盛烈，臣切不取。今之姦臣，以先帝詔停封禪，故贊陛下，以爲繼承先志。且先帝欲北平幽朔，西取繼遷，則未嘗獻一謀、畫一策以佐陛下。而乃卑辭重幣，求和於契丹，蹙國縻爵，姑息於保吉。謂主辱臣死爲空言，以誣下罔上爲己任，撰造祥瑞，假託鬼神，纔畢東封，便議西幸。以祖宗艱難之業，爲佞邪僥倖之資，臣所以長歎而痛哭也。」

二章論爭言符瑞，曰：「今野鵰山鹿，並形奏簡，秋旱冬雷，率皆稱賀。將以欺上天，則上天不可欺；將以愚下民，則下民不可愚；將以惑後世，則後世必不信。腹非竊笑，有識盡然。」

三章論將幸亳州，曰：「國家近日多效唐明皇所爲。且明皇非令德之君，觀其禍敗，足爲深戒，而陛下反希慕之。近臣知而不諫，得非姦佞乎。明皇奔至馬嵬，楊國忠既誅，乃諭軍士曰：『朕識理不明，寄任失所，近亦覺寤。』然則已晚矣。陛下宜早覺寤，斥遠邪佞，不襲危亂之迹，社稷之福也。」

四章論朱能天書，曰：「姦憸小人，妄言符瑞，而陛下崇信之，屈至尊以迎拜，歸祕殿以奉安。百僚黎庶，痛心疾首，反脣腹非，不敢直言。臣不避死亡之誅，聽之罪之，惟在聖斷。昔漢文成、五利妄言不讎，漢武誅之。先帝時，侯莫、陳利用方術姦發，誅於鄭州。唐明皇得靈符寶券，皆王鉷、田同秀等所爲，不能顯戮，今日見老君於閣上，明日見老君於山中，大臣尸禄以將迎，端士畏威而緘默。及禄山兆亂，輔國劫遷，大命既傾，前功併棄。今朱能所爲是已。願遠思漢武之雄材，近法先帝之英斷，中鑒明皇之召禍，庶幾災害不生，禍亂不作。」

奭之論諫，雖魏鄭公、陸宣公不能過也。

赦恩爲害

赦過有罪，自古不廢，然行之太頻，則惠姦長惡，引小人於大譴之域，其爲害固不勝言矣。唐莊宗同光二年大赦，前云：「罪無輕重，常赦所不原者，咸赦除之。」而又曰：「十惡五逆、屠牛、鑄錢、故殺人、合造毒藥、持仗行劫、官典犯贓，不在此限。」此制正得其中。當亂離之朝，乃能如是，亦可取也，而今時或不然。

代宗崇尚釋氏

唐代宗好祠祀，未甚重佛。元載、王縉、杜鴻漸爲相，三人皆好佛。上嘗問以「佛言報應，果爲有無」。載等奏：「國家運祚靈長，非宿植福業，何以致之？福業已定，雖時有小災，終不能爲害，所以安、史有子禍，僕固病死，回紇、吐蕃不戰而退，此皆非人力所及。」上由是深信之，常於禁中飯僧，有寇至則令僧講《仁王經》以禳之，寇去則厚加賞賜。胡僧不空，官至卿、監，爵爲國公，出入禁闥，勢移權貴，此《唐史》所載也。予家有嚴郢撰《三藏和尚碑》，徐季海書，乃不空也。云西域人，氏族不聞於中夏，玄、肅、代三朝皆爲國師。代宗初以特進、大鴻臚褒表之。及示疾，又就卧内加開府儀同三司、肅國公。既亡，廢朝三日，贈司空。其恩禮之寵如此。同時又有僧大濟，爲帝常脩功德，至殿中監。贈其父惠恭兖州刺史，官爲營辦葬事，有勑葬碑，今存。時兵革未盡息，元勳宿將，賞功賦職，不過以此處之，顧施之一僧，繆濫甚矣。

光武苻堅

漢光武建武三十年，羣臣請封禪泰山。詔曰：「即位三十年，百姓怨氣滿腹，吾誰欺，欺天乎？若郡縣遠遣吏上壽，盛稱虚美，必髡，令屯田。」於是羣臣不敢復言，其英斷如此。然財二年間，乃因讀《河圖會昌符》，詔索《河雒》讖文言九世當封禪者，遂爲東封之舉，可謂自相矛盾矣。苻堅禁圖讖之學，尚書郎王佩讀讖，堅殺之，學讖者遂絶。及季年，爲慕容氏所困，於長安自讀讖書，云：「帝出五將久長得。」乃出奔五將山，甫至而爲姚萇所執。始禁人爲讖學，終乃以此喪身亡國。「久長得」之兆，豈非言久當爲姚萇所得乎。又「姚」與「遥」同，亦久也。光武與堅非可同日語，特其事偶可議云。

周武帝宣帝

周武帝平齊，中原盡入輿地，陳國不足平也，而雅志節儉，至是愈篤。後宫唯置妃二人，世婦三人，御妻三人，則其下保林、良使輩，度不過數十耳。一傳而至宣帝，奢淫酣縱，自比於天，廣搜美女，以實後宫，儀同以上女不許輒嫁，遂同時立五皇后，父子之賢否不同，一至於此。

唐觀察使

唐世於諸道置按察使，後改爲采訪處置使，治於所部之大郡。既又改爲觀察，其有戎旅之地，即置節度使。分天下爲四十餘道，大者十餘州，小者二三州，但令訪察善惡，舉其大綱。然兵甲、財賦、民俗之事，無所不領，謂之都府。權勢不勝其重，能生殺人，或專私其所領州，而虐視支郡。元結爲道州刺史，作《春陵行》，以爲「諸使誅求符牒二百餘通」，又作《賊退示官吏》一篇，以爲「忍苦哀歛」。陽城守道州，賦税不時，觀察使數誚責，又遣判官督賦，城自囚於獄。判官去，復遣官來按舉。韓愈《送許郢州序》云：「爲刺史者常私於其民，不以實應乎府，爲觀察使者常急於其賦，不以情信乎州，財已竭而歛不休，人已窮而賦愈急。」韓臯爲浙西觀察使，封杖決安吉令孫澥至死。一時所行，大抵類此，然每道不過一使臨之耳。今之州郡控制按刺者，率五六人，而臺省不預，毁譽善否，隨其意好，又非唐日一觀察使比也。

冗濫除官

自漢以來，官曹冗濫之極者，如更始「竈下養，中郎將，爛羊頭，關内侯」，晉趙王倫「貂不足，狗尾續」，《北史》周世「員外常侍，道上比肩」，唐武后「補闕連車，拾遺平斗」之諺，皆顯顯著見者。中葉以後，尤爲泛濫，張巡在雍丘，才領一縣千兵，而大將六人，官皆開府、特進，然則大將軍告身博一醉，誠有之矣。德宗避難於奉天，渾瑊之童奴曰黄芩，力戰，即封勃海郡王。至於僖、昭之世，遂有「捉船郭使君」、「看馬李僕射」。周行逢據湖、湘，境内有「漫天司空，遍地太保」之譏。李茂貞在鳳翔，内外持管籥者亦呼爲司空、太保。韋莊《浣花集》有《贈僕者楊金》詩云：「半年勤苦葺荒居，不獨單寒腹亦虛。努力且爲田舍客，它年爲爾覓金魚。」是時，人奴腰金曳紫者，蓋不難致也。

節度使稱太尉

唐節度使帶檢校官，其初只左右散騎常侍，如李愬在唐、鄧時所稱者也。後乃轉尚書及僕射、司空、司徒，能至此者蓋少。僖、昭以降，藩鎮盛彊，武夫得志，纔建節鉞，其資級已高，於是復升太保、太傅、太尉，其上惟有太師，故將帥悉稱太尉。元豐定官制，尚如舊貫。崇寧中，改三公爲少師、少傅、少保，而以太尉爲武階之冠，以是凡管軍者，猶悉稱之。紹興間，葉夢得自觀文殿學士，張澄自端明殿學士，皆拜節度。葉嘗任執政，以暮年擁旄，爲儒者之榮，自稱葉太尉。張微時用鄧洵武給使恩出身，羞爲武職，但稱尚書如故，其相反如此。

五代濫刑

五代之際，時君以殺爲嬉，視人命如草芥。唐明宗頗有仁心，獨能斟酌倰救。天成三年，京師巡檢軍使渾公兒口奏，有百姓二人，以竹竿習戰鬬之事。帝即傳宣令付石敬瑭處置，敬瑭殺之。次日，樞密使安重誨敷奏，方知悉是幼童爲戲。下詔自咎，以爲失刑，減常膳十日，以謝幽冤；罰敬瑭一月俸；渾公兒削官、杖脊，配流登州；小兒骨肉，賜絹五十匹，粟麥各百碩，便令如法埋葬。仍戒諸道州府，凡有極刑，並須子細裁遣。此事見《舊五代史》，《新書》去之。

太一推算

熙寧六年，司天中官正周琮言：「據《太一經》推算，熙寧七年甲寅歲，太一陽九、百六之數，至是年復元之初，故《經》言太歲有陽九之災，太一有百六之厄，皆在入元之終或復元之初。陽九、百六當癸丑、甲寅之歲，爲災厄之會，而得五福太一移入中都，可以消災爲祥。竊詳五福太一自雍熙甲申歲入東南巽宫，故修東太一宫于蘇村；天聖己巳歲入西南坤位，故修西太一宫于八角鎮。望稽詳故事，崇建宫宇。」詔度地于集禧觀之東，於是爲中太一宫。時王安石擅國，盡變亂祖宗法度，爲宗社之禍，蓋自此始，雖太一照臨，亦不能救也。紹熙四年癸丑，五年甲寅，朝廷之間殊爲多事，壽皇聖帝厭代，泰安以久疾退處，人情業業，皆有憂葵恤緯之慮。時無星官曆翁考步推𬌗，庸詎知非入元、復元之際乎？

趙丞相除拜

紹熙五年七月十六日宣麻制，以太中大夫、知樞密院事趙汝愚爲特進、右丞相，議者或謂國朝無宗室宰相，且轉官九級非故事。趙上章力辭，不肯入都堂涖職。越六日，詔改除樞密使，依宰臣超三官。又二日，制除正議大夫、樞密使。邁攷按故實，宣和二年，王黼自通議大夫、中書侍郎拜特進、少宰，凡遷八官，黼受之。靖康元年，吴敏自中大夫、知樞密院拜銀青光禄大夫、少宰，亦遷八官，敏辭之，但以通議就職。秦檜當國，以其子熺爲中大夫、知樞密院，已而除觀文殿學士，恩數如右僕射，遂暗轉通奉大夫，踰年加大學士，徑超七秩爲特進，熺處之不疑。捨此三人外，蓋未之有。若自宰相改樞密使，唯夏竦一人。是時以陳執中爲昭文相，竦爲集賢相。御史言：「竦向在陝西，與執中議論不協，不可同寅政地。」於是貼麻改命，而初制不出。今汝愚先報相麻，後報樞制，乃是經日已久，因固辭以然。又按國史，明道二年，宰臣張士遜、樞密使楊崇勳同日罷，士遜以左僕射判河南府，崇勳以節度使、平章事判許州，明日入謝，崇勳班居上。仁宗問之，士遜奏曰：「崇勳係使相，臣官只僕射，當在下。」即再鎖院，以士遜爲使相。是時，學士盛度當制，猶用士遜作相銜，論者非之，謂應用僕射、河南爲前銜也。乾道二年，葉顒以前參知政事召還，爲知樞密院，未受告而拜左相。邁當制，以新除如樞密院結銜。今汝愚拜相宣麻，已閱八日，故稱新除特進、右丞相。二者皆是也。

唐昭宗恤録儒士

唐昭宗光化三年十二月，左補闕韋莊奏：「詞人才子，時有遺賢。不霑一命於聖明，没作千年之恨骨。據臣所知，則有李賀、皇甫松、李羣玉、陸龜蒙、趙光遠、温庭筠、劉德仁、陸逵、傅錫、平曾、賈島、劉稚珪、羅鄴、方干，俱無顯過，皆有奇才。麗句清詞，徧在詞人之口；　銜冤抱恨，竟爲冥路之塵。伏望追賜進士及第，各贈補闕、拾遺。見存唯羅隱一人，亦乞特賜科名，録升三署。」勑奬莊，而令中書門下詳酌處分。次年天復元年赦文，又令中書門下選擇新及第進士中有久在名場，才沾科級，年齒已高者，不拘常例，各授一官。於是禮部侍郎杜德祥奏：　揀到新及第進士陳光問，年六十九，曹松年五十四，王希羽年七十三，劉象年七十，柯崇年六十四，鄭希顏年五十九。詔光問、松、希羽可祕書省正字；　象、崇、希顏可太子校書。案《登科記》，是年進士二十六人，光問第四，松第八，希羽第十二，崇、象、希顏居末級。昭宗當斯時，離亂極矣，尚能眷眷於寒儒，其可書也。

《摭言》云：「上新平内難，聞放新進士，喜甚，特授官，制詞曰：『念爾登科之際，當予反正之年。宜降異恩，各膺寵命。』時謂此舉爲五老牓。」

卷八 五則

徽宗薦嚴疏文

徽宗以紹興乙卯歲升遐，時忠宣公奉使未反命，滯留冷山，遣使臣沈珍往燕山，建道場於開泰寺，作《功德疏》曰：「千歲厭世，莫遂乘雲之僊；四海遏音，同深喪考之戚。況故宫爲禾黍，改館徒饋於秦牢；新廟游衣冠，招魂漫歌於楚些。雖置河東之賦，莫止江南之哀。遺民失望而痛心，孤臣久縶惟歐血【二】。伏願盛德之祀，傳百世以彌昌；在天之靈，繼三后而不朽。」北人讀之亦墮淚，爭相傳誦。其後梓宫南還，公已徙燕，率故臣之不忘國恩者，出迎於城北，搏膺大慟。虜俗最重忠義，不以爲罪也。

忠宣公謝表

建炎三年，先忠宣公銜命使北方，以淮甸賊蠭起，除兼淮南、京東等路撫諭使，俾李成以兵護至南京。公遺書抵成，成方與耿堅圍楚州，荅書曰：「汴泗，虹有紅巾，非五千騎不可往。軍食絶，不克唯命。」公陰遣客説堅，堅强成斂兵，公行未至泗，諜云：「有迎騎

校勘記

【二】孤臣久縶惟歐血　「惟」原作「而」，據馬本、祠本改。

甲而來。」副使龔璹憚之，送兵亦不肯前，遂返旆。即上疏言：「李成以餽餉稽緩，有引衆納命建康之語。今靳賽、薛慶方横，萬一三叛連衡，何以待之？方含垢養晦之時，宜選辯士諭意，優加撫納。」疏奏，高宗即遣使撫諭成，給米五萬斛。初，公戒所遣持奏吏，須疏從中出，乃詣政事堂白副封。時方禁直達，忤宰輔意，以託事滯留爲罪，特貶兩秩，而許出滁陽路。紹興十三年使回，始復元官。時已出知饒州，命予作謝表，直叙其故，曰：「論事見從，猶獲稽留之戾；出疆滋久，屢沾曠蕩之恩。始拜明綸，得仍舊秩。伏念臣頃繇乏使，不敢辭難。值三盜之連衡，阻兩淮而薦食。深虞猖獗之患，或起呼吸之間。輒露便宜，冀加勤恤。雖璽書賜報，樂聞充國之建言；而吏議不容，見謂陳湯之生事。虧除宦簿，繇歷歲時。敢自意於來歸，遂悉還於所奪。茲蓋忘人之過，與天同功。念臣昔麗於微文，蔽罪本無於它意。故從數赦，俾獲自新。」書印既畢，父兄復共議，秦檜方擅國，見此表語言，未必不怒，乃別草一通引咎曰：「使指稽留，宜速虧除之戾；聖恩深厚，卒從拔拭之科。仰服矜憐，唯知感戴。伏念臣早繇乏使，遂俾行成。值巨寇之臨衝，欲搏人而肆毒。仗節宜圖於報稱，引車何事於逡巡。徐偃出疆，既失受辭之體；申舟假道，初無必死之心。雖蒙貶秩以小懲，尚許立功而自贖。徒行萬里，無補一毫。敢妄冀於隆寬，乃悉還於舊貫。茲蓋忘人之過，撫下以仁。陽爲德而陰爲刑，未嘗私意；賞有功而赦有罪，皆本好生。坐使孤臣，盡湔宿負。」云云。前後奉使，無有不轉官者，先公以朝散郎被命，不沾恩凡十五年，而歸僅復所貶，而合磨勘五官，刑部皆不引用，秦志也。遂終於此階。

四六名對

四六駢儷，於文章家爲至淺，然上自朝廷命令、詔册，下而搢紳之間牋書、祝疏，無所不用。則屬辭比事，固宜警策精切，使人讀之激卬，諷味不厭，乃爲得體。姑摭前輩及近時綴緝工緻者十數聯，以詒同志。

王元之擬李靖平突厥露布，其叙頡利求降且復謀竄曰：「穽中餓虎，暫爲掉尾之求；韝上饑鷹，終有背人之意。」蘄州謝上表曰：「宣室鬼神之問，敢望生還；茂陵封禪之書，已期身後。」

范文正公微時，嘗冒姓朱，及後歸本宗，作啓曰：「志在逃秦，入境遂稱於張禄；名非霸越，乘舟偶効於陶朱。」用范睢、范蠡，皆當家故事。

鄧潤甫《行貴妃制》曰：「《關雎》之得淑女，無險詖私謁之心；《雞鳴》之思賢妃，有警戒相成之道。」

紹聖中，百僚請御正殿表曰：「皇矣上帝，必臨下而觀四方；大哉乾元，當統天而始萬物。」

東坡《坤成節疏》曰：「至哉坤元，德既超於載籍；養以天下，福宜冠於古今。」《慰國哀表》曰：「大哉孔子之仁，泫然流涕；至矣顯宗之孝，夢若平生。」《謝賜帶馬表》曰：「枯羸之質，匪伊垂之而帶有餘；斂退之心，非敢後也而馬不進。」

王履道《大燕樂語》曰：「五百里采，五百里衛，外包有截之區；八千歲春，八千歲秋，上祝無疆之壽。」《除少宰余深制》曰：「蓋四方其訓，以無競維人；必三后協心，而同底于道。」時并蔡京爲三相也。《執政以邊功轉官詞》曰：「惟皇天付予，庶其在此；率寧人有指，敢弗于從。」

翟公巽行《外國王加恩制》曰：「宗祀明堂，所以教諸侯之孝；大賚四海，不敢遺小國之臣。」知越州日，以擅發常平倉米救荒降官，謝表曰：「敢効秦人，坐視越人之瘠；既安劉氏，理知晁氏之危。」

孫仲益試詞科日，代高麗國王謝賜燕樂表曰：「玉帛萬國，干舞已格於七旬；簫韶九成，肉味遽忘於三月。」又曰：「蕩蕩乎無能名，雖莫見宫墻之美；欣欣然有喜色，咸豫聞管籥之音。」自中書舍人知和州，既壓境，見任者拒不納，以啓答郡僚曰：「雖文書銜袖，大人不以爲疑；然君命在門，將軍爲之不受。」鄰郡不發上供錢米，受旨推究，爲平亭其事，鄰守馳啓來謝，答之曰：「包茅不入，敢加問楚之師；輔車相依，自作全虞之計。」

汪彦章作《靖康册康王文》曰：「漢家之厄十世，宜光武之中興；獻公之子九人，惟重耳之尚在。」爲中書舍人試潭州，進士何烈卷子内稱臣及聖，問不舉覺，坐罷職，謝表曰：「謂子路使門人爲臣，雖誠誖理；　而徐邈云酒中有聖，初亦何心。」又曰：「書馬者與尾而五，常負譴憂；　網禽而去面之三，永銜生賜。」宋齊愈坐於金虜立諸臣狀中，輒書「張邦昌」字，送御史臺，責詞曰：「義重於生，雖匹夫不可奪志；　士失其守，或一言幾於喪邦。」又曰：「眭孟五行之説，豈所宜言；　袁宏九錫之文，兹焉安忍。」責張邦昌詞曰：「城郭「雖天奪其衷，坐愚至此；　然君異於器，代匱可乎。」知徽州，其鄉郡也，謝啓曰：「城郭重來，疑千載去家之鶴；　交游半在，或一時同隊之魚。」

何掄除祕書少監，未幾以口語出守邛，謝啓曰：「雲外三山，風引舟而莫近；　海濱八月，槎犯斗以空還。」

楊政除太尉，湯岐公草制曰：「遠覽漢京，傳楊氏者四世；　近稽唐室，書系表者七人。」謂楊震子秉、秉子賜、賜子彪，四世爲太尉。李德裕辭太尉云：「國朝重惜此官，二百年間才七人。」其用事精確如此。

蔣子禮拜右相，王詷賀啓曰：「早登黄閣，獨見明公之妙年；　今得舊儒，何憂左轄之虚位。」皆用杜詩語「扈聖登黄閤，明公獨妙年」，「左轄頻虚位，今年得舊儒」，亦可稱。

吾家四六

乾道初年，張魏公以右相都督江淮，議者謂兩淮保障不可恃，公親往視之。會詔歸朝，未至而免相，文惠公當制，其詞曰：「棘門如兒戲耳，庸謹秋防；衮衣以公歸兮，庶聞辰告。」所謂兒戲者，指邊將也，而讀者乃以爲詆魏公。其尾句曰：「《春秋》責備賢者，慨功業之惟艱；天子加禮大臣，固始終之不替。」所以悵惜之意至矣。《王大寶致仕詞》曰：「閔勞以事，聖王隆待下之仁；歸絜其身，君子盡遺榮之美。」大寶有遺泄之疾，或又謂有所譏，而實不然。罷相後，起帥浙東，謝表曰：「上丞相之印，方事退藏；懷會稽之章，遽叨進用。」《謝生日詩詞啓》曰：「五十當貴，適買臣治越之年；八千爲秋，辱莊子大椿之譽。」時正五十歲也。

紹興壬戌詞科，代樞密使謝賜玉帶表。文安公曰：「有璞於此必使琢，恍驚制作之工；匪伊垂之則有餘，允謂便蕃之賜。」主司喜焉，擢爲第一。

乙丑年，代謝賜御書《周易》、《尚書》表，予曰：「八卦之説謂之索，奉以周旋；百篇之義莫得聞，坦然明白。」尾句曰：「但驚奎壁之輝，從天而下；莫測龜龍之祕，行他無疆。」亦忝此選。《代福州謝曆日表》曰：「神祇祖考，既安樂於太平；歲月日時，又明章於庶徵。」正用《詩·鳧鷖·序》「太平之君子，能持盈守成，神祇祖考安樂之也」。《洪範》庶徵「歲月日時無易，百穀用成，乂用明，俊民用章」，皆上下聯文，未嘗輒增一字。淵聖《乾龍節疏》曰：「應天而行，早得尊於《大有》；　象日之動，偶蒙難於《明夷》。」《易·大有》卦「柔得尊位」、「應乎天而時行」，《左傳》叔孫豹筮遇《明夷》「象日之動，故曰君子于行」，《象》辭云「内文明而外柔順，以蒙大難」，亦純用本文。

乾道丁亥《南郊赦文》曰：「皇天后土，監于成命之詩；　藝祖、太宗，昭我思文之配。」讀者以爲壯。後語曰：「天地設位而聖人成能，既撲緼紛之況；　雷雨作解而君子赦過，式流汪濊之恩。」此文先三日鎖院所作，冬至日適有雷雪之異，殆成讖云。

葉子昂參知政事，爲諫議大夫林安宅所擊罷去，林遂副樞密，已而置獄治其言，皆無實，林責居筠，葉召拜左揆。予草制曰：「既從有北之投，亟下居東之召。有欲爲王留者，孰明去就之忠；　無以我公歸兮，大慰瞻儀之望。」本意用「公歸」之句，指邦人而言也，故云「瞻儀」。而御史單時疑之，謂人君而稱臣爲我公，彼蓋不詳味詞理耳。子昂坐冬雷罷相，予又當制，曰：「調陰陽而遂萬物，所嗟論道之非；　因災異而劾三公，實負應天之愧。」蓋因有諷諫也。

《嗣濮王加恩制》曰：「天神明而照知四方，既下臨於精意；　王孫子而本支百世，茲載錫於蕃釐。」又曰：「春秋享祀，獨冠周家之宗盟；　老成典刑，蔚爲劉氏之祭酒。」《士衎制》曰：「克羞饋祀，事其先而萬國歡心；　肅倡和聲，行於郊而百神受職。」《賜宰臣辭免提舉聖政書成轉官詔》曰：「爲天子父尊之至，永惟傳序之恩；問聖人德何以加，莫越重華之孝。」《賜葉資政辭召命詔》曰：「見晛曰消，顧何傷於日月；得時則駕，宜亟會於風雲。」《賜史大觀文以新蜀帥改越辭免詔》曰：「王陽爲孝子，敢煩益部之行；莊助留侍中，姑奉會稽之計。」吴璘在興元，修塞兩縣決壞渠爲田，奬諭詔曰：「刻石立作三犀牛，重見離堆之利；復陂誰云兩黄鵠，詎煩鴻郤之謡。」用老杜《石犀行》云「秦時蜀太守刻石立作三犀牛」及翟方進壞鴻郤陂童謡云「反乎覆，陂當復，誰云者？兩黄鵠」等語也。劉共甫自潭帥除翰林學士，答詔曰：「不見賈生，茲趣長沙之召；既還陸贄，宜膺内相之除。」《批執政辭經脩哲宗寶訓轉官》曰：「念疊矩重規，當賢聖之君七作；而立經陳紀，在謨訓之文百篇。」哲廟正爲第七主，而《寶訓》百卷也。《答蔣丞相辭免》曰：「永惟萬事之統，知非艱而行惟艱；有不二心之臣，帥以正則罔不正。」禮部爲宰臣以顯仁皇后小祥請吉服，奏曰：「練而慨然，禮應順變；期可已矣，懼或過中。」又曰：「漢中天二百而興，益隆大業；舜至孝五十而慕，獨耀前徽。」時高宗聖壽五十四也。《辛巳親征詔》曰：「惟天惟祖宗，方共扶於基緒；有民有社稷，敢自佚於宴安。」又曰：「歲星臨於吴分，定成淝水之勳；鬬士倍於晉師，可決韓原之勝。」是時，歲星在楚，故云。檄書曰：「爲劉氏左袒，飽聞思漢之忠；徯湯后東征，必慰戴商之望。」又曰：「侯王寧有種乎？人皆可致；富貴是所欲也，時不再來。」《紫宸大宴致語》曰：「廟謨先定，百官修輔而厥后惟明；黼坐端臨，五帝神聖而其臣莫及。」《脩聖政轉官詞》曰：「念五馬渡江之後【二】，光啓中興；述六龍御天以來，式時猷訓。」又曰：「薦於天而天是受，永言覆燾之恩；問諸朝而朝不知，詎測形容之妙。」《汪觀文復官詞》曰：「作雷雨之解而宥罪，在法當原；如日月之食而及更，於明何損。」《步帥陳敏制》曰：「亞夫持重，小棘門、霸上之將軍；不識將屯，冠長樂、未央之衛尉。」《吴挺興州制》曰：「能得士心，吴起固西河之守；差彊人意，廣平開東漢之興。」《起復知金州制》曰：「惟天不弔，壞萬里之長城；有子而賢，作三軍之元帥。」《蕭鷓巴詞》曰：「隨會在秦，晉國起六卿之懼；日磾仕漢，秺侯傳七葉之芳。」《姚仲復官制》曰：「李廣數奇，應恨封侯之相；孟明一眚，終酬拜賜之師。」《追封皇弟四子邵王詞》曰：「舉漢武三王之策，方茂徽章；念周文十子之宗，獨留遺恨。」時已封建三王也。《趙忠簡謚制》曰：「見夷吾於江左，共知晉室之何憂；還德裕於崖州，豈待令狐之復夢。」《王彦贈官詞》曰：「申帶礪以丹書之誓，方休甲第之功臣；挂衣冠於神虎之門，竟失戍營之校尉。」《向起贈官詞》曰：「馳至金城郡，方思充國之忠；生入玉門關，竟負班超之望。」《李師顔贈官制》曰：「青天上蜀道，久嚴分閫之權；黑水惟梁州，愴失安邊之傑。」《襄帥王宣贈官詞》曰：「黄河如帶，莫申劉氏之盟；漢水爲池，空墮羊公之淚。」王淪以太常少卿朔祭太廟，忘設象尊、犧尊，降官詞曰：「犧象不設，已廢司彝之供；餼羊空存，殊乖告朔之禮。」《潼川神加封詞》曰：「駕飛龍兮靈

【二】念五馬渡江之後　李本、馬本、祠本「渡」作「浮」。

之旍【三】，具嚴渙命；驅厲鬼兮山之左，終相此邦。」《青城山蠶叢氏封侯詞》曰：「想青神侯國之封，自今以始；雖白帝公孫之盛，於我何加。」《陽山龍母詞》曰：「居然生子，乘雲氣以爲龍；惟爾有神，時雨暘而利物。」《魏丞相贈父詞》曰：「大名之後必大，非此其身；和戎如樂之和，幸哉有子。」魏蓋以使虜定和議，旋致大用。《贈母詞》曰：「藏盟府之國功，不殊魏絳；成外家之宅相，重見陽元。」《封妻姜氏詞》曰：「筮仕于晉曰魏，方開門户之祥；取妻必齊之姜，孰盛閨闈之美。」《虞丞相贈父詞》曰：「活千人有封，非其身者在其子；德百世必祀，畸於人者侔於天。」又《周仁贈父詞》曰【四】：「有子能賢，高舉而集吴地；受予顯服，會同而朝漢京。」用東方朔《非有先生傳》「高舉遠引，來集吴地」及《兩京賦》「春王三朝，會同漢京」也。《獎諭吴挺詔》曰：「閫外制將軍，方有成於東鄉；舟中皆敵國，應無慮於西河。」《梁丞相醴泉使兼侍讀制》曰：「珍臺閒館，獨冠皋、伊之倫魁；廣厦細旃，尚論唐、虞之盛際。」又答詔曰：「一言可以興邦，念爲臣之不易；三宿而後出晝，勉爲王而留行。」《王丞相進玉牒加恩制》曰：「載籍之傳五三，壯太祖、太宗之立極；賢聖之君六七，耀永昭、永厚之詒謀。」《批以旱得雨請御殿》曰：「念七月之間則旱，咎證已深；雖三日以往爲霖，憂端未貫。」

餘不勝書。唯記從兄在泉幕，淮東使者，其友壻也，發京狀薦之，爲作謝啓曰：「襟袂相連，夙愧末親之孤陋；雲泥縣望，分無通貴之哀憐。」皆用杜詩。其下句人人知之，

【三】駕飛龍兮靈之旍　「旍」原作「游」，據李本改。

【四】又周仁贈父詞曰　「又」原作「大」，據祠本改。馬本爲空格。

上句乃《贈李十五丈》云：「孤陋忝末親，等級敢比肩。人生意氣合，相與襟袂連。」此事適著題，而與前《送韋書記》詩句偶可整齊用之，故併紀于此。但以傳示子孫甥姪而已，不足爲外人道也。

唐賢啓狀

故書中有《唐賢啓狀》一册，皆汎汎緘題。其間標爲獨孤常州及、劉信州太真、陸中丞長源、吕衡州温者各數十篇，亦無可傳誦。時人以其名士，故流行至今。獨孤有《與第五相公書》云：「垂示《送丘郎中》兩詩，詞清興深，常情所不及。『陰天聞斷鴈，夜浦送歸人。』醲麗閑遠之外，文句窈窕悽惻，比頃來所示者，才又加等。但吟誦歎詠，大談於吴中文人耳。」又云：「昨見《送梁侍御》六韻，清麗妍雅，妙絶今時，掩映風騷，吟諷不足。」案第五琦乃聚歛之臣，不以文稱，而獨孤獎重之如此。觀表出十字，誠爲佳句，乃知唐人工詩者多，不必專門名家而後可稱也。

卷九十六則

樞密兩長官

趙汝愚初拜相，陳騤自參知政事除知樞密院。趙辭不受相印，乃改樞密使，而陳已供職累日。朝論謂兩樞長，又名稱不同，爲無典故。案，熙寧元年觀文殿學士、新知大名府陳升之過闕，留知樞密院。故事，樞密使與知院事不並置。時文彦博、吕公弼既爲使，神宗以升之三輔政，欲稍異其禮，且王安石意在抑彦博，故特命之。然則自有故事也。

赦放債負

淳熙十六年二月登極赦：「凡民間所欠債負，不以久近多少，一切除放。」遂有方出錢旬日，未得一息，而并本盡失之者，人不以爲便。何澹爲諫大夫，嘗論其事，遂令只償本錢，小人無義，幾至喧譟。紹熙五年七月覃赦，乃只爲蠲三年以前者。案，晉高祖天福六年八月赦云：「私下債負取利及一倍者，並放。」此最爲得。又云：「天福五年終已前，殘税並放。」而今時所放官物，常是以前二年爲斷，則民已輸納，無及於惠矣。唯民間房賃欠負，則從一年以前皆免。比之區區五代，翻有所不若也。

馮道王溥

馮道爲宰相歷數朝，當漢隱帝時，著《長樂老自叙》云：「余先自燕亡歸河東，事莊宗、明宗、愍帝、清泰帝、晉高祖、少帝、契丹主、漢高祖、今上，三世贈至師傅，階自將仕郎至開府儀同三司，職自幽州巡官至武勝軍節度使，官自試大理評事至兼中書令，正官自中書舍人至戎太傅、漢太師，爵自開國男至齊國公。孝於家，忠於國，口無不道之言【二】，門無不義之貨。下不欺於地，中不欺於人，上不欺於天。其不足者，不能爲大君致一統，定八方，誠有愧於歷官，何以答乾坤之施。老而自樂，何樂如之。」道此文載於范質《五代通録》，歐陽公、司馬温公嘗詆誚之，以爲無廉恥矣。

王溥自周太祖之末爲相，至國朝乾德二年罷。嘗作《自問詩》，述其踐歷，其序云：「予年二十有五，舉進士甲科，從周祖征河中，改太常丞。登朝時同年生尚未釋褐，不日作相。在廊廟凡十有一年，歷事四朝，去春恩制改太子太保。每思菲陋，當此榮遇，十五年間，遂躋極品，儒者之幸，殆無以過。今行年四十三歲，自朝請之暇，但宴居讀佛書，歌詠承平，因作《自問詩》十五章，以志本末。」此序見《三朝史》本傳，而詩不傳，頗與《長樂叙》相類，亦可議也。

【二】口無不道之言　「口」原作「己」。按，《舊五代史》卷一百二十六《馮道傳》作「口」，今改。

周玄豹相

唐莊宗時，術士周玄豹以相法言人事，多中。時明宗爲内衙指揮使，安重誨使他人易服而坐，召玄豹相之。玄豹曰：「内衙，貴將也，此不足當之。」乃指明宗於下坐，曰：「此是也。」因爲明宗言其後貴不可言。明宗即位，思玄豹以爲神。將召至京師，宰相趙鳳諫，乃止。觀此事，則玄豹之方術可知。然馮道初自燕歸太原，監軍使張承業辟爲本院巡官，甚重之。玄豹謂承業曰：「馮生無前程，不可過用。」書記盧質曰：「我曾見杜黄裳寫真圖，道之狀貌酷類焉，將來必副大用，玄豹之言，不足信也。」承業於是薦道爲霸府從事，其後位極人臣，考終牖下，五代諸臣皆莫能及，則玄豹未得擅唐、許之譽也。道在晉天福中爲上相，詔賜生辰器幣。道以幼屬亂離，早喪父母，不記生日，懇辭不受。然則道終身不可問命，獨有形狀可相，而善工亦失之如此。

鈷鉧滄浪

柳子厚《鈷鉧潭西小丘記》云：「丘之小不能一畝。問其主。曰：『唐氏之棄地，貨而不售。』問其價，曰：『止四百。』予憐而售之。以兹丘之勝，致之灃水、鄠、杜，則貴游之士爭買者，日增千金而愈不可得。今棄是州也，農夫漁父過而陋之，賈四百，連歲不能售。」蘇子美《滄浪亭記》云：「予游吴中，過郡學東，顧草樹鬱然，崇阜廣水，不類乎城中。並水得微徑於雜花脩竹之間，東趨數百步，有棄地，三向皆水，旁無民居，左右皆林木相虧蔽。予愛而裴回，遂以錢四萬得之【二】。」予謂二境之勝絶如此，至於人棄不售，安知其後卒爲名人賞踐。如滄浪亭者，今爲韓蘄王家所有，價直數百萬矣，但鈷鉧復埋没不可識。士之處世，遇與不遇，其亦如是哉。

司封失典故

南渡之後，臺省胥吏舊人多不存，後生習學，加以省記，不復諳悉典章。而司封以閑曹之故，尤爲不謹。舊法，大卿、監以上贈父至太尉止，餘官至吏部尚書止。今司封法，餘官至金紫光禄大夫，蓋昔之吏書也，而中散以上贈父至少師止。案，政和以前，太尉在太傅上，其上唯有太師，故凡稱攝太尉者，皆爲攝太傅，則贈者亦應如此，不應但許至少師也。生爲執政，其身後但有子升朝，則累贈可至極品大國公。歐陽公位參知政事、太子少師，後以諸子恩至太師兖國公，而其子棐亦不過朝大夫耳，見於蘇公祭文及黄門所撰神道碑。比年汪莊敏公任樞密使，以子贈太師，當封國公，而司封以爲須一子爲侍從乃可，竟不肯施行，不知其説載於何法也。朱漢章却以子贈至大國公。舊少卿、監遇恩，封開國男，食邑三百户，自後再該加封，則每次增百户，無止法。今一封即止。舊學士待制，食邑

【二】遂以錢四萬得之　「之」原爲空格，據明抄本補。

千五百户以上，每遇恩則加實封，若虚邑五百者，其實封加二百，虚邑三百、二百者，實封加一百。今復不然，雖前執政亦只加虚邑三百耳，故侍從官多至實封百户即止，尤可笑也。

老人該恩官封

晁無咎作《積善堂記》云：「大觀元年大赦天下，民百歲男子官，婦人封；仕而父母年九十，官封如民百歲。於是故漳州軍事判官晁仲康之母黄氏年九十一矣，其第四子仲詢走京師狀其事，省中爲漳州請，漳州雖没，赦令初不異往者，丞相以爲可而上之，封壽光縣太君。」今自乾道以來，慶典屢下，仕者之父母年七十、八十即得官封，而子已没者，其家未嘗陳理，爲可惜也。

學士中丞

淳熙十四年九月，予以雜學士除翰林學士，蔣世脩以諫議大夫除御史中丞，時施聖與在政府，語同列云：「此二官不常置，今咄咄逼人，吾輩當自點檢。」蓋謂其必大用也，已而皆不然。因考紹興中所除者，不暇縷述，姑從壽皇聖帝以後，至于紹熙五年，枚數之，爲學士者九人，仲兄文安公、史魏公、伯兄文惠公、劉忠肅、王日嚴、王魯公、周益公及予，其後李獻之也。二兄、史、劉、王、周皆擢執政，日嚴以耆老拜端明致仕，唯予出補郡，獻之遂踵武。爲中丞者六人：辛企李、姚令則、黄德潤、蔣世脩、謝昌國，何自然也。辛、姚、黄皆執政，唯蔣補郡，昌國徙權尚書，即去國，自然以本生母憂持服云。

漢高祖父母姓名

漢高祖父曰太公，母曰媪，見於史者如是而已。皇甫謐、王符始撰爲奇語，云太公名執嘉，又名煓，媪姓王氏。唐弘文館學士司馬貞作《史記索隱》云：「母温氏。是時，打得班固泗水亭長古石碑文，其字分明作『温』，云『母温氏』。與賈膺復、徐彦伯、魏奉古等執對反覆，深歎古人未聞，聊記異見。」予切謂固果有此明證，何不載之於《漢紀》，疑亦後世好事者如皇甫之徒所增加耳。又嘗在嶺外，見康州龍媪廟碑，亦云姓温氏，則指媪爲温者不一也。唐小説《纂異記》載三史王生醉入高祖廟，見高祖云：「朕之中外，《泗州亭長碑》昭然具載外族温氏。」蓋不根誕妄之説。

君臣事迹屏風

唐憲宗元和二年，製《君臣事跡》。上以天下無事，留意典墳，每覽前代興亡得失之事，皆三復其言。遂采《尚書》、《春秋後傳》、《史記》、《漢書》、《三國志》、《晏子春秋》、

《吴越春秋》、《新序》、《説苑》等書君臣行事可爲龜鑑者，集成十四篇，自製其序，寫於屏風，列之御座之右，書屏風六扇於中，宣示宰臣。李藩等皆進表稱賀，白居易翰林制詔有批李夷簡及百寮嚴綬等賀表，其略云：「取而作鑑，書以爲屏。與其散在圖書，心存而景慕；不若列之繪素，目覩而躬行。庶將爲後事之師，不獨觀古人之象。」又云：「森然在目，如見其人。論列是非，既庶幾爲坐隅之戒；發揮獻納，亦足以開臣下之心。」居易代言，可謂詳盡。又以見唐世人主作一事而中外至於表賀，又答詔勤渠如此，亦幾於叢脞矣。憲宗此書，有《辨邪正》、《去奢泰》兩篇，而末年用皇甫鎛而去裴度，荒於遊宴，死於宦侍之手，屏風本意，果安在哉。

僧道科目

唐末帝清泰二年二月，功德使奏：「每年誕節，諸州府奏薦僧道，其僧尼欲立講論科、講經科、表白科、文章應制科、持念科、禪科、聲贊科，道士經法科、講論科、文章應制科、表白科、聲贊科、焚修科，以試其能否。」從之。此事見《舊五代史·紀》，不知曾行與否，至何時而罷也。蓋是時猶未鬻賣祠部度牒耳。周世宗廢併寺院，有詔約束云：「男年十五以上，念得經文一百紙，或讀得五百紙，女年十三以上，念得經文七十紙，或讀得三百紙者，經本府陳狀，乞剃頭，委録事參軍、本判官試驗。兩京、大名、京兆府、青州各起置戒壇，候受戒時，兩京委祠部差官引試，其三處祇委判官，逐處聞奏。候勑下委祠部給付憑由，方得剃頭受戒。」其防禁之詳如此，非若今時只納錢于官，便可出家也。念經、讀經之異，疑爲背誦與對本云。

射佃逃田

漢之法制，大抵因秦，而隨宜損益，不害其爲炎漢。唐之法制，大抵因隋而小加振飾，不害其爲盛唐。國家當五季衰亂之後，其究不下秦、隋，然一時設施，固亦有可采取。案周世宗顯德二年，詔：「應逃户莊田，並許人請射承佃，供納稅租。如三周年内本户來歸者，其桑田不計荒熟，並交還一半。五周年内歸業者，三分交還一分。如五周年外，除本户墳塋外，不在交付之限。其近北諸州陷蕃人户來歸業者，五周年内三分交還二分，十周年内還一半，十五周年内三分還一。此外者，不在交還之限。」其旨明白，人人可曉，非若今之令式文書，盈於几閣【三】，爲猾吏舞文之具，故有捨去物業三五十年，妄人詐稱逃户子孫，以錢買吏而奪見佃者，爲可歎也。

周世宗好殺

史稱周世宗用法太嚴，羣臣職事，小有不舉，往往寘之極刑，予既書於《續筆》矣。薛

【三】盈於几閣　「几」原作「凡」，據明抄本改。

居正《舊史》記載其事甚備，而歐陽公多芟去，今略記于此。樊愛能、何徽以用兵先潰，軍法當誅，無可言者。其他如宋州巡檢供奉官竹奉璘以捕盜不獲，左羽林大將軍孟漢卿以監納取耗，刑部員外郎陳渥以檢田失實，濟州馬軍都指揮使康儼以橋道不謹，内供奉官孫延希以督脩永福殿而役夫有就瓦中噉飯者，密州防禦副使侯希進以不奉使者命檢視夏苗，左藏庫使符令光以造軍士複襦不辨【四】，楚州防禦使張順以隱落税錢，皆抵極刑，而其罪有不至死者。

【四】左藏庫使符令光以造軍士複襦不辨　馬本、祠本「複」作「袍」，《舊五代史》卷一百一十七作「袍」。按，「複襦」亦可通。今仍其舊。

孟字義訓

一字數義，固有之矣。若孟字，只是最長、最先之稱，如所謂孟侯、孟孫、元妃孟子、孟春、孟夏之類是也。《國語》：「優施謂里克妻曰：主孟啗我。」注云：「大夫之妻稱主，從夫稱也。」而謂孟爲里克妻字則非矣。又云：「孟一作盍。」《史記·呂后本紀》注中引此句，而司馬貞《索隱》乃云：「孟者，且也，言且啗我物。」其説無所據。班固《幽通賦》：「盍孟晉以迨羣。」李善乃注孟爲勉。蜀王衍書其臣徐延瓊宅壁爲孟言，蜀語謂孟爲弱，故以戲之。其後孟知祥得蜀，館于徐第，以爲己讖，此義又爲無稽也。東坡與歐陽叔弼詩云：「主孟當啗我，玉鱗金鯉魚。」正用優施語。魯之寶刀曰孟勞，不詳其義。

向巨原詩

亡友向巨原，自少時能作詩，予初識之於梁宏夫坐上，未深知之也。是日，偕二友從吴傅朋遊芝山，登五老亭，以「駕言出游」分韻賦詩。巨原得駕字，其語云：「兹山何巍巍，氣欲等嵩、華。從公二三子，勝日飽閑暇。躋攀謝車輿，自辦兩不借。捫蘿覓幽磴，行椒得孤樹。側送夕陽移，俯視高鳥下。登臨記曩昔，歲月驚代謝。却數一周星，復命千里駕。身從泛梗流，事與浮雲化。朅來共一尊，似爲天所赦。明發還問塗，合離足悲吒。」詩成，觀者皆服。傅朋游絲詩卷數百篇，巨原獨不深歎美之，頗記其數句曰：「先生著名節，百世追延陵。我評先生賢，不以能書稱。功成磨蒼崖，盛德頌日昇。勿書陵雲榜，華顛踏高層。」句格超峻，其旨皆有規諷，與前所紀劉彦冲古風相類也。後哀其平生所作數千篇，目爲《葵齋雜藁》，倩予爲序。時予在章貢，及序成持寄之，則已卧病，僅能於枕上一讀而已。巨原初見韓子蒼，得一詩，曰：「老子真祠地，君來覓紙題。文如士衡俊，年與正平齊。聞説鍾陵郡，官居章水西。涪翁詩律在，佳處可時携。」而韓集佚不收，但見序中耳。

葉晦叔詩

亡友葉黯晦叔，嘗除勑令所删定官。紹興十九年，爲福建帥屬，予嘗因春補諸生，白于府主，邀與同考校，鎖宿貢院兩旬。予作長句云：「沈沈廣厦清如水，市聲人聲不到耳。一閑十日豈天賜，慙愧紛紛白袍子。相逢更得金玉人，久矣眼中無此士。連床夜語不成寐，往往鷄聲忽驚起。是中差樂真難名，昔者相過安得此。但憐時節不相謀，正墮清明寒食裏。梨花已空海棠榭，外間物色知餘幾。只恐雨風摧折之，負此一春吾過矣。謝公尋山飽閒暇，應笑腐儒黏故紙。錦囊得句應已多，萬一相思頻寄似。」時謝景思爲參議官，故卒章簡之。晦叔和篇云：「文章萬言抵杯水，世上虚名徒爾耳。我常自笑一生癡，那更將癡笑羣子。大屋沈沈餘百年，到今所閲知幾士。看渠得失自偶然，其間悲喜從何起。君聞我言亦大笑，爲説萬事總如此。缺兩句。急須了却公家事，門外不知春有幾。缺三句。飛雨時聞打窗紙。他年萬一復相從，未必從容今日似。」其語意超新，惜不能盡憶。又嘗云：「五十六言，大氐多引韻起，若以側句入，尤峻健。如老杜『幽棲地僻經過少，老病人扶再拜難』是也。然此猶是作對，若以散句起又佳。如『苦憶荆州醉司馬，謫官樽俎定常開』是也。」故予自福泮滿歸，晦叔以二詩送別，正用此體。一章云：「一門伯仲知誰似？四海文章正數君。何事與予如舊識，由來於世兩相聞。閑官各喜光陰賸，勝地空多物色分。忽復翩然從此去，便應變化上青雲。」二章云：「此地相從驚歲晚，登臨況是客歸時。却將襟抱向誰可，正爾艱難惟子知。情到中年工作惡，别於生世易爲悲。梅花盡醉江清上，黯澹西風凍雨垂。」可謂奇作。然相别不兩年即下世，每誦味其語，輒爲悽然。因刻所作《容齋記》，嘗識于末。

卷十 十七則

詞學科目

熙寧罷詩賦，元祐復之，至紹聖又罷，於是學者不復習爲應用之文。紹聖二年，始立宏詞科，除詔、誥、制、勑不試外，其章表、露布、檄書、頌、箴、銘、序、記、誡諭凡九種，以四題作兩場引試，唯進士得預，而專用國朝及時事爲題，每取不得過五人。大觀四年，改立詞學兼茂科，增試制詔，內二篇以歷代史故事，每歲一試，所取不得過三人。紹興三年，工部侍郎李擢又乞取兩科裁訂，別立一科，遂增爲十二體：曰制、曰誥、曰詔、曰表、曰露布、曰檄、曰箴、曰銘、曰記、曰贊、曰頌、曰序。凡三場，試六篇，每場一古一今，而許卿大夫之任子亦就試，爲博學宏詞科，所取不得過五人。任子中選者，賜進士第。雖用唐時科目，而所試文則非也。自乙卯至于紹熙癸丑二十牓，或三人，或二人，或一人，并之三十三人，而紹熙庚戌闕不取。其以任子進者，湯岐公至宰相，王日嚴至翰林承旨，李獻之學士，陳子象兵部侍郎，湯朝美右史，陳峴方進用，而予兄弟居其間，文惠公至宰相，文安公至執政，予冒處翰苑。此外皆係已登科人，然擢用者，唯周益公至宰相，周茂振執政，沈德和、莫子齊、倪正父、莫仲謙、趙大本、傅景仁至侍從，葉伯益、季元衡至左右史，餘多碌碌。而見存未顯者，陳宗召也。然則吾家所蒙，亦云過矣。

唐夜試進士

唐進士入舉場得用燭，故或者以爲自平旦至通宵。劉虚白有「二十年前此夜中，一般燈燭一般風」之句，及「三條燭盡」之説。按，《舊五代史·選舉志》云：「長興二年，禮部貢院奏當司奉堂帖夜試進士，有何條格者。勑旨：『秋來赴舉，備有常程。夜後爲文，曾無舊制。王道以明規是設，公事須白晝顯行。其進士並令排門齊入就試，至閉門時試畢，内有先了者，上曆畫時，旋令先出，其入策亦須晝試，應諸科對策，並依此例。』則晝試進士，非前例也。清泰二年，貢院又請進士試雜文，並點門入省，經宿就試。至晉開運元年，又因禮部尚書知貢舉竇貞固奏，自前考試進士，皆以三條燭爲限，并諸色舉人有懷藏書册不令就試。未知於何時復有更革。白樂天集中奏狀云：「進士許用書册，兼得通宵。」但不明言入試朝暮也。

納紬絹尺度

周顯德三年，勑：舊制織造絁紬、絹布、綾羅、錦綺、紗縠等，幅闊二尺起，來年後並須及二尺五分。宜令諸道州府，來年所納官絹，每匹須及一十二兩，其絁紬只要夾密停匀，不定斤兩。其納官紬絹，依舊長四十二尺。乃知今之税絹，尺度長短闊狹，斤兩輕重，頗本於此。

朱梁輕賦

朱梁之惡，最爲歐陽公《五代史記》所斥詈。然輕賦一事，《舊史》取之，而《新書》不爲拈出。其語云：「梁祖之開國也，屬黄巢大亂之餘，以夷門一鎮，外嚴烽候，内辟汙萊，厲以耕桑，薄其租賦，士雖苦戰，民則樂輸，二紀之間，俄成霸業。及末帝與莊宗對壘于河上，河南之民，雖困於輦運，亦未至流亡。其義無他，蓋賦斂輕而丘園可戀故也。及莊宗平定梁室，任吏人孔謙爲租庸使，峻法以剥下，厚歛以奉上，民産雖竭，軍食尚虧，加之以兵革，因之以饑饉，不四三年，以致顛隕。其義無他，蓋賦役重而寰區失望故也。」予以事考之，此論誠然，有國有家者之龜鑑也。《資治通鑑》亦不載此一節。

坎離陰陽

《坎》位正北，當幽陰肅殺之地，其象於《易》爲水爲月。董仲舒所謂「陰常居大冬，而積於空虚不用之處」，然而謂之陽。《離》位正南，當文明赫赫之地，於《易》爲日爲火。仲舒所謂「陽常居大夏，而以生育長養爲事」，然而謂之陰。豈非以陰生於午，陽生於子故邪？司馬貞云：「天是陽，而南是陽位，故木亦是陽，所以木正爲南正也。火是地正，亦稱北正者，火數二，二地數，地陰，主北方，故火正亦稱北正。」究其極摯，頗似難曉，聖人無所云，古先名儒以至于今，亦未有論之者。

前執政爲尚書

祖宗朝，曾爲執政，其後入朝爲它官者甚多。自元豐改官制後，但爲尚書。曾孝寬自簽書樞密去位，復拜吏部尚書。韓忠彦自知樞密院出藩，以吏書召。李清臣、蒲宗孟、王存皆嘗爲左丞，而清臣、存復拜吏書，宗孟兵書。先是元祐六年，清臣除目下，爲給事中范祖禹封還，朝廷未決，繼又進擬宗孟兵部。右丞蘇轍言：「不如且止。」左僕射吕大防於簾前奏：「諸部久闕尚書，見在人皆資淺，未可用，又不可闕官，須至用前執政。」轍曰：「尚書闕官已數年，何嘗闕事。」遂已。胡宗愈嘗爲右丞，召拜禮書、吏書。自崇寧已來，乃不復然。

河伯娶婦

《史記》褚先生所書魏文侯時西門豹爲鄴令，問民所疾苦。長老曰：「吾爲河伯娶婦，以故貧。」豹問其故。對曰：「鄴三老、廷掾常歲賦斂百姓錢，得數百萬，用其二三十萬爲河伯娶婦，與祝巫分其餘錢持歸。巫行視小家女好者，即聘取，爲治齋宫河上，粉飾女，浮之河中而没。其人家有好女者，多持女遠逃亡，以故城中益空無人。」豹曰：「至娶婦時，吾亦往送。」遂投大巫嫗及三弟子并三老於河，乃罷去。從是以後，不敢復言爲河伯娶婦。予案此事，蓋出於一時雜傳記，疑未必有實。而《六國表》秦靈公八年：「初以君主妻河【二】。」言初者，自此年而始，不知止於何時，注家無説。司馬貞《史記索隱》乃云，初以君主妻河，謂初以此年取他女爲君主，君主猶公主也。妻河，謂嫁之河伯，故魏俗猶爲河伯娶婦，蓋其遺風。然則此事秦、魏皆有之矣。

【二】六國表秦靈公八年初以君主妻河　「靈」原作「獻」，「主」原作「甥」。馬本、祠本「獻」作「靈」，「甥」作「主」。按，《史記》卷十五《六國年表》作「靈」、「主」。今改。

六經用字

六經之道同歸，旨意未嘗不一，而用字則有不同者。如佑、祐、右三字一也，而在《書》爲佑，在《易》爲祐，在《詩》爲右。惟、維、唯，一也，而在《書》爲惟，在《詩》爲維，在《易》爲唯，《左傳》亦然。又如《易》之无字，《周禮》之灋、眡、亮、鱻、齍、皐、獻、臬、𦥛、䌯、簭等字，他經皆不然。今人書无咎、无妄多作無，失之矣。孝宗初登極，以潛邸爲佑聖觀，令玉册官篆牌。奏云：「篆法佑字無立人，只單作右字。」道士力爭，以爲觀名去人，恐不可安跡。有旨特增之。

鄂州興唐寺鐘

鄂州城北鳳凰山之陰，有佛刹曰興唐寺。其小閣有鐘，題誌云：「大唐天祐二年三月十五日新鑄。」勒官階姓名者兩人，一曰金紫光禄大、檢校尚書左僕射兼御史大陳知新，一曰銀青光禄大、檢校尚書右僕射兼御史大楊琮。大字之下，皆當有夫字，而悉削去，觀者莫能曉。五代《新、舊史》、《九國志》並無其説，唯劉道原《十國紀年》載楊行密之父名怤，怤與夫同音。是時，行密據淮南，方破杜洪於鄂而有其地，故將佐爲諱之。行密之子渭，建國之後，改文散諸大夫爲大卿、御史大夫爲御史大憲，更可證也。鄱陽浮洲寺有吴武義二年銅鐘，安國寺有順義三年鐘，皆刺史吕師造。題官稱曰：光禄大卿、檢校太保兼御史大卿。然則亦非大憲也。王得臣《麈史》嘗辨此事，而云：「行密遣劉存破鄂州，知新、琮不預。志傳皆略而不書。」予又案楊溥時，劉存以鄂岳觀察使爲都招討使，知新以岳州刺史爲團練使，同將兵擊楚，爲所執殺。則知新乃存偏裨，非不預也。

禰衡輕曹操

孔融薦禰衡，以爲「淑質貞亮，英才卓礫，志懷霜雪，疾惡若讎，任座、史魚，殆無以過，若衡等輩，不可多得」。數稱述於曹操。操欲見之，衡素相輕疾，不肯往，而數有恣言，操懷忿，因召之擊鼓，裸身辱之。融爲見操，説其狂疾，求得自謝。操喜，勑門者有客便通，待之極晏，衡乃坐於營門，言語悖逆，操怒，送與劉表。衡爲融所薦，東坡謂融視操特鬼蜮之雄，其勢決不兩立，非融誅操，則操害融。而衡平生唯善融及楊脩，常稱曰：「大兒孔文舉，小兒楊德祖。」融、脩皆死於操手，衡無由得全。《漢史》言其尚氣剛傲，矯時慢物，此蓋不知其鄙賤曹操，故陷身危機，所謂語言狂悖者，必誦斥其有僭篡之志耳。劉表復不能容，以與黄祖，觀其所著《鸚鵡賦》，專以自況，一篇之中，三致意焉。如云：「嬉游高峻，栖峙幽深。飛不妄集，翔必擇林。雖周旋於羽毛，固殊智而異心。配鸞皇而等美，焉比翼於衆禽。」又云：「彼賢哲之逢患，猶棲遲以羈旅。矧禽鳥之微物，能馴擾以安處。」又云：「嗟禄命之衰薄，奚遭時以嶮巇。豈言語以階亂，將不密以致危。」又云：「顧六翮之殘毁，雖奮迅其焉如。心懷歸而弗果，徒怨毒於一隅。」卒章云：「苟竭心於所事，敢背惠以忘初。期守死以報德，甘盡辭以効愚。」予每三復其文而悲傷之。李太白詩云：「魏帝營八極，蟻觀一禰衡。黄祖斗筲人，殺之受惡名。吴江賦鸚鵡，落筆超羣英。鏘鏘振金石，句句欲飛鳴。摯鶚啄孤鳳，千春傷我情。」此論最爲精當也。

禁中文書

韓魏公爲相，密與仁宗議定立嗣。公曰：「事若行，不可中止，陛下斷自不疑。乞内中批出。」帝意不欲宫人知，曰：「只中書行足矣。」淳熙十四年十月二十二日，壽皇聖帝自德壽持喪還宫，二十五日有旨召對，與吏部尚書蕭燧同引。中使先諭旨曰：「教内翰留身。」既對，乃旋於東華門内行廊下夾一素幄御榻後出一紙【二】，録唐貞觀中太子承乾監國事以相示。蕭先退，上與邁言，欲令皇太子參決萬幾，使條具合行事宜。仍戒云：「進入文字須是密。」邁奏言：「當親自書寫實封，詣通進司。」上曰：「也只翦開，不如分付近上一箇内臣。」又言：「臣無由可與内臣相聞知，惟御藥是學士院承受文字，尋常只是公家文書傳達，今則不可，欲俟檢索典故了日，却再乞對面納。」上曰：「極好。」於是七日間三得從容。乃知禁廷機事，深畏漏泄如此。其詳見於所記見聞事實。

老子之言

《老子》之言，大抵以無爲、無名爲本，至於絶聖棄智。然所云「將欲歙之，必固張之，將欲弱之，必固强之，將欲廢之，必固興之，將欲奪之，必固與之」，乃似於用機械而有心者。微言淵奥，固莫探其旨也。

孔叢子

前漢枚乘與吴王濞書曰：「夫以一縷之任，係千鈞之重。上縣無極之高，下垂不測

【二】乃旋於東華門内行廊下　「行」原作「先」，據李本、馬本、祠本改。

之淵。雖甚愚之人，猶知哀其將絶也。馬方駭，鼓而驚之，係方絶，又重鎮之。係絶於天，不可復結。墜入深淵，難以復出。」《孔叢子・嘉言》篇載子貢之言曰：「夫以一縷之任，繫千鈞之重，上縣之於無極之高，下垂之於不測之深，旁人皆哀其絶，而造之者不知其危。馬方駭，鼓而驚之，係方絶，重而鎮之。繫絶於高，墜入於深，其危必矣。」枚叔全用此語。《漢書》注諸家皆不引證，唯李善注《文選》有之。予案《孔叢子》一書，《漢・藝文志》不載，蓋劉向父子所未見。但於儒家有太常蓼侯《孔臧》十篇，今此書之末，有《連叢子》上下二卷，云孔臧著書十篇，疑即是已。然所謂《叢子》者，本陳涉博士孔鮒子魚所論集，凡二十一篇，爲六卷。唐以前不爲人所稱，至嘉祐四年，宋咸始爲注釋以進，遂傳於世。今讀其文，略無楚、漢間氣骨，豈非齊、梁以來好事者所作乎。《孔子家語》著録於《漢・志》，二十七卷，顔師古云：「非今所有《家語》也。」

小星詩

《詩・序》不知何人所作，或是或非，前人論之多矣。唯《小星》一篇，顯爲可議。《大序》云：「惠及下也。」而繼之曰：「夫人惠及賤妾，進御於君。」故毛、鄭從而爲之辭，而鄭《箋》爲甚。其釋「肅肅宵征，抱衾與裯」兩句，謂「諸妾肅肅然而行，或早或夜，在於君所，以次序進御」。又云：「裯者，牀帳也。謂諸妾夜行，抱被與牀帳待進御。」且諸侯有一國，其宫中嬪妾雖云至下，固非閭閻賤微之比，何至於抱衾而行。况於牀帳，勢非一己之力所能致者，其説可謂陋矣。此詩本是詠使者遠適，夙夜征行，不敢慢君命之意，與《殷其靁》之指同。

桃源行

陶淵明作《桃源記》云源中人自言：「先世避秦時亂，率妻子邑人，來此絶境，不復出焉。乃不知有漢，無論魏、晉。」系之以詩曰：「嬴氏亂天紀，賢者避其世。黄、綺之商山，伊人亦云逝。願言躡輕風，高舉尋吾契。」自是之後，詩人多賦《桃源行》，不過稱贊仙家之樂。唯韓公云：「神仙有無何渺茫，桃源之説誠荒唐。」世俗那知僞爲真，至今傳者武陵人。」亦不及淵明所以作記之意。按，《宋書》本傳云：「潛自以曾祖晉世宰輔，恥復屈身後代。自宋高祖王業漸隆，不復肯仕。所著文章，皆題其年月。義熙以前，則書晉氏年號，自永初以來，唯云甲子而已。」故五臣注《文選》用其語。又繼之云：「意者恥事二姓，故以異之。」此説雖經前輩所記，然予切意桃源之事，以避秦爲言，至云「無論魏、晉」，乃寓意於劉裕，託之於秦，借以爲喻耳。近時胡宏仁仲一詩，屈折有奇味。大略云：「靖節先生絶世人，柰何記僞不考真。先生高步窘末代，雅志不肯爲秦民。故作斯文寫幽意，要似寰海離風塵。」其説得之矣。

司封贈典之失

前所書司封失典故，偶復憶一事，尤爲可笑。紹興二十八年，郊祀赦恩，資政殿學士樓炤，父已贈少師，乞加贈，司封以資政殿學士係只封贈一代，父既至少師，不合加贈，獨改封其母范氏、歐陽氏爲秦國、魏國夫人。蓋樓公雖嘗爲執政，而見居官職須大學士，乃恩及二代，故但用侍從常格。資政殿學士施鉅父仲説，已贈太子太保，加爲宫傅，亦不及祖也。乾道六年，仲兄以端明殿學士知太平州。是年郊赦，伯兄已贈祖爲太保，而轉運司移牒太平州，云準吏部牒，取會本路曾任執政官合封贈二代者。仲兄既具以報，又再行下時，祖母及父母已至極品，於是以祖爲言，遂復贈太傅，命詞給告，殊非端殿所當得。不知省部一時何所據也。

辰巳之巳

《律書》釋十母十二子之義，大略與今所言同，唯至四月，云其於十二子爲巳，巳者，言陽氣之已盡也。據此，則辰巳之巳，乃爲矣音。其它引二十八宿，謂柳爲注，畢爲濁，昴爲留，亦見於《毛詩》注及《左氏傳》，如《詩》謂營室爲定星也。

卷十一 十六則

碑誌不書名

碑誌之作，本孝子慈孫欲以稱揚其父祖之功德，播之當時，而垂之後世，當直存其名字，無所避隱。然東漢諸銘，載其先代，多只書官。如《淳于長夏承碑》云「東萊府君之孫，太尉掾之中子，右中郎將之弟」，《李翊碑》云「牂柯太守曾孫，謁者孫，從事君元子」之類是也。自唐及本朝名人文集所志，往往只稱君諱某字某，至於記序之文亦然，王荆公爲多，殆與求文揚名之旨爲不相契。東坡先生《送路都曹》詩首言：「乖崖公在蜀，有録事參軍老病廢事，公責之，遂求去，以詩留别，所謂『秋光都似宦情薄，山色不如歸意濃』者。公驚謝之，曰：『吾過矣，同僚有詩人而吾不知。』因留而慰薦之。坡幼時聞父老言，恨不問其姓名。及守潁州，而都曹路君以小疾求致仕，誦此語，留之不可，乃采前人意作詩送之。」其詩大略云：「結髮空百戰，市人看先封。誰能搔白首，抱關望夕烽。」則路君之賢而不遇可知矣。然亦不書其名，使之少獲表見，又爲可惜也。

漢文帝不用兵

《史記·律書》云：「高祖厭苦軍事，偃武休息。孝文即位，將軍陳武等議曰：『南越、朝鮮，擁兵阻阸，選蠕觀望。宜及士民樂用，征討逆黨，以一封疆。』孝文曰：『朕能任衣冠，念不到此。會吕氏之亂，誤居正位，常戰戰慄慄，恐事之不終。且兵凶器，雖克所願，動亦耗病，謂百姓遠方何。今匈奴内侵，邊吏無功，邊民父子荷兵日久，朕常爲動心傷痛，無日忘之。願且堅邊設候，結和通使，休寧北陲，爲功多矣。且無議軍。』故百姓無内外之繇，得息肩於田畝，天下富盛，粟至十餘錢。」予謂孝文之仁德如此，與武帝黷武窮兵，爲霄壤不侔矣。然《班史》略不及此事。《資治通鑑》亦不編入，使其事不甚暴白，惜哉。

帝王諱名

帝王諱名，自周世始有此制，然只避之於本廟中耳。「克昌厥後，駿發爾私。」成王時所作詩。「昌」、「發」不爲文、武諱也。宣王名誦，而「吉甫作誦」之句，正在其時。厲王名胡，而「胡爲虺蜴」、「胡然厲矣」之名，在其孫幽王時。小國曰胡，亦自若也。襄王名鄭，而鄭不改封。至於出居其國，使者告于秦、晉曰：「鄙在鄭地。」受晉文公朝，而鄭伯傅王。唯秦始皇以父莊襄王名楚，稱楚曰荆，其名曰政，自避其嫌，以正月爲一月。蓋已非周禮矣。漢代所謂邦之字曰國，盈之字曰滿，徹之字曰通，雖但諱本字，而吏民犯者有刑。唐太宗名世民，在位之日不偏諱。故戴胄、唐儉爲民部尚書，虞世南、李世勣在朝【一】。至于高宗，始改民部爲户部，世勣但爲勣。韓公《諱辨》云：「今上書及詔，不聞諱滸、勢、秉、機【二】、惟宦官宫妾，乃不敢言喻及機，以爲觸犯。」此數者，皆其先世嫌名也。本朝尚文之習大盛，故禮官討論，每欲其多，廟諱遂有五十字者。舉場試卷，小涉疑似，士人輒不敢用，一或犯之，往往暗行黜落。方州科舉尤甚，此風殆不可革。然太祖諱下字内有从木从匀者，《廣韻》於進字中亦收。張魏公以名其子，而音爲進。太宗諱字内有从耳从火者，又有梗音，今爲人姓如故。高宗諱内从勹从口者亦然。真宗諱从小从亘，音胡登切。若缺其下畫，則爲恒，遂并恒字不敢用，而易爲「常」矣。

【一】虞世南李世勣在朝　「朝」原作「韓」，據明抄本、馬本、祠本改。

【二】韓公諱辨云今上書及詔不聞諱滸勢秉機　「韓」原作「諱」，「機」原作「饑」，據明抄本、馬本、祠本改。按，韓愈文作「機」。

家諱中字

士大夫除官，於官稱及州府曹局名犯家諱者聽回避，此常行之法也。李燾仁甫之父名中，當贈中奉大夫，仁甫請於朝，謂當告家廟，與自身不同，乞用元豐以前官制，贈光禄卿。丞相頗欲許之。予在西垣聞其説，爲諸公言，今一變成式，則它日贈中大夫，必爲祕書監，贈太中大夫，必爲諫議矣，決不可行。遂止。李愿爲江東提刑，以父名中，所部遂呼爲通議，蓋近世率妄稱太中也。李自稱只以本秩曰朝散。黄通老資政之子爲臨安通判，府中亦稱爲通議，而受之自如。

記張元事

自古夷狄之臣來入中國者，必爲人用。由余入秦，穆公以霸，金日磾仕漢，脱武帝五柞之厄。唐世尤多，執失思力、阿史那社爾、李臨淮、高仙芝、渾瑊、李懷光、跌跌光顔、朱耶克用皆立大功，名不可殫紀。然亦在朝廷所以御之，否則爲郭藥師矣。儻使中國英雋翻致力於異域，忌壯士以資敵國者，固亦多有。賈季在狄，晉六卿以爲難日至；桓温不能留王猛，使爲苻堅用；唐莊宗不能知韓延徽，使爲阿保機用，皆是也。西夏曩霄之叛，其謀皆出於華州士人張元與吴昊，而其事本末，國史不書。比得田晝承君集，實紀其事云：「張元、吴昊、姚嗣宗皆關中人。負氣倜儻，有縱横才，相與友善。嘗薄遊塞上，觀覘山川風俗，有經略西鄙意。姚題詩崆峒山寺壁，在兩界間，云：『南粤干戈未息肩，五原金鼓又轟天。崆峒山叟笑無語，飽聽松聲春晝眠。』范文正公巡邊，見之大驚。又有『踏破賀蘭石，掃清西海塵』之句。張爲《鸚鵡詩》，卒章曰：『好着金籠收拾取，莫教飛去别人家。』吴亦有詩。將謁韓、范二帥，恥自屈，不肯往，乃礱大石，刻詩其上，使壯夫拽之於通衢，三人從後哭之，欲以鼓動二帥。既而果召與相見，躊躇未用間，張、吴徑走西夏，范公以急騎追之，不及，乃表姚入幕府。張、吴既至夏國，夏人倚爲謀主，以抗朝廷，連兵十餘年，西方至爲疲弊，職此二人爲之。時二人家屬羈縻隨州，間使諜者矯中國詔釋之，人未有知者。後乃聞西人臨境，作樂迎此二家而去，自是邊帥始待士矣。姚又有《述懷》詩曰：『大開雙白眼，只見一青天。』張有《雪》詩曰：『五丁仗劍決雲霓，直取銀河下帝畿。戰死玉龍三十萬，敗鱗風卷滿天飛。』吴詩獨不傳。觀此數聯，可想見其人非池中物也。」承君所記如此。予謂張、吴在夏國，然後舉事，不應韓、范作帥日尚猶在關中，豈非記其歲時先後不審乎。姚、張詩，《筆談》諸書，頗亦紀載。張、吴之名，正與羌酋二字同，蓋非偶然也。

宫室土木

秦始皇作阿房宫，寫蜀、荆地材至關中，役徒七十萬人。隋煬帝營宫室，近山無大木，皆致之遠方，二千人曳一柱，以木爲輪，則戛摩火出，乃鑄鐵爲轂，行一二里，轂輒破，别使數百人齎轂，隨而易之，盡日不過行二三十里，計一柱之費，已用數十萬功。大中祥符間，姦佞之臣罔真宗以符瑞，大興土木之役，以爲道宫。玉清昭應之建，丁謂爲修宫使，凡役工日至三四萬，所用有秦、隴、岐、同之松，嵐、石、汾、陰之栢，潭、衡、道、永、鼎、吉之梌、枏、櫧，温、台、衢、吉之檮，永、澧、處之槻、樟，潭、柳、明、越之杉，鄭、淄之青石，衡州之碧石，萊州之白石，絳州之斑石，吴越之奇石，洛水之石卵，宜聖庫之銀朱，桂州之丹砂，河南之赭土，衢州之朱土，梓、信之石青、石緑，磁、相之黛，秦、階之雌黄，廣州之藤黄，孟、澤之槐華，虢州之鈆丹，信州之土黄，河南之胡粉，衡州之白堊，鄆州之蚌粉，兖、澤之墨，歸、歙之漆，萊蕪、興國之鐵。其木石皆遣所在官部兵民入山谷伐取。又於京師置局，化銅爲鍮，冶金薄，鍛鐵以給用。凡東西三百一十步，南北百四十三步。地多黑土疏惡，於京東北取良土易之，自三尺至一丈有六等。起二年四月，至七年十一月宫成，總二千六百一十區。不及二十年，天火一夕焚爇，但存一殿。是時，役偏天下，而至尊無窮兵黷武、聲色苑囿、嚴刑峻法之舉，故民間樂從，無一違命，視秦、隋二代，萬萬不侔矣。然一時賢識之士，猶爲盛世惜之。《國史·志》載其事，欲以爲夸，然不若掩之之爲愈也。沈括《筆談》云：「温州鴈蕩山，前世人所不見。故謝靈運爲太守，未嘗游歷。因昭應宫采木，深入窮山，此境始露於外。」他可知矣。

歲月日風雷雄雌

虞喜天文論漢《太初曆》十一月甲子夜半冬至云：「歲雄在閼逢，雌在攝提格，月雄在畢，雌在觜，日雄在子。」又云：「甲，歲雄也。畢，月雄也。陬，月雌也。」大抵以十干爲歲陽，故謂之雄，十二支爲歲陰，故謂之雌。但畢、觜爲月雄雌不可曉。今之言陰陽者，未嘗用雄雌二字也。《郎顗傳》引《易雌雄祕歷》，今亡此書。宋玉《風賦》有雄風、雌風之説。沈約有「雌霓連蜷」之句。《春秋元命包》曰：「陰陽合而爲雷。」師曠占曰：「春雷始起，其音格格，其霹靂者，所謂雄雷，旱氣也；其鳴依依，音不大霹靂者【三】，所謂雌雷，水氣也。」見《法苑珠林》。予家有故書一種，曰《孝經雌雄圖》，云出《京房易傳》，亦日星占相書也。

【三】其鳴依依音不大霹靂者　「依音」原作「音音」，據明抄本改。

東坡三詩

東坡初赴惠州，過峽山寺，不值主人，故其詩云：「山僧本幽獨，乞食況未還。雲碓水自舂，松門風爲關。石泉解娛客，琴筑鳴空山。」既至惠州，殘臘獨出，至栖禪寺，亦不逢一僧，故其詩云：「江邊有微行，詰曲背城市。平湖春草合，步到栖禪寺。堂空不見人，老稺掩關睡。所營在一食，食已寧復事。客行豈無得，施子淨掃地。風松獨不靜，送我作鼓吹。」後在儋耳作《觀棋》詩，記游廬山白鶴觀，觀中人皆闔户晝寢，獨聞棋聲，云：「五老峰前，白鶴遺址。長松蔭庭，風日清美。我時獨游，不逢一士。誰歟棋者？户外屨二。不聞人聲，時聞落子。」其寂寞冷落之味，可以想見，句語之妙，一至於此。

天文七政

《尚書·舜典》：「以齊七政。」孔安國本注謂「日月五星也」。而馬融云：「七政者，北斗七星，各有所主。第一主日；第二主月；第三曰命火，謂熒惑也；第四曰煞土，謂填星也；第五曰代水，謂辰星也；第六曰危木，謂歲星也；第七曰剽金，謂太白也。日月五星各異，故曰七政。」《尚書大傳》一說又以爲：「七政者，謂春、秋、冬、夏、天文、地理、人道，所以爲政也，人道正而萬事順成。」三說不同，然不若孔氏之明白也。

符讀書城南

《符讀書城南》一章，韓文公以訓其子，使之腹有《詩》、《書》，致力於學，其意美矣。然所謂「一爲公與相，潭潭府中居，不見公與相，起身自犁鋤」等語，乃是顧覬富貴【四】，爲可議也。杜牧之《寄小姪阿宜》詩亦云：「朝廷用文治，大開官職場。願爾出門去，取官如驅羊。」其意與韓類也。予向爲陳𨱑作《城南堂記》，亦及此意云。

致仕官上壽

范蜀公自翰林學士，以本官户部侍郎致仕，仍居京師，同天節乞隨班上壽，許之。遂

【四】乃是顧覬富貴　「顧覬」，馬本、祠本作「覬覦」。

著爲令。韓康公元祐二年以司空致仕，太皇太后受册，乞隨班稱賀，而降詔免赴。二者不同如此。

五經字義相反

治之與亂，順之與擾，定之與荒，香之與臭，遂之與潰，皆美惡相對之字。然《五經》用之或相反。如亂臣十人，亂越我家，惟以亂民，亂爲四方新辟，亂爲四輔，厥亂明我新造邦，丕乃俾亂之類，以亂訓治也。安擾邦國，擾而毅，擾龍，六擾之類，以擾訓順也。荒度土功，遂荒大東，大王荒之，葛藟荒之之類，以荒訓定也。無聲無臭，胡臭亶時，其臭羶，臭陰達于淵泉之類，以臭訓香也。是用不潰于成，草不潰茂之類，以潰訓遂也。鄭康成箋《毛詩》潰成，與毛公皆釋爲遂，至於潰茂，則以爲潰當作彙，彙，茂貌也。自爲異同如此。

鎮星爲福

世之伎術，以五星論命者，大率以火、土爲惡，故有晝忌火星夜忌土之語。土，鎮星也，行遲，每至一宫，則二歲四月乃去，以故爲災最久。然以國家論之則不然。苻堅欲南伐，歲鎮守斗，識者以爲不利。《史記·天官書》云：「五潢，五帝居舍。火入，旱；金，兵；水，水。」宋均曰：「不言木、土者，德星不爲害也。」又云：「五星犯北落，軍起。火、金、水尤甚。木、土，軍吉。」又云：「鎮星所居國吉。未當居而居，已去而復，還居之，其國得土。若當居而不居，既已居之，又西東去，其國失土。其居久，其國福厚；其居易，輕速也。福薄。」如此則鎮星乃爲大福德，與木亡異，豈非國家休祥所係，非民庶可得侔邪。

東坡引用史傳

東坡先生作文，引用史傳，必詳述本末。有至百餘字者，蓋欲使讀者一覽而得之，不待復尋繹書策也。如《勤上人詩集叙》引翟公罷廷尉賓客反覆事，《晁君成詩集叙》引李郃漢中以星知二使者事，《上富丞相書》引左史倚相美衛武公事，《答李琮書》引李固論發兵討交趾事，《與朱鄂州書》引王濬活巴人生子事，《蓋公堂記》引曹參治齊事，《滕縣公堂記》引徐公事，《温公碑》引慕容紹宗、李勣事，《密州通判題名記》引羊叔子、鄒湛事，《荔枝歎》詩引唐羌言荔枝事是也。

兩莫愁

莫愁者，郢州石城人，今郢有莫愁村。畫工傳其貌，好事者多寫寄四遠。《唐書·樂志》曰：「《莫愁樂》者，出於《石城樂》，石城有女子名莫愁，善歌謡。」古詞曰「莫愁在何處？莫愁石城西。艇子打兩槳，催送莫愁來」者是也。李義山詩曰：「海外徒聞更九州，他生未卜此生休。空傳虎旅鳴宵柝，無復雞人送曉籌。此日六軍同駐馬，他時七夕笑牽牛。如何四紀爲天子，不及盧家有莫愁？」此莫愁者，洛陽人，梁武帝《河中之歌》曰「河中之水向東流，洛陽女兒名莫愁。莫愁十三能織綺，十四采桑南陌頭。十五嫁爲盧家婦，十六生兒似阿侯。盧家蘭室桂爲梁，中有鬱金蘇合香。頭上金釵十二行，足下絲履五文章。珊瑚挂鏡爛生光，平頭奴子擎履箱。人生富貴何所望，恨不早嫁東家王」者是也。盧氏之盛如此，所云「不早嫁東家王」，莫詳其義。近世周美成樂府《西河》一闋，專詠金陵，所云「莫愁艇子曾繫」之語，豈非誤指石頭城爲石城乎？

何公橋詩

英州小市，江水貫其中，舊架木作橋，每不過數年，輒爲湍潦所壞。郡守建安何智甫，始疊石爲之，方成而東坡還自海外，何求文以紀。坡作四言詩一首，凡五十六句，今載於《後集》第八卷，所謂「天壤之間，水居其多，人之往來，如鵜在河」是也。予侍親居英，與僧希賜游南山，步過橋上，讀詩碑。希賜云：「真本藏于何氏，此有石刻，經黨禁亦不存。」今以板刻之，乃希賜所書也。賜因言，何公初請記，坡爲賦此詩，既大書矣，而未遣送，郡候兵執役者見之，以告何，何又來謁，坡曰：「軾未到橋所，難以想像落筆。」何即命具食，拉坡偕往。坡曰：「使君是地主，宜先升車。」何謝不敢，乃並轎而行。既至，坡曰：「至堪作詩，晚當奉戒。」抵暮送與之。蓋詩中云：「我來與公，同載而出。讙呼填道，抱其馬足。」故欲同行，以印此語耳。坡公作詩時，建中靖國元年辛巳。予聞希賜語時，紹興十七年丁卯，相去四十六年。今追憶前事，乃紹熙五年甲寅，又四十七年矣。

卷十二十六則

盼泰秋娘三女

白樂天《燕子樓》詩序云：「徐州故張尚書有愛妓曰盼盼【一】。善歌舞，雅多風態。尚書既殁，彭城有舊第，第中有小樓名燕子，盼盼念舊愛而不嫁，居是樓十餘年，幽獨塊然。」白公嘗識之，感舊游，作三絶句，首章云：「滿窗明月滿簾霜，被冷燈殘拂卧牀。燕子樓中霜月苦，秋來只爲一人長。」末章云：「今春有客洛陽回，曾到尚書冢上來。見説白楊堪作柱，爭教紅粉不成灰。」讀者傷惻。劉夢得《泰娘歌》云：「泰娘本韋尚書家主謳者，尚書爲吴郡，得之，誨以琵琶，使之歌且舞，携歸京師。尚書薨，出居民間，爲蘄州刺史張遜所得。遜謫居武陵而卒，泰娘無所歸。地荒且遠，無有能知其容與藝者，故日抱樂器而哭。」劉公爲歌其事，云：「繁華一旦有消歇，題劍無光履聲絶。蘄州刺史張公子，白馬新到銅駝里。自言買笑擲黄金，月墮雲中從此始。山城少人江水碧，斷鴈哀絃風雨夕。朱絃已絶爲知音，雲鬟未秋私自惜。舉目風煙非舊時，夢尋歸路多參差。如何將此千行淚，更灑湘江斑竹枝。」杜牧之《張好好詩》云：「牧佐故吏部沈公在江西幕，好好年十三，

校勘記

【一】徐州故張尚書有愛妓曰盼盼　「盼盼」原作「眄眄」，祠本作「眄眄」。按，「眄眄」、「眄眄」乃斜視貌，非妓名所宜。庫本、《白香山集》皆作「盼盼」，今從。

以善歌來樂籍中，隨公移置宣城，後爲沈著作所納。見之於洛陽東城，感舊傷懷，題詩以贈曰：「君爲豫章姝，十三纔有餘。主公再三歎，謂言天下無。自此每相見，三日已爲疏。身外任塵土，尊前極懽娱。飄然集仙客，載以紫雲車。爾來未幾歲，散盡高陽徒。洛城重相見，綽綽爲當壚。朋遊今在否，落拓更能無？門館慟哭後，水雲秋景初。洒盡滿襟淚，短歌聊一書。」予謂婦人女子，華落色衰，至於失主無依，如此多矣。是三人者，特見紀於英辭鴻筆，故名傳到今。況於士君子終身不遇而與草木俱腐者，可勝歎哉。然盼盼節義，非泰娘、好好可及也。

顔魯公祠堂詩

予家藏《雲林繪監》册，有顔魯公畫象，徐師川題詩曰：「公生開元間，壯及天寶亂。捐軀范陽胡，竟死蔡州叛。其賢似魏徵，天下非貞觀。四帝數十年，一身逢百難。少時讀書史，此事心已斷。老來鬢髮衰，慨歎功名晚。嗟哉忠義途，捷去不可緩。初無當年悲，只令後世歎。一朝絶霖雨，南畝常亢旱。小夫計雖得，斯民蓋塗炭。長歌詠君節，千載勇夫懦。敬書子張紳【二】，庶幾古人半。」師川以詩鳴江西，然此篇不爲工。嘗記李德遠舉似童敏德游湖州題公祠堂長句曰：「挂帆一縱疾於鳥，長興夜發吴興曉【三】。杖藜上訪魯公祠，一見目明心皦皦。未説邦人懷使君，且爲前古惜忠臣。德宗更用盧杞相，出當斯

【二】敬書子張紳　「子」原爲空格，據明抄本補。
【三】長興夜發吴興曉　「夜」原爲空格，據明抄本補。

世誠艱辛。生逆龍鱗死虎口，要與乃兄同不朽。狂童希烈何足罪，姦邪嫉忠假渠手。乃知成仁或殺身，保身不必皆哲人。此公安得世復有，洗空凡馬須騏驎。」童之詩語意皆超拔，亦臨川人，而終身不得仕，爲可惜也。

閔子不名

《論語》所記孔子與人語及門弟子并對其人問答，皆斥其名，未有稱字者，雖顔、冉高弟，亦曰回、曰雍。唯至閔子，獨云子騫，終此書無指名。昔賢謂《論語》出於曾子、有子之門人，予意亦出於閔氏。觀所言閔子侍側之辭，與冉有、子貢、子路不同，則可見矣。

曾晳待子不慈

傳記所載曾晳待其子參不慈，至云因鉏菜誤傷瓜，以大杖擊之仆地。孔子謂參不能如虞舜小杖則受，大杖則避，以爲陷父於不義，戒門人曰：「參來，勿內。」予切疑無此事，殆戰國時學者妄爲之辭。且曾晳與子路、冉有、公西華侍坐，有「浴乎沂，風乎舞雩」之言，涵泳聖教，有超然獨見之妙，於四人之中，獨蒙「吾與」之褒，則其爲人之賢可知矣。有子如此，而幾寘之死地，庸人且猶不忍，而謂晳爲之乎。孟子稱曾子養曾晳酒肉養志，未嘗有此等語也。

具圓復詩

吴僧法具，字圓復，有能詩聲，予乃紀之於《夷堅志》中，殊爲不類。比於福州僧智恢處，見其詩藁一紙，字體効王荆公。其《送僧》一篇云：「灘聲嘈嘈雜雨聲，舍北舍南春水平。拄杖穿花出門去，五湖風浪白鷗輕。」《送翁士特》云：「朝入羊腸暮鹿頭，十三官驛是荆州。具車秣馬曉將發，寒燭燒殘語未休。」《竹軒》云：「老竹排簷誰手種，山日未斜寒翠重。六月散髮葉底眠，冷雨斜風頻入夢。冬凋峰木雪縞廬，落眼青青却笑渠。花時吹笋排林上，吴州還見《竹溪圖》。」《和子蒼三馬圖》云：「從來畫馬稱神妙，至今只説江都王。將軍曹霸實季仲，沙苑丞相猶諸郎。龍眠居士善畫馬，獨與二子遥相望。兩馬駢立真驌驦，一馬脱去仍騰驤。浣花老人今已亡，嗚呼三馬誰平章。飽知畫肉亦畫骨，妙處不減《黄無雙》。」又一篇云：「燒燈過了客思家，獨立衡門數暝鴉。燕子未歸梅落盡，小窗明月屬梨花。」皆可咀嚼也。吴門僧惟茂，住天台山一禪刹，喜其旦暮見山，作絶句曰：「四面峯巒翠入雲，一溪流水漱山根。老僧只恐山移去，日午先教掩寺門。」甚有詩家風旨，而或者謂山若欲去，豈容人掩住，蓋吴人癡獃習氣也，其説可謂不知音。

人當知足

予年過七十，法當致仕，紹熙之末，以新天子臨御，未敢遽有請，故玉隆滿秩，只以本官職居里。鄉衮趙子直不忍使絶禄粟，俾之，因任。方用贅食太倉爲愧，而親朋謂予爵位不逮二兄，以爲耿耿。予誦白樂天《初授拾遺》詩以語之，曰：「奉詔登左掖，束帶參朝議。何言初命卑，且脱風塵吏。杜甫、陳子昂，才名括天地。當時非不遇，尚無過斯位。」其安分知足之意，終身不渝。因略考國朝以來名卿偉人負一時重望而不隮大用者，如王黄州禹偁、楊文公億、李章武宗諤、張乖崖詠、孫宣公奭、晁少保迥、劉子儀筠、宋景文祁、范蜀公鎮、鄭毅夫獬、滕元發甫、東坡先生、范淳父祖禹、曾子開肇、彭器資汝礪、劉原甫敞、蔡君謨襄、孫莘老覺，近世汪彦章藻、孫仲益覿諸公，皆不過尚書學士，或中年即世，或遷謫流落，或無田以食，或無宅以居，况若我忠宣公者，尚忍言之。則予之忝竊亦已多矣。

淵明孤松

淵明詩文率皆紀實，雖寓興花竹間亦然。《歸去來辭》云：「景翳翳以將入，撫孤松而盤桓。」其《飲酒》詩二十首中一篇云：「青松在東園，衆草没其姿。凝霜殄異類，卓然見高枝。連林人不覺，獨樹衆乃奇。」所謂孤松者是已。此意蓋以自況也。

饒州刺史

饒州良牧守，自吴至今，以政績著者有九賢，郡圃立祠以事，此外知名者蓋鮮。《白樂天集》有《吴府君碑》云：「君諱丹，字真存。以進士第入官。讀書數千卷，著文數萬言。生四五歲，所作戲輒象道家法事。既冠，喜道書，奉真籙，每專氣入静，不粒食者數歲，飄然有出世心。既壯，在家爲長屬，有三幼弟、八稚姪，不忍見其飢寒，慨然有干禄意。求名得名，家無長物，澹乎自處，與天和始終。享壽命八十二歲，無室家累，無子孫憂，終于饒州。」官次大略如此。吴君在饒，雖無遺事可紀，以其邦君之故，姑志於書。吴爲人清淨恬寂，所謂達士，然年過八十，尚領郡符，又非爲妻子計者，良不可曉。唐之治不播棄黎老，故其居職不自以爲過云。

紫極觀鐘

饒州紫極觀有唐鐘一口，形製清堅，非近世工鑄可比。刻銘其上，曰：「天寶九載，歲次庚寅，二月庚申朔，十五日癸酉造，通直郎前監察御史貶樂平員外尉李逢年銘，前鄉貢進士薛彦偉述序，給事郎、行參軍趙從一書，中大夫、使持節鄱陽郡諸軍事、檢校鄱陽郡太守、天水郡開國公上官經野妻扶風郡君韋氏奉爲開元天地大寶聖文神武應道皇帝敬造洪鐘一口。」其後列録事參軍、司功、司法、司士參軍各一人，司户參軍二人，參軍三人【四】，録事一人，鄱陽縣令一人，尉二人，又專檢校官、鄱陽縣丞宋守静，專檢校内供奉道士王朝隱，又道士七人。銘文亦雅潔，字畫不俗，但月朔庚申，則癸酉日當是十四日，鎸之金石而誤如此。浮洲開福院亦有吴武義年一鐘，然非此比也。

兼中書令

紹熙五年十二月二十二日，宣麻制除嗣秀王伯圭兼中書令。此官久不除，學士大夫多不知本末，至或疑爲當入都堂治事。邸報至外郡，尤所不曉。邁考之典故，侍中、中書令爲兩省長官，自唐以來，居真宰相之位，而中令在侍中上。肅宗以後，始以處大將，故郭子儀、僕固懷恩、朱泚、李晟、韓弘皆爲之，其在京則入政事堂，然不預國事。懿、僖、昭之時，員浸多，率由平章事遷兼侍中，繼兼中書令，又遷守中書令，三者均稱使相，皆大勑繫銜而下書使字。五代尤多，國朝創業之初，尚仍舊貫，於是吴越國王錢俶、天雄節度符彦卿、雄武王景、武寧郭從義、保大武行德、成德郭崇、昭義李筠、淮南李重進、永興李洪義、鳳翔王彦超、定難李彝興、荆南高保融、武平周行逢、武寧王晏、武勝侯章、歸義曹元忠十五人同時兼中書令。太宗朝，唯除石守信，而趙普以故相拜。真宗但以處親王。嘉祐末，除宗室東平王允弼、襄陽王允良。元豐中，除曹佾，與允弼、允良相去十七八年，爵秩固

【四】參軍三人　馬本、祠本「三」作「二」。

存。沈括《筆談》謂有司以佾新命，言自來不曾有活中書令請俸則例，蓋妄也。官制行，改三使相並爲開府儀同三司。元祐以後，不復有之，雖崇、觀、政、宣輕用名器，且改爲左輔、右弼，然蔡京三爲公相，亦不敢居。乾道中，詔於録黄及告命内除去侍中、中書令，遂廢此官。今當先降指揮復置，則於事體尤愜當也。嗣王終不敢當，於是寢前命，而賜贊拜不名。

作文字要點檢

作文字不問工拙小大，要之不可不著意點檢，若一失事體，雖遣詞超卓，亦云未然。前輩宗工，亦有所不免。歐陽公作《仁宗御書飛白記》云：「予將赴亳，假道於汝陰，因得閲書于子履之室。而雲章爛然，輝映日月，爲之正冠肅容再拜而後敢仰視，蓋仁宗皇帝之御飛白也。曰：『此寶文閣之所藏也，胡爲乎子之室乎？』曰：『曩者天子燕從臣于羣玉，而賜以飛白，予幸得預賜焉。』」烏有記君上宸翰而彼此稱「予」，且呼陸經之字？又登真觀《御書閣記》言太宗飛帛，亦自稱「予」。《外制集序》歷道慶曆更用大臣，稱吕夷簡、夏竦、韓琦、范仲淹、富弼，皆斥姓名，而曰「顧予何人，亦與其選」，又曰「予時掌誥命」，又曰「予方與修祖宗故事」，凡稱「予」者七。東坡則不然，爲王誨亦作此記，其語云「故太子少傅、安簡王公諱舉正，臣不及見其人矣」云云，是之謂知體。

侍從兩制

國朝官稱，謂大學士至待制爲「侍從」，謂翰林學士、中書舍人爲「兩制」，言其掌行內、外制也。舍人官未至者，則云「知制誥」，故稱美之爲三字。謂尚書侍郎爲「六部長貳」，謂散騎常侍、給事諫議爲「大兩省」。其名稱如此。今盡以在京職事官自尚書至權侍郎及學士待制均爲「侍從」，蓋相承不深考耳。予家藏王沿《春秋通義》一書，至和元年，鄧州繳進，二年有旨送兩制看詳，於是具奏者十二人皆列名銜：學士七人，曰學士承旨、禮部侍郎楊察，翰林學士、中書舍人趙槩、楊偉，刑部郎中胡宿，吏部郎中歐陽脩，起居舍人吕溱，禮部郎中王洙；知制誥五人，曰起居舍人王珪，右司諫賈黯，兵部員外郎韓絳，起居舍人吴奎，右正言劉敞。而他官弗預，此可見也。翰林本以六員爲額，劉沆作相，典領温成后喪事，以王洙同其越禮建明，於是員外用之，嘗爲一時言者所論，正此時云。

片言解禍

自古將相大臣，遭罹譖毁，觸君之怒，墮身於危棘將死之域，而以一人片言，轉禍爲福，蓋投機中的，使聞之者曉然易寤，然非遭值明主，不能也。蕭何爲民請上林苑中空地，高祖大怒，以爲多受賈人財物，下何廷尉，械繫之。王衛尉曰：「陛下距楚數歲，陳豨、黥布反，時相國守關中，不以此時爲利，乃利賈人之金乎。」上不懌，即日赦出何。絳侯周勃免相就國，人上書告勃欲反，廷尉逮捕勃治之。薄太后謂文帝曰：「絳侯綰皇帝璽，將兵於北軍，不以此時反，今居一小縣，顧欲反邪？」帝即赦勃。此二者，可謂至危不容救，而於立談間見効如此。蕭望之受遺輔政，爲許、史、恭、顯所嫉，奏望之與周堪、劉更生朋黨，請「召致廷尉」，元帝不省爲下獄也，可其奏。已而悟其非，令出視事。史高言：「上新即位，未以德化聞於天下，而先驗師傅，既下九卿大夫獄，宜因決免。」於是免爲庶人。高祖、文帝之明而受言，元帝之昏而遂非，於是可見。

忠言嘉謨

《揚子法言》：「或問忠言嘉謨。曰：言合稷、契謂之忠，謨合皋陶謂之嘉。」如子雲之説，則言之與謨，忠之與嘉，分而爲二，傳注者皆未嘗爲之辭，然則稷、契不能嘉謨，皋陶不能忠言乎？三聖賢遺語可傳於後世者，唯《虞書》存，五篇之中，皋陶矢謨多矣，稷與契初無一話一言可考，不知子雲何以立此論乎？不若魏鄭公但云「良臣稷、契、皋陶」，乃爲通論。

免直學士院

慶元元年正月一日，鄭湜以起居郎直學士院。二月二十三日，趙汝愚罷相，制乃湜所草，議者指爲襃詞太過。二十五日，有旨免兼直院，或以爲故事所無。案熙寧初，王益柔以知制誥兼直學士院，嘗奏中書熟狀加董氊階官之誤，宰相怒其不申堂，用他事罷其兼直，已而遷龍圖閣直學士。湜亦以罷直求去，不許，越三月而遷權刑部侍郎，甚相類也。

大賢之後

杜詩云：「大賢之後竟陵遲，蕩蕩古今同一體。」乃贈狄梁公曾孫者。至云「飄泊岷、漢，干謁王侯」，則其衰微可知矣。近見餘干寓客李氏子云：「本朝三李相，文正公昉、文靖公沆、文定公迪，皆一時名宰，子孫亦相繼達宦。然數世之後，益爲蕭條，又經南渡之厄，今三裔並居餘干，無一人在仕版。」文定濮州之族，今有居越者，雖曰不顯，猶簪纓僅傳，而文正、文靖無聞，可爲太息。

卷十三 十三則

鍾鼎銘識

三代鍾鼎彝器存於今者，其間款識，唯「眉壽萬年」、「子子孫孫永寶用」之語，差可辨認，餘皆茫昧不可讀，談者以爲古文質朴固如此，予切有疑焉。商、周文章，見於《詩》、《書》，三《盤》五《誥》，雖詰曲聱牙，尚可精求其義，它皆坦然明白，如與人言。自武王《丹書》諸銘外，其見於經傳者，如湯之盤銘曰：「苟日新，日日新，又日新。」讒鼎之銘曰：「昧旦丕顯，後世猶怠。」正考父鼎銘曰：「一命而僂，再命而傴，三命而俯，循墻而走，亦莫余敢侮。饘於是，鬻於是，以餬余口。」㮚氏量銘曰：「時文思索，久臻其極。嘉量既成，以觀四國。永啓厥後，兹器維則。」祭射侯辭曰：「惟若寧侯，毋或若女不寧侯，不屬于王所，故抗而射女。」衛禮至銘曰：「余掖殺國子，莫余敢止。」孔悝鼎銘曰：「六月丁亥，公假于大廟。公曰叔舅乃祖莊叔，左右成公，成公乃命莊叔，隨難于漢陽，即宮于宗周，奔走無射，啓若獻公，獻公乃命成叔，纂乃祖服。乃考文叔，興舊耆欲，作率慶士，躬恤衛國，其勤公家，夙夜不解，民咸曰休哉。公曰叔舅，予女銘，若纂乃考服。悝拜稽首曰：

對揚以辟之勤大命，施于烝鼎彝。」扶風美陽鼎銘曰：「王命尸臣，官此栒邑，賜爾旂鸞，黼黻琱戈。尸臣拜手稽首曰：敢對揚天子丕顯休命。」此諸銘未嘗不粲然，何爲傳於今者艱澁無緒乃爾。漢去周未遠，武、宣以來，郡國每獲一鼎，至於薦告宗廟，羣臣上壽。竇憲出征，南單于遺以古鼎，容五斗，其銘曰：「仲山甫鼎，其萬年子子孫孫永保用。」憲乃上之，蓋以其難得故也。今世去漢千年，而器寶之出不可勝計，又爲不可曉已。武帝獲汾陰脽上鼎【一】，無款識，而備禮迎享，宣帝獲美陽鼎，下羣臣議，張敞乃以有款識之故紬之，又何也？

犧尊象尊

《周禮·司尊彝》：「祼用雞彝、鳥彝，其朝獻用兩獻尊，其再獻用兩象尊。」漢儒注曰：「雞彝、鳥彝，謂刻而畫之爲雞、鳳皇之形。獻讀爲犧，犧尊飾以翡翠，象尊以象鳳凰。」或曰：以象骨飾尊。又云：獻音娑，有婆娑之義。惟王肅云：「犧、象二尊，並全牛、象之形，而鑿背爲尊。」陸德明釋《周禮》獻尊之獻，音素何反。而於《左氏傳》「犧象不出門」，釋犧爲許宜反，又素何反。予案今世所存故物，《宣和博古圖》所寫，犧尊純爲牛形，象尊純爲象形，而尊在背，正合王肅之說。然則犧字只當讀如本音，鄭司農諸人所云，殊與古製不類。則知目所未覩而臆爲之說者，何止此哉。又今所用爵，除太常禮器之

【一】武帝獲汾陰脽上鼎　「脽」原作「睢」，據馬本、祠本改。按，《漢書》卷六《武帝紀》作「脽」。

外，郡縣至以木刻一雀，别置杯於背以承酒，不復有兩柱、三足、隻耳、侈口之狀，向在福州見之，尤爲可笑也。

再書博古圖

予昔年因得漢匜，讀《博古圖》，嘗載其序述可笑者數事於《隨筆》，近復盡觀之，其謬妄不可殫舉。當政和、宣和間，蔡京爲政，禁士大夫不得讀史。而《春秋三傳》真束高閣，故其所引用，絶爲乖盾。今一切記之於下，以示好事君子與我同志者。

商之癸鼎，只一「癸」字，釋之曰：「湯之父主癸也。」父癸尊之説亦然。至父癸匜，則又以爲齊癸公之子。乙鼎銘有「乙毛」兩字，釋之曰：「商有天乙、祖乙、小乙、武乙、太丁之子乙，今銘『乙』，則太丁之子也。」父己鼎曰：「父己者，雍己也。繼雍己者乃其弟太戊，豈非繼其後者乃爲之子邪？」至父己尊，則直云雍己之子太戊爲其父作。予案以十干爲名，商人無貴賤皆同，而必以爲君，所謂癸即父癸，己即雍己，是六七百年中更無一人同之者矣。商公非鼎銘只一字曰「非」，釋之曰：「據《史記》有非子者，爲周孝王主馬，其去商遠甚。惟公劉五世孫曰公非，考其時當爲公非也。」夫以一「非」字而必强推古人以證之，可謂無理。

周益鼎曰：「《春秋》文公六年有梁氏益，昭公六年有文公益，未知孰是？」予案，《左傳》文八年所紀，乃梁益耳，而杞文公名益姑。

周絲駒父鼎曰：「《左傳》有駒伯，爲郤克軍佐，駒其姓也。此曰駒父，其同駒伯爲姓邪？」予案《左傳》，駒伯者郤錡也，錡乃克之子。是時郤氏三卿，錡曰駒伯，犨曰苦成叔，至曰温季，皆其食采邑名耳，豈得以爲姓哉。

叔液鼎曰：「考諸前代，叔液之名不見於經傳，惟周八士有叔夜，豈其族歟。」夫伯仲叔季爲兄弟之稱，古人皆然，而必指爲叔夜之族，是以「叔」爲氏也。

周州卣曰：「『州』出於來國，後以『州』爲氏。在晉則大夫州綽，在衛則大夫州吁，其爲氏則一耳。」予案來國之名無所著見，而州吁乃衛公子，正不讀《春秋》，豈不知《衛詩·國風》乎。遂以爲氏，尤可哂也。

周高克尊曰：「高克者，不見於它傳，惟周末衛文公時，有高克將兵，疑克者廼斯人，蓋衛物也。」予案元銘文但云「伯克」，初無「高」字，高克《鄭·清人》之詩，兒童能誦之，乃以爲衛文公時，又言周末，此書局學士蓋不曾讀《毛詩》也。

周毀敦曰：「銘云伯和父，和者衛武公也。武公平戎有功，故周平王命之爲公。」予案一時列國，雖子男之微，未有不稱公者，安得平王獨命衛武之事？

周慧季鬲曰：「慧與惠通，《春秋》有惠伯、惠叔，虢姜敦有惠仲，而此鬲銘之爲惠季，豈非惠爲氏而伯仲叔季者乃其序邪？」予案，惠伯、惠叔，正與莊伯、戴伯、平仲、敬仲、武叔、穆叔、成季相類，皆上爲謚而下爲字，烏得以爲氏哉。

齊侯鎛鐘銘云：「咸有九州，處禹之都。」釋之曰：「齊之封域，有臨淄、東萊、北海、高密、膠東、泰山、樂安、濟南、平原，蓋九州也。」予案銘語正謂禹九州耳，今所指言郡名，周世未有，豈得便以爲州乎。

宋公䪞鐘銘云：「宋公成之䪞鐘。」釋之曰：「宋自微子有國二十世，而有共公固成，又一世而有平公成，又七世而有剔公成，未知孰是。」予案宋共公名，《史記》以爲瑕，《春秋》以爲固，初無曰「固成」者。且父既名「成」，而其子復名之可乎？剔成君爲弟偃所逐，亦非名「成」也。

周雲雷磬曰：「《春秋》魯饑，臧文仲以玉磬告糴于齊。」案經所書，但云「臧孫辰告糴于齊」，《左傳》亦無玉磬之説。

漢定陶鼎曰：「漢初有天下，以定陶之地封彭越爲梁王，越既叛命，乃以封高祖之子恢，是爲定陶共王。」予案恢正封梁王，後徙趙。所謂定陶共王者，元帝之子，哀帝之父名康者也。

碌碌七字

今人用碌碌字，本出《老子》，云：「不欲碌碌如玉，落落如石。」孫愐《唐韻》引此句及王弼别本以爲琭琭，然又爲録録、娽娽、鹿鹿、陸陸、禄禄，凡七字。《史記》：「毛遂云：『公等録録，因人成事。』《唐韻》以爲娽娽。《漢書·蕭何·贊》云：「録録未有奇節。」顔師古注：「録録猶鹿鹿，言在凡庶之中也。」《馬援傳》：「今更共陸陸。」《莊子·漁父篇》：「禄禄而受變於俗。」後生或不盡知【二】。

占測天星

國朝星官曆翁之伎，殊愧漢、唐，故其占測荒茫，幾於可笑。偶讀《四朝史·天文志》云：「元祐八年十月戊申，星出東壁西，慢流至羽林軍没。主擢用文士，賢臣在位。」「紹聖元年二月丙午，星出壁東，慢流入濁没。主天下文章士登用，賢臣在位。」「元符元年六月癸巳，星出室，至壁東没。主文士入國，賢臣用。」「二年二月癸卯，星出靈臺，北行至軒轅没。主賢臣在位，天子有子孫之喜。」案是時宣仁上仙，國是丕變，一時正人以次竄斥，章子厚在相位，蔡卞輔之，所謂四星之占，豈不可笑也。子孫之説，蓋陰謟劉后云。

政和宫室

自漢以來，宫室土木之盛，如漢武之甘泉、建章，陳後主之臨春、結綺，隋煬帝之洛陽、江都，唐明皇之華清、連昌，已載史册。國朝祥符中，姦臣導諛，爲玉清昭應、會靈、祥源諸

【二】莊子云云十八字　原脱，據嘉靖本、馬本補。王校本有此十八字。

宮，議者固以崇侈勞費爲戒，然未有若政和蔡京所爲也。京既固位，竊國政，招大璫童貫、楊戩、賈詳、藍從熙、何訢五人【三】，分任其事。於是始作延福宮，有穆清、成平、會寧、睿謨、凝和、崑玉、羣玉七殿，東邊有蕙馥、報瓊、蟠桃、春錦、疊瓊、芬芳、麗玉、寒香、拂雲、偃蓋、翠葆、鉛英、雲錦、蘭薰、摘金十五閣，西邊有繁英、雪香、披芳、鉛華、瓊華、文綺、絳蕚、穠華、緑綺、瑶碧、清音、秋香、叢玉、扶玉、絳雲，亦十五閣。又疊石爲山，建明春閣，其高十一丈，宴春閣，廣十二丈【四】。鑿圓池爲海，横四百尺，縱二百六十七尺。鶴莊、鹿砦、孔翠諸柵，蹄尾以數千計。五人者各自爲制度，不相沿襲，爭以華靡相誇勝，故名「延福五位」。其後復營萬歲山、艮嶽山，周十餘里，最高一峯九十尺，亭堂樓館，不可殫記。徽宗初亦喜之，已而悟其過，有厭惡語，由是力役稍息。靖康遭變，詔取山禽水鳥十餘萬投諸汴渠，拆屋爲薪，翦石爲砲，伐竹爲笓籬，大鹿數千頭，悉殺之以啗衛士。

僧官試卿

唐代宗以胡僧不空爲鴻臚卿、開府儀同三司，予已論之矣。自其後習以爲常，至本朝尚爾。元豐三年，詳定官制所言，譯經僧官，有授試光禄鴻臚卿、少卿者，請自今試卿者，改賜三藏大法師，試少卿者，賜三藏法師。詔試卿改賜六字法師，少卿四字，並冠以譯經三藏。久之復罷。

【三】招大璫童貫……五人　王校本「大」作「權」。

【四】宴春閣廣十二丈　王校本「二」作「一」。

【五】邊罔　「罔」原作「岡」，據庫本、祠本改。按：《舊五代史》卷三作「罔」。

大觀算學

大觀中，置算學如庠序之制，三年三月，詔以文宣王爲先師，兖、鄒、荆三國公配饗，十哲從祀，而列自昔著名算數之人，繪像於兩廊，加賜五等之爵。於是中書舍人張邦昌定其名，風后、大橈、隸首、容成、箕子、商高、常儀、鬼臾區、巫咸九人封公，史蘇、卜徒父、卜偃、梓慎、卜楚丘、史趙、史墨、裨竈、榮方、甘德、石申、鮮于妄人、耿壽昌、夏侯勝、京房、翼奉、李尋、張衡、周興、單颺、樊英、郭璞、何承天、宋景業、蕭吉、臨孝恭、張曾元、王朴二十八人封伯，鄧平、劉洪、管輅、趙達、祖沖之、殷紹、信都芳、許遵、耿詢、劉焯、劉炫、傅仁均、王孝通、瞿曇羅、李淳風、王希明、李鼎祚、邊罔【五】、郎顗、襄楷二十人封子，司馬季主、洛下閎、嚴君平、劉徽、姜岌、張立建、夏侯陽、甄鸞、盧太翼九人封男。考其所條具，固有於傳記無聞者，而高下等差，殊爲乖謬。如司馬季主、嚴君平止於男爵，鮮于妄人、洛下閎同定《太初曆》，而妄人封伯，下閎封男，尤可笑也。十一月，又改以黄帝爲先師云。

十八鼎

夏禹鑄九鼎，唯見於《左傳》王孫滿對楚子及靈王欲求鼎之言，其後《史記》乃有鼎震及淪入于泗水之説。且以秦之强暴，視衰周如機上肉，何所畏而不取，周亦何辭以却。赧王之亡，盡以寶器入秦，而獨遺此，以神器如是之重，決無淪没之理。泗水不在周境内，使何人般舁而往，寧無一人知之以告秦邪？始皇使人没水求之不獲，蓋亦爲傳聞所誤。《三禮》經所載鐘彝名數詳矣，獨未嘗一及之。《詩》、《易》所書，固亦可考，以予揣之，未必有是物也。唐武后始復置于通天宫，不知何時而毁。國朝崇寧三年，用方士魏漢津言鑄鼎，四年三月成，於中太一宫之南爲殿，名曰九成宫。中央曰帝鼐，北方曰寶鼎，東北曰牡鼎，東方曰蒼鼎，東南曰罔鼎，南方曰彤鼎，西南曰阜鼎，西方曰晶鼎，西北曰魁鼎。奉安之日，以蔡京爲定鼎禮儀使。大觀三年，又以鑄鼎之地作寶成宫。政和六年，復用方士王仔昔議，建閣於天章閣西，徙鼎奉安。改帝鼐爲隆鼎，餘八鼎皆改焉，名閣曰圓象徽調閣。七年，又鑄神霄九鼎，一曰太極飛雲洞劫之鼎，二曰蒼壺祀天貯醇之鼎，三曰山嶽五神之鼎，四曰精明洞淵之鼎，五曰天地陰陽之鼎，六曰混沌之鼎，七曰浮光洞天之鼎，八曰靈光晃曜鍊神之鼎，九曰蒼龜大蛇蟲魚金輪之鼎。明年鼎成，寘于上清寶籙宫神霄殿，遂爲十八鼎。繼又詔罷九鼎新名，悉復其舊。今人但知有九鼎，而十八之數，唯朱忠靖公《秀水閑居録》略紀之，故詳載于此。

四朝史志

《四朝國史·本紀》，皆邁爲編脩官日所作，至於淳熙乙巳丙午，又成列傳百三十五卷。惟志二百卷，多出李燾之手，其彙次整理，殊爲有工，然亦時有失點檢處。蓋文書廣博，於理固然。《職官志》云：「使相以待勳賢故老，及宰相久次罷政者，惟趙普得之。明道末，吕夷簡罷，始復加使相，其後王欽若罷日亦除，遂以爲例。」案，趙普之後，寇準、陳堯叟、王欽若，皆祥符間自樞密使罷而得之。欽若以天聖初再入相，終於位，夷簡乃在其後十餘年。今言欽若用夷簡故事，則非也。因記《新唐書》所載：「李泌相德宗，加崇文館大學士。泌建言，學士加大，始中宗時，及張説爲之，固辭。乃以學士知院事。至崔圓復爲大學士，亦引泌爲讓而止。」案，崔圓乃肅宗朝宰相，泌之相也，相去三十年，反以爲圓引泌爲讓，甚類前失也。

宗室參選

吏部員多闕少，今爲益甚，而選人當注職官簿尉，輒爲宗室所奪，蓋以盡壓已到部人之故。案，宣和七年八月，臣僚論：「祖宗時宗室無參選法，至崇寧初，大啓僥倖，遂使任意出官，又優爲之法，參選一日，即在闔選名次之上。以天支之貴，其間不爲無人，而膏粱之習，貪淫縱恣，出爲民害者不少。議者頗欲懲革，罷百十人之私恩，爲億萬人之公利，誠爲至當。若以親愛未忍，姑乞與在部人通理名次。」從之。靖康元年八月，又奏云：「祖宗時，未有宗室參部之法，神宗時，始選擇差注一二。崇寧初，立法太優，宗室參選之日，在本部名次之上，既壓年月深遠、勞効顯著之人，復占名州大縣、優便豐厚之處。議者頗欲懲革，不注郡守、縣令，與在部人通理名次。」有旨從之。此二段，元未嘗衝改，不知何時復紊也。

元豐庫

神宗常憤北狄倔彊，慨然有恢復幽、燕之志，於内帑置庫，自製四言詩，曰：「五季失圖，獫狁孔熾。藝祖造邦，思有懲艾。爰設内府，基以募士。曾孫保之，敢忘厥志。」凡三十二庫，每庫以一字揭之，儲積皆滿。又別置庫，賦詩二十字，分揭於上，曰：「每虔夕惕心，妄意遵遺業。顧予不武資，何日成戎捷。」其用志如此，國家帑藏之富可知。熙寧元年，以奉宸庫珠子付河北緣邊，於四榷場鬻錢銀，準備買馬，其數至於二千三百四十三萬顆。乾道以來，有封樁、南庫所貯金銀楮券，合爲四千萬緡，孝宗尤所垂意。入紹熙以來【六】，頗供好賜之用，似聞日減於舊云。

【六】入紹熙以來　「熙」原作「興」，據庫本、祠本改。按，以上已言孝宗，紹熙乃孝宗之子光宗年號。

五俗字

書字有俗體，一律不可復改者，如沖、涼、況、減、決五字，悉以水爲冫，筆陵切，與「冰」同。雖士人札翰亦然。《玉篇》正收入於水部中，而冫部之末亦存之，而皆注云「俗」，乃知由來久矣。唐張參《五經文字》亦以爲訛。

卷十四 十七則

三教論衡

唐德宗以誕日歲歲詔佛、老者大論麟德殿，并召給事中徐岱及趙需、許孟容、韋渠牟講説。始三家若矛楯，然卒而同歸于善，帝大悦，賚予有差。此《新書·列傳》所載也。《白樂天集》有《三教論衡》一篇，云：「大和元年十月，皇帝降誕日，奉勑召入麟德殿内道場，對御三教談論，略録大端。第一座，祕書監白居易，安國寺引駕沙門義林，太清宫道士楊弘元。」其序曰：「談論之先，多陳三教，讚揚演説，以啓談端。臣學淺才微，猥登講座。竊以義林法師明大小乘，通内外學，於大衆中能師子吼。臣稽先王典籍，假陛下威靈，發問既來，敢不響答。」然予觀義林所問，首以《毛詩》稱六義，《論語》列四科，請備陳名數而已。居易對以孔門之徒三千，其賢者列爲四科，《毛詩》之篇三百，其要者分爲六義。然後言六義之數，四科之目，十哲之名。復引佛法比方，以六義可比十二部經，四科可比六度，以十哲可比十大弟子。僧難云：「曾參至孝，百行之先，何故不列於四科？」居易又爲辯析，乃曰：「儒書奥義，既已討論，釋典微言，亦宜發問。」然所問者不過芥子納須彌山一節而已。後問道士《黄庭經》中養氣存神長生久視之道，道士却問敬一人而千萬人悦。觀其問答旨意，初非幽深微妙，不可測知。

唐帝歲以此爲誕日上儀，殊爲可省。國朝命僧升座祝聖，蓋本於此。

夫兄爲公

婦人呼夫之兄爲伯，於書無所載。予頃使金國時，辟景孫弟輔行，弟婦在家，許齋醮及還家賽願。予爲作青詞，云：「頃因兄伯出使，夫婿從行。」雖借用《陳平傳》「兄伯」之語，而自不以爲然。偶憶《爾雅·釋親篇》曰：「婦稱夫之兄爲兄公，夫之弟爲叔。」於是改「兄伯」字爲「兄公」，視前所用，大爲不侔矣。《玉篇》妐字音鐘，注云：「夫之兄也。」然於義訓不若前語。

政和文忌

蔡京顓國，以學校科舉箝制多士，而爲之鷹犬者，又從而羽翼之。士子程文，一言一字稍涉疑忌，必暗黜之。有鮑輝卿者言：「今州縣學攷試，未校文學精弱，先問時忌有無，苟語涉時忌，雖甚工不敢取。若曰：『休兵以息民，節用以豐財，罷不急之役，清入仕之流。』諸如此語，熙、豐、紹聖間試者共用，不以爲忌，今悉絀之，所宜禁止。」詔可。政和三年，臣僚又言：「比者試文，有以聖經之言輒爲時忌而避之者，如曰『大哉堯之爲君』，『君哉舜也』，與夫『制治于未亂，保邦于未危』，『吉凶悔吝生乎動』，『吉凶與民同患』，以爲『哉』音與『災』同，而危亂凶悔非人樂聞，皆避。今當不諱之朝，豈宜有此。」詔禁之。以二者之言考之，知當時試文無辜而坐黜者多矣，其事載於《四朝志》。

瞬息須臾

瞬息、須臾、頃刻，皆不久之辭，與釋氏「一彈指間」、「一剎那頃」之義同，而釋書分別甚備。《新婆沙論》云：「百二十剎那成一怛剎那，六十怛剎那成一臘縛，三十臘縛成一牟呼麥多，三十牟呼麥多成一晝夜。」又《毗曇論》云：「一剎那者翻爲一念，一怛剎翻爲一瞬，六十怛剎那爲一息，一息爲一羅婆，三十羅婆爲一摩睺羅，翻爲一須臾。」又《僧祇律》云：「二十念爲一瞬，二十瞬名一彈指，二十彈指名一羅預，二十羅預名一須臾，一日一夜有三十須臾。」

神宗待文武臣

元豐三年，詔知州軍不應舉京官職官者，許通判舉之。蓋諸州守臣有以小使臣爲之，而通判官入京朝，故許之薦舉。今以小使臣守沿邊小郡，而公然薦人改官，蓋有司不舉行故事也。神宗初即位，以刑部郎中劉述今朝散大夫。久不磨勘，特命爲吏部郎中。今朝議大夫。樞密院言：「左藏庫副使陳昉恬静，久應磨勘，不肯自言。」帝曰：「右職若効朝士養名而奬進之，則將習以爲高，非便也。」翌日，以兵部員外郎張問今朝請郎。十年不磨勘，特遷禮部郎中。今朝奉大夫。其旌賞駕御，各自有宜，此所以爲綜核名實之善政。見《四朝志》。

緑竹王芻

《隨筆》中載：「毛公釋緑竹王芻，以爲北人不見竹，故分緑竹爲二物，以緑爲王芻。」熙寧初，右贊善大夫吴安度試舍人院，已入等。有司以安度所賦《緑竹詩》背王芻古説，而直以爲竹，遂黜不取。富韓公爲相，言：「《史記》叙載淇園之竹，正衛産也，安度語有據。」遂賜進士出身。予又記前賢所紀，仁宗時，賈邊試《當仁不避於師論》，以師爲衆，謂其背先儒訓釋，特黜之。蓋是時士風淳厚，論者皆不喜新奇之説，非若王氏之學也。

親除諫官

仁宗慶曆三年，用歐陽脩、余靖、王素爲諫官，當時名士作詩，有「御筆新除三諫官」之句。元豐八年，詔范純仁爲諫議大夫，唐淑問、蘇轍爲司諫，朱光庭、范祖禹爲正言。宣仁后問宰執：「此五人者如何？」僉曰：「外望惟允。」章子厚獨曰：「故事，諫官皆薦諸侍從，然後大臣稟奏。今詔除出中，得無有近習援引乎？此門寖不可啓。」后曰：「大臣實皆言之，非左右也。」子厚曰：「大臣當明揚，何爲密薦？」由是有以親嫌自言者，吕公著以范祖禹，韓縝、司馬光以范純仁。子厚曰：「臺諫所以糾大臣之越法者，故事，執政初除，苟有親戚及嘗被薦引者，見爲臺臣，則皆他徙。今天子幼沖，太皇同聽萬幾，故事不可違。」光曰：「純仁、祖禹實宜在諫列，不可以臣故妨賢，寧臣避位。」子厚曰：「縝、光、公著必不私，他日有懷姦當國者，例此而引其親黨，恐非國之福。」後改除純仁待制，祖禹著作佐郎，然此制亦不能常常恪守也。

檢放災傷

水旱災傷，農民陳訴，郡縣不能體朝廷德意。或慮減放苗米，則額外加耗之入爲之有虧，故往往從窄。比年以來，但有因賑濟虚數而冒賞者，至於蠲租失實，於民不便者，未嘗小懲。宣和之世，執政不能盡賢，而其所施行，蓋有慰人意。京西運判李祜奏：「房州民數百人，陳言災傷，知州李悝取其爲首者，杖而徇之城市，以戒妄訴，用此其州蠲税不及一釐。」詔：「李悝除名，簽書官皆勒停。」祜又奏：「唐、鄧州蠲災賑乏，悉如法令，均、房州不盡減税，致有盜賊。」詔：「均、房州守令悉罷，唐、鄧守貳各增一官秩。」百姓見憂出於徽宗聖意，而大臣能將順也。

檀弓注文

《檀弓》上下篇，皆孔門高第弟子在戰國之前所論次。其文章雄健精工，雖楚、漢間諸人不能及也。而鄭康成所注，又特爲簡當，旨意出於言外。今載其兩章以示同志。「衛司寇惠子之喪，子游爲之麻衰，牡麻絰【一】。」注云：「惠子廢適立庶，爲之重服以譏之。」「文子辭曰：子辱與彌牟之弟游，又辱爲之服，敢辭。子游曰：禮也。文子退反哭。」注：「子游名習禮，文子亦以爲當然，未覺其所譏。」「子游趨而就諸臣之位。」注：「深譏之。」「文子又辭曰：子辱與彌牟之弟游，又辱爲之服，又辱臨其喪，敢辭。子游曰：固以請。文子退，扶適子南面而立曰：子辱與彌牟之弟游，又辱爲之服，又辱臨其喪，虎也敢不復位。」注：「覺所譏也。」「子游趨而就客位。」注：「所譏行。」案，此一事儻非注文明言，殆不可曉。今用五「譏」字，詞意渙然，至最後「覺所譏」「所譏行」六字，尤爲透徹也。「季孫之母死，哀公弔焉。曾子與子貢弔焉，閽人爲君在，弗内也。曾子與子貢入於其厩而脩容焉。子貢先入，閽人曰：鄉者已告矣。」注：「既不敢止，以言下之。」「曾子後入，閽人辟之。」注：「見兩賢相隨，彌益恭也。」今人讀此段，直如親立季氏之庭，親見當時之事，注文尤得其要領云。

【一】牡麻絰　「牡」原作「壯」，據馬本、祠本改。

左傳有害理處

《左傳》議論遺辭，頗有害理者，以文章富豔之故，後人一切不復言，今略疏數端，以箴其失。《傳》云：「鄭武公、莊公爲平王卿士，王貳於虢。」杜氏謂：「不復專任鄭伯也。」「周公閱與王孫蘇爭政。」「王叛王孫蘇。」杜氏曰：「叛者，不與也。」夫以君之於臣，而言貳與叛，豈理也哉。「晉平戎於王，單襄公如晉拜成。劉康公徼戎，將遂伐之。叔服曰：背盟而欺大國，不義。」晉范吉射、趙鞅交兵。「劉氏、范氏世爲昏姻，萇弘事劉文公，故周與范氏。趙鞅以爲討。」夫以天子之使出聘侯國，而言拜成，謂周於晉爲欺大國，諸侯之卿跋扈於天子而言討，皆於名分爲不正。其他如晉邢侯殺叔魚，叔魚兄叔向數其惡而尸諸市，其於兄弟之誼爲弗篤矣，而託仲尼之語云：「殺親益榮。」杜氏又謂：「榮名益己。」以弟陳尸爲兄榮，尤爲失也。

夫人宗女請受

戚里宗婦封郡國夫人，宗女封郡縣主，皆有月俸錢米，春冬絹綿，其數甚多，《嘉祐禄令》所不備載。頃見張掄娶仲㒳女，封遂安縣主，月入近百千，内人請給，除糧料院幫勘、左藏庫所支之外，内帑又有添給，外庭不復得知。因記熙寧初，神宗與王安石言：「今財賦非不多，但用不節，何由給足？宫中一私身之奉，有及八十貫者，嫁一公主，至用七十萬緡。沈貴妃料錢月八百貫。聞太宗時，宫人惟繫皂紬襜，元德皇后嘗以金綫緣幨而怒其奢。仁宗初定公主俸料，以問獻穆大主，再三始言，其初僅得五貫耳。異時，中官月有止七百錢者。禮與其奢寧儉，自是美事也。」一時旨意如此，不聞奉行。以今度之，何止百十倍也。

蜀茶法

蜀道諸司，惟茶馬一臺，最爲富盛，茶之課利多寡，與夫民間利疚，它邦無由可知。予記《東坡集》有《送周朝議守漢州》詩云：「茶爲西南病，甿俗記二李。何人折其鋒？矯矯六君子。」注：「二李，杞與稷也。六君子，謂思道與姪正孺、張永徽、吴醇翁、吕元鈞、宋文輔也。」初，熙寧七年，遣三司幹當公事李杞經畫買茶，以蒲宗閔同領其事。蜀之茶園不殖五穀，惟宜種茶，賦税一例折輸，錢三百折絹一匹，三百二十折紬一匹，十錢折綿一兩，二錢折草一圍，凡税額總三十萬。杞剏設官場，歲增息爲四十萬。其輸受之際，往往壓其斤重，侵其加直。杞以疾去，都官郎中劉佐體量，多其條畫。於是宗閔乃議民茶息收十之三，盡賣於官場，蜀茶盡榷，民始病矣。知彭州吕陶言：「天下茶法既通，蜀中獨行禁榷。況川峽四路所出茶貨，比方東南諸處，十不及一。諸路既許通商，兩川却爲禁地，虧損治體，莫甚於斯。且盡榷民茶，隨買隨賣，或今日買十千，明日即作十三千賣之，比至歲終，不可勝筭，豈止三分而已。佐、杞、宗閔作爲敝法，以困西南生聚。」佐坐罷去，以國子博士李稷代之，陶亦得罪。侍御史周尹復極論榷茶爲害，罷爲湖北提點刑獄。利路漕臣張宗諤、張升卿復建議廢茶場司，依舊通商；稷劾其疏謬，皆坐貶秩。茶場司行劄子督綿州彰明縣，知縣宋大章繳奏，以爲非所當用。稷又詆其賣直釣奇，坐衝替。一歲之間，通課利及息耗至七十六萬緡有奇，詔録李杞前勞而官其子。後稷死於永樂城，其代陸師閔言其治茶五年，獲淨息四百二十八萬緡，詔賜田十頃。凡上所書，皆見於國史。坡公所稱思道乃周尹【二】，永徽乃二張之一，元鈞乃呂陶，文輔乃大章也。正孺、醇翁之事不著。

判府知府

國朝著令，僕射、宣徽使、使相知州府者爲判，其後改僕射爲特進，官稱如昔時。唯章子厚罷相守越，制詞結尾云：「依前特進知越州。」雖曰黜典，亦學士院之誤。同時執政蔣穎叔以手簡與之，猶呼云判府，而章質夫只云知府，蓋從其實，予所藏名公法書册有之。吾鄉彭公器資有遺墨一帖，不知與何人，其辭曰：「某頓首知郡相公閤下。」是必知州者，故亦不以府字借稱。今世蕞爾小壘，區區一朝官承乏作守，吏民稱爲判府，彼固偃然居之不疑。風俗淳澆之異，一至於此。

【二】坡公所稱思道乃周尹　《蘇軾詩集》卷三十《送周朝議守漢州》引宋施元之顧禧《注東坡先生詩》：「周思道即漢州，名表臣。」又云：「姪正孺名尹。」正孺，以下提及。據此，作者此處叙述有誤。今姑仍其舊。

歌扇舞衣

唐李義府有詩云：「鏤月爲歌扇，裁雲作舞衣【三】。」同時人張懷慶竊爲己作，各增兩字云：「生情鏤月爲歌扇，出性裁雲作舞衣。」致有生吞活剥之誚。予又見劉希夷《代閨人春日》一聯云：「池月憐歌扇，山雲愛舞衣。」絶相似。杜老亦云：「江清歌扇底，野曠舞衣前。」儲光羲云：「竹吹留歌扇，蓮香入舞衣。」然則唐詩人好以歌扇、舞衣爲對也。

官會折閱

官會子之作，始於紹興三十年，錢端禮爲户部侍郎，委徽州創樣撩造紙五十萬，邊幅皆不翦裁。初以分數給朝士俸，而於市肆要鬧處置五場，輦見錢收換，每一千別輸錢十以爲吏卒用。商賈入納，外郡綱運，悉同見錢。無欠數陪償及脚乘之費，公私便之。既而印造益多，而實錢浸少，至於十而損一，未及十年，不勝其弊。壽皇念其弗便，出内庫銀二百萬兩售於市，以錢易楮，焚棄之，僅解一時之急，時乾道三年也。淳熙十二年，邁自婺召還，見臨安人揭小帖，以七百五十錢兑一楮，因入對言之，喜其復行。天語云：「此事惟卿知之，朕以會子之故，幾乎十年睡不著。」然是後纍弊又生，且僞造者所在有之。及其敗獲，又未嘗正治其誅，故行用愈輕。迨慶元乙卯，多換六百二十，朝廷以爲憂。詔江、浙

【三】唐李義府有詩云鏤月爲歌扇裁雲作舞衣　「府」原脱，據祠本補。按，鏤月云云，《全唐詩》收入，爲李義府詩。

諸道必以七百七十錢買楮幣一道。此意固善，而不深思，用錢易紙，非有微利，誰肯爲之。因記崇寧四年有旨，在京市户市商人交子，凡一千許損至九百五十，外路九百七十，得貿鬻如法，毋得輒損，願增價者聽。蓋有所贏縮，則可通行，此理固易曉也。

飛鄰望鄰

自古所謂四鄰，蓋指東西南北四者而言耳。蓋貪虐害民者，一切肆其私心。元豐以後，州縣榷賣坊場，而收淨息以募役，行之浸久，弊從而生。往往鬻其抵産，抑配四鄰，四鄰貧乏，則散及飛鄰、望鄰之家，不復問遠近，必得償乃止。飛鄰、望鄰之説，誠所未聞。元祐元年，殿中侍御史呂陶奏疏論之，雖嘗暫革，至紹聖又復然。

衙參之禮

今監司、郡守初上事，既受官吏參謁，至晡時，僚屬復伺於客次，胥吏列立廷下通刺曰衙，以聽進退之命，如是者三日。如主人免此禮，則翌旦又通謝刺。此禮之起，不知何時。唐岑參爲虢州上佐，有一詩題爲《衙郡守還》，其辭曰：「世事何反覆，一身難可料。頭白翻折腰，還家私自笑。所嗟無産業，妻子嫌不調。五斗米留人，東溪憶垂釣。」然則由來久矣。韓詩曰：「如今便别官長去，直到新年衙日來。」疑是謂月二日也。

校勘記

卷十五 十八則

内職命詞

内庭婦職遷叙，皆出中旨，至中書命詞。如尚書内省官，固知其爲長年習事，如司字、典字、掌字，知其爲主守之微者。至於紅紫霞帔郡國夫人，則其年齡之長少，爵列之崇庳，無由可以測度。紹興二十八年九月，仲兄以左史直前奏事，時兼權中書舍人，高宗聖訓云：「有一事，待與卿説，昨有宫人宫正者封夫人，乃宫中管事人，六十餘歲，非是嬪御，恐卿不知。」兄奏云：「係王剛中行詞，剛中除蜀帥，係臣書黄，容臣别撰入。」上頷首。後四日，經筵留身奏事，奏言：「前日面蒙宣諭，永嘉郡張夫人告詞，既得聖旨，即時傳旨三省，欲别撰進。昨日宰臣傳聖旨，令不須别撰。」上曰：「乃皇后閤中老管事人，今六十六歲，宫正乃執事者，昨日宰執奏欲换告，亦無妨礙，不須别進。今已年老多病，但欲得稱呼耳。」蓋昨訓詞中稱其容色云。

蔡京除吏

唐天寶之季，楊國忠以右相兼吏部尚書，大集選人注擬於私第。故事，注官訖，過門下侍中、給事中，國忠呼左相陳希烈於座隅，時改侍中爲左相。給事中在列，曰：「既對注擬，過門下了矣。」吏部侍郎二人與郎官同咨事，趨走於前，國忠誇謂諸妹曰：「兩箇紫袍主事何如？」史策書此，以見國忠顓政舞權也。然猶令侍中、給事同坐，以明非矯。若蔡京之盜弄威柄，則又過之。政和中，以太師領三省事，得治事于家。弟卞以開府在經筵，嘗挾所親將仕郎吴説往見，坐于便室，設一卓，陳筆硯，置玉版紙闊三寸者數十片于上。卞言常州教授某人之淹滯，曰：「自初登科作教官，今已朝奉郎，尚未脱故職。」京問：「何以處之？」卞曰：「須與一提學。」京取一紙，書其姓名及提舉學事字而缺其路分，顧曰：「要何處？」卞曰：「其家極貧，非得俸入優厚處不可。」於是書「河北西路」字，付老兵持出。俄別有一兵齎一雙緘及紫匣來，乃福建轉運判官直龍圖閣鄭可簡，以新茶獻，即就可漏上書「祕撰運副」四字授之【一】。卞方語及吴説曰：「是安中司諫之子，頗能自立，且王逢原外孫，與舒王夫人姻眷，其母老，欲求一見闕省局。」京問：「吴曾踏逐得未？」對曰：「打套局適缺。」又書一紙付出。少頃，卞目吴使先退。吴之從姊嫁門下侍郎薛昂，因館其家，才還舍，具以告昂，歎所見除目之迅速。昂曰：「此三者，已節次書黄矣。」始

【一】即就可漏上書祕撰運副四字授之　王校：「漏」字誤，未云應作何字。

知國忠猶落第二義也。

題先聖廟詩

兗州先聖廟壁，嘗有題詩者云：「靈光殿古生秋草，曲阜城荒噪晚鴉。惟有孔林殘照日，至今猶屬仲尼家。」不顯姓名，頗爲士大夫傳誦。予頃在福州，於吕虚己處，見邵武上官校書詩一册，内一篇題爲《州西行》。州西者，蔡京所居處也。注云：「靖康元年作。時京謫湖湘，子孫分竄外郡，所居第摧毁，索寞殆無人跡，故爲古調以傷之。」凡三十餘韻，今但記其末聯云：「君不見喬木參天獨樂園，至今仍是温公宅。」其意甚與前相類。紹興二十五年冬，秦檜死，空其賜宅，明年開河，役夫輦泥土堆于牆下。天台士人左君作詩云：「格天閣在人何在，偃月堂深恨亦深。不見洛陽圖白髮，但知郿塢積黄金。直言動便遭羅織，舉目寧知有照臨。炙手附炎俱不見，可憐泥滓滿牆陰。」語雖紀實，然太露筋骨，不若前兩章渾成也。左頗有才，最善謔，二十八年，楊和王之子偰，除權工部侍郎，時張循王之子子顔、子正，皆帶集英脩撰，且進待制矣。會葉審言自侍御史、楊元老自給事中徙爲吏、兵侍郎，蓋以繳論之故。左用歇後語作絶句，曰：「木易已爲工部侍，弓長肯作集英脩。如今臺省無楊、葉，豚犬超陞卒未休。」左居西湖上，好事請謁，人或畏其口，後竟終於布衣。

季文子魏獻公

擬人必於其倫，後世之説也，古人則不然。魯季文子出一莒僕，而歷引舜舉十六相去四凶，曰：「舜有大功二十而爲天子，今行父雖未獲一吉人，去一凶矣，於舜之功二十之一也。」晉魏獻子爲政，以其子戊爲梗陽大夫，謂成鱄曰：「吾與戊也縣，人其以我爲黨乎？」鱄誦《大雅·文王》克明克類、克長克君、克順克比、比于文王之句，而以爲九德不愆。勤施無私曰類，擇善而從之曰比。言：「主之舉也，近文德矣。」且季孫行父之視舜，魏舒之視文王，何啻天壤之不侔，而行父以自比，舒受人之諛不以爲嫌。乃知孟子所謂：「顔淵曰：『舜何人也？予何人也？有爲者亦若是。』」非過論也。

尊崇聖字

自孔子贊《易》、孟子論善信之前，未甚以聖爲尊崇，虽《詩》、《書》、《禮》經所載亦然也。《書》稱堯、舜之德，但曰「聰明文思」、「欽明文思」、「濬哲文明」、「温恭允塞」，至益之對舜，始有「乃聖乃神」之語。《洪範》「睿作聖」與「恭作肅，從作乂，明作哲，聰作謀」，同列於五事，其究但曰「聖時風若」，咎徵至以蒙爲對。「惟聖罔念作狂，惟狂克念作聖。」則以狂與聖爲善惡之對也。《詩》曰：「國雖靡止，或聖或否。」則以聖與否爲對也。下文

「或哲或謀，或肅或艾」【二】，蓋與五事略同。人之齊聖，不過「飲酒溫克」而已。《左傳》八愷「齊、聖、廣、淵、明、允、篤、誠」，《周官》六德「知、仁、聖、義、忠、和」，皆混於諸字中，了無所異。以故魯以臧武仲爲聖人，伯夷、伊尹、柳下惠皆曰聖，而孟子以爲否。

媵字訓

媵之義爲送，《春秋》所書，晉人衛人來媵，皆送女也。《楚辭·九章》云：「波滔滔兮來迎，魚鱗鱗兮媵予。」其義亦同。《周易·咸》卦象曰：「咸其輔頰舌，滕口説也。」《釋文》云：「滕，達也。」九家皆作乘，而鄭康成、虞翻作媵，而亦訓爲送云。

周禮奇字

《六經》用字，固亦間有奇古者，然唯《周禮》一書獨多。予謂前賢以爲此書出於劉歆，歆常從揚子雲學作奇字，故用以入經。如法爲灋，柄爲枋，邪爲衺，美爲媺，呼爲嘑，拜爲𢷎，韶爲磬，怪爲傀，暴爲虣，獨爲箌，風爲飌，鮮爲鱻，槁爲薧，螺爲蠃，蜱爲蠯【三】，魚爲獻，埋爲貍，吹爲歈，陔爲祴，暗爲韽，柝爲榛，探爲撢，翅爲翨，摘爲硩，駭爲駴，擊爲鼜，辜爲辜，掬爲鞏，冪爲幎，藻爲藻，昊爲㫗【四】，叩爲敂，艱爲囏，魅爲鬽，與夫廇、𧆞、胖、鱐、齍、眂、劀、䣛、㚈、觷、箈、鬻、柶、緆、龤、㽯、槩、輮之類，皆他經鮮用，予前已書之而不

【二】或哲或謀或肅或艾　「哲」原作「肅」，「肅」原作「哲」，據馬本、祠本改。按，「或哲」云云，爲《詩·小旻》中之二句。

【三】蜱　庫本、祠本作「脾」。

【四】㫗　庫本、祠本作「脾」。

詳悉。若《考工記》之字，又不可勝載也。

大禹之書

《夏書·五子之歌》，述大禹之戒，其前三章是也。禹之謨訓，捨《虞》、《夏》二書外，他無所載。《漢·藝文志》雜家者流有《大命》三十七篇，云：「傳言禹所作，其文似後世語。」命，古禹字也，意必依倣而作之者，然亦周、漢間人所爲，今寂而無傳，亦可惜也。

隨巢胡非子

《漢書·藝文志》墨家者流，有《隨巢子》六篇、《胡非子》三篇，皆云墨翟弟子也。二書今不復存，馬總《意林》所述，各有一卷。隨巢之言曰：「大聖之行，兼愛萬民，疏而不絶，賢者欣之，不肖者憐之。賢而不欣，是賤德也。不肖不憐，是忍人也。」又有「鬼神賢於聖人」之論，其於兼愛、明鬼，爲墨之徒可知。胡非之言曰：「勇有五等：負長劍，赴榛薄，折兕豹，搏熊羆，此獵徒之勇也；負長劍，赴深淵，折蛟龍，搏黿鼉，此漁人之勇也；登高危之上，鵠立四望，顔色不變，此陶匠之勇也；剽必刺，視必殺，此五刑之勇也；齊桓公以魯爲南境，魯憂之，曹劌匹夫之士，一怒而劫萬乘之師，存千乘之國，此君子之勇也。」其説亦卑陬無過人處。

别國方言

今世所傳揚子雲《輶軒使者絶代語釋别國方言》，凡十三卷，郭璞序而解之。其末又有漢成帝時劉子駿與雄書，從取《方言》及雄答書。以予考之，殆非也。雄自序所爲文，《漢史》本傳但云：「經莫大於《易》，故作《太玄》；傳莫大於《論語》，作《法言》；史篇莫善於《倉頡》，作《訓纂》；箴莫善於《虞箴》，作《州箴》；賦莫深於《離騷》，反而廣之；辭莫麗於相如，作四賦。」雄平生所爲文盡於是矣，初無所謂《方言》。《漢·藝文志》小學有《訓纂》一篇。儒家有雄所序三十八篇，注云：「《太玄》十九，《法言》十三，樂四，箴二。」雜賦有雄賦十二篇，亦不載《方言》。觀其答劉子駿書，稱「蜀人嚴君平」，案君平本姓莊，漢顯宗諱莊，始改曰「嚴」。《法言》所稱「蜀莊沈冥」、「蜀莊之才之珍」、「吾珍莊也」，皆是本字，何獨至此書而曰「嚴」。又子駿只從之求書，而答云：「必欲脅之以威，陵之以武，則縊死以從命也。」何至是哉。既云成帝時子駿與雄書，而其中乃云孝成皇帝，反覆抵牾。又書稱「汝、潁之間」，先漢人無此語也，必漢、魏之際好事者爲之云。

縱臾

《史記·衡山王傳》：「日夜從容王密謀反事。」《漢書》傳云：「日夜縱臾王謀反事。」如淳曰：「臾讀曰勇，縱臾，猶言勉强也。」顔師古曰：「縱，音子勇反。縱臾，謂奬勸也。」揚雄《方言》云：「食閻、慫慂，音與上同。勸也。南楚凡己不欲喜，而旁人説之，不欲怒，而旁人怒之，謂之食閻，亦謂之慫慂。」今《禮部韻略》收入，《漢》注皆不引用。

總持寺唐勑牒

唐世符帖文書，今存者亦少，隆興府城内總持寺有一碑，其前一紙，乾符三年洪州都督府牒僧仲暹，次一紙中和五年監軍使帖僧神遇，第三紙光啓三年十一月中書門下牒江西觀察使。其後列銜者二十四人，曰中書侍郎兼兵部尚書平章事杜孫能，門下侍郎兼吏部尚書平章事孔緯，此後檢校左僕射一人，檢校司空二人，檢校司徒八人，檢校太保三人，檢校太傅一人，檢校太尉三人，檢校太師一人，皆帶平章事著姓，太保兼侍中昭度不書韋字，檢校太師兼侍中一人，太師兼中書令一人，皆不著姓，捨杜、孔、韋三正相之外，餘皆小書使字，蓋使相也。後又有節度使鍾傳兩牒，字畫端勁有法，如士人札翰，今時臺省吏文不能及也。嘉祐二年，雒陽人職方員外郎李上交來豫章東湖，見所藏真蹟，爲辨之云：二十一人者，乃張濬、朱玫、李福、李可舉、李罕之、陳敬瑄、王處存、王徽、曹誠、李匡威、李茂貞、王重榮、楊守亮、王鎔、樂彦祺、朱全忠、張全義、拓拔思恭、時溥、王鐸、高駢也【五】。而注云：「見《僖宗紀》及《實録》。」以予考之，自三相及拓拔、樂彦祺、時溥、張濬、朱全

【五】樂彦祺　庫本、祠本「祺」作「禎」。下同。

忠、李茂貞諸人外，如李克用、朱瑄、王行瑜皆是時使相，不應缺，而朱玫、王鐸、王重榮、李福皆已死，所謂太師中書令者，史策不載，唯陳敬瑄檢校此官而兼中令，最後者其是歟？它皆不復可究質矣。

禁旅遷補

國朝宿衛禁旅遷補之制，以歲月功次而遞進者，謂之排連。大禮後，次年殿庭較藝，乘輿臨軒，曰「推垛子」。其歲滿當去者，隨其本資，高者以正任團練使、刺史補外州總管、鈐轄，小者得州都監【六】，當留者於軍職内陞補，謂之轉員。唯推垛之日，以疾不趁赴者，爲害甚重。紹興三十二年四月，予以右史午對，時將有使事【七】，與上介張才甫同飯於皇城司。有一老兵，幞頭執黑杖子，拜辭皇城幹辦官劉知閤，泣涕哽噎，劉亦爲惻然。予問其故，兵以杖相示，滿其上皆揭記士卒姓名營屯事件，云：「身是天武第一軍都指揮使，曾立戰功，積官至遥郡團練使，今年滿當出職，若御前呈試了，便得正任使名，而爲近郡總管。不幸小疾，遂遭揀汰，只可降移外藩將校，在身官位一切除落，方伏事州都監聽管營部轄。三十年勤勞，一旦如掃，薄命不偶，至於如是。」坐者同歎息憐之。案，崇寧四年有詔，諸班直嘗備宿衛，病告滿尚可療者，殿前指揮使補外牢城指揮使，蓋舊法也。

【六】小者得州都監　「都」原作「郡」，馬本、庫本、祠本作「都」。下文亦作「州都監」，今改。

【七】時將有使事　「使」原作「吏」，據馬本、庫本、祠本改。據《宋史·洪邁傳》，時金使來，邁爲接伴使。

六言詩難工

唐張繼詩，今人所傳者唯《楓橋夜泊》一篇，《荆公詩選》亦但别有兩首，樂府有《塞孤》一篇。而《皇甫冉集》中載其所寄六言曰：「京口情人别久，揚州估客來疏。潮至潯陽回去，相思無處通書。」冉酬之，而序言：「懿孫，予之舊好，祗役武昌，有六言詩見憶，今以七言裁答，蓋拙於事者繁而費。」冉之意，以六言爲難工，故衍六爲七，然自有三章曰：「江上年年春早，津頭日日人行。借問山陰遠近，猶聞薄暮鐘聲。」「水流絶澗終日，草長深山暮雲。犬吠鷄鳴幾處，條桑種杏何人？」「門外水流何處，天邊樹繞誰家？山絶東西多少，朝朝幾度雲遮。」皆清絶可畫，非拙而不能也。予編唐人絶句，得七言七千五百首，五言二千五百首，合爲萬首。而六言不滿四十，信乎其難也。

杯水救車薪

孟子曰：「仁之勝不仁也，如水勝火，今之爲仁者，猶以一杯水救一車薪之火也，不熄，則謂之水不勝火。」予讀《文子》，其書有云：「水之勢勝火，一勺不能救一車之薪；金之勢勝木，一刃不能殘一林；土之勢勝水【八】，一塊不能塞一河。」文子，周平王時人，孟氏之言，蓋本於此。

【八】土之勢勝水　「土」原作「上」，據明抄本改。

詘一人之下

蕭何諫高祖受漢王之封，曰：「夫能詘於一人之下，而信於萬乘之上者，湯、武是也。」《六韜》云：「文王在岐，召太公曰：『吾地小。』太公曰：『天下有粟，賢者食之；天下有民，賢者牧之。屈於一人之下，則申於萬人之上，唯聖人能爲之。』」然則蕭何之言，其出於此，而《漢書》注釋諸家，皆不曾引證。

秦漢重縣令客

秦、漢之時，郡守縣令之權極重，雖一令之微，能生死人，故爲之賓客者，邑人不敢不敬。單父人呂公善沛令，辟仇從之客，沛中豪桀吏聞令有重客，皆往賀。謂以禮物相慶也。司馬相如游梁歸蜀，素與臨邛令王吉相善，來過之，舍於都亭。臨邛富人卓王孫、程鄭相謂曰：「令有貴客，爲具召之，并召令。」相如竊王孫女歸成都，以貧困復如臨邛，王孫杜門不出，昆弟諸公更謂王孫曰：「長卿人材足依，且又令客，柰何相辱如此。」注云：「言縣令之客，不可以辱也。」是時爲令客者如此。今士大夫爲守令故人，往見者雖未必皆賢，豈復蒙此禮敬。稍或戾於法制，微有干託，其累主人必矣。

之字訓變

漢高祖諱邦，荀悦云：「之字曰國。惠帝諱盈，之字曰滿。」謂臣下所避以相代也。蓋「之」字之義訓變。《左傳》：「周史以《周易》見陳侯者，陳侯使筮之，遇《觀》之《否》。」謂《觀》六四變而爲《否》也。他皆倣此。

卷十六二十則

蹇氏父子

蹇周輔立江西、福建茶法，以害兩路。其子序辰在紹聖中，乞編類《元祐章疏案牘》，人爲一帙，置在二府。由是搢紳之禍，無一得脱。此猶未足言，及居元符遏密中，肆音樂自娱。後守蘇州，以天寧節與其父忌日同，輒於前一日設宴，及節日不張樂。其無人臣之義如是，蓋舉世未聞也。

神臂弓

神臂弓出於弩遺法，古未有也。熙寧元年，民李宏始獻之入内，副都知張若水方受旨料簡弓弩，取以進。其法以檿木爲身，檀爲弰，鐵爲蹬子鎗頭，銅爲馬面牙發，麻繩札絲爲弦，弓之身三尺有二寸，弦長二尺有五寸，箭木羽長數寸，射二百四十餘步，入榆木半苛。神宗閲試，甚善之。於是行用，而他弓矢弗能及。紹興五年，韓世忠又侈大其制，更名「克敵弓」，以與金虜戰，大獲勝捷。十二年詞科試日，主司出《克敵弓銘》爲題云。

勑令格式

法令之書，其别有四，勑、令、格、式是也。神宗聖訓曰：「禁於未然之謂勑，禁於已然之謂令，設於此以待彼之至謂之格，設於此使彼效之謂之式。」凡入笞杖徒流死，自例以下至斷獄十有二門，麗刑名輕重者，皆爲勑；自品官以下至斷獄三十五門，約束禁止者，皆爲令；命官庶人之等，倍全分釐之給，有等級高下者，皆爲格；表奏、帳籍、關牒、符檄之類，有體制模楷者，皆爲式。《元豐編勑》用此，後來雖數有修定，然大體悉循用之。今假寧一門，實載於格，而公私文書行移，並名爲式假，則非也。

顔魯公戲吟

陶淵明作《閑情賦》，寄意女色，蕭統以爲白玉微瑕。宋廣平作《梅花賦》，皮日休以爲鐵心石腸人而亦風流艷冶如此。《顔魯公集》有七言聯句四絶，其目曰《大言》、《樂語》、《饞語》、《醉語》。於《樂語》云：「苦河既濟真僧喜，新知滿坐笑相視。戍客歸來見妻子，學生放假偷向市。」《饞語》云：「拈餡舐指不知休，欲炙侍立涎交流。過屠大嚼肯知羞，食店門外强淹留。」《醉語》云：「逢糟遇麯便酩酊，覆車墜馬皆不醒。倒著接䍦髮垂領【一】，狂心亂語無人並。」以公之剛介守正而作是詩，豈非以文滑稽乎。然語意平常，

【一】倒著接䍦髮垂領　「䍦」原作「籬」，據馬本、祠本改。按，接䍦乃頭巾。

無可咀嚼，予疑非公詩也。

紀年用先代名

唐德宗以建中、興元之亂，思太宗貞觀、明皇開元爲不可跂及，故改年爲貞元，各取一字以法象之。高宗建炎之元，欲法建隆而下字無所本。孝宗以來，始一切用貞元故事。隆興以建隆、紹興，乾道以乾德、至道，淳熙以淳化、雍熙，紹熙以紹興、淳熙，慶元以慶曆、元祐也。

中舍

官制未改之前，初升朝官，有出身人爲太子中允，無出身人爲太子中舍，皆今通直郎也。近時士大夫或不能曉，乃稱中書舍人曰中舍，殊可笑云。蘇子美在進奏院，會館職有中舍者欲預席，子美曰：「樂中既無箏、琶、篳、笛，坐上安有國、舍、虞、比。」國謂國子博士，舍謂中舍，虞謂虞部，比謂比部員外、郎中，皆任子官也。

多赦長惡

熙寧七年旱，神宗欲降赦，時已兩赦矣。王安石曰：「湯旱，以六事自責，曰政不節與？若一歲三赦，是政不節，非所以弭災也。」乃止。安石平生持論務與衆異，獨此説爲至公。近者六年之間，再行覃霈。婺州富人盧助教，以刻核起家，因至田僕之居，爲僕父子四人所執，投寘杵臼内，擣碎其軀爲肉泥，既鞫治成獄，而遇己酉赦恩獲免。至復登盧氏之門，笑侮之，曰：「助教何不下莊收穀？」兹事可爲寃憤，而州郡失於奏論。紹熙甲寅歲至於四赦，凶盗殺人一切不死，惠姦長惡，何補於治哉。

奏讞疑獄

州郡疑獄許奏讞，蓋朝廷之仁恩。然不問所犯重輕及情理蠹害，一切縱之，則爲壞法。耿延年提點江東刑獄，專務全活死囚，其用心固善。然南康婦人謀殺其夫甚明，曲貸其命，累勘官翻以失入被罪。予守贛，一將兵逃至外邑，殺村民於深林，民兄後知之，畏申官之費，即焚其尸，事發係獄，以殺時無證，尸不經驗，奏裁刑寺輒定爲斷配。予持勑不下，復奏論之，未下而此兵死於獄。因記元豐中，宣州民葉元，以同居兄亂其妻而殺之，又殺兄子，而彊其父與嫂約契，不訟於官。鄰里發其事，州以情理可憫，爲上請。審刑院奏欲貸，神宗曰：「罪人已前死，姦亂之事，特出於葉元之口，不足以定罪，且下民雖爲無知，抵冒法禁，固宜哀矜。然以妻子之愛，既殺其兄，仍戕其姪，又罔其父，背逆天理，傷敗人倫，宜以毆兄至死律論。」此旨可謂至明矣。

醫職冗濫

神宗董正治官，立醫官，額止於四員。及宣和中，自和安大夫至翰林醫官，凡一百十七人，直局至祗候，凡九百七十九人，冗濫如此。三年五月，始詔大夫以二十員，郎以三十員，醫効至祗候以三百人爲額，而額外人免改正，但不許作官户，見帶遥郡人並依元豐舊制，然竟不能循守也。乾道三年正月，隨龍醫官、平和大夫、階州團練使潘攸差判太醫局，請給依能誠例支破。邁時在西掖，取會能誠全支本色，因依誠係和安大夫、潭州觀察使，月請米麥百餘碩，錢數百千，春冬綿絹之屬，比他人十倍，因上章極論之，乞將攸合得請給，令户部照條支破。孝宗聖諭云：「豈惟潘攸不合得，并能誠亦合住了。」即日，御筆批依，仍改正能誠已得真俸之旨，旋又罷醫官局。

切脚語

世人語音有以切脚而稱者，亦間見之於書史中。如以蓬爲勃籠，槃爲勃闌，鐸爲突落，叵爲不可，團爲突欒，鉦爲丁寧，頂爲滴顙，角爲矻落，蒲爲勃盧，精爲即零，螳爲突郎，諸爲之乎，旁爲步廊，茨爲蒺藜，圈爲屈攣，錮爲骨露，窠爲窟駝是也。

唐世辟寮佐有詞

唐世節度、觀察諸使，辟置僚佐以至州郡差掾屬，牒語皆用四六，大略如告詞。李商隱《樊南甲乙集》、顧雲《編稾》、羅隱《湘南雜稾》皆有之。故韓文公《送石洪赴河陽幕府序》云：「撰書辭，具馬幣。」李肇《國史補》載崖州差故相韋執誼攝軍事衙推，亦有其文，非若今時只以吏牘行遣也。錢武肅在鎮牒鍾廷翰攝安吉主簿云：「勑淮南、鎮海、鎮東等軍節度使，牒將仕郎試祕書省校書郎鍾廷翰，牒奉處分，前件官儒素修身，早昇官緒，寓居霅水，累歷星霜，克循廉謹之規，備顯温恭之道。今者願求録用，特議掄材，安吉屬城印曹闕吏，俾期差攝，勉効公方，儻聞佐理之能，豈恡超昇之獎。事須差攝安吉縣主簿牒舉者，故牒。貞明二年三月日。」牒後銜云：「使、尚父、守尚書令、吴越王押。」此牒今藏於王順伯家，其字畫端嚴有法，其文則掌書記所撰，殊爲不工，但印記不存矣。謂主簿爲印曹，亦佳。

高子允謁刺

王順伯藏昔賢墨帖至多，其一曰高子允諸公謁刺，凡十六人：時公美、徐振甫、余中、龔深父、元耆寧、秦少游、黄魯直、張文潛、晁無咎、司馬公休、李成季、葉致遠、黄道夫、廖明略、彭器資、陳祥道。皆元祐四年朝士，唯器資爲中書舍人，餘皆館職。其刺字或書官職，或書郡里，或稱姓名，或只稱名，既手書之，又斥主人之字，且有同舍、尊兄之目，風流氣味，宛然可端拜，非若後之士大夫一付筆吏也。蔡忠惠公帖亦有其二，一曰「襄奉候子石兄起居，朔旦謹謁」；一曰「襄別洪州少卿學士」。蓋又在前帖三十年之先也。

蔡君謨書碑

歐陽公作《蔡君謨墓誌》云：「公工於書畫，頗自惜，不妄與人書。仁宗尤愛稱之，御製《元舅隴西王碑文》，詔公書之。其後命學士撰《温成皇后碑文》，又勅公書，則辭不肯，曰：『此待詔職也。』」國史傳所載，蓋用其語。比見蔡與歐陽一帖云：「鼂者得侍陛下清光，時有天旨，令寫御撰碑文，宫寺題牓。至有勳德之家，干請朝廷出勅令書。襄謂近世書寫碑誌，則有資利，若朝廷之命，則有司存焉，待詔其職也。今與待詔爭利，其可乎？力辭乃已。」蓋辭其可辭，其不可辭者不辭也。然後知蔡公之旨意如此。雖勳德之家請於朝出勅令書者，亦辭之，不止一《温成碑》而已。其清介有守，後世或未知之，故載於此。

楊涉父子

唐楊涉爲人和厚恭謹。哀帝時，自吏部侍郎拜相。時朱全忠擅國，涉聞當爲相，與家人相泣，謂其子凝式曰：「此吾家之不幸也，必爲汝累。」後二年，全忠篡逆，涉爲押傳國寶使，凝式曰：「大人爲唐宰相，而國家至此，不可謂之無過，況手持天子璽綬與人，雖保富貴，柰千載何，盍辭之？」涉大駭，曰：「汝滅吾族。」神色爲之不寧者數日。此一楊涉也，方其且相，則對其子有不幸之語，及持國寶與逆賊，則駭其子勸止之請，一何前後之不相侔也。鄙夫患失，又懲白馬之禍，喪其良心，甘入「六臣」之列，其可羞也甚矣。凝式病其父失節，託於心疾，歷五代十二君，佯狂不仕，亦賢乎哉。

佛胸卍字

《法苑珠林》叙佛之初生云：「開卍字於胸前，躡千輪於足下。」又《占相部》云：「如來至真，常於胸前自然卍字，大人相者，乃往古世蠲除穢濁不善行故。」予於《夷堅·丁志》中載蔡京胸字，言：「京死後四十二年遷葬，皮肉消化已盡，獨心胸上隱起一卍字，高二分許，如鐫刻所就。」正與此同。以大姦誤國之人，而有此祥，誠不可曉也。豈非天崩地坼，造化定數，故產此異物，以爲宗社之禍邪。

蘇涣詩

杜子美《贈蘇涣詩序》云：「蘇大侍御涣，静者也，旅寓于江側，凡是不交州府之客，人事都絶久矣。肩輿江浦，忽訪老夫，請誦近詩，肯吟數首，才力素壯，詞句動人，涌思雷出，書篋几杖之外，殷殷留金石聲。賦八韻記異，亦記老夫傾倒於蘇至矣。」詩有「再聞誦新作，突過黄初詩」之語。又有一篇《寄裴道州并呈蘇涣侍御》云：「附書與裴因示蘇，此生已媿須人扶。致君堯舜付公等，早據要路思捐軀。」其褒重之如此。《唐·藝文志》有涣詩一卷，云：「涣少喜剽盜，善用白弩，巴蜀商人苦之，稱『白跖』，以比莊蹻。後折節讀書，進士及第，湖南崔瓘辟從事，繼走交、廣，與哥舒晃反，伏誅。」然則非所謂静隱者也。涣在廣州作變律詩十九首，上廣府帥，其一曰：「養蠶爲素絲，葉盡蠶不老。傾筐對空床，此意向誰道。一女不得織，萬夫受其寒。一夫不得意，四海行路難。禍亦不在大，禍亦不在先。世路險孟門，吾徒當勉旃。」其二曰：「毒蜂一巢成，高挂惡木枝。行人百步外，目斷魂爲飛。長安大道邊，挾彈誰家兒？手持黄金丸，引滿無所疑。一中紛下來，勢若風雨隨。身如萬箭攢，宛轉送所之。徒有疾惡心，柰何不知機。」讀此二詩，可以知其人矣。杜贈涣詩，名爲記異，語意不與它等，厥有旨哉。

歲後八日

《東方朔占書》，歲後八日，一爲雞，二爲犬，三爲豕，四爲羊，五爲牛，六爲馬，七爲人，八爲穀。謂其日晴，則所主之物育，陰則災。杜詩云：「元日到人日，未有不陰時。」用此也。八日爲穀，所係尤重，而人罕知者，故書之。

門焉閨焉

《左氏傳》好用「門焉」字。如「晉侯圍曹，門焉」，「齊侯圍龍，盧蒲就魁門焉」，「吴伐巢，吴子門焉」，「偪陽人啓門【二】，諸侯之士門焉」。及「蔡公孫翩以兩矢門之」，「門于師之梁」，「門于陽州」之類，皆奇葩之語也。然《公羊傳》云：「入其大門，則無人門焉者；入其閨，則無人閨焉者；上其堂，則無人焉。」又傑出有味。何休注「堂無人焉」之下曰：「但言焉，絶語辭，堂不設守視人，故不言焉者。」休之學可謂精切，能盡立言之深意。

郡縣主壻官

本朝宗室袒免親女出嫁，如壻係白身人，得文解者爲將仕郎，否則承節、承信郎，妻雖死，夫爲官如故。按，唐貞元中，故懷澤縣主壻檢校贊善大夫竇克紹狀言：「臣頃以國

【二】偪陽人啓門　「偪」原作「富」，據馬本、祠本改。按：《左傳·襄公》十年作「偪」。

親，超受寵禄，及縣主薨逝，臣官遂停。臣陪位出身，未授檢校官，自有本官，伏乞宣付所司，許取前銜婺州司户參軍隨例調集。」詔：「許赴集，仍委所司比類前任正員官依資注擬。自今已後，郡縣主壻除丁憂外，有曾任正員官停檢校官俸料後者，準此處分。」乃知壻官不停者，恩厚於唐世多矣。紹興中，高士轟尚僞福國長公主，至觀察使。及公主事發誅死，猶得故官，可謂優渥。

樂府詩引喻

自齊、梁以來，詩人作樂府《子夜四時歌》之類，每以前句比興引喻，而後句實言以證之。至唐張祜、李商隱、温庭筠、陸龜蒙，亦多此體，或四句皆然。今略書十數聯于策。其四句者如：「高山種芙蓉，復經黄蘗塢。未得一蓮時，流離嬰辛苦。」「窗外山魈立，知渠脚不多。三更機底下，模著是誰梭。」「淮上能無雨，回頭總是情。蒲帆渾未織，爭得一歡成。」其兩句者如：「風吹荷葉動，無夜不摇蓮。」「空織無經緯，求匹理自難。」「圍棋燒敗襖，著子故依然。」「理絲入殘機，何悟不成匹。」「攤門不安横，無復相關意。」「黄蘗向春生，苦心日日長。」「明燈照空局，悠然未有期。」「玉作彈棋局，中心最不平。」「剪刀横眼底，方覺淚難裁。」「中劈庭前棗，教郎見赤心。」「千尋葶藶枝，爭柰長長苦。」「愁見蜘蛛織，尋思直到明。」「雙燈俱暗盡，柰許兩無由。」「三更書石闕，憶子夜啼悲。」「芙蓉腹裏萎，憐汝從心起。」「朝看暮牛跡，知是宿啼痕。」「梳頭入黄泉，分作兩死計。」「石闕生口中，銜悲不能語。」「桑蠶不作繭，晝夜長懸絲。」皆是也。龜蒙又有《風人詩》四首，云：「十萬全師出，遥知正憶君。一心如瑞麥，長作兩岐分。」「破檗供朝爨，須知是苦辛。曉天窺落宿，誰識獨醒人。」「旦日思雙屨，明時願早諧。丹青傳四瀆，難寫是秋懷。」「聞道更新幟，多應廢舊期。征衣無伴擣，獨處自然悲。」皮日休和其三章，云：「刻石書離恨，因成别後悲。莫言春璽薄，猶有萬重思。」「鏤出容刀飾，親逢巧笑難。日中騷客珮，爭柰即闌干。」「江上秋聲起，從來浪得名。逆風猶挂席，苦不會凡情。」劉采春所唱云：「不是廚中串，爭知炙裹心。井邊銀釧落，展轉恨還深。」「簳蠟爲紅燭，情知不自由。細絲斜結網，爭柰眼相鈎。」尤爲明白。七言亦間有之，如「東邊日出西邊雨，道是無情又有情」，「玲瓏骰子安紅豆，入骨相思知也無」，「合歡桃核真堪恨，裹許元來别有人」是也。近世鄙詞，如《一落索》數闋，蓋効此格，語意亦新工，恨太俗耳，然非才士不能爲。世傳東坡一絶句云：「蓮子擘開須見薏，楸枰著盡更無棋。破衫却有重縫處，一飯何曾忘却匙。」蓋是文與意並見一句中，又非前比也。集中不載。

⊙洪邁撰

容齋四筆

孔凡禮整理

目録

自序

始予作《容齋隨筆》，首尾十八年，《續筆》十三年，《三筆》五年，而《四筆》之成，不費一歲。身益老而著書益速，蓋有其説。曩自越府歸，謝絶外事，獨弄筆紀述之習，不可掃除。故搜采異聞，但緒《夷堅》諸志，於議論雌黄，不復關抱。而稚子櫰每見《夷堅》滿紙，輒曰：「《隨筆》、《夷堅》，皆大人素所游戲。今《隨筆》不加益，不應厚於彼而薄於此也。」日日立案傍，必俟草一則乃退。重逆其意，則裒所憶而書之。櫰嗜讀書，雖就寢猶置一編枕畔，旦則與之俱興。而天嗇其付，年且弱冠，聰明殊未開，以彼其勤，殆必有日。丈夫愛憐少子，此乎見之。於是占抒爲序，并奬其志云。慶元三年九月二十四日序。

卷一 十九則

孔廟位次

自唐以來，相傳以孔門高弟顏淵至子夏爲十哲，故坐祀於廟堂上。其後升顏子配享，則進曾子於堂，居子夏之次以補其闕。然顏子之父路、曾子之父點，乃在廡下從祀之列，子處父上，神靈有知，何以自安。所謂子雖齊聖，不先父食，正謂是也。又孟子配食與顏子並，而其師子思，子思之師曾子亦在下。此兩者於禮於義實爲未然，特相承既久，莫之敢議耳。

周三公不特置

周成王董正治官，立太師、太傅、太保，兹惟三公，而云：「官不必備，惟其人。」以書傳考之，皆兼領六卿，未嘗特置也。周公既爲師，然猶位冢宰，《尚書》所載召公以太保領冢宰，芮伯爲司徒，彤伯爲宗伯，畢公以太師領司馬，衛侯爲司寇，毛公以太傅領司空是已。其所次第惟以六卿爲先後，而師傅之尊乃居太保下也。

周公作金縢

《尚書》孔氏所傳五十九篇皆有序，其出於史官者不言某人作，如《虞書》五篇，紀一時君臣吁謨都俞及識其政事，如《説命》、《武成》、《顧命》、《康王之誥》、《召誥》自「惟二月既望」至「越自乃御事」、《洛誥》自「戊辰王在新邑」至篇終，《蔡仲之命》自「惟周公位冢宰」至「邦之蔡」皆然。如指言某人所作，則伊尹作《伊訓》、《太甲》、《咸有一德》，《盤庚》三篇，周公作《大誥》、《康誥》、《酒誥》、《梓材》、《多士》、《無逸》、《君奭》、《多方》、《立政》是也。惟《金縢》之篇，首尾皆叙事，而直以爲周公作。案此篇除册祝三王外，餘皆周史之詞，如「公乃自以爲功」、「公歸納册」、「公將不利於孺子」、「公乃爲詩以貽王」、「王亦未敢誚公」、「公命我勿敢言」、「天動威以彰周公之德」、「公勤勞王家」之語，「出郊」、「反風」之異，决非周公所自爲，今不復可質究矣。

雲夢澤

雲夢，楚澤藪也，列於《周禮·職方氏》。鄭氏云：「在華容。」《漢·志》有雲夢官。然其實雲也夢也，各爲一處。《禹貢》所書：「雲土夢作乂。」注云：「在江南。」惟《左傳》得其詳。如邧夫人棄子文于夢中，注云：「夢，澤名，在江夏安陸縣城東南。」楚子田江南之夢，注云：「楚之雲、夢，跨江南北。」楚子濟江入于雲中，注：「入雲澤中，所謂江南之夢。」然則雲在江之北，夢在其南也。《上林賦》：「楚有七澤，嘗見其一，名曰雲夢，特其小小者耳，方九百里。」此乃司馬長卿夸言。今爲縣，隸德安，詢諸彼人，已不能的指疆域。《職方氏》以「夢」爲「瞢」。《前漢·叙傳》：「子文投於瞢中。」音皆同。

關雎不同

《關雎》爲《國風》首，毛氏列之於《三百篇》之前。《大序》云：「后妃之德也。」而《魯詩》云：「后夫人鷄鳴佩玉去君所，周康王后不然，故詩人歎而傷之。」《後漢·皇后紀·序》：「康王晏朝，《關雎》作諷，蓋用此也。」顯宗永平八年，詔云：「昔應門失守，《關雎》刺世。」注引《春秋説題辭》曰：「人主不正，應門失守，故歌《關雎》以感之。」宋均云：「應門，聽政之處也。言不以政事爲務，則有宣淫之心。《關雎》樂而不淫，思得賢人與之共化，修應門之政者也。」薛氏《韓詩章句》曰：「詩人言雎鳩貞絜敬匹，以聲相求，隱蔽于無人之處。故人君退朝，入于私宫，后妃御見有度，應門擊柝，鼓人上堂，退反燕處，體安志明。今時大人内傾于色，賢人見其萌，故詠《關雎》之説淑女正容儀以刺時。」三説不同如此。《黍離》之詩列於王國風之首，周大夫所作也，而《齊詩》以爲衛宣公之子壽閔其兄伋之且見害，作憂思之詩，《黍離》之詩是也。此説尤爲可議。

迷癡厥撥

柔詞諂笑，專取容悦，世俗謂之迷癡，亦曰迷嬉。中心有愧見諸顔面者，謂之緬覥。舉措脱略觸事乖忤者，謂之厥撥。雖爲俚言，然其説皆有所本。《列子》云：「墨杘、單至、嘽咺、憋懯，四人相與游於世。」又云：「眠娗、諈諉、勇敢、怯疑，四人亦相與游。」張湛注云：「墨音眉，杘勑夷反，《方言》：江、淮之間謂之無賴。眠音緬，娗音殄，《方言》：欺謾之語也。郭璞云：謂以言相輕嗤弄也。」所釋雖不同，然大略具是矣。《曲禮》：「衣毋撥，足毋蹶。」鄭氏注云：「撥，發揚貌。蹶，行遽貌。」大抵亦指其荒率也。

三館祕閣

國朝儒館仍唐制，有四：曰昭文館，曰史館，曰集賢院，曰祕閣。宰以上相領昭文大學士，其次監脩國史，其次領集賢。若只兩相，則首廳兼國史。唯祕閣最低，故但以兩制判之。四局各置直官，均謂之館職，皆稱學士。其下則爲校理、檢討、校勘，地望清切，非名流不得處。范景仁爲館閣校勘，當遷校理，宰相龐籍言：「范鎮有異才，恬於進取。」乃除直祕閣。司馬公作詩賀之，曰：「延閣屹中天，積書雲漢連。神宗重其選，謂太宗也。國士比爲仙。玉檻鉤陳上，丹梯北斗邊。帝容瞻日角，宸翰照星躔。職秩曾無貴，光華在得賢。」其重如此。自熙寧以來，或頗用賞勞。元豐官制行，不置昭文、集賢，以史館入著作局，而直祕閣只爲貼職。至崇寧、政、宣以處大臣子弟姻戚，其濫及於錢穀文俗吏，士大夫不復貴重。然除此職者必詣館下拜閣，乃具盛筵，邀見在三館者宴集，秋曰暴書宴，皆得預席，若餘日則不許至，《隨筆》有《館職名存》一則云。

亭榭立名

立亭榭名最易蹈襲，既不可近俗，而務爲奇澁亦非是。東坡見一客云近看《晉書》，問之，曰：「曾尋得好亭子名否？」蓋謂其難也。秦楚材在宣城，於城外並江作亭，目之曰「知有」。用杜詩「已知出郭少塵事，更有澄江消客愁」之句也。王仲衡在會稽，於後山作亭，目之曰「白凉」。亦用杜詩「越女天下白，鑑湖五月凉」之句。二者可謂甚新，然要爲未當。廬山一寺中有亭頗幽勝，或標之曰「不更歸」，取韓詩末句，亦可笑也。

十十錢

市肆間交易論錢陌者，云十十錢。言其足數滿百無蹺減也。其語至俗，然亦有所本。《後漢書·襄楷傳》引宫崇所獻神書，其《太平經·興帝王篇》云：「開其玉户，施種於中，比若春種於地也，十十相應和而生。其施不以其時，比若十月種物於地也，十十盡死，固無生者。」其書不傳於今，唐章懷太子注釋之時，尚猶存也。此所謂十十，蓋言十種十生無一失耳，其盡死之義亦然，與錢陌之事殊，然其字則同也。

犀舟

張衡《應間》云：「犀舟勁楫。」《後漢》注引《前書》：「羌戎弓矛之兵，器不犀利。」《音義》曰：「今俗謂刀兵利爲犀。犀，堅也。」「犀舟」甚新奇，然爲文者未嘗用，亦慮予所見之不博也。

畢仲游一書

元祐初，司馬温公當國，盡改王荆公所行政事。士大夫言利害者以千百數，聞朝廷更化，莫不驩然相賀，唯畢仲游一書究盡本末。其略云：「昔安石以興作之説動先帝，而患財之不足也，故凡政之可以得民財者無不用。蓋散青苗、置市易、斂役錢、變鹽法者，事也，而欲興作患不足者，情也。苟未能杜其興作之情，而徒欲禁其散斂變置之事，是以百説而百不行。今遂欲廢青苗、罷市易、蠲役錢、去鹽法，凡號爲財利而傷民者一掃而更之，則向來用事於新法者，必不喜矣。不喜之人，必不但曰青苗不可廢，市易不可罷，役錢不可蠲，鹽法不可去，必探不足之情，言不足之事，以動上意，雖致石人而使聽之，猶將動也。

如是則廢者可復散，罷者可復置，蠲者可復斂，去者可復存矣。則不足之情可不預治哉。爲今之策，當大舉天下之計，深明出入之數，以諸路所積之錢粟一歸地官，使經費可支二十年之用。數年之間，又將十倍於今日。使天子曉然知天下之餘於財也，則不足之論不得陳於前，然後所謂新法者，始可永罷而不復行矣。昔安石之居位也，中外莫非其人，故其法能行。今欲捄前日之敝，而左右侍從職司使者，十有七八皆安石之徒，雖起二三舊臣，用六七君子，然累百之中存其十數，烏在其勢之可爲也。勢未可爲而欲爲之，則青苗雖廢將復散，況未廢乎。市易雖罷且復置，況未罷乎。役錢、鹽法亦莫不然。以此捄前日之敝，如人久病而少間，其父兄子弟喜見顏色，而未敢賀者，意其病之在也。」

先是東坡公在館閣，頗因言語文章，規切時政，仲游憂其及禍，貽書戒之曰：「孟軻不得已而後辯，孔子欲無言。古人所以精謀極慮，固功業而養壽命者，未嘗不出乎此。君自立朝以來，禍福利害繫身者未嘗言，顧直惜其言爾。夫言語之累，不特出口者爲言，其形于詩歌、贊于賦頌、託于碑銘、著于序記者，亦言也。今知畏於口而未畏於文，是其所是，則見是者喜；非其所非，則蒙非者怨。喜者未能濟君之謀，而怨者或已敗君之事矣。天下論君之文，如孫臏之用兵、扁鵲之醫疾，固所指名者矣，雖無是非之言，猶有是非之疑，又況其有耶。官非諫臣，職非御史，而非人所未非，是人所未是，危身觸諱以游其間，殆由抱石而捄溺也。」

二公得書聳然，竟如其慮。予頃修史時，因得其集，讀二書，思欲爲之表見，故官雖不顯，亦爲之立傳云。

列子與佛經相參

張湛序《列子》云：「其書大略明羣有以至虚爲宗，萬品以終滅爲驗，神惠以凝寂常全，想念以著物自喪，生覺與夢化等情。所明往往與佛經相參。」予讀《天瑞篇》載林類答子貢之言曰：「死之與生，一往一反，故死於是者，安知不生於彼，故吾知其不相若矣，吾又安知吾今之死不愈昔之生乎。」此一節，所謂與佛經相參者也。又云：「商太宰問孔子：『三王、五帝、三皇聖者歟？』孔子皆曰：『弗知。』太宰曰：『然則孰者爲聖？』孔子曰：『西方之人有聖者焉，不治而不亂，不言而自信，不化而自行，蕩蕩乎民無能名焉，丘疑其爲聖。弗知真爲聖歟？真不聖歟？』」其後論者以爲《列子》所言乃佛也，寄於孔子云。

韋孟詩乖疏

《漢書·韋賢傳》載韋孟詩二篇及其孫玄成詩一篇，皆深有三百篇風致。但韋孟諷諫云：「肅肅我祖，國自豕韋。總齊羣邦，以翼大商。至于有周，歷世會同。王赧聽譖，寔絶我邦。我邦既絶，厥政斯逸。賞罰之行，非繇王室。庶尹羣后，靡扶靡衛。五服崩離，宗周以隊。」應劭曰：「王赧聽讒受譖，絶豕韋氏，自是政教逸漏，不由王者。」觀孟之自叙乃祖，而乖疏如是。周至赧王僅存七邑，救亡不暇，豈能絶侯邦乎。周之積微久矣，非因絶豕韋一國然後五服崩離也。其妄固不待攻，而應劭又從而實之，尤爲可笑。《左傳》書范宣子之言曰：「匄之祖在商爲豕韋氏，在周爲唐杜氏。」杜預曰：「豕韋國於東郡白馬縣，殷末國於唐，周成王滅之。」此最可證，惜顔師古之不引用也。

匡衡守正

漢元帝時，貢禹奏言：「天子七廟，親盡之廟宜毁，及郡國廟不應古禮，宜正定。」天子下其議，未及施行而禹卒。後乃下詔先罷郡國廟，其親盡寢園，皆無復修。已而上寢疾，夢祖宗譴罷郡國廟。詔問丞相匡衡，議欲復之。衡深言不可。上疾久不平，衡皇恐，禱高祖、孝文、孝武廟曰：「親廟宜一居京師，今皇帝有疾不豫，迺夢祖宗見戒以廟，皇帝悼懼，即詔臣衡復修立。如誠非禮義之中，違祖宗之心，咎盡在臣衡，當受其殃。」又告謝毁廟曰：「遷廟合祭，久長之策，今皇帝乃有疾，願復修立承祀。臣衡等咸以爲禮不得，如不合諸帝后之意，罪盡在臣衡等，當受其咎。今詔中朝臣具復毁廟之文，臣衡以爲天子之祀義有所斷，無所依緣，以作其文。事如失措，罪迺在臣衡。」

予案：衡平生佞諛，專附石顯以取大位，而此一節獨據經守禮，其禱廟之文，殆與《金縢》之册祝相似，而不爲後世所稱述，《漢史》又不書於本傳，憎而知其善可也。《郊祀志》，南山巫祠秦中。秦中者，二世皇帝也。以其彊死，魂魄爲厲，故祠之。成帝時，匡衡奏罷之，亦可書。

西極化人

《列子》載周穆王時，西極之國有化人來，王敬之若神。化人謁王同游，王執化人之袪，騰而上者中天迺止，暨及化人之宫，自以居數十年，不思其國。復謁王同游，意迷精喪，請化人求還。既寤，所坐猶嚮者之處，侍御猶嚮者之人。視其前，則酒未清，肴未昲。王問所從來，左右曰：「王默存耳。」穆王自失者三月。復問化人，化人曰：「吾與王神游也，形奚動哉？」予然後知唐人所著《南柯太守》、《黄粱夢》、《櫻桃青衣》之類，皆本乎此。

詔令不可輕出

人君一話一言不宜輕發，况於詔令形播告者哉。漢光武初即位，既立郭氏爲皇后矣，時陰麗華爲貴人，帝欲崇以尊位，后固辭，以郭氏有子，終不肯當。建武九年，遂下詔曰：

「吾以貴人有母儀之美，宜立爲后，而固辭不敢當，列於媵妾。朕嘉其義讓，許封諸弟。」乃追爵其父及弟爲侯，皆前世妃嬪所未有。至十七年，竟廢郭后及太子彊，而立貴人爲后。蓋九年之詔既行，主意移奪，已見之矣，郭后豈得安其位乎。

戰國策

劉向序《戰國策》，言其書錯亂相揉，莒本字多誤脱爲半字，以趙爲肖，以齊爲立，如此類者多。予案，今傳於世者，大抵不可讀，其《韓非子》、《新序》、《説苑》、《韓詩外傳》、《高士傳》、《史記索隱》、《太平御覽》、《北堂書鈔》、《藝文類聚》諸書所引用者，多今本所無。向博極羣書，但擇焉不精，不止於文字脱誤而已。惟太史公《史記》所采之事九十有三，則明白光艷，悉可稽考，視向爲有間矣。

范曄漢志

沈約作《宋書·謝儼傳》曰：「范曄所撰十志，一皆託儼。搜撰垂畢【一】，遇曄敗，悉蠟以覆車。宋文帝令丹陽尹徐湛之就儼尋求，已不復得，一代以爲恨。其志今闕。」曄本傳載曄在《獄中與諸生姪書》曰：「既造《後漢》，欲徧作諸志，《前漢》所有者悉令備。雖事不必多，且使見文得盡，又欲因事就卷内發論，以正一代得失，意復不果。」此説與《儼

【一】搜撰垂畢　「垂」原作「隨」。馬本、庫本、祠本作「垂」。按此處所引沈約作《宋書·謝儼傳》文字，不見今本《宋書》，而見《後漢書》卷十下注文，《後漢書》注文作「垂」。今據改。

傳》不同，然《儼傳》所云乃《范紀》第十卷公主注中引之，今《宋書》却無，殊不可曉。劉昭注《補志》三十卷，至本朝乾興元年，判國子監孫奭始奏以備前史之闕，故淳化五年監中所刊《後漢書》凡九十卷，惟帝后紀十卷、列傳八十卷，而無志云。《新唐書·藝文志》：「劉昭補注《後漢書》五十八卷。」不知昭爲何代人，所謂志三十卷，當在其中也。

繕修犯土

今世俗營建宅舍，或小遭疾厄，皆云犯土。故道家有謝土司章醮之文。按《後漢書·來歷傳》所載：「安帝時皇太子驚病不安，避幸乳母野王君王聖舍，太子厨監邴吉以爲聖舍新繕修，犯土禁，不可久御。」然則古有其説矣。

卷二 二十則

諸家經學興廢

稚子問漢儒所傳授諸經，各名其家，而今或存或不存，請書其本末爲《四筆》一則。乃爲采摭《班史》及陸德明《經典釋文》并它書，删取綱要，詳載於此。

《周易》傳自商瞿始，至漢初，田何以之顓門。其後爲施讎、孟喜、梁丘賀之學，又有京房、費直、高相三家。至後漢，高氏已微，晉永嘉之亂，梁丘之《易》亡，孟、京、費氏人無傳者，唯鄭康成、王弼所注行于世。江左中興，欲置鄭《易》博士，不果立，而弼猶爲世所重。韓康伯等十人竝注《繫辭》，今唯韓傳。

《尚書》自漢文帝時伏生得二十九篇，其後爲大小夏侯之學。古文者，武帝時出於孔壁，凡五十九篇，詔孔安國作傳，遭巫蠱事，不獲以聞，遂不列於學官，其本殆絶，是以馬、鄭、杜預之徒皆謂之《逸書》。王肅嘗爲注解，至晉元帝時，孔傳始出，而亡《舜典》一篇，乃取肅所注《堯典》分以續之，學徒遂盛。及唐以來，馬、鄭、王注遂廢，今以孔氏爲正云。

《詩》自子夏之後，至漢興，分而爲四，魯申公曰《魯詩》，齊轅固生曰《齊詩》，燕韓嬰曰《韓詩》，皆列博士。《毛詩》者出於河間人大毛公，爲之故訓，以授小毛公，爲獻王博士，以不在漢朝，不列於學。鄭衆、賈逵、馬融皆作《詩》注，及鄭康成作箋，三家遂廢。《齊詩》久亡，《魯詩》不過江東，《韓詩》雖在，人無傳者，唯《毛詩》鄭箋獨立國學，今所遵用。

漢高堂生傳《士禮》十七篇，即今之《儀禮》也。《古禮經》五十六篇，后蒼傳十七篇，曰《后氏曲臺記》，所餘三十九篇名爲《逸禮》。戴德删《古禮》二百四篇爲八十五篇，謂之《大戴禮》，戴聖又删爲四十九篇，謂之《小戴禮》。馬融、盧植考諸家異同，附戴聖篇章，去其煩重及所缺略而行於世，即今之《禮記》也。王莽時，劉歆始建立《周官經》，以爲《周禮》，在《三禮》中最爲晚出。

左氏爲《春秋傳》，又有公羊、穀梁、鄒氏、夾氏。鄒氏無師，夾氏無書。《公羊》興於景帝時，《穀梁》盛於宣帝時，而《左氏》終西漢不顯。迨章帝，乃令賈逵作訓詁。自是《左氏》大興，二傳漸微矣。

《古文孝經》二十二章，世不復行，只用鄭注十八章本。

《論語》三家，《魯論語》者，魯人所傳，即今所行篇次是也；《齊論語》者，齊人所傳，凡二十二篇；《古論語》者，出自孔壁，凡二十一篇。各有章句。魏何晏集諸家之説爲《集解》，今盛行於世。

漢人姓名

西漢名人如公孫弘、董仲舒、朱買臣、丙吉、王褒、貢禹，皆有異世與之同姓名者。《戰國策》及《呂氏春秋》，齊有公孫弘，與秦王、孟嘗君言者。明帝時，又有幽州從事公孫弘，交通楚王英，見於《虞延傳》。高祖時，又有謁者貢禹。梁元帝時，有武昌太守朱買臣、尚書左僕射王褒。後漢安帝時，有太子厨監邴吉。南齊武帝之子巴東王子響爲荆州刺史，要直閣將軍董蠻與同行，蠻曰：「殿下癲如雷，敢相隨耶？」子響曰：「君敢出此語，亦復奇癲。」上聞而不悦，曰：「人名『蠻』，復何容得醖藉。」乃改爲仲舒。謂曰：「今日仲舒，何如昔日仲舒？」答曰：「昔日仲舒，出自私庭，今日仲舒，降自先帝，以此言之，勝昔遠矣。」然此人後不復見。

輕浮稱謂

南齊陸慧曉立身清肅，爲諸王長史行事，僚佐以下造詣，必起迎之。或曰：「長史貴重，不宜妄自謙屈。」答曰：「我性惡人無禮，不容不以禮處人。」未嘗卿士大夫。或問其故，慧曉曰：「貴人不可卿，而賤者乃可卿，人生何容立輕重於懷抱。」終身常呼人位。今世俗浮薄少年，或身爲卑官，而與尊者言話，稱其儕流，必曰「某丈」。談其所事牧伯監司亦然。至於當他人父兄尊長之前，語及其子孫甥壻，亦云「某丈」。或妄稱宰相執政貴人之字。皆大不識事分者，習慣以然，元非簡傲也。予常以戒兒輩云。

鬼谷子書

鬼谷子與蘇秦、張儀書曰：「二足下功名赫赫，但春華至秋，不得久茂。今二子好朝露之榮，忽長久之功，輕喬、松之永延，貴一旦之浮爵。夫女愛不極席，男歡不畢輪，痛哉夫君。」《戰國策》楚江乙謂安陵君曰：「以財交者，財盡而交絶。以色交者，華落而愛渝。是以嬖女不敝席，寵臣不敝軒。」吕不韋説華陽夫人曰：「以色事人者，色衰而愛弛。」《詩·氓》之《序》曰：「華落色衰，復相棄背。」是諸説大抵意同，皆以色而爲喻。士之嗜進而不知自反者，尚監兹哉。

有美堂詩

東坡在杭州作《有美堂會客詩》，頷聯云：「天外黑風吹海立，浙東飛雨過江來。」讀者疑海不能立，黄魯直曰：「蓋是爲老杜所誤，因舉《三大禮賦·朝獻太清宫》云「九天之雲下垂，四海之水皆立」以告之。二者皆句語雄峻，前無古人。坡和陶《停雲》詩有「雲屯九河，雪立三江」之句，亦用此也。

張天覺小簡

張天覺熙寧中爲渝州南川宰。章子厚經制夔夷，狎侮州縣吏，無人敢與共語。部使者念獨張可亢之，檄至夔。子厚詢人才，使者以告，即呼入同食。張著道士服，長揖就坐。子厚肆意大言，張隨機折之，落落出其上，子厚大喜，延爲上客。歸而薦諸王介甫，遂得召用。政和六年，張在荆南，與子厚之子致平一帖云：「老夫行年七十有四，日閲佛書四五卷，早晚食米一升，麵五兩，肉八兩，魚、酒佐之，以此爲常，亦不服煖藥，唯以呼吸氣晝夜合天度而已。數數夢見先相公語論如平生，豈其人在天仙間，而老夫定中神遊或遇之乎？嗟乎，安得奇男子如先相公者，一快吾胸中哉。」此帖藏致平家，其曾孫簡刻諸石。予今年亦七十四歲，姪孫偲於長興得墨本以相示，聊記之云。

城狐社鼠

城狐不灌，社鼠不燻。謂其所棲穴者得所憑依，此古語也，故議論者率指人君左右近習爲城狐社鼠。予讀《説苑》所載孟嘗君之客曰：「狐者人之所攻也，鼠者人之所燻也。臣未嘗見稷狐見攻，社鼠見燻，何則？所託者然也。」「稷狐」之字，甚奇且新。

用兵爲臣下利

富公奉使契丹，虜主言欲舉兵。公曰：「北朝與中國通好，則人主專其利，而臣下無所獲。若用兵則利歸臣下，而人主任其禍。故北朝羣臣爭勸舉兵者，此皆其自謀，非國計也。勝負未可知，就使其勝，所亡士馬，羣臣當之歟？抑人主當之歟？」是時，語録傳於四方，蘇明允讀至此，曰：「此一段議論，古人有之否？」東坡年未十歲，在傍對曰：「記得嚴安上書云：『今徇南夷，朝夜郎，降羌僰【一】，略薉州，建城邑，深入匈奴，燔其龍城，議者美之。此人臣之利，非天下之長策也。』正是此意。」明允以爲然。予又記魏太武時，南邊諸將表稱宋人大嚴，將入寇，請先其未發逆擊之。魏公卿皆以爲當。崔伯深曰：「朝廷羣臣及西北守將，從陛下征伐，西平赫連，北破蠕蠕，多獲美女珍寶。南邊諸將聞而慕之，亦欲南鈔以取資財。皆營私計，爲國生事，不可從也。」魏主乃止。其論亦然。

誌文不可冗

東坡爲張文定公作墓誌銘，有答其子厚之一書，云：「志文路中已作得太半，到此百冗未絶筆，計得十日半月乃成。然書大事略小節，已有六千餘字，若纖悉盡書，萬字不了，古無此例也。知之知之。」蓋當時恕之意但欲務多耳。又一帖云：「志文謁告數日方寫

【一】降羌僰　原脱。王校本有此三字，今據補。又，李本有此三字。

得了，謹遣持納。衰病眼眩，辭翰皆不佳，不知可用否？」今誌文正本凡七千一百字，銘詩百六十字云。予鄉士作一列大夫小郡守行狀九千言，衢州士人詣闕上書二萬言，使讀之者豈不厭倦，作文者宜戒之。坡帖藏梁氏竹齋，趙晉臣鐫石於湖南憲司楚觀。

趙殺鳴犢

《漢書·劉輔傳》：「谷永等上書曰：『趙簡子殺其大夫鳴犢，孔子臨河而還。』」張晏注曰：「簡子欲分晉國，故先殺鳴犢，又聘孔子。孔子聞其死，至河而還也。」顔師古曰：「《戰國策》説二人姓名云：鳴犢、鐸犨。而《史記》及《古今人表》並以爲鳴犢、竇犨。蓋『鐸』、『犢』及『竇』其聲相近，故有不同耳。今永等指鳴犢一人，不論竇犨也。」韓退之《將歸操》亦云：「孔子之趙，聞殺鳴犢作。」予案今本《史記·孔子世家》，乃以爲竇鳴犢、舜華。《説苑·權謀篇》云：「晉有澤鳴、犢犨。」其不同如此。

五帝官天下

漢蓋寬饒奏封事，引《韓氏易傳》言：「五帝官天下，三王家天下，家以傳子，官以傳賢，若四時之運，成功者去。」坐「指意欲求禪」而死。故或云自後稱天子爲「官家」，蓋出於此。今世無《韓氏易》，諸家注釋《漢書》，皆無一語。惟《説苑·至公篇》云：「秦始皇帝既吞天下，召羣臣議，五帝禪賢，三王世繼，孰是？博士鮑令之對曰：『天下官，則選賢是也；天下家，則世繼是也。故五帝以天下爲官，三王以天下爲家。』始皇帝歎曰：『吾德出于五帝，吾將官天下，誰可使代我後者。』」此説可以爲證，輒記之以補《漢》注之缺。蔣濟《萬機論》亦有官天下、家天下之語。

黄帝李法

《漢書·胡建傳》：「《黄帝李法》。」蘇林曰：「獄官名也。《天文志》：『左角，李；右角，將。』」顔師古曰：「李者，法官之號也，其書曰《李法》。」《唐·世系表》：「李氏自皋陶爲堯大理，歷虞、夏、商，世世作此官，以官命族爲理氏。至紂之時，逃難於伊侯之墟，食木子得全，遂改『理』爲李氏。」予案今本《漢書·天文志》，騎官「左角，理」，乃用「理」字，而《史記·天官書》則爲「李」，《説苑》載胡建事亦爲「理法」，然則「理」、「李」一也。故《左傳》數云「行李往來」。杜預注曰：「行李，使人也。」至鄭子産與晉盟于平丘，則曰：「行理之命。」注亦云：「行理，使人通聘問者。」其義益明。皋陶作大理，傳子孫不改，迨商之季幾千二百年，世官久任，倉氏、庫氏不足道矣。《表》系疑不可信。

抄傳文書之誤

今代所傳文書，筆吏不謹，至於成行脱漏。予在三館假庾自直《類文》，先以正本點檢，中有數卷皆以後板爲前，予令書庫整頓，然後録之。他多類此。周益公以《蘇魏公集》付太平州鏤板，亦先爲勘校。其所作《東山長老語録序》云：「側定政宗，無用所以爲用；因蹄得兔，忘言而後可言。」以上一句不明白，又與下不對，折簡來問。予憶《莊子》曰：「地非不廣且大也，人之所用容足爾。然而厠足而墊之致黄泉，知無用而後可以言用矣。」始驗「側定政宗」當是「廁足致泉」，正與下文相應，四字皆誤也。因記曾紘所書陶淵明《讀山海經》詩云：「形夭無千歲，猛志固常在。」疑上下文義若不貫，遂取《山海經》參校，則云「刑天，獸名也，口中好銜干戚而舞」，乃知是「刑天舞干戚」，故與下句相應，五字皆訛。以語友人岑公休、晁之道，皆撫掌驚歎，亟取所藏本是正之。此一節甚類《蘇集》云。

二十八宿

二十八宿，宿音秀。若考其義，則止當讀如本音。嘗記前人有説如此。《説苑·辯物篇》曰：「天之五星，運氣於五行，所謂宿者，日月五星之所宿也。」其義昭然。

大觀元夕詩

大觀初年，京師以元夕張燈開宴。時再復湟、鄯，徽宗賦詩賜羣臣，其頷聯云：「午夜笙歌連海嶠，春風燈火過湟中。」席上和者皆莫及。開封尹宋喬年不能詩，密走介求援於其客周子雍，得句云：「風生閶闔春來早，月到蓬萊夜未中。」爲時輩所稱。子雍，汝陰人，曾受學於陳無己，故有句法。則作文爲詩者，可無師承乎？

顏魯公帖

顏魯公忠義氣節，史策略盡。偶閱臨汝石刻，見一帖云：「政可守不可不守，吾去歲中言事得罪，又不能逆道苟時爲千古罪人也，雖貶居遠方，終身不耻。汝曹當須謂吾之志不可不守也。」此是獨赴謫地，而與其子孫者，無由考其歲月。千載之下，使人讀之，尚可畏而仰也。

文潞公奏除改官制

自熙寧以來，士大夫資歷之法，日趨於壞，歲甚一歲，久而不可復清。近年愈甚，綜核之制，未嘗能守。偶見文潞公在元祐中任平章軍國重事，宣仁面諭，令具自來除授官職次序一本進呈。公遂具除改舊制節目以奏，其一云：「吏部選兩任親民，有舉主，升通判。通判兩任滿，有舉主，升知州、軍，謂之常調。知州、軍有績効，或有舉薦，名實相副者，特擢升轉運使副、判官，或提點刑獄、府推、判官，謂之出常調。轉運使有路分輕重遠近之差。河北、陝西、河東三路爲重路，歲滿多任三司使、副，或發運使。發運任滿，亦充三司副使。成都路次三路，京東西、淮南又其次，江東、西、荆湖、兩浙又次之，二廣、福建、梓、利、夔路爲遠小。已上三等路分，轉運任滿，或就移近上次等路分，或歸任省府判官，漸次擢充三路重任。内提點刑獄，則不拘路分輕重除授。」潞公所奏乃是治平以前常行，今一切蕩然矣。京朝官未嘗肯兩任親民，才爲通判，便望州郡。至於監司，既無輕重遠近之間，不復以序升擢云。

待制知制誥

慶曆七年，曾魯公公亮。自脩起居注除天章閣待制。時陳恭公獨爲相，其弟婦王氏，冀公孫女，曾出也。當月旦出拜，恭公迎語之，曰：「六新婦，曾三做從官，想甚喜。」應聲對曰：「三舅荷伯伯提挈，極驩喜，只是外婆不樂。」恭公問故，曰：「外婆見三舅來謝，責之曰：汝第五人及第，當過詞掖，想是全廢學，故朝廷如此處汝。」恭公默然自失，後竟改知制誥。蓋恭公不由科第，不諳典故，致受譏於女子。而此女對答之時，元未嘗往外家也，其警慧如此。國家故事，修注官次補必知制誥，惟趙康靖公以歐陽公位在下，而欲先遷，司馬公以力辭，三人皆除待制【二】，其雜壓先後可見云。

裴行儉景陽

裴行儉爲定襄道大總管討突厥，大軍次單于北，暮已立營，塹壕既周，更命徙營高岡。吏白：「士安堵不可擾。」不聽，促徙之。比夜風雨暴至，前占營所，水深丈餘，衆莫不駭歎。問何以知之，行儉曰：「自今第如我節制，毋問我所以知也。」案《戰國策》云：「齊、韓、魏共攻燕，楚王使景陽將而救之。暮舍，使左右司馬各營壁地，已植表，景陽怒曰：『女所營者水皆至滅表，此焉可以舍？』乃令徙。明日大雨，山水大出，所營者水皆滅表，軍吏乃服。」二事正同，而景陽之事不傳。

北人重甘蔗

甘蔗只生於南方，北人嗜之而不可得。魏太武至彭城，遣人於武陵王處求酒及甘蔗。郭汾陽在汾上，代宗賜甘蔗二十條。《子虛賦》所云：「諸拓巴且。」諸拓者，甘蔗也【三】。蓋相如指言楚雲夢之物，《漢·郊祀歌》「泰尊柘漿」，亦謂取甘蔗汁以爲飲。

【二】三人皆除待制　「人」原作「字」，李本及王校本作「人」，今據改。

【三】甘蔗也　李本、馬本、庫本、祠本「蔗」作「拓」。

卷三十六則

韓退之張籍書

韓公集中有答張籍二書，其前篇曰：「吾子所論，排釋、老不若著書。若僕之見，則有異乎此，請待五六十然後爲之。吾子又譏吾與人爲無實駁雜之説，此吾所以爲戲耳。若商論不能下氣，或似有之。博塞之譏，敢不承教。」後篇曰：「二氏行乎中土，蓋六百年，非可以朝令而夕禁，俟五六十爲之未失也。謂吾與人商論不能下氣，若好勝者。雖誠有之，抑非好己勝也，好己之道勝也。駁雜之譏，前書盡之。昔者夫子猶有所戲，烏害於道哉？」

大略籍所論四事，乞著書，譏駁雜、諫商論好勝及博塞也。今得籍所與書，前篇曰：「漢之衰，浮圖之法入中國，黄、老之術，相沿而熾。盍爲一書，以興存聖人之道。執事多尚駁雜無實之説，使人陳之前以爲歡，此有累於盛德。又商論之際，或不容人之短，如任私尚勝者，亦有所累也。况爲博塞之戲與人競財乎？廢棄日時，不識其然。願絶博塞之好，棄無實之談，弘盧以接士，嗣孟軻、揚雄之作，使聖人之道，復見於唐。」後篇曰：「老、釋惑於生人久矣，執事可以任著書之事。君子汲汲於所欲爲，若皆待五十六十而後有所爲，則或有遺恨矣。君子發言舉足，不遠於禮，未聞以駁雜無實之説以爲戲也。執事每見其説，則拊抃呼笑，是撓氣害性，不得其正矣。」

籍之二書，甚勁而直。但稱韓公爲執事，不曰先生。考其時，乃云「執事參於戎府」。按，韓公以貞元十二年爲汴州推官，時年二十有九，十五年爲徐州推官，時年三十有二，年位未盛，籍未以師禮事之云。

韓公稱李杜

《新唐書·杜甫傳·贊》曰：「昌黎韓愈於文章重許可，至歌詩，獨推曰『李、杜文章在，光焰萬丈長』，誠可信云。」予讀韓詩，其稱李、杜者數端，聊疏於此。《石鼓歌》曰：「少陵無人謫僊死，才薄將柰石鼓何。」《酬盧雲夫》曰：「高揖羣公謝名譽，遠追甫、白感至誠。」《薦士》曰：「勃興得李、杜，萬類困淩暴。」《醉留東野》曰：「昔年因讀李白、杜甫詩，長恨二人不相從。」《感春》曰：「近憐李、杜無檢束，爛漫長醉多文辭。」并《唐·志》所引，蓋六用之。

此日足可惜

韓退之《此日足可惜一首贈張籍》，凡百四十句，雜用東、冬、江、陽、庚、青六韻。及其亡也，籍作詩祭之，凡百六十六句，用陽、庚二韻，其語鏗鏘震厲，全倣韓體，所謂「乃出二侍女，合彈琵琶箏」者是也。

粉白黛黑

韓退之爲文章，不肯蹈襲前人一言一句。故其語曰：「惟陳言之務去，戛戛乎其難哉！」獨「粉白黛緑」四字，似有所因。《列子》：「周穆王築中天之臺，簡鄭、衛之處子娥媌靡曼者，粉白黛黑以滿之。」《戰國策》張儀謂楚王曰：「鄭、周之女，粉白黛黑，立於衢閭，見者以爲神。」屈原《大招》：「粉白黛黑，施芳澤只。」司馬相如：「靚莊刻飾。」郭璞曰：「粉白黛黑也。」《淮南子》：「毛嬙、西施，施芳澤，正娥眉，設笄珥，衣阿錫，粉白黛黑，笑目流眺。」韓公以黑爲緑，其旨則同。

李杜往來詩

李太白、杜子美在布衣時，同游梁、宋，爲詩酒會心之友。以杜集考之，其稱太白及懷贈之篇甚多。如「李侯金閨彥，脱身事幽討」，「南尋禹穴見李白，道甫問訊今何如」，「李白一斗詩百篇，自稱臣是酒中僊」，「近來海内爲長句，汝與山東李白好」，「昔者與高、李，晚登單父臺」，「李侯有佳句，往往似陰鏗【一】」，「憶與高、李輩，論交入酒壚」，「白也詩無敵，飄然思不羣」，「昔年有狂客，號爾謫僊人」，「落月滿屋梁，猶疑照顔色」，「三夜頻夢君，情親見君意」，「秋來相顧尚飄蓬，未就丹砂愧葛洪」，「寂寞書齋裏，終朝獨爾思」，「凉風起天末，君子意何如」，「不見李生久，佯狂真可哀」，凡十四五篇。至於太白與子美詩畧不見一句。或謂《堯祠亭别杜補闕》者是已。乃殊不然，杜但爲右拾遺，不曾任補闕，兼自諫省出爲華州司功，迤邐避難入蜀，未嘗復至東州，所謂「飯顆山頭」之嘲，亦好事者所撰耳。

【一】往往似陰鏗　「陰」原作「金」，據馬本、庫本改。按，杜甫詩作「陰」。

李太白怖州佐

李太白《上安州裴長史書》云：「白竊慕高義，得趨末塵，何圖謗言忽生，衆口攢毁，將恐投杼下客，震於嚴威。若使事得其實，罪當其身，則將浴蘭沐芳，自屏於烹鮮之地，惟君侯死生之。願君侯惠以大遇，洞開心顔，終乎前恩，再辱英盼，必能使精誠動天，長虹貫日。若赫然作威，加以大怒，即膝行而前，再拜而去耳。」裴君不知何如人，至譽其貴而且賢，名飛天京，天才超然，度越作者，稜威雄雄，下慴羣物。予謂白以白衣入翰林，其蓋世英姿，能使高力士脱鞾於殿上，豈拘拘然怖一州佐者邪。蓋時有屈伸，正自不得不爾。大賢不偶，神龍困於螻蟻，可勝歎哉。白此書自叙其平生云：「昔與蜀中友人吴指南同遊於楚，指南死於洞庭之上【二】，白禫服慟哭，炎月伏屍，猛虎前臨，堅守不動，遂權殯於湖側。數年來，觀筋骨尚在，雪泣持刃，躬申洗削，裹骨徒步，負之而趨，寢興携持，無輟身手，遂丐貸營葬於鄂城。」其存交重義如此。「又與逸人東巖子隱於岷山，巢居數年，不跡城市。養奇禽千計，呼皆就掌取食，了無驚猜。」其養高忘機如此，而史傳不爲書之，亦爲未盡。

【二】昔與蜀中友人吴指南同遊於楚指南死於洞庭之上　「同遊於楚指南」六字原脱，據馬本、庫本補。按，《李太白全集》卷二十六《上安州裴長史書》有此六字。

祝不勝詛

齊景公有疾，梁丘據請誅祝史。晏子曰：「祝有益也，詛亦有損。聊、攝以東，姑、尤以西，其爲人也多矣。雖其善祝，豈能勝億兆人之詛。」晉中行寅將亡，召其太祝欲加罪。曰：「子爲我祝，齋戒不敬，使吾國亡。」祝簡對曰：「今舟車飾，賦歛厚，民怨謗詛多矣。苟以爲祝有益於國，則詛亦將爲損，一人祝之，一國詛之，一祝不勝萬詛，國亡不亦宜乎，祝其何罪。」此二説若出一口，真藥石之言也。

吕子論學

吕子曰：「天生人而使其耳可以聞，不學，其聞則不若聾；使其目可以見，不學，其見則不若盲；使其口可以言，不學，其言則不若喑；使其心可以智，不學，其智則不若狂。故凡學，非能益之也，達天性也，能全天之所生，而勿敗之，可謂善學者矣。」此説甚美，而罕爲學者所稱，故書以自戒。

曾太皇太后

唐德宗即位，訪求其母沈太后。歷順宗，及憲宗時爲曾祖母，故稱爲曾太皇太后，蓋别於祖母也。舊、新二《唐書·紀》皆載之。今慈福太皇太后在壽康太上時，已加尊稱，若於主上則爲曾祖母，當用唐故事加「曾」字。向者嘗以告宰相，而省吏以爲典故所無，天子逮事三世，安得有前比，亦可謂不知禮矣。又嗣濮王士歆在隆興爲從叔祖，在紹熙爲曾叔祖，慶元爲高叔祖矣，而仍稱皇叔祖如故。士歆視嗣秀王伯圭爲從祖，今圭稱皇伯祖，而歆但爲皇叔祖，乃是弟爾。禮寺亦以爲國朝以來無稱曾、高者，彼蓋不知累朝尊屬元未之有也。

中天之臺

中天之臺有二。其一，《列子》曰：「西極化人見周穆王，王爲之改築宫室，土木之功，赭堊之色，無遺巧焉。五府爲虚，而臺始成。其高千仞，臨終南之上，名曰中天之臺。」其一，《新序》曰：「魏王將起中天臺，許綰負操鍤入，曰：『臣能商臺。』王曰：『若何？』曰：『天與地相去萬五千里，今王因而半之，當起七千五百里之臺，高既如是，其趾須方八千里，盡王之地不足以爲臺趾。必起此臺，先以兵伐諸侯，盡有其地，又伐四夷，得方八千里，乃足以爲臺趾。度八千里之外，當定農畝之地，足以奉給王之臺者。臺具以備，乃可以作。』王默然無以應，乃罷起臺。」

實年官年

士大夫叙官閥，有所謂實年、官年兩説，前此未嘗見於官文書。大抵布衣應舉，必減歲數，蓋少壯者欲藉此爲求昏地；不幸潦倒場屋，勉從特恩，則年未六十始許入仕，不得不豫爲之圖。至公卿任子，欲其早列仕籍，或正在童孺，故率增擡庚甲有至數歲者。然守義之士，猶曰兒曹甫策名委質，而父祖先導之以挾詐欺君，不可也。比者以朝臣屢言，年及七十者不許任監司，郡守、搢紳多不自安，爭引年以決去就。江東提刑李信甫，雖春秋過七十，而官年損其五，堅乞致仕，有旨官年未及，與之外祠。知房州章騆六十八歲，而官年增其三，亦求罷去。諸司以其精力未衰，援實爲請，有旨聽終任。知嚴州秦焴乞祠之疏曰：「實年六十五，而官年已踰七十。」遂得去。齊慶胄寧國乞歸，亦曰實年七十而官年六十七，於是實年、官年之字，形於制書，播告中外，是君臣上下公相爲欺也。掌故之野甚矣，此豈可紀於史録哉。

雷公炮炙論

《雷公炮炙論》載一藥而能治重疾者，今醫家罕用之，聊志於此。其説云：「髮眉墮落，塗半夏而立生。目辟眼睢，有五花而自正。脚生肉枕，裩繫宕根。囊皺旋多【三】，夜煎竹木。體寒腹大，全賴鸕鷀。血泛經過，飲調瓜子。咳逆數數，酒服熟雄【四】。遍體癧風，冷調生側。腸虛泄利，須假草零。久渴心煩，宜投竹瀝。除癥去塊，全仗硝、硇。益食加觴，須煎蘆、朴。强筋健骨，酒是蓯、鱓。駐色延年，精蒸神錦。知瘡所在，口點陰膠。産後肌浮，甘皮酒服。腦痛，鼻投硝末。心痛，速覓延胡。」凡十八項。謂眉髮墮落者，煉生半夏莖，取涎塗髮落處，立生。五花者，五加皮也【五】，葉有雄雌，三葉爲雄，五葉爲雌，須使五葉者作末，酒浸用之，目睢者正。脚有肉枕者，取莨宕根，繫裩帶上，永痊。多小便者，煎萆薢服之，永不夜起。若患腹大如鼓，米飲調鸕鷀末服，立枯如故。血泛行者，搗甜

【三】囊皺旋多　祠本「旋」作「漩」。

【四】酒服熱雄　祠本「熱」作「熟」。

【五】五花者五加皮也　兩「五」字原作「玉」，據會本、李本改。

瓜子仁作末去油，飲調服之，立絶。咳逆者，天雄炮過，以酒調一錢匕服。癱風者，側子附子傍生者。作末，冷酒服。虚泄者，擣五倍子末，熟水下之。癥塊者，以硇砂、硝石二味，乳鉢中研作粉，同煅了，酒服，神効。不飲者并飲酒少者，煎逆水蘆根并厚朴二味，湯服之。蓯蓉并鱓魚作末，以黄精酒圓服之【六】，可力倍常十也。黄精自然汁拌細研神錦，於柳木甑中，蒸七日了，以蜜圓服，顔貌可如幼女之容色。陰膠即是甑中氣垢，點小許於口中，即知藏府所起，直徹至住處知痛，足可醫也。産後肌浮，酒服甘皮立枯。頭痛者，以硝石作末，内鼻中，立止。心痛者，以延胡索作散，酒服之。

【六】以黄精酒圓服之　祠本「酒」作「汁」。

治藥捷法

藥有至賤易得，人所常用，而難於修製者，如香附子、菟絲子、艾葉之類。醫家昧其節度，或終日疲勞而不能成。《本草》云：「凡菟絲子，煖湯淘汰去沙土，漉乾，煖酒漬，經一宿，漉出暴微白，擣之，不盡者，更以酒漬，經三五日乃出，更曬微乾，擣之須臾悉盡，極易碎。」蓋以其顆細難施工，其説亦殊勞費。然自有捷法，但撚紙條數枚寘其間，則馴帖成粉。香附子洗去皮毛，炒之焦熟，然後舉投水鉢内，候浸漬透徹，漉出，暴日中微燥，乃入擣臼，悉應手糜碎。艾葉柔軟不可著力，若入白茯苓三五片同碾，則即時可作細末。

陳翠説燕后

趙左師觸龍説太后，使長安君出質，用愛憐少子之説以感動之。予嘗論之於《隨筆》中。其事載於《戰國策》、《史記》、《資治通鑑》，而《燕語》中又有陳翠一段，甚相似。云：「陳翠合齊、燕，將令燕王之弟爲質於齊，太后大怒曰：『陳公不能爲人之國，則亦已矣，焉有離人子母者。』翠遂入見后，曰：『人主之愛子也，不如布衣之甚也，非徒不愛子也，又不愛丈夫子獨甚。』太后曰：『何也？』對曰：『太后嫁女諸侯，奉以千金。今王願封公子，羣臣曰公子無功不當封，今以公子爲質，且以爲功而封之也，太后弗聽，是以知人主之不愛丈夫子獨甚也。且太后與王幸而在，故公子貴，太后千秋之後，王棄國家，而太子即位，公子賤於布衣。故非及太后與王封公子，則終身不封矣。』太后曰：『老婦不知長者之計【七】。』乃命爲行具。」此語與觸龍無異，而《史記》不書，《通鑑》不取，學者亦未嘗言。

燕非强國

北燕在春秋時最爲僻小，能自見於中國者，不過三四，大率制命於齊。七雄之際，爲齊所取，後賴五國之力，樂毅爲將，然後勝齊，然卒於得七十城不能守也。故蘇秦説趙王

【七】老婦不知長者之計　「不」原爲墨釘，據會本、李本補。

曰：「趙北有燕，燕固弱國，不足畏也。」燕王曰：「寡人國小，西迫强秦，南近齊、趙，齊、趙彊國也。」又曰：「天下之戰國七，而燕處弱焉，獨戰則不能，有所附則無不重。」昭王謂郭隗曰：「孤極知燕弱小，不足以報齊。」蘇代曰：「一齊之彊，燕猶不能支。」奉陽君曰：「燕，弱國也，東不如齊，西不如趙。」趙長平之敗，壯者皆死，燕以二千乘攻之，爲趙所敗。太子丹謂荆軻曰：「燕小弱，數困於兵，何足以當秦。」楚、漢之初，趙王武臣爲燕軍所得，趙厮養卒謂其將曰：「一趙尚易燕，況以兩賢王，滅燕易矣。」彭寵以漁陽叛，即時夷滅。十六國之起，戎狄亂華，稱燕稱趙者多矣，未嘗有只據幽、薊之地者也【八】。獨安禄山以三十年節制之威，又兼領河東，乘天寶政亂，出不意而舉兵，史思明繼之，雖爲天下之禍，旋亦殄滅。至於藩鎮擅地，所謂范陽、盧龍，固常受制於天雄、成德也。劉仁恭、守光父子，僭竊一方，唐莊宗遣周德威攻之，克取巡屬十餘州，如拾地芥。石晉割賂契丹，仍其舊國，恃以爲强，然晉開運陽城之戰，德光幾不免。周世宗小振之，立下三關。但太平興國失於輕舉，又不治敗將喪師之罪，致令披猖以迄于今。若以謂幽、燕爲用武之地，則不然也。

水旱祈禱

海内雨暘之數，郡異而縣不同，爲守爲令，能以民事介心，必自知以時禱祈，不待上命

【八】未嘗有只據幽薊之地者也　「只」原爲墨釘，據會本、李本補。

也。而省部循案故例，但視天府爲節，下之諸道轉運司，使巡内州縣，各詣名山靈祠，精潔致禱，然固難以一槩論。乾道九年秋，贛、吉連雨暴漲。予守贛，方多備土囊，壅諸城門，以杜水入，凡二日乃退。而臺符令禱雨，予格之不下，但據實報之。已而聞吉州於小廳設祈晴道場，大廳祈雨。問其故，郡守曰：「請霽者，本郡以淫潦爲災，而請雨者，朝旨也。」其不知變如此，殆爲侮威神天，幽冥之下，將何所據憑哉。俚語《笑林》謂：「兩商人入神廟，其一陸行欲晴，許賽以猪頭，其一水行欲雨，許賽羊頭。神顧小鬼言：『晴乾喫猪頭，雨落喫羊頭。有何不可。』」正謂此耳。坡詩云：「耕田欲雨刈欲晴，去得順風來者怨。若使人人禱輒遂，造物應須日千變。」此意未易爲庸俗道也。

卷四 十五則

今日官冗

元豐中，曾鞏判三班院，今侍右也。上疏言：「國朝景德墾田百七十萬頃，官萬員。皇祐二百二十五萬頃，官二萬員。治平四百三十萬頃，官二萬四千員。田日加辟，官日加多，而後之郊費視前一倍。以三班三年之籍較之，其入籍者幾七百人，而死亡免退不能二百，是年增歲溢，未見其止，則用財之端，入官之門，當令有司講求其故，使天下之入如治平，而財之用、官之數同景德，以三十年之通，可以餘十年之蓄矣。」是時，海内全盛，倉庫多有樁積，猶有此懼。慶元二年四月，有朝臣奏對，極言云：「曩在乾道間，京朝官三四千員，選人七八千員。紹熙二年，四選名籍，尚左，京官四千一百五十九員，尚右，大使臣五千一百七十三員，侍左，選人一萬二千八百六十九員，侍右，小使臣一萬一千三百十五員，合四選之數，共三萬三千五百十六員，冗倍於國朝全盛之際。近者四年之間，京官未至增添，外選人增至一萬三千六百七十員，比紹熙增八百一員。大使臣六千五百二十五員，比紹熙增一千三百四十八員。小使臣一萬八千七百餘員【一】，比紹熙增七千四百員。而今年科舉，明年

校勘記

【一】小使臣一萬八千七百餘員　馬本、庫本、祠本「餘」作「五」。

奏薦不在焉。通無慮四萬三千員，比四年之數增萬員矣，可不爲之寒心哉。」蓋連有覃霈，慶典屢行，而宗室推恩，不以服派近遠爲間斷，特奏名三舉，皆值異恩，雖助教亦出官，歸正人每州以數十百。病在膏肓，正使俞跗、扁鵲持上池良藥以救之，亦無及已。

欒城和張安道詩

張文定公在蜀，一見蘇公父子，即以國士許之。熙寧中，張守陳州南都，辟子由莫府。元豐初，東坡謫齊安，子由貶監筠酒税，與張别，張悽然不樂，酌酒相命，手寫一詩曰：「可憐萍梗飄蓬客，自歎匏瓜老病身。從此空齋掛塵榻，不知重掃待何人。」後七年，子由召還，猶復見之於南都。及元符末，自龍川還許昌，因姪叔黨出坡遺墨，再讀張所贈詩【二】，其薨已十年，泣下不能已，乃追和之曰：「少年便識成都尹，中歲仍爲幕下賓。待我江西徐孺子，一生知己有斯人。」兩詩皆哀而不怨，使人至今有感於斯文。今世薄夫受人異恩，轉眼若不相識，況於一死一生，卷卷如此，忠厚之至，殆可端拜也。

和范杜蘇四公

晉相和凝，以唐長興四年知貢舉，取范質爲第十三人。唐故事，知貢舉者，所放進士，以己及第時名次爲重，謂之傳衣鉢。蓋凝在梁貞明中居此級，故以處質，且云：「它日當

【二】再讀張所贈詩　「詩」原作「時」，據庫本、祠本改。

如我。」後皆至宰相，封魯國公，官至太子太傅，當時以爲榮。凝壽止五十八，質止五十四，《三朝史》質本傳亦書之，而《新五代史·和凝傳》誤爲第五，以《登科記》考之而非也。杜祁公罷相，以太子少師致仕，後以南郊免陪位恩，連進至太子太師，年八十而薨。蘇子容初筮仕爲南京判官，杜公方里居，告以平生出處本末，曰：「子異日所至，亦如老夫。」及蘇更踐中外，名德殊與之相似。集中有《謝杜公書》，正叙此事。其罷相也，亦以太子少師致仕，進太保，年八十二而薨。昔賢謂貴人往往善相人，以所閲多之故也。此二者併官爵年壽皆前知，異矣。

外臺祕要

《外臺祕要》載《制虎方》云：「到山下先閉氣三十五息，所在山神將虎來到吾前，乃存吾肺中，有白帝出，收取虎兩目，塞吾下部中，乃吐肺氣，上自通冠一山林之上。於是良久，又閉氣三十五息，兩手捻都監目作三步，步皆以右足在前，乃止，祝曰：『李耳、李耳，圖汝非李耳邪？汝盜黃帝之犬，黃帝教我問汝云何。』畢，便行，一山虎不可得見。若卒逢之者，因正面立，大張左手五指側之，極勢跳，手上下三度，於跳中大喚，咄曰：『虎，北斗君使汝去。』虎即走。」予謂人卒逢虎，魂魄驚怖，竄伏之不暇，豈能雍容步趨，仗呪語七字而脱邪。因讀此方，聊書之以發一笑。此書乃唐王珪之孫燾所作，本傳云：「燾視母疾，數從高醫游，遂窮其術，因以所學作書，討繹精明，世寶焉。」蓋不深考也。

六枳關

盤州種枳六本，以爲藩籬之限。立小門，名曰六枳關。每爲人問其所出，倦於酬應。今取馮衍《顯志賦》中語書於此。衍云：「楗六枳而爲籬。」案，《東觀漢記》作八枳。《逸周書·小開篇》云：「嗚呼，汝何敬非時，何擇非德。德枳維大人，大人枳維公，公枳維卿，卿枳維大夫，大夫枳維士。登登皇皇，維在國枳，國枳維都，都枳維邑，邑枳維家，家枳維欲無疆。」言上下相維，遞爲藩蔽也。其數有八，與《東觀記》同。予詳考之，乃九枳也。宋景文公《賀宰相啓》：「式維公枳。」蓋用此云。

王荆公上書并詩

王荆公議論高奇，果於自用。嘉祐初，爲度支判官，上《萬言書》，以爲：「今天下財力日以困窮，風俗日以衰壞。患在不知法度，不法先王之政故也。法先王之政者，法其意而已。法其意，則吾所改易更革，不至乎傾駭天下之耳目，而固已合矣。因天下之力，以生天下之財，取天下之財，以供天下之費。自古治世，未嘗以不足爲公患也，患在治財無其道爾。在位之人才既不足，而閭巷草野之間，亦少可用之材，社稷之託，封疆之守，陛下其能久以天幸爲常，而無一旦之憂乎。願監苟且因循之敝，明詔大臣，爲之以漸，期爲合於當世之變。臣之所稱，流俗之所不講，而議者以爲迂闊而熟爛者也。」當時富、韓二公在相位，讀之不樂，知其得志必生事。後安石當國，其所注措，大抵皆祖此書。又不忍貧民，而深疾富民，志欲破富以惠貧。嘗賦《兼并》詩一篇，曰：「三代子百姓，公私無異財。人主擅操柄，如天持斗魁。賦予皆自我，兼并乃姦回。姦回法有誅，勢亦無自來。後世始倒持，黔首遂難裁。秦王不知此，更築懷清臺。禮義日已偷，聖經久堙埃。法尚有存者，欲言時所咍。俗吏不知方，掊克乃爲才。俗儒不知變，兼并可無摧。利孔至百出，小人司闔開。有司與之爭，民愈可憐哉。」其語絕不工。迨其得政，設青苗法以奪富民之利，民無貧富，兩稅之外，皆重出息十二。吕惠卿復作手實之法，民遂大病。其禍源於此詩。蘇子由以爲昔之詩病未有若此其酷也。痛哉。

左黄州表

唐肅宗時，王璵以祠禱見寵，驟得宰相。帝嘗不豫，璵遣女巫乘傳分禱天下名山大川。巫皆盛服，中人護領，所至干託州縣，賂遺狼藉。時有一巫美而蠱，以惡少年數十自隨，尤憸狡不法。馳入黄州，刺史左震晨至館請事，門鐍不啓。震怒，破鐍入，取巫斬廷下，悉誅所從少年，籍其贓得十餘萬，因遣還中人。璵不能詰，帝亦不加罪。震剛決如此，而史不記其他事。予讀《元次山集》，有《左黄州表》一篇云：「乾元己亥，贊善大夫左振，出爲黄州刺史，下車，黄人歌曰：『我欲逃鄉里，我欲去墳墓。左公今既來，誰忍棄之去。』後一歲，又歌曰：『吾鄉有鬼巫，惑人人不知。天子正尊信，左公能殺之。』蓋此巫黄人也。振在州三遷侍御史，判金州刺史，將去，黄人多去思，故爲作表。」予謂振即震也。爲政宜民，見於歌頌，史官當特書之於循吏中，而僅能不没其實，故爲標顯於此。己亥者，乾元二年。瑱以元年五月自太常少卿拜中書相，二年三月罷，本紀及《宰相表》同。而《新史》本傳以爲三年自太常卿拜相，明日罷，失之矣。乃承《舊史》之誤也。

李郭詔書

唐代宗即位，郭汾陽爲近昵所揺，懼禍之及，表上自靈武、河北至于絳州，兩朝所詒詔書一千餘卷。家傳載其表語，其多如是。又讀韋端符所撰《李衛公故物記》云：「三原令座中有客曰李丞者，衛公之胄，藏文帝賜書二十通，多言征討事，厚勞苦，『其兵事節度皆付公，吾不從中治也』。暨公疾，親詔者數四，其一曰：『有晝夜視公病大老嫗令一人來，吾欲熟知公起居狀。』權文公視此詔，常泣曰：『君臣之際乃如是耶。』」《新史》載其事云：「靖五代孫彦芳，大和中爲鳳翔司録參軍，以高祖、太宗賜靖詔書數函上之，天子悉留禁中。又勑摹詔本還賜彦芳。」即二事觀之，唐世之所以眷禮名將相者綢繆熟復至此。

漢、晉以來所不及也。

兩道出師

國家用兵行師，異道並出，其勝敗功罪，當隨其實而處之，則賞信罰明，人知勸戒。漢武帝遣衛青、霍去病伐匈奴，去病以功益封，又封部將四人爲列侯，而青不得益封，軍吏卒皆無封侯者。宣帝遣田廣明等五將軍擊匈奴，又以常惠護烏孫兵共出，五將皆無功，而廣明及田順以罪誅，獨常惠奉使克獲封侯。宋文帝伐魏，雍州諸將柳元景等，既拔弘農陝城，戍潼關矣，而上以東軍王玄謨敗退，皆召還。其後玄謨貶黜，元景受賞。紹興七年，淮西大帥劉少師罷，湖北岳少保以母憂去。累辭起復之命。朝廷以兵部尚書呂安老、侍郎張淵道分使兩部，已而正除宣撫，遂掌其軍。岳在九江，憂兵柄一失，不容再得，亟兼程至鄂，有旨復故任，而召淵道爲樞密都承旨。安老在廬遭變，言者論罷張魏公，淵道亦繼坐斥。隆興中，北虜再動兵，張公爲督帥，遣李顯忠、邵宏淵攻符離，失利而退，一府皆貶秩。是時，汪莊敏以參知政事督視荆、襄，東西不相爲謀，乃亦坐譴。古今不侔如此。

杜韓用歇後語

杜、韓二公作詩，或用歇後語，如「悽其望呂葛」，「仙鳥仙花吾友于」，「友于皆挺拔」，「再接再礪乃」，「僮僕誠自創」，「爲爾惜居諸」，「誰謂貽厥無基趾」之類是已。

唐明皇賜二相物

唐明皇以李林甫爲右相，顓付大政，而左相牛仙客、李適之、陳希烈前後同列，皆拱手備員。林甫死，楊國忠代之，其寵遇愈甚。天寶十三載，上御躍龍殿門，張樂宴羣臣，賜右相絹一千五百疋，綵羅三百疋，綵綾五百疋，而賜左相絹三百，羅、綾各五十而已。其多寡不侔，至於五倍。如希烈庸才，知上恩意，安得不奴事之乎。宜其甘心臣於禄山也。

一百五日

今人謂寒食爲一百五者，以其自冬至之後至清明，歷節氣六【三】，凡爲一百七日，而先兩日爲寒食故云，它節皆不然也。杜老有《鄜州一百五日夜對月》一篇，江西宗派詩云「一百五日足風雨，三十六峯勞夢魂」，「一百五日寒食雨，二十四番花信風」之類是也。吾州城北芝山寺，爲禁煙遊賞之地，寺僧欲建華嚴閣，請予作《勸緣疏》，其末一聯云：「大善知識五十三，永壯人天之仰；寒食清明一百六，鼎來道俗之觀。」或問一百六所出，應之曰：「元微之《連昌宫詞》：『初過寒食一百六，店舍無煙宫樹緑。』是以用之。」

【三】自冬至之後至清明歷節氣六　「六」原作「五」，據祠本改。按，自冬至經小寒、大寒、立春、雨水、驚蟄、春分而至清明，凡六節氣。

老杜寒山詩

老杜《春日憶李白》詩云：「白也詩無敵，飄然思不羣。清新庾開府，俊逸鮑參軍。」或折之曰：「庾清新而不能俊逸，鮑俊逸而不能清新。太白兼之，所以爲無敵也。」今集別本一作「無數」，殆好事者更之乎。寒山子詩云：「吾心似秋月，碧潭清皎潔。無物堪比倫，教我如何說。」人亦有言，既似秋月、碧潭，乃以爲無物堪比，何也？蓋其意謂若無二物比倫，當如何說耳。讀者當以是求之。

礜石之毒

讀黄伯思《東觀餘論》，内評王大令書一節，曰：「《静息帖》云：『礜石深是可疑事，兄憙患散輒發癰【四】。散者，寒食散之類。散中蓋用礜石，是性極熱有毒，故云深可疑也。劉表在荆州，與王粲登障山，見一岡不生百草，粲曰：『此必古冢，其人在世服生礜石，熱蒸出外，故草木焦滅。』鑿看，果墓，礜石滿塋。又今洛水冬月不冰，古人謂之温洛，下亦有礜石。今取此石置瓮水中，水亦不冰。又鸛伏卵以助暖氣。其烈酷如此，固不宜餌服。子敬之語實然。」《淮南子》曰：「人食礜石死，蠶食之而不飢。」予仲兄文安公鎮金

【四】兄憙患散輒發癰　「憙患」原作「患喜」，據祠本改。按，《東觀餘論》卷上作「憙患」。

陵，因秋暑減食，當塗醫湯三益教以服礜石圓，已而飲啖日進，遂加意服之，越十月而毒作，鼻衄血斗餘，自是數數不止，竟至精液皆竭，迨於捐舘。偶見其語，使人追痛，因書之以戒未來者。

會合聯句

《韻略》上聲二腫字險窄。予向作《汪莊敏銘》詩八十句，唯蕭敏中讀之，曰：「押盡一韻。」今考之，猶有十字越用一董内韻。其詞曰：「維天生材，萬彙傾竦。侯王將相，曾是有種？公家江東，世繹耕壟。桃谿之涘，是播是穮。孰丰厥培？藝此圭珙。公羈未奮，逸駕思駷。沈酣《春秋》，蹈迪周、孔。徑策名第，稍辭澲辱。横經湘、沅，士敬如捧。蓬萊、方丈，佩飾有琫。應龍天飛，薈蔚雲滃。千官在序，摩厲從臾。吾惟片言，借箸泉湧。正冠霜臺，過者卜悚。顔顔殿吧，聲氣不動。顯仁東攢，巫史呼洶。昌言一下，恩浹千家。薰粥孔熾，邊戒毛氄。婞嫛當位，左掣右壅。公云當今，沸渭混澒。天威震耀，誰不憤踴。遂遷中司，西柄是董。出關啓旆，篝檄倥傯。業業荆、襄，將懦曰拱。投袂電赴，如尊乃勇。鄧、唐、蔡、陳，馳捷系踵。佛狸歸毗，民恃不恐。璽書賜朝，百揆參揔。亞勛贊册，國勢尊鞏。督軍載西，寄責冞重。方規許、洛，事援秦、隴。符離罔功，奇畫膠拳。鈞樞建使，宰席亢寵。還臨西州，夾道歡擁。有御未瘳，病癖且尰。曾不憖遺，使我心憎。

湘湖高丘，草木蔚薈。維水容裔，維山巃嵸。矢其銘詩，詞費以冗。柰何乎公，萬祺毋聳。」若韓、孟、籍、徹《會合聯句》三十四韻，除蝝蛹二字《韻略》不收外，餘皆不出二腫中，雄奇激越，如大川洪河，不見涯涘，非瑣瑣潢汙行潦之水所可同語也。其詩曰：「離别言無期，會合意罙重。病添兒女戀，老喪丈夫勇。劍心知未死，詩思猶孤聳。愁去劇箭飛，讙來若泉涌。析言多新貫，據抱無昔壅。念難須勤追，悔易勿輕踵。吟巴山犖嵴，説楚波堆壟。馬辭虎豹怒，舟出蛟鼉恐。狂鯨時孤軒，幽狖雜百種。瘴衣常腥膩，蠻器多疎冗。剥苔吊斑林，角飲餌沉冢。忽爾銜遠命，歸歟舞新寵。鬼窟脱幽妖，天居覿清拱。京遊步方振，謫夢意猶恟。詩書誇舊知，酒食接新奉。嘉言寫清越，痼病失肬腫。夏陰偶高庇，宵魂接虚擁。雪弦寂寂聽，茗盌纖纖捧。馳輝燭浮螢，幽響泄潛蛬。詩老獨何心，江疾有餘瘇。我家本瀍穀，有地介皐鞏。休跡憶沉冥，峩冠慙闒褥。升朝高轡逸，振物羣聽悚。徒言濯幽泌，誰與薙荒茸。朝紳鬱青緑，馬飾曜珪珙。國讎未銷鑠，我志蕩邛隴。君才誠倜儻，時論方洶溶。格言多彪蔚，縣解無梏拲。張生得淵源，寒色拔山冢。堅如撞羣金，眇若抽獨蛹。伊余何所擬？跛鼈詎能踴。塊然墮岳石，飄爾罥巢氄。龍旆垂天衢，雲韶凝禁甬。君胡眠安然，朝鼓聲洶洶。」其間或有類句，然衆手立成，理如是也。

校勘記

【一】埏子以爲人　「埏」原作「挻」，祠本作「埏」。《戰國策·札記》卷上：挻，吴氏正曰：《藝文類聚》及晁氏本作埏，黄丕烈按，《風俗通》引作埏，挻埏同字，形近而譌作「挻」耳。今改。

卷五 十四則

土木偶人

趙德甫作《金石録》，其跋漢居攝墳壇二刻石云：「其一上谷府卿墳壇，其一祝其卿墳壇。曰墳壇者，古未有土木像，故爲壇以祀之，兩漢時皆如此。」予按《戰國策》所載，蘇秦謂孟嘗君曰：「有土偶人與桃梗相語。桃梗曰：『子西岸之土也，埏子以爲人【一】，雨下水至，則汝殘矣。』土偶曰：『子東國之桃梗也，刻削子以爲人，雨降水至，流子而去矣。』」所謂土木爲偶人，非像而何。漢至寓龍、寓車馬，皆謂以木爲之，象其真形。謂之兩漢未有，則不可也。

饒州風俗

嘉祐中，吴孝宗子經者，作《餘干縣學記》，云：「古者江南不能與中土等，宋受天命，然後七閩二浙與江之西東，冠帶《詩》、《書》，翕然大肆，人才之盛，遂甲於天下。江南既爲天下甲，而饒人喜事，又甲於江南。蓋饒之爲州，壤土肥而養生之物多。其民家富而户羨，蓄百金者不在富人之列。又當寬平無事之際，而天性好善，爲父兄者，以其子與弟不文爲咎；爲母妻者，以其子與夫不學爲辱。其美如此。」予觀今之饒民，所謂家富户羨，了非昔時，而高甍巨棟連阡亘陌者，又皆數十年來寓公所擅，而好善爲學，亦不盡如吴記所言，故録其語以寄一歎。

禽畜菜茄色不同

禽畜、菜茄之色，所在不同，如江、浙間猪黑而羊白，至江、廣、吉州以西，二者則反是。蘇、秀間鵝皆白，或有一斑褐者，則呼爲鴈鵝，頗異而畜之。若吾鄉，凡鵝皆鴈也。小兒至取浙中白者飼養，以爲湖沼觀美。浙西常茄皆皮紫，其皮白者爲水茄。吾鄉常茄皮白，而水茄則紫，其異如是。

伏龍肝

《本草》伏龍肝，陶隱居云：「此竈中對釜月下黄土也。以竈有神，故呼爲伏龍肝。并以迂隱爲名爾。」雷公云：「凡使勿悮用竈下土，其伏龍肝，是十年已來竈額内火氣積，自結如赤色石，中黄，其形貌八稜。」予嘗見臨安醫官陳輿大夫，言：「當以砌竈時，納猪肝一具於土中，俟其積久，與土爲一，然後用之，則稍與名相應。」比讀《後漢書・陰識傳》

云：「其先陰子方，臘日晨炊而竈神形見。」注引《雜五行書》曰：「宜市買猪肝泥竈，令婦孝。」然則輿之説亦有所本云。《廣濟曆》亦有此説，又列作竈忌日，云：「伏龍在不可移作。」所謂伏龍者，竈之神也。

勇怯無常

「民無常勇，亦無常怯。有氣則實，實則勇，無氣則虚，虚則怯。怯勇虚實，其由甚微，不可不知。勇則戰，怯則北。戰而勝者，戰其勇者也；戰而北者，戰其怯者也。怯勇無常，倏忽往來，而莫知其方，惟聖人獨見其所由然。」此《吕氏春秋·决勝篇》之語，予愛而書之。

趙德甫金石録

東武趙明誠德甫，清憲丞相中子也。著《金石録》三十篇，上自三代，下訖五季，鼎、鍾、甗、鬲、槃、匜、尊、爵之欵識，豐碑、大碣、顯人晦士之事蹟，見于石刻者，皆是正僞謬，去取褒貶，凡爲卷二千。其妻易安李居士，平生與之同志，趙没後，愍悼舊物之不存，乃作後序，極道遭罹變故本末。今龍舒郡庫刻其書，而此序不見取，比獲見元稿於王順伯，因爲撮述大概云：

「予以建中辛巳歸趙氏，時丞相作吏部侍郎，家素貧儉，德甫在太學，每朔望謁告出，質衣取半千錢，步入相國寺，市碑文果實歸，相對展玩咀嚼。後二年，從宦【二】，便有窮盡天下古文奇字之志，傳寫未見書，買名人書畫、古奇器。有持徐熙《牡丹圖》求錢二十萬，留信宿，計無所得，捲還之，夫婦相向惋悵者數日。

「及連守兩郡，竭俸入以事鉛槧，每獲一書，即日勘校裝緝，得名畫彝器，亦摩玩舒卷，指摘疵病，盡一燭爲率。故紙札精緻，字畫全整，冠於諸家。每飯罷，坐歸來堂，烹茶，指堆積書史，言某事在某書某卷第幾葉第幾行，以中否勝負，爲飲茶先後，中則舉杯大笑【三】，或至茶覆懷中，不得飲而起。凡書史百家字不刓缺、本不誤者，輒市之，儲作副本。

「靖康丙午，德甫守淄川，聞虜犯京師，盈箱溢篋，戀戀悵悵，知其必不爲己物。建炎丁未，奔太夫人喪南來，既長物不能盡載，乃先去書之印本重大者，畫之多幅者，器之無款識者，已又去書之監本者，畫之平常者，器之重大者，所載尚十五車，連艫渡淮、江。其青州故第所鎖十間屋，期以明年具舟載之，又化爲煨燼。

「己酉歲六月，德甫駐家池陽，獨赴行都，自岸上望舟中告别。予意甚惡，呼曰：『如傳聞城中緩急，柰何？』遥應曰：『從衆。必不得已，先棄輜重，次衣衾，次書册，次卷軸，次古器。獨宗器者可自負抱【四】，與身俱存亡，勿忘之。』徑馳馬去。秋八月，德甫以病不

【二】後二年從宦　「宦」原作「官」，庫本、祠本作「宦」。按，《李清照集校注》卷三《金石録後序》作「宦」。今改。

【三】中則舉杯大笑　「杯」原作「否」。「杯」一作「桮」，當以略去「木」旁致誤。今據馬本、庫本、《李清照集》改。

【四】獨宗器者可自負抱　「宗」原作「宋」，庫本、祠本作「宗」。《李清照集校注》作「宗」。今改。

起。時六宫往江西，予遣二吏部所存書二萬卷，金石刻二千本，先往洪州。至冬，虜陷洪，遂盡委棄。所謂連艫渡江者，又散爲雲煙矣。獨餘輕小卷軸，寫本李、杜、韓、柳集，《世説》、《鹽鐵論》，石刻數十副軸，鼎鼐十數，及南唐書數篋，偶在卧内，巋然獨存。上江既不可往，乃之台、温，之衢，之越，之杭，寄物於嵊縣。庚戌春，官軍收叛卒，悉取去，入故李將軍家。巋然者十失五六，猶有五七簏，挈家寓越城，一夕爲盗穴壁，負五簏去，盡爲吴説運使賤價得之。僅存不成部帙殘書策數種。

「忽閲此書，如見故人，因憶德甫在東萊静治堂，裝褾初就，芸籤縹帶，束十卷作一帙，日校二卷，跋一卷，此二千卷，有題跋者五百二卷耳。今手澤如新，墓木已拱，乃知有有必有無，有聚必有散，亦理之常，又胡足道。所以區區記其終始者，亦欲爲後世好古博雅者之戒云。」

時紹興四年也，易安年五十二矣，自叙如此。予讀其文而悲之，爲識於是書。

韓文公薦士

唐世科舉之柄，顓付之主司，仍不糊名。又有交朋之厚者爲之助，謂之通牓，故其取人也畏於譏議，多公而審。亦或脅於權勢，或撓於親故，或累於子弟，皆常情所不能免者。若賢者臨之則不然，未引試之前，其去取高下，固已定於胸中矣。

【五】紓　王校本作「舒」。

韓文公與祠部陸員外書云：「執事與司貢士者相知識，彼之所望於執事者，至而無間，彼之職在乎得人，執事之職在乎進賢，如得其人而授之，所謂兩得矣。愈之知者有侯喜、侯雲長、劉述古、韋羣玉，《摭言》作紓【五】。此四子者，可以當首薦而極論，期於成而後止可也。沈杞、張弦、《科記》又作弘。尉遲汾、李紳、張後餘、李翊皆出羣之才，與之足以收人望而得才實，主司廣求焉，則以告之可也。往者陸相公司貢士，愈時幸在得中，所與及第者，皆赫然有聲。原其所以，亦由梁補闕肅、王郎中礎佐之。梁舉八人無有失者，其餘則王皆與謀焉。陸相於王與梁如此不疑也，至今以爲美談。」此書在集中不注歲月。案《摭言》云：「貞元十八年，權德輿主文，陸傪員外通牓，韓文公薦十人於傪，權公凡三榜，共放六人，餘不出五年內皆捷。」以《登科記》考之，貞元十八年，德輿以中書舍人知舉，放進士二十三人，尉遲汾、侯雲長、韋紓、沈杞、李翊登第。十九年，以禮部侍郎放二十人，侯喜登第。永貞元年，放二十九人，劉述古登第。通三牓，共七十二人，而韓所薦者預其七。元和元年，崔邠下放李紳，二年，又放張後餘、張弘。皆與《摭言》合。

陸傪在貞元間時名最著，韓公敬重之。其《行難》一篇，爲傪作也。曰：「陸先生之賢聞於天下，是是而非非。自越州召拜祠部，京師之人日造焉。先生曰：『今之用人也不詳，位于朝者，吾取某與某而已，在下者多于朝，凡吾與者若干人。』」又送其刺歙州序曰：「君出刺歙州，朝廷耆舊之賢，都邑游居之良，齎咨涕洟，咸以爲不當去。」則傪之以人物爲己任久矣。其刺歙以十八年二月，權公放牓時，既以去國，而用其言不替，其不負公議而采人望，蓋與陸宣公同。

韓公與書時，方爲四門博士，居百寮底，殊不以其薦爲犯分。故公作《權公碑》云：「典貢士，薦士於公者，其言可信，不以其人布衣不用；即不可信，雖大官勢人交言，一不以綴意。」又云：「前後考第進士，及庭所策試士，踊相躡爲宰相達官，其餘布處臺閣外府，凡百餘人。」梁肅及修，皆爲後進領袖，一時龍門，惜其位不通顯也，豈非汲引善士爲當國者所忌乎。韓公又有《答劉正夫書》云：「舉進士者，於先進之門，何所不往。先進之於後輩，苟見其至，寧可以不答其意邪。來者則接之，舉城士大夫莫不皆然，而愈不幸獨有接後進名。」以是觀之，韓之留意人士可見也。

王勃文章

王勃等四子之文，皆精切有本原。其用駢儷作記序碑碣，蓋一時體格如此，而後來頗議之。杜詩云：「王、楊、盧、駱當時體，輕薄爲文哂未休。爾曹身與名俱滅，不廢江、河萬古流。」正謂此耳。身名俱滅，以責輕薄子。江、河萬古流，指四子也。韓公《滕王閣記》云：「江南多游觀之美，而滕王閣獨爲第一。及得三王所爲序、賦、記等【六】，壯其文辭。」注謂：「王勃作游閣序。」又云：「中丞命爲記，竊喜載名其上，詞列三王之次，有榮

【六】及得三王所爲序賦記等「三」原爲空格，據明抄本補。

【七】勃之文今存者二十卷　馬本、庫本「十」後有「七」字。

耀焉。」則韓之所以推勃，亦爲不淺矣。勃之文今存者二十卷云【七】。

呂覽引詩書

《呂氏春秋·有始覽·諭大篇》引《夏書》曰：「天子之德，廣運乃神，乃武乃文。」又引《商書》曰：「五世之廟，可以觀怪；萬夫之長，可以生謀。」高誘注皆曰：「逸《書》也。廟者，鬼神之所在，五世久遠，故於其所觀魅物之怪異也。」予謂呂不韋作書時，秦未有《詩》、《書》之禁，何因所引訛謬如此。高誘注文怪異之説，一何不典之甚邪。又《孝行覽》亦引《商書》曰：「刑三百，罪莫重於不孝。」今安得有此文，亦與《孝經》不合。又引《周書》曰：「若臨深淵，若履薄冰。」注云：「《周書》周文公所作。」尤妄也。又以「普天之下，莫非王土，率土之濱，莫非王臣」爲舜自作詩，「子惠思我，褰裳涉洧，子不我思，豈無他士」爲子産答叔向之詩。不知是時《國風》、《雅》、《頌》何所定也。甯戚《飯牛歌》，高誘全引《碩鼠》三章，又爲可笑。

藍田丞壁記

韓退之作《藍田縣丞廳壁記》，柳子厚作《武功縣丞廳壁記》，二縣皆京兆屬城，在唐爲畿甸，事體正同，而韓文雄拔超峻，光前絶後，以柳視之，殆猶武夫之與美玉也。莆田方崧卿得蜀本，數處與今文小異，其「破崖岸而爲文」一句，繼以「丞廳故有記」，蜀本無「而」字。考其語脉，乃「破崖岸爲文丞」，是句絶「文丞」者，猶言文具備員而已，語尤奇崛，若以「丞」字屬下句，則既是丞廳記矣，而又云「丞廳故有記【八】」，雖初學爲文者不肯爾也。此篇之外，不復容後人出手。姪孫倬，頃丞宣城，後生頗有意斯道，自作《題名記》示予。予曉之曰：「他文尚可隨力工拙下筆，至如此記，豈宜犯不韙哉。」倬時已勒石，深悔之。近日亦見有爲之者，吾家孫姪多京官調選，再轉必爲丞，慮其復有効尤者，故書以戒之。

錢武肅三改元

歐陽公《五代史》叙列國年譜云：「聞於故老，謂吴越亦嘗稱帝改元，而求其事迹不可得，頗疑吴越後自諱之。」及旁采諸國書，與吴越往來者多矣，皆無稱帝之事，獨得其封落星石爲寶石山制書，稱寶正六年辛卯耳。」王順伯收碑，有《臨安府石屋崇化寺尊勝幢》云：「時天寶四年，歲次辛未，四月某日，元帥府府庫使王某。」又《明慶寺白傘蓋陀羅尼幢》云：「吴越國女弟子吴氏十五娘建。」其《發願文序》曰：「十五娘生忝霸朝，貴彰國懿。天寶五年，太歲壬申月日題。」順伯考其歲年，知非唐天寶，而辛未乃梁開平五年，其五月改乾化，壬申乃二年。梁以丁卯簒唐，武肅是歲猶用唐天祐，次年自建元也。《錢唐

【八】丞廳故有記　「故」原爲墨釘，據李本補。

【九】新功臣禪院碑　祠本「禪」作「壇」。

湖廣潤龍王廟碑》云：「錢鏐貞明二年丙子正月建。」《新功臣禪院碑》【九】、《封睦州牆下神廟勑》，皆貞明中登聖寺磨崖，梁龍德元年，歲次辛巳，錢鏐建。又有龍德三年《上宫詩》，是歲梁亡。《九里松觀音尊勝幢》：「寶大二年，歲次乙酉建。」《衢州司馬墓誌》云：「寶大二年八月殁。」順伯案，乙酉乃唐莊宗同光三年，其元年當在甲申。蓋自壬申以後用梁紀元，至後唐革命，復自立正朔也。又《水月寺幢》云：「寶正元年丙戌十月，具位錢鏐建。」是年爲明宗天成。《招賢寺幢》云：「丁亥寶正二年。」又小昭慶金牛、碼碯等九幢，皆二年至五年所刻。貢院前橋柱，刻寶正六年歲在辛卯造。然則寶大止二年而改寶正。寶正盡六年，次年壬辰，有《天竺日觀庵經幢》，復稱長興三年八月，用唐正朔，其年三月，武肅薨。方寢疾，語其子元瓘曰：「子孫善事中國，勿以易姓廢事大之禮。」於是以遺命去國儀，用藩鎮法，然則有天寶、寶大、寶正三名，歐陽公但知其一耳。《通鑑》亦然。自是歷晉、漢、周及本朝，不復建元。今猶有清泰、天福、開運、會同、係契丹年。乾祐、廣順、顯德石刻，存者三四十種，固未嘗稱帝也。

黄庭换鵝

李太白詩云：「山陰道士如相見，應寫《黄庭》换白鵝。」蓋用王逸少事也。前賢或議之，曰：「逸少寫《道德經》，道士舉鵝羣以贈之。」元非《黄庭》，以爲太白之誤。予謂太白眼高四海，衝口成章，必不規規然旋檢閲《晉史》，看逸少傳，然後落筆，正使誤以《道德》爲《黄庭》，於理正自無害，議之過矣。東坡雪堂既毀，紹興初，黄州一道士自捐錢粟再營建，士人何頡斯舉作《上梁文》，其一聯云：「前身化鶴，曾陪赤壁之游；故事换鵝，無復《黄庭》之字。」乃用太白詩爲出處，可謂奇語。案張彦遠《法書要録》載褚遂良《右軍書目》，正書有《黄庭經》云。注：六十行。與山陰道士真蹟故在。又武平一《徐氏法書記》云：「武后曝太宗時法書六十餘函，有《黄庭》。」又，徐季海《古跡記》：「玄宗時，大王正書三卷，以《黄庭》爲第一。」皆不云有《道德經》，則知乃《晉·傳》誤也。

宋桑林

《左傳》：「宋公享晉侯於楚丘，請以《桑林》。」注：《桑林》者，殷天子之樂名。「舞師題以《旌夏》，晉侯懼而退，及著雍疾，卜《桑林》見。荀偃、士匄欲奔請禱焉，荀罃不可。」予案《吕氏春秋》云：「武王勝殷，立成湯之後於宋，以奉桑林。」高誘注曰：「桑山之林，湯所禱也。故使奉之。」《淮南子》云：「湯旱，以身禱於桑山之林。」許叔重注曰：「桑山之林，能興雲致雨，故禱之。」二「桑林」二説不同。杜預注《左傳》不曾引用，豈非是時未見其書乎。

馮夷姓字

張衡《思玄賦》:「號馮夷俾清津兮,櫂龍舟以濟予。」李善注《文選》引《青令傳》曰:「河伯姓馮氏,名夷,浴於河中而溺死,是爲河伯。」《太公金匱》曰:「河伯姓馮名脩。」《裴氏新語》謂爲馮夷。《莊子》曰:「馮夷得之以游大川。」《淮南子》曰:「馮夷服夷石而水仙。」《後漢·張衡傳》注引《聖賢冢墓記》曰:「馮夷者,弘農華陰潼鄉隄首里人,服八石,得水仙,爲河伯。」又《龍魚河圖》曰:「河伯姓呂名公子,夫人姓馮名夷。」唐碑有《河侯新祠頌》,秦宗撰,文曰:「河伯姓馮名夷,字公子。」數説不同,然皆不經之傳也。蓋本於屈原《遠遊篇》,所謂「使湘靈鼓瑟兮,令海若舞馮夷」,前此未有用者。《淮南子·原道訓》又曰:「馮夷、大丙之御也,乘雲車,入雲蜺。」許叔重云:「皆古之得道能御陰陽者。」此自别一馮夷也。

卷六十五則

韓文公逸詩

唐五竇《聯珠集》載，竇牟爲東都判官，陪韓院長、韋河南同尋劉師，不遇，分韻賦詩。都官員外郎韓愈得尋字，其語云：「秦客何年駐，仙源此地深。還隨躡鳧騎，來訪馭雲襟。院閉青霞入，松高老鶴尋。猶疑隱形坐，敢起竊桃心。」今諸本韓集皆不載。近者莆田方崧卿考證訪蹟甚至，猶取《聯珠》中竇庠《酬退之登岳陽樓》一大篇，顧獨遺此，何也？

竇叔向詩不存

《竇氏聯珠序》云：五竇之父叔向，當代宗朝，善五言詩，名冠流輩。時屬貞懿皇后山陵，上注意哀挽，即時進三章，内考首出，傳諸人口。有「命婦羞蘋葉，都人插柰花」，「禁兵環素帟，宮女哭寒雲」之句，可謂佳唱，而略無一首存於今。荆公《百家詩選》亦無之，是可惜也。予嘗得故吴良嗣家所抄唐詩，僅有叔向六篇，皆奇作。念其不傳於世，今悉録之。《夏夜宿表兄話舊》云：「夜合花開香滿庭，夜深微雨醉初醒。遠書珍重何時達，舊事淒涼不可聽。去日兒童皆長大，昔年親友半凋零。明朝又是孤舟別，愁見河橋酒幔青。」《秋砧送包大夫》云：「斷續長門夜，清泠逆旅秋。征夫應待信，寒女不勝愁。帶月飛城上，因風散陌頭。離居偏入聽，況復送歸舟。」《春日早朝應制》云：「紫殿俯千官，春松應合歡。御爐香焰暖，馳道玉聲寒。乳燕翻珠綴，祥烏集露盤。宮花一萬樹，不敢舉頭看。」《過檜石湖》云：「曉發魚門伐【一】，晴看檜石湖。日銜高浪出，天入四空無。只尺分洲島，纖毫指舳艫。渺然從此去，誰念客帆孤。」《貞懿挽歌》二首云：「二陵恭婦道，六寢盛皇情。禮遜生前貴，恩追殁後榮。幼王親捧土，愛女復連塋。東望長如在，誰云向玉京。」「後庭攀畫柳，上陌咽清笳。命婦羞蘋葉，都人插柰花。壽宮星月異，仙路往來賒。縱有迎神術，終悲隔絳紗。」第三篇亡。叔向字遺直，仕至左拾遺，出爲溧水令。《唐書》亦稱其以詩自名云。

用柰花事

竇叔向所用柰花事，出《晉史》，云成帝時，三吴女子相與簪白花，望之如素柰，傳言天公織女死，爲之著服。已而杜皇后崩，其言遂驗。紹興五年，寧德皇后訃音從北庭來，知徽州唐煇使休寧尉陳之茂撰疏文，有語云：「十年罹難，終弗返於蒼梧；萬國銜冤，

【一】曉發魚門伐　馬本、庫本、祠本「伐」作「棣」，《全唐詩》卷二百七十一作「戍」。

徒盡簪於白柰。」是時正從徽宗蒙塵，其對偶精確如此。

王廖兒良

賈誼《過秦論》曰：「六國之士，吴起、孫臏、帶佗、兒良、王廖、田忌、廉頗、趙奢之朋制其兵。」《漢書》注家皆無所釋，顔師古但音兒爲五奚反，廖爲聊而已。此八人者，帶佗、兒良、王廖不知其何國人，獨《吕氏春秋》云：「老聃貴柔，孔子貴仁，墨翟貴廉，關尹貴清，子列子貴虚，陳駢貴齊，陽朱貴己，孫臏貴勢，王廖貴先，兒良貴後。」而注云：「王廖謀兵事，貴先，建茅也。兒良作兵謀，貴後。」雖僅見二人之名，然亦莫能詳也。廖、良列於孔、老之末，而漢四種兵書，有良《權謀》一篇。又，賈誼首稱甯越、杜赫爲之謀，《漢書》亦不注。《吕氏》云：「孔、墨、甯越，皆布衣之士也。越，中牟人也，周威公師之。」又稱：「杜赫以安天下説周昭文君。」則越、赫善謀，可以槩見。漫書之，以補《漢》注之缺。

徙木僨表

商鞅變秦法，恐民不信，乃募民徙三丈之木而予五十金。有一人徙之，輒予金，乃下令。吴起治西河，欲諭其信於民，夜置表於南門之外，令於邑中曰：「有人能僨表者，仕之長大夫。」民相謂曰：「此必不信。」有一人曰：「試往僨表，不得賞而已何傷。」往僨表，來謁吴起，起仕之長大夫。自是之後，民信起之賞罰。予謂鞅本魏人，其徙木示信，蓋以効起，而起之事不傳。

建武中元續書

《隨筆》所書《建武中元》一則，文惠公作《隸釋》，於蜀郡守何君《閣道碑》一篇中，以爲不然。比得蜀士袁夢麒應祥《漢制叢録》，亦以紀、志、傳不同爲惑，而云近歲雅州滎經縣治之西，有得《蜀郡治道記》於崖壁間者，記末云：「建武中元二年六月就。」於是千載之疑，涣然冰釋。予觀何君閣道正建武中元二年六月就。袁君所言滎經崖壁之記，蓋是此耳。但以出於近歲，恨不得質之文惠，爲之惻然。

草駒聾蟲

今人謂野牧馬爲草馬【二】，《淮南子·脩務訓》曰：「馬之爲草駒之時，跳躍揚蹏，翹尾而走，人不能制。」注云：「馬五尺已下爲駒，放在草中，故曰草不可化，其可駕御，教之所爲也。馬，聾蟲也，而可以通氣志，猶待教而成，又况人乎。」注云：「蟲，喻無知也。」聾蟲之名甚奇。

【二】今人謂野牧馬爲草馬　「牧」原作「收」，據馬本、庫本改。

記李履中二事

崇寧中，蔡京當國，欲洗邢恕誣謗宗廟之罪，既拔拭用之，又欲令立邊功以進身，於是以爲涇原經略使，遂謀用車戰法，及造舟五百艘，將直抵興靈，以空夏國。詔以付熙河漕臣李復。復，長安人，久居兵間，習熟戎事，力上疏詆切之。予頃書之於《國史·恕列傳》中。比得上饒所刊《潏水集》，正復所爲文，得此兩奏，歎其能以區區外官而排斥上相之客如此，恨史傳爲不詳盡，乃録于此。

其《乞罷造戰車疏》云：「奉聖旨，令本司製造戰車三百兩。臣嘗覽載籍，古者師行，固嘗用車，蓋兵不妄動，征戰有禮，不爲詭遇，多在平原易野，故車可以行。今盡之極邊，戎狄乘勢而來，雖鷙鳥飛翥，不如是之迅捷，下寨駐軍，各以保險爲利。其往也，車不及期，居而保險，車不能登，歸則虜多襲逐，爭先奔趍，不暇回顧，車安能收。非若古昔於中國爲用。臣聞此議出於許彦圭，彦圭因姚麟而獻説，朝廷遂然之，不知彦圭劇爲輕妄。唐之房琯，嘗用車戰，大敗於陳濤斜，十萬義軍，無有脱者。畿邑平地且如此，况今欲用於峻阪溝谷之間乎。又，戰車比常車闊六七寸，運不合轍，牽拽不行。昨來兵夫典賣衣物，自賃牛具，終日方進五七里，遂致兵夫逃亡，棄車於道，大爲諸路之患。今乞便行罷造，如別路已有造者，乞更不牽拽前來。」

其《乞罷造舡奏》云：「邢恕乞打造舡五百隻，於黄河順流放下，至會州西小河内藏放。有旨專委臣監督，限一年了當。契勘本路只有舡匠一人，須乞於荆、江、淮、浙和雇。又，丁線物料，亦非本路所出。觀恕奏請，實是兒戲。且造舡五百隻，若自今工料並備，亦須數年。自蘭州駕放至會州，約三百里，北岸是敵境，豈可容易。會州之西，小河鹹水，其闊不及一丈，深止於一二尺，豈能藏船。黄河過會州入韋精山，石峽險窄，自上垂流直下，高數十尺，船豈可過。至西安州之東，大河分爲六七道，水淺灘磧，不勝舟載，一船所載，不過五馬二十人，雖到興州，又何能爲。又不知幾月得至。此聲若出，必爲夏國侮笑，臣未敢便依旨揮擘畫，恐虚費錢物，終誤大事。」

疏既上，徽宗察其言忠，遂罷二役。復字履中，爲關内名儒，官至中大夫、集英殿脩撰。李昭玘嘗贈詩云：「結交賴有紫髯翁，鶴骨嶄嶄爛脩目。五言長城屹千丈，萬卷書樓聊一讀。」可知其人矣。

乾寧覆試進士

唐昭宗乾寧二年試進士，刑部尚書崔凝下二十五人。放牓後，宣詔翰林學士陸扆、祕書監馮渥入内，各贈衣一副及氈被，於武德殿前覆試，但放十五人。自狀頭張貽範以下重落，其六人許再入舉場，四人所試最下，不許再入，蘇楷其一也。故挾此憾，至於駁昭宗

「聖文」之謚。崔凝坐貶合州刺史。是時，國祚如贅斿，悍鎮强藩，請隧問鼎之不暇，顧卷卷若此。其再試也，詩賦各兩篇，内《良弓獻問賦》，以「太宗問工人木心不正，脉理皆邪，若何道理」十七字皆取五聲字，依輪次以雙周隔句爲韻，限三百二十字成。貽範等六人，訖唐末不復綴牓。蓋是時不糊名，一黜之後，主司不敢再收拾也。有黄滔者，是年及第，閩人也，九世孫沃爲吉州永豐宰，刊其遺文，初試覆試凡三賦皆在焉。《曲直不相入賦》，以題中曲直兩字爲韻。釋云：邪正殊途，各有好惡。終篇只押兩韻。《良弓獻問賦》，取五聲字次第用各隨聲爲賦格。於是第一韻尾句云「資國祚之崇崇」，上平聲也。第二韻「垂竇祚於緜緜」，下平聲也。第三韻「曾非唯唯」，上聲也。第四韻「露其言而粲粲」，去聲也。而闕入聲一韻。賦韻如是，前所未有。國將亡，必多制，亦云可笑矣。信州永豐人王正白，時再試中選，郡守爲改所居坊名曰進賢，且減户税，亦後來所無。

臨海蟹圖

文登吕亢多識草木蟲魚。守官台州臨海，命工作《蟹圖》，凡十有二種。一曰蝤蛑。乃蟹之巨者，兩螯大而有細毛如苔，八足亦皆有微毛。二曰撥棹子。狀如蝤蛑，螯足無毛，後兩小足薄而微闊，類人之所食者，然亦頗異，其大如升，南人皆呼爲蟹，八月間盛出，人採之，與人鬬，其螯甚巨，往往能害人。三曰擁劍。狀如蟹而色黄，其一螯偏長三寸餘，有光。四曰彭蜎。螯微毛，足無毛，以鹽藏而貨於市。《爾雅》曰：「彭蜎，小者蟧。」云小蟹也。蜎音澤，蟧音勞，吴人呼爲彭越。《搜神記》言此物嘗通人夢，自稱「長卿」，今臨海人多以「長卿」呼之。五曰竭樸。大於彭蜎，殼黑斑，有文章，螯正赤，常以大螯障目，小螯取食。六曰沙狗。似彭蜎，壤沙爲穴，見人則走，屈折易道不可得。七曰望潮。殼白色，居則背坎外向，潮欲來，皆出坎舉螯如望，不失常期。八曰倚望。亦大如彭蜎，居常東西顧睨，行不四五，又舉兩螯，以足起望，惟入穴乃止。九曰石蜠。大於常蟹，八足，殼通赤，狀若鵝卵。十曰蜂江。如蟹，兩螯足極小，堅如石，不可食。十一曰蘆虎。似彭蜞，正赤，不可食。十二曰彭蜞。大於蜎，小於常蟹。吕君云：「此皆常所見者，北人罕見，故繪以爲圖。又海商言，海中黿鼉島之東，一島多蟹，種類甚異。有虎頭者，有翅能飛者，有能捕魚者，有殼大兼尺者。以非親見，故不畫。」李履中得其一本，爲作記。予家楚，宦游二浙、閩、廣，所識蟹屬多矣，亦不悉與前説同。而所謂黄甲、白蟹、蟳、蠘諸種，吕圖不載，豈名謂或殊乎。故紀其詳，以示博雅者。

東坡作碑銘

東坡《祭張文定文》云：「軾於天下，未嘗銘墓。獨銘五人，皆盛德故。」以文集考之，凡七篇。若富韓公、司馬温公、趙清獻公、范蜀公并張公，坡所自作。此外趙康靖、滕元發二誌，乃代張公者，故不列於五人之數。《眉州小集》有元祐中奏稾云：「臣近準勑差撰故同知樞密院事趙瞻神道碑并書者。臣平生本不爲人撰行狀、埋銘、墓碑，士大夫所共知。只因近日撰司馬光行狀，蓋爲光曾爲臣亡母程氏撰埋銘；又爲范鎮撰墓誌，蓋爲鎮與先臣某平生交契至深，不可不撰。及奉詔撰司馬光、富弼等墓碑，不可固辭，然終非本志，况臣老病廢學，文詞鄙陋，不稱人子所欲顯揚其親之意，伏望聖慈别擇能者，特許辭免。」觀此一奏，可印公心。而杭本奏議十五卷中不載。

洗兒金錢

車駕都錢塘以來，皇子在邸生男及女，則戚里、三衙、浙漕、京尹皆有餉獻，隨即致答，自金幣之外，洗兒錢果動以十數合，極其珍巧，若總而言之，殆不可勝算，莫知其事例之所起。劉原甫在嘉祐中，因論無故疎決云：「在外羣情皆云，聖意以皇女生，故施此慶，恐非王者之令典也。又聞多作金銀、犀象、玉石、琥珀、玳瑁、檀香等錢，及鑄金銀爲花果，賜予臣下，自宰相、臺諫，皆受此賜。無益之費，無名之賞，殆無甚於此。若欲夸示奢麗，爲世俗之觀則可矣，非所以軌物訓儉也。宰相、臺諫以道德輔主，柰何空受此賜，曾無一言，遂事不諫。臣願深執恭儉，以答上天之貺，不宜行姑息之恩，以損政體。」偉哉劉公之論，其勁切如此。歐陽公銘墓，略而不書。予爲國史，亦不知載於本傳，比方讀其奏章，故敬紀之。諱偓《金鑾密記》云：「天復二年，大駕在岐，皇女生三日，賜洗兒果子、金銀錢、銀葉坐子、金銀鋌子。」予謂唐昭宗於是時尚復講此，而在庭無一言，蓋宮掖相承，欲罷不能也。

告命失故事

祖宗時知制誥六員，故朝廷除授，雖京官磨勘，選人改秩，奏薦門客，恩科助教，率皆命詞，然有官列已崇而有司不舉者，多出時相之意。劉原甫掌外制，以任顥落職，不降誥詞，曾奏陳以爲非故事，得旨即施行之。已而劉元瑜、王琪降官，直以勑牒。劉又言非朝廷賞罰訓誥毖重之意。今觀劉集，有《太平州文學袁嗣立改江州文學制》云：「昔先王簡不帥教而不變者，屏之裔土，終身不齒，若爾之行，豈足顧哉。然猶假以仕板，徙之善郡，不貲之恩也。勉思自新，無重其咎。」未幾，嗣立又徙洪州，制云：「爾頃冒憲典，遷之尋陽，復以親嫌，於法當避。夫薄志節、寡廉恥者，固不可使處有嫌之地，益徙豫章，思自湔滌。」嗣立之事微矣，乃費兩誥，讀此命書，可知其人。漫書之以發一笑。

扁字二義

扁音薄典切，《唐韻》二義：其一曰扁署門户，其一曰姓也，此外無它説。案，《鶡冠子》云：「五家爲伍，十伍爲里，四里爲扁，扁爲之長，十扁爲鄉。其上爲縣爲郡。其不奉上令者，以告扁長。」蓋如遂、黨、都、保之稱，諸書皆不載。

娑羅樹

世俗多指言月中桂爲娑羅樹，不知所起。案，《酉陽雜俎》云：「巴陵有寺，僧房床下，忽生一木，隨伐而長。外國僧見曰：『此娑羅也。』元嘉中出一花如蓮【三】。唐天寶初，安西進娑羅枝，狀言：『臣所管四鎮拔汗郍國，有娑羅樹，特爲奇絶，不芘凡草，不止惡禽，近采得樹枝二百莖以進。』」予比得楚州淮陰縣唐開元十一年海州刺史李邕所作《娑羅樹碑》云：「非中夏物土所宜有者，婆娑十畝，蔚暎千人。惡禽翔而不集，好鳥止而不巢。深識者雖徘徊仰止而莫知冥植，博物者雖沈吟稱引而莫辯嘉名。隨所方面，頗證靈應，東瘁則青郊苦而歲不稔，西茂則白藏泰而秋有成。嘗有三藏義淨，還自西域，齋戒瞻嘆。於是邑宰張松質請邕述文建碑。」觀邕所言惡禽不集，正與上説同。又有松質一書答邕云：「此土玉像，爰及石龜，一離淮陰，百有餘載，前後抗表，尚不能稱，賴公威德備聞，所以還歸故里。謹遣僧三人，父老七人，賚狀拜謝。」宣和中，向子諲過淮陰，見此樹，今有二本，方廣丈餘，蓋非故物。蔣穎叔云：「玉像石龜，不知今安在？」然則娑羅之異，世間無別種也。吳興芮燁國器有《從沈文伯乞娑羅樹碑》古風一首云：「楚州淮陰娑

【三】元嘉中出一花如蓮　「一」原爲空格，據明抄本補。按《酉陽雜俎》卷十八有「一」。

羅樹，霜露榮悴今何如。能令草木死不朽，當時爲有北海書。荒碑雨侵澁苔蘚，尚想墨本傳東吴。」正賦此也。歐陽公有定力院七葉木詩云：「伊、洛多佳木，娑羅舊得名。常於佛家見，宜在月宫生。釦砌陰鋪静，虚堂子落聲。」亦此樹耳，所謂七葉者未詳。

校勘記

卷七十四則

天咫

黄魯直和王定國詩《聞蘇子由病卧績溪》云：「湔祓瘴霧姿，朝趨去天咫。」蜀士任淵注引「天威不違顔咫尺」。予案《國語》，楚靈王築三城，使子晳問范無宇，無宇不可，王曰：「是知天咫，安知民則。」韋昭曰：「咫者少也，言少知天道耳。」《酉陽雜俎》有《天咫篇》。黄詩蓋用此。徐師川《喜王秀才見過小酌翫月》四言曰：「君家近市，所見天咫。庭户之間，容光能幾。菰蒲之中，江湖之涘。一碧萬頃，長空千里。」正祖述黄所用云。

縣尉爲少仙

《隨筆》載縣尉爲少公，予後得晏幾道叔原一帖與通叟少公者，正用此也。杜詩有《野望因過常少仙》一篇，所謂「落盡高天日，幽人未遣回」者，蜀士注曰：「少仙應是言縣尉也。」縣尉謂之少府，而梅福爲尉，有神仙之稱。少仙二字，尤爲清雅，與今俗呼爲仙尉不侔矣。

杜詩用受覺二字

杜詩所用受覺二字皆絶奇。今攄其受字云「脩竹不受暑」,「勿受外嫌猜」,「莫受二毛侵」,「監河受貸粟」,「輕燕受風斜」,「能事不受相促迫」,「野航恰受兩三人」,「一雙白魚不受釣」,「雄姿未受伏櫪恩」。其覺字云「已覺糟床注」,「身覺省郎在」,「自覺成老醜」,「更覺松竹幽」,「日覺死生忙」,「最覺潤龍鱗」,「喜覺都城動」,「更覺老隨人」,「每覺昇元輔」,「覺而行步奔」,「尚覺王孫貴」,「含悽覺汝賢」,「厨煙覺遠庖」,「詩成覺有神」,「已覺披衣慣」,「自覺酒須賒」,「早覺仲容賢」,「城池未覺喧」,「無人覺來往」,「人才覺弟優」,「直覺巫山暮」,「重覺在天邊」,「行遲更覺仙」,「深覺負平生」,「秋覺追隨盡」,「追隨不覺晚」,「熊羆覺自肥」,「自覺坐能堅」,「已覺良宵永」,「更覺綵衣春」,「已覺氣與嵩、華敵」,「未覺千金滿高價」,「梅花欲開不自覺」,「胡來不覺潼關隘」,「自得隨珠覺夜明」,「放箸未覺金盤空」,「東歸貪路自覺難」,「更覺良工心獨苦」,「始覺屏障生光輝」,「不覺前賢畏後生」,「吏情更覺滄洲遠」,「我獨覺子神充實」,「習池未覺風流盡」。用之雖多,然每字命意不同,又雜於千五百篇中,學者讀之,唯見其新工也。

若陳簡齋亦好用此二字,未免頻複者,蓋只在數百篇内,所以見其多。如「未受風作惡」,「不受珠璣絡」,「不受折簡呼」,「不受人招麾」,「不受安危侵」,「飽受今日閑」,「却扇受景風」，「語聞受遠響」，「坐受世故驅」，「庭柏不受寒」，「可復受憂戚」，「寧受此酸辛」，「滔滔江受風」，「坐受世褊迫」，「清池不受暑」，「平池受細雨」，「窮村受春晚」，「不受急景催」，「肯受元規塵」，「了不受榮悴」，「意閑不受榮與辱」，「獨自人間不受寒」，「枯木無知不受寒」，「天馬何妨略受鞿」，「來禽花高不受折」，「不受陰晴與寒暑」，「長林巨木受軒輊」。「未覺懶相先」，「未覺壯心休」，「未覺身淹留」，「未覺墉陰遲」，「未覺欠孟嘉」，「未覺有等倫」，「未覺風來遲」，「未覺經旬久」，「欲往還覺非」，「獨覺賦詩難」，「稍覺夜月添」，「菰蒲覺風入」，「未覺此計非」，「高處覺眼新」，「意定覺景多」，「未覺徐娘老」，「未覺有榮辱」，「未覺飢腸虚」，「未覺平生與願違」，「村空更覺水潺湲」，「眼中微覺欠扁舟」，「居夷更覺中原好」，「便覺杯觴耐薄寒」，「牆頭花定覺風闌」，可謂多矣。蓋喜用其字，自不知下筆所著也。

西太一宫六言

「楊柳鳴蜩緑暗，荷花落日紅酣。三十六陂春水，白頭想見江南。」荆公《題西太一宫六言》首篇也。今臨川刻本以「楊柳」爲「柳葉」，其意欲與荷花爲切對，而語句遂不佳。此猶未足問，至改「三十六陂春水」爲「三十六宫煙水」，則極可笑。公本意以在京華中，故想見江南景物，何預於宫禁哉。不學者妄意塗竄，殊爲害也。彼蓋以太一宫爲禁廷離宫爾【一】。

【一】彼蓋以太一宫爲禁廷離宫爾　「禁廷離宫爾」原作「廷離宫爾禁」，據馬本、庫本改。

由與猶同

《新唐書·藩鎮傳·序》云：「其人自視由羌狄然。」據字義，「由」當爲「猶」，故吴縝作《唐書音訓》有《糾謬》一篇，正指其失，彼元不深究《孟子》也。文惠公頃與予作《唐書補過》，嘗駮其説。予作文每用之，輒爲人所疑問，今爲詳載於此。如「以齊王，由反手也」，「由弓人而恥爲弓」，「王由足用爲善」，「是由惡醉而强酒」，「由己溺之，由己飢之」，「由射於百步之外」，「見且由不得亟」，其義皆然，蓋「由」與「猶」通用也。

人焉廋哉

孔子論人之善惡，始之曰「視其所以」，繼之以「觀其所由，察其所安」，然後重言之曰「人焉廋哉，人焉廋哉」，蓋以上之三語詳察之也。而孟氏一斷以眸子，其言曰：「存乎人者，莫良於眸子。眸子不能掩其惡，胸中正，則眸子瞭焉，胸中不正，則眸子眊焉。聽其言也，觀其眸子，人焉廋哉。」説者謂：「人與物接之時，其神在目。故胸中正，則神精而明。不正，則神散而昏。心之所發，并此而觀，則人之邪正不可匿矣。言猶可以僞爲，眸子則有不容僞者。孔聖既已發之於前，孟子知言之要，續爲之説，故簡亮如此。」舊見王季明云：太學士子嘗戲作一論，其略曰：「知人焉廋哉之義，然後知人焉廋哉，人焉廋哉之義。知人焉廋哉，人焉廋哉之義，然後知人焉廋哉之義。孔子所云『人焉廋哉，人焉廋哉』者，詳言之也。孟子所云『人焉廋哉』者，略言之也。孔子之所謂『人焉廋哉，人焉廋哉』，即孟子之所謂『人焉廋哉』也。孟子之所謂『人焉廋哉』，即孔子之所謂『人焉廋哉，人焉廋哉』也。」繼又疊三語爲一云：「夫人焉廋哉，人焉廋哉，人焉廋哉，雖曰不同，而其所以爲人焉廋哉，人焉廋哉，人焉廋哉，未始不同。」演而成數百字，可資一笑，亦幾於侮聖言矣。

久而俱化

天生萬物，久而與之俱化，固其理焉，無間於有情無情，有知無知也。予得雙鴈於衢人鄭伯膺，純白色，極馴擾可翫，寘之雲壑，不遠飛翔。未幾，隕其一，其一塊獨無儔，因念白鵝正同色，又性亦相類，乃取一隻與同處。始也，兩下不相賓接，見則東西分背，雖一盆伺穀，不肯並啜。如是五日，漸復相就，踰旬之後，怡然同羣，但形體有大小，而色澤飛鳴則一。久之，鴈不自知其爲鴈，鵝不自知其爲鵝，宛如同巢而生者。與之俱化，於是驗焉。今人呼鵝爲舒鴈，或稱家鴈，其褐色者爲鴈鵝，鴈之最大者曰天鵝。唐太宗時，吐蕃録東贊上書，以謂聖功遠被，雖鴈飛于天，無是之速，鵝猶鴈也，遂鑄金爲鵝以獻。蓋二禽一種也。

黄文江賦

晚唐士人作律賦，多以古事爲題，寓悲傷之旨，如吴融、徐寅諸人是也。黄滔字文江，亦以此擅名，有《明皇回駕經馬嵬坡》隔句云：「日慘風悲，到玉顔之死處；花愁露泣，認朱臉之啼痕。」「褒雲萬疊，斷腸新出於啼猿；秦樹千層，比翼不如于飛鳥。」「羽衛參差，擁翠華而不發；天顔愴恨，覺紅袖以難留。」「神仙表態，忽零落以無歸；雨露成波，已沾濡而不及。」「六馬歸秦，却經過於此地；九泉隔越，幾悽惻於平生。」《景陽井》云：「理昧納隍，處窮泉而詎得；誠乖馭朽，攀素綆以胡顔。」「青銅有恨【二】，也從零落於秋風；碧浪無情，寧解流傳於夜壑。」「荒涼四面，花朝而不見朱顔；滴瀝千尋，雨夜而空啼碧溜。」「莫可追尋，《玉樹》之歌聲邈矣；最堪惆悵，金瓶之咽處依然。」《館娃宫》云：「花顔縹緲，欺樹裏之春風；銀焰熒煌，却城頭之曉色。」「恨留山鳥，啼百卉之春紅；愁寄壠雲，鎖四天之暮碧。」「遺堵塵空，幾踐羣遊之鹿；滄洲月在，寧銷怒濁之濤。」《陳皇后因賦復寵》云：「已爲無雨之期，空懸夢寐；終自凌雲之製，能致煙霄。」《秋色》云：「空三楚之暮天，樓中歷歷；滿六朝之故地，草際悠悠。」《白日上昇》云：「較美古今，列子之乘風固劣；論功晝夜，姮娥之奔月非優。」凡此數十聯，皆研確有精

【二】青銅有恨　「恨」原作「限」，據明抄本改。

致，若夫格律之卑，則自當時體如此耳。

沈季長進言

沈季長元豐中爲崇政殿説書，考開封進士，既罷，入見，神宗曰：「《論不以智治國》，誰爲此者？」對曰：「李定所爲。」上曰：「聞定意譏朕。」季長曰：「定事陛下有年，頃者御史言定乃人倫所棄，陛下力排羣議，而定始得爲人如初，繼又擢用不次，定雖懷利，尚當知恩，臣以此敢謂無譏陛下意。《詩序》曰：『言之者無罪，聞之者足以戒。』《書》曰：『小人怨汝詈汝，則皇自敬德。』陛下自視豈任智者，不知何自慊疑，乃信此爲譏也？」上曰：「卿言甚善，朕今已釋然矣。卿長者，乃喜爲人辯謗。」對曰：「臣非爲人辯謗，乃爲陛下辯譖耳。」它日，上語及前代君臣，因曰：「漢武帝學神仙不死之術，卿曉其意否？此乃貪生以固位耳，故其晚年舉措謬戾，禍貽骨肉，幾覆宗社。且人主固位，其禍猶爾，則爲人臣而固位者，其患亦何所不至，故朕每患天下之士能輕爵禄者少。」季長曰：「士而輕爵禄，爲士言之，則可，爲國言之，則非福也。人主有尊德樂道之志，士皆以不得爵禄爲恥，寧有輕爵禄者哉。至於言違諫怫，士有去志，故以爵禄爲輕。」上曰：「誠如卿言。」按，季長雖嘗至脩起居注，其後但終於庶僚，史不立傳。王和甫銘其墓，載此兩論，予在史院時未之見也。其子銖爲侍從，恨不獲附見之，故表出於是。

繁遏渠

《國語》魯叔孫穆子曰：「金奏《肆夏》：《繁》、《遏》、《渠》。天子所以饗元侯也。」韋昭注曰：「《繁》、《遏》、《渠》，《肆夏》之三也。禮有《九夏》，皆篇名。」昭雖曉其義，而不詳釋。案，《周禮·春官》：「鐘師掌金奏，以鐘鼓奏《九夏》。」鄭氏注引吕叔玉云：「《肆夏》、《繁》、《遏》、《渠》，皆《周頌》也。《肆夏》，《時邁》也【三】。《繁遏》，《執競》也。《渠》，《思文》也。」又曰：「繁，多也。遏，止也。言福禄止於周之多也。故《執競》曰：『降福穰穰，降福簡簡。』渠，大也。言以后稷配天，王道之大也。故《思文》曰：『思文后稷，克配彼天。』」予謂此説亦近於鑿。

替戾岡

坡公游鶴林、招隱，有岡字韻詩，凡作七首，最後云：「背城借一吾何敢，切勿樽前替戾岡。」小兒問三字所出。案，《晉書·佛圖澄傳》，澄能聽鈴音以知吉凶，往投石勒。及劉曜攻洛陽，勒將救之，其羣下咸諫，以爲不可。勒以訪澄，澄曰：「相輪鈴音云：『秀支替戾岡，僕谷劬秃當。』此羯語也。秀支，軍也。替戾岡，出也。僕谷，劉曜胡位也。劬秃當，捉也。此言軍出捉得曜也。」勒遂擒曜。坡公正用此云。

【三】肆夏時邁也　「邁」原脱，據明抄本補。按，《周禮注疏》卷二十四鄭氏注有「邁」字。

文潞公平章重事

文潞公元豐六年以太師致仕，時七十八歲矣。後二年，哲宗即位，太皇太后垂簾同聽政。用司馬公爲門下侍郎，公奏乞召潞公置之百寮之首，以鎮安四海，后遣中使梁惟簡宣諭曰：「彦博名位已重，又得人心，今天子幼沖，恐其有震主之威。且於輔相中無處安排，又已致仕，難爲復起。」公當時以新入，不敢復言。元祐元年三月，公拜左僕射，乃再上奏曰：「《書》曰：『人惟求舊。』蓋以其歷年之多也。彦博沉敏有謀略，知國家治體，能斷大事，自仁宗以來，出將入相，功効顯著，天下所共知，年踰八十，精力尚强。臣初曾奏陳，尋蒙宣諭。切惟彦博一書生爾，年逼桑榆，富貴已極，夫復何求，非有兵權死黨可畏懼也。假使爲相，一旦欲罷之，止煩召一學士，授以詞頭，白麻既出，則一匹夫爾，何難制之。有震主之威，防慮太過。若依今官制用之爲相，以太師兼侍中行左僕射，有何不可。儻不欲以劇務煩老臣，則凡常程文書，只委右僕射以下簽書發遣，惟事有難決者，方就彦博咨稟。自古致仕復起，蓋非一人，彦博今年八十一，不過得其數年之力，願急用之，臣但以門下侍郎助彦博，恐亦時有小補。今不以彦博首相，而以臣處之，是猶捨騏驥而策駑駘也，切爲朝廷惜之。若以除臣左僕射，難爲無故以他人易之，則臣欲露表舉其自代。」奏入，不許。給事中范純仁亦勸乞召致，留爲師臣。未幾，右僕射韓縝求去，后始賜司馬公密詔，欲除彦博兼侍中行右僕射事，其合行恩禮，令相度條具。公以名體未正，不敢居其上，乞以行左僕射，自守右僕射。詔曰：「使彦博居卿上，非予所以待卿之意，卿更思之。」公執奏言：「臣爲京官時，彦博已爲宰相，今使彦博列位在下，非所以正大倫也。」於是召赴闕。既而御史中丞劉摯、左正言朱光庭、右正言王覿俱上言：「彦博春秋高，不可爲三省長官。」司馬公又言：「若令以正太師平章軍國重事，亦足以老尊成矣。」四月，遂下制如公言，詔一月兩赴經筵，六日一入朝，因至都堂與執政商量事，朝廷有大政令，即與輔臣共議。潞公此命，可謂鄭重費力，蓋本不出於主意也。然居位越五年，屢謝病，乃得歸，竟坐此貽紹聖之貶。

考課之法廢

唐制，尚書考功掌内外文武官吏之考課，凡應考之官，家具録當年功過行能，本司及本州長官對衆讀議其優劣，定爲九等考第，然後送省。别勑定京官位望高者二人，一校京官考，一校外官考，又定給事中、中書舍人各一人，一監京官考，一監外官考，郎中判京官考，員外郎判外官考，凡考課之法，有四善、二十七最。一最以上有四善，爲上上。有三善，或無最而有四善，爲上中。有二善，或無最而有三善，爲上下。其末至於居官諂詐、貪濁有狀，爲下下。外州則司録、録事參軍主之，各據之以爲黜陟。國朝此法尚存。慶曆、皇祐中，黄亞夫庶佐一府、三州幕【四】，其集所載考詞十四篇。《黄司理》者曰：「治犴獄【五】，歲再周矣，論其罪棄市者五十四，流若徒三百十有四，杖百八十六，皆得其情，無有冤隱不伸，非才也其孰能。其考可書中。」《舞陽尉》者曰：「舞陽大約地廣，它盜往往囊橐於其間，居一歲，爲竊與强者凡十一，前件官捕得之，其亡者一而已矣。非才焉固不能。可書中。」《法曹劉昭遠》者曰：「法者，禮之防也。其用之以當人情爲得，刻者爲之，則拘而少恩。前件官以通經舉進士，始掾於此，若老於爲法者，每抱具獄，必傳之經義然後處【六】，故無一不當其情。其考可書中。」它皆類此。不知其制廢於何時。今但付之士案吏據定式書於印紙，比者又令郡守定縣令臧否高下，人亦不知所從出。若使稍復舊貫，似爲得宜，雖未必人人盡公得實，然思過半矣。

小官受俸

沈存中《筆談》書國初時州縣之小官俸入至薄，故有「五貫九百六十俸，省錢且作足錢用」之語。黄亞夫皇祐間自序其所爲《伐檀集》云：「歷佐一府、三州，皆爲從事，踰十年，郡之政，巨細無不與，大抵止於簿書獄訟而已，其心之所存，可以効於君、補於國、資於民者，曾未有一事可以自見。然月廩於官，粟麥常兩斛，錢常七千，問其所爲，乃一常人皆可不勉而能，兹素餐昭昭矣。遂以『伐檀』名其集，且識其愧。」予謂今之仕宦，雖主簿、

【四】黄亞夫庶佐一府三州幕　「庶」原脱，據明抄本補。

【五】治犴獄　「犴」原作「許」，據明抄本改。

【六】必傳之經義然後處　庫本、祠本「傳」作「傅」。疑作「傅」是。

尉，蓋或七八倍於此，然常有不足之歎。若兩斛、七千，祇可禄一書吏小校耳。豈非風俗日趨於浮靡，人用日以汰，物價日以滋，致於不能贍足乎。亞夫之立志如此，真可重也。山谷先生乃其子云。

卷八 十七則

庫路真

《新唐書·地理志》：「襄州，土貢漆器庫路真二品十乘花文五乘。」庫路真者，漆器名也，然其義不可曉。《元豐九域志》云「真漆器二十事」是已。《于頔傳》，頔爲襄陽節度，襄有髹器，天下以爲法。至頔驕蹇，故方帥不法者，稱爲「襄樣節度」。《舊唐書·職官志》，武德七年，改秦王、齊王下領三衛及庫真、驅咥真，並爲統軍。疑是周、隋間西邊方言也。記《白樂天集》曾有一説，而未之見。

得意失意詩

舊傳有詩四句誦世人得意者云：「久旱逢甘雨，他鄉見故知。洞房花燭夜，金榜掛名時。」好事者續以失意四句曰：「寡婦攜兒泣，將軍被敵擒。失恩宮女面，下第舉人心。」此二詩，可喜可悲之狀極矣。

狄監盧尹

文潞公留守西京，年七十七，爲耆英會，凡十有二人，時富韓公年七十九，最長，至于太中大夫張問，年七十，唯司馬公方六十四歲，用狄監、盧尹故事，亦預於會。或問狄、盧之説，乃見唐《白樂天集》，今所謂《九老圖》者。懷州司馬胡杲年八十九，衛尉卿吉皎年八十六，龍武長史鄭據八十四，慈州刺史劉嘉、侍御史盧貞皆八十二，其年皆在元豐諸公之上，永州刺史張渾、刑部尚書白居易皆七十四。時會昌五年。白公序云：「六賢皆多年壽，予亦次焉。秘書監狄兼謩、河南尹盧貞以年未七十，雖與會而不及列。」故温公紀韓公至張昌言而自不書。今士大夫皆熟知此事，姑志狄、盧二賢，以示兒輩。但唐兩盧貞本字犯廟諱。而又同會，疑文字或誤云。

項韓兵書

漢成帝時，任宏論次兵書爲四種，其《權謀》中有《韓信》三篇，《形勢》中有《項王》一篇，《前漢·藝文志》載之【一】，且云：「漢興，張良、韓信序次兵法，凡百八十二家，删取要用，定著三十五家。諸吕用事而盗取之。」項、韓雖不得其死，而遺書可傳於後者，漢世不廢，今不復可見矣。

【一】前漢藝文志載之　「漢」原作「後」。按，《後漢書》無《藝文志》。以下所云「漢興張良韓信序次兵法」云云三十四字，即見《漢書》卷三十《藝文志》。今改。

承天塔記

黄魯直初謫戎、涪，既得歸，而北轉運判官陳舉以時相趙清憲與之有小怨，訐其所作《荆南承天塔記》，以爲幸災，遂除名羈管宜州，竟卒于彼。今《豫章集》不載其文，蓋謂因之兆禍，故不忍著録。其曾孫罃續編别集，始得見之。大略云：「余得罪竄黔中，道出江陵，寓承天禪院，住持僧智珠方徹舊浮圖於地，而囑余曰：『成功之後，願乞文記之。』後六年，蒙恩東歸，則七級巋然已立，於是作記。」其後云：「儒者嘗論一佛寺之費，蓋中民萬家之産，實生民穀帛之蠹，雖余亦謂之然。然自省事以來，觀天下財力屈竭之端，國家無大軍旅勤民丁賦之政，則蝗旱水溢或疾疫連數十州，此蓋生人之共業，盈虚有數，非人力所能勝者邪。」其語不過如是，初無幸災風刺之意，乃至於遠斥以死，冤哉。

穆護歌

郭茂倩編次《樂府詩・穆護歌》一篇【二】，引《歷代歌辭》曰：「曲犯角。」其語曰：「玉管朝朝弄，清歌日日新。折花當驛路，寄與隴頭人。」黄魯直《題牧護歌後》云：「予嘗問人此歌，皆莫能説牧護之義。昔在巴、僰間六年，問諸道人，亦莫能說。他日，舡宿雲安野次，會其人祭神罷而飲福，坐客更起舞而歌《木瓠》。其詞有云：『聽説商人木瓠，四海

【二】郭茂倩編次樂府詩穆護歌一篇　「歌」原作「砂」，據李本、馬本改。

五湖曾去。』中有數十句，皆叙賈人之樂，末云：『一言爲報諸人，倒盡百瓶歸去。』繼有數人起舞，皆陳述己事，而始末略同。問其所以爲木瓠，蓋刳曲木狀如瓠，擊之以爲歌舞之節耳。乃悟『穆護』蓋『木瓠』也。」據此説，則茂倩所序，爲不知本原云。且四句律詩，如何便差排爲犯角曲，殊無意義。

省試取人額

累舉省試，鎖院至開院，限以一月【三】。如未訖事，則申展亦不過十日，所奏名以十四人取一爲定數，不知此制起於何年。黄魯直以元祐三年爲貢院參詳官，有書帖一紙云：「正月乙丑鎖太學，試禮部進士四千七百三十二，三月戊申具奏進士五百人。」乃是在院四十四日，而九人半取一人，視今日爲不侔也。此帖載於別集。

通印子魚

魚通印之語，本出於王荆公《送張兵部知福州》詩「長魚俎上通三印」之句。蓋以福州瀕海多魚，其大如此，初不指言爲子魚也。東坡始以「通印子魚」對「披緜黄雀」，乃借「子」字與「黄」字爲假對耳。山谷所云「子魚通印蠔破山」，蓋承而用之。陳正敏《遯齋閑覽》云：「其地有通應廟，廟前港中子魚最佳。王初寮詩『通應子魚鹽透白』，正采其

【三】限以一月　「一」原脱，據李本、馬本補。

説。」郡人黄處權云：「興化子魚，去城五十里地名迎仙者爲上，所産之處，土人謂之子魚潭而已，初無通應港之名。」有大神祠，賜額曰「顯應」，乃《遯齋》所指之廟者，亦非「通應」也。潭傍又有小祠一間，庳陋之甚，農家以祀田神，好事欲實《遯齋》之説，遂粉刷一扁，妄標曰「通應廟」，側題五小字曰「元祐某年立」，此尤可笑。且用神廟封額以名土物，它處未嘗有也。

壽亭侯印

荆門玉泉關將軍廟中，有「壽亭侯印」一鈕，其上大環，徑四寸，下連四環，皆系於印上。相傳云：紹興中，洞庭漁者得之，入于潭府，以爲關雲長封漢壽亭侯，此其故物也，故以歸之廟中。南雄守黄兑見臨川興聖院僧惠通印圖形，爲作記。而復州寶相院，又以建炎二年，因伐木，於三門大樹下土中深四尺餘，得此印，其環并背俱有文，云：「漢建安二十年壽亭侯印。」今留於左藏庫。邵州守黄沃叔啓慶元二年復買一鈕於郡人張氏，其文正同，只欠五系環耳。予以謂皆非真漢物，且漢壽乃亭名，既以封雲長，不應去漢字，又其大比它漢印幾倍之。聞嘉興王仲言亦有其一。侯印一而已，安得有四。雲長以四年受封，當即刻印，不應在二十年，尤非也。是特後人爲之以奉廟祭，其數必多。今流落人間者，尚如此也。予爲黄叔啓作辯跋一篇，見《贅稿》。

【四】令勿生旁根　「根」原作「枝」，據馬本、祠本改。按，《夢溪筆談》卷二十四作「根」。

茸附治疽漏

時康祖病心痔二十年，用《聖惠方》治腰痛者鹿茸、附子服之，月餘而愈，《夷堅己志》書其事。予每與醫言，輒云：「癰疽之發，藴熱之極也，烏有翻使熱藥之理。」福州醫郭晉卿云：「脉陷則害漏，陷者冷也，若氣血温煖，則漏自止，正用得茸、附。」案，《内經·素問·生氣通天論》曰：「陷脉爲瘻，留連肉腠。」注云：「陷脉謂寒氣陷缺其脉也，積寒留舍，經血稽凝，久瘀内攻，結於肉理，故發爲瘍瘻，肉腠相連。」此説可謂明白，故復記於此，庶幾或有助於瘍醫云。

莆田荔枝

莆田荔枝，名品皆出天成，雖以其核種之，終與其本不相類。宋香之後無宋香，所存者孫枝爾。陳紫之後無陳紫，過牆，則爲小陳紫矣。《筆談》謂焦核荔子，土人能爲之，取本木，去其大根，火燔令焦，復植於土，以石壓之，令勿生旁根【四】，其核自小。里人謂不然，此果形狀，變態百出，不可以理求，或似龍牙，或類鳳爪，釵頭紅之可簪，緑珠子之旁綴，是豈人力所能加哉。初，方氏有樹，結實數千顆，欲重其名，以二百顆送蔡忠惠公，紿以常歲所産止此，公爲目之曰「方家紅」，著之於譜，印證其妄。自後華實雖極繁茂，逮至成熟，所存者未嘗越二百，遂成語讖。此段已載《遯齋閑覽》中，郡士黄處權復志其詳如此。

雙陸不勝

《新唐書·狄仁傑傳》，武后召問：「夢雙陸不勝，何也？」仁傑與王方慶俱在，二人同辭對曰：「雙陸不勝，無子也。天其意者以儆陛下乎。」於是召還廬陵王。《舊史》不載，《資治通鑑》但書鸚鵡折翼一事。而《考異》云：「雙陸之説，世傳《狄梁公傳》有之，以爲李邕所作，而其詞多鄙誕，疑非本書，故黜不取。」《藝文志》有李繁《大唐説纂》四卷，今罕得其書，予家有之，凡所紀事，率不過數十字，極爲簡要，《新史》大抵采用之。其《忠節》一門曰：「武后問石泉公王方慶曰：『朕夜夢雙陸不勝，何也？』曰：『蓋謂宫中無子，意者恐有神靈儆夫陛下。』因陳人心在唐之意，后大悟，召廬陵王，復其儲位，俾石泉公爲宫相以輔翊之。」然則《新史》兼采二李之説，而爲狄爲王莫能辨也。《通鑑》去之，似爲可惜。

華元入楚師

《左傳》，楚莊王圍宋，宋華元夜入楚師，登子反之牀，起之曰：「寡君使元以病告。」子反懼，與之盟，而退三十里。杜注曰：「兵法，因其鄉人而用之，必先知其守將左右謁者、門者之姓名，因而利道之。華元蓋用此術，得以自通。」予案前三年晉、楚邲之戰，隨武子稱楚之善曰：「軍行，右轅，左追蓐，前茅慮無，中權後勁，軍政不戒而備。」大抵言其備豫之固。今使敵人能入上將之幕而登其牀，則刺客姦人，何施不得。雖至於王所可也，豈所謂軍制乎。疑不然也。《公羊傳》云：「楚使子反乘堙而闚宋城，宋華元亦乘堙而出見之。」其説比左氏爲有理。

公羊用疊語

《公羊傳》書楚子圍宋，宋人及楚人平事，幾四百字。其稱「司馬子反」者八，又再曰「將去而歸爾」，「然後而師爾」，「然後歸爾」，「臣請歸爾」，「吾亦從子而歸爾」。又三書「軍有七日之糧爾」，凡九用「爾」字，然不覺其煩。

文書誤一字

文書一字之誤，有絶係利害者，予親經其三焉，至今思之，猶爲汗下。乾道二年冬，蒙恩召還，過三衢，郡守何德輔問奏對用幾劄，因出草稿示之，其一乞蠲減鄱陽歲貢誕節金千兩事，言此貢不知起於何時，或云藝祖初下江南，郡庫適有金，守臣取以獻長春節，遂爲故事。誤書「長春」爲「萬春」，乃金主褒節名也。德輔讀之，指以相告，予悚然面發赤，亟改之。三年，以侍講講《毛詩》，作發題，引孔子於《論語》中説《詩》處云：「不學《詩》無以言。」誤書「言」爲「立」，已寫進讀正本，經筵吏袁顯忠曰：「恐是言字。」予愧謝之。淳熙十三年在翰苑，作《賜安南國曆日詔》云：「兹履夏正，載頒漢朔。」書「夏正」爲「周正」，院吏以呈宰執，周益公見而摘其誤，吏還以告，蓋語順意同，一時不自覺也。

歷代史本末

古者世有史官，其著見於今，則自堯、舜二典。始，周之諸侯，各有國史，孔子因魯史記而作《春秋》，左氏爲之《傳》，《鄭志》、《宋志》、晉齊太史、南史氏之事皆見焉。更纂異同以爲《國語》。漢司馬談自以其先周室之太史，爲述作之意，傳其子遷，紬金匱石室之書，罔羅天下放失舊聞，述黄帝以來至于元狩，馳騁古今，上下數千載間，變編年之體爲十二本紀、十表、八書、三十世家、七十列傳，凡百三十篇。而十篇有録無書，元、成之間，褚先生補缺，作《武帝紀》、《三王世家》、《龜策》、《日者列傳》，張晏以爲言辭鄙陋，今雜於書中。而《藝文志》有馮商《續太史公》七篇，則泯没不見。司馬之書既出，後世雖有作者，不能少紊其規制。班彪、固父子，以爲漢紹堯運建帝業，而六世史臣，追述功德，私作本紀，編於百王之末，厠於秦、項之列。故探纂前紀，綴輯舊聞，以述《漢書》，起元高祖，終于王莽之誅，大抵仍司馬氏，第更八書爲十志，而無世家，凡百卷。固死，其書未能全，女弟昭續成之，是爲《前漢書》。荀悦《漢紀》則續所論著者也。後漢之事，初命儒臣著述於東觀，謂之《漢記》。其後有袁宏《紀》，張璠、薛瑩、謝承、華嶠、袁山松、劉義慶、謝沈皆有《書》。宋范曄删采爲十紀、八十列傳，是爲《後漢書》，而張璠以下諸家盡廢，其志則劉昭所補也。三國雜史至多，有王沈《魏書》、元行沖《魏典》、魚豢《典略》、張勃《吴録》、韋昭《吴書》、孫盛《魏春秋》、司馬彪《九州春秋》、丘悦《三國典略》、員半千《三國春秋》、虞溥《江表傳》，今唯以陳壽書爲定，是爲《三國志》。《晉書》則有王隱、虞預、謝靈運、臧榮緒、孫綽、干寶諸家，唐太宗詔房喬、褚遂良等修定，爲百三十卷。以四論太宗所作，故總名之曰「御撰」，是爲《晉書》，至今用之。南北兩朝各四代，而僭僞之國十數，其書尤多，如徐爰、孫嚴、王智深、顧野王、魏澹、張大素、李德林之正史，皆不傳。今之存者，沈約《宋書》、蕭子顯《齊書》、姚思廉《梁、陳書》、魏收《魏書》、李百藥《北齊書》、令狐德棻《周書》、魏鄭公《隋書》。其它國則有和包《漢趙紀》、田融《趙石記》、范亨《燕書》、王景暉《南燕録》、高閭《燕志》、劉昞《涼書》、裴景仁《秦記》、崔鴻《十六國春秋》、蕭方武敏之《三十國春秋》。李大師、延壽父子悉取爲《南史》八十卷，《北史》百卷。今沈約以下八史雖存，而李氏之書獨行，是爲《南北史》。唐自高祖至于武宗，有《實録》，後唐脩爲書，劉昫所上者是已，而猥釀無統。國朝慶曆中，復詔刊脩，歷十七年而成，歐陽文忠公主紀、表、志，宋景文公主傳，今行於世。梁、唐、晉、漢、周，謂之五代，國初監脩國史薛居正提舉上之。其後，歐陽㕛爲《新書》，故《唐書》、《五代史》各有舊、新之目。凡十七代，本末如此，稚兒數以爲問，故詳記之。

賢者一言解疑譖

賢者以單詞片言，爲人釋謗解患，卓卓可書者，予得兩事焉。秦氏當國時，先忠宣公、鄭亨仲資政、胡明仲侍郎、朱新仲舍人皆在謫籍，分置廣東。方務德爲經略帥，待之盡禮。秦對一客言曰：「方滋在廣部，凡得罪於朝廷者，必加意護結，得非欲爲異日地乎？」客曰：「非公相有云，不敢輒言。方滋之爲人，天性長者，凡於人唯以周旋爲志，非獨於遷客然也。」秦悟曰：「方務德却是箇周旋底人。」其疑遂釋。當時使一憸巧者承其問，微肆一語，方必得罪，而諸公不得安迹矣。言之者可謂大君子，當求之古人中。嚴陵王大卞赴曲江守，過南安，謁張先生子韶，從容言：「大卞頃在檢院，以羅彦濟中丞章去國，其後彦濟自吏書出守嚴，遂遷避于蘭溪。彦濟到郡，遺書相邀曰：『與君有同年之契，何爲爾？』不得已，復還。既見，密語云：『前此臺評，乃朱新仲所作，託造物之意以相授，一時失於審思，至今爲悔。』此事既往，今適守韶，而朱在彼，邂逅有弗愜，爲之柰何。」張揣其必將修怨，即云：「國光爲君子【五】，爲小人，皆在此舉。」王悚然曰：「謹受教。」至則降意彌縫，終二年，不見分毫形迹，蓋本自相善也。予曩侍張公，坐聞其言，故追紀之。

【五】國光爲君子　庫本、祠本「光」作「先」。

卷九 十六則

蔣魏公逸史

蔣魏公《逸史》二十卷，穎叔所著也，多紀當時典章文物。云舊有數百册，兵火間盡失之，其曾孫芾始攟摭遺藁而成此書，將以奏御，以其副上之太史，且板行之，傳之天下後世，既而不果。蔣公在熙寧、元祐、崇寧時，名爲博聞强識，然閱其論述，頗有可議，恨不及丞相在日與之言。

其一云：「行、守、試，視其官品之高下，除者必帶本官。呂晦叔除守司空而不帶金紫光禄大夫者，此翰林之失也。既不帶官，不當著『守』字，故晦叔辨之，遂去『守』字，爲正司空，議者謂超過特進、東宮三太、儀同矣。」予謂行、守、試必帶正官，固也。然自改官制以後，既爲司空，自不應復帶階官。呂從金紫遷，只是超特進一級耳；東宮三太，何嘗以爲宰相官？儀同又係使相也。呂亦無自辨之説。

其二云：「文潞公既爲真太師矣，其罷也，乃加『守』字，潞公怏怏，諸公欲爲去之，議者謂非典故，潞公之意，止欲以真太師致仕耳。諸公曰：『如此可乎？』曰：『不可。爲真太師則在宰相之上。』竟不去『守』字，但出劄子，令權去之。」案，潞公本以開府儀同三司守太師、河東節度使致仕，入爲平章軍國重事，故繫銜只云太師。及再致仕，悉還舊稱，當時有旨於制詞内除去「守」字，以嘗正任太師也。所謂劄子權去，恐或不然。

其三云：「舊制，執政雙轉，謂自工部侍郎轉刑部，刑部轉兵部，兵部轉工部尚書。惟宰相對轉，工部侍郎直轉工書，比執政三遷也。」予考舊制，執政轉官，與學士等。六侍郎則升兩曹，以工、禮、刑、户、兵、吏爲叙，至兵侍者轉右丞，至吏侍者轉左丞，皆轉工書，然後細遷。今言兵侍即轉工書，非也。宰相爲侍郎者，升三曹，爲尚書者，雙轉。如工侍轉户侍，禮侍轉兵侍，若係户侍，當改二丞，而宰相故事不歷丞，故直遷尚書。今言工侍對轉工書，非也。

其四云：「楊察爲翰林學士，一夜當三制，劉沆以參知政事，富弼以宣徽使，皆除宰相。宣徽在參政下，則富當在劉下，乃誤以居上，人皆不覺其失，惟學士李淑知之，揚言其事，遂貼麻改之。」予考國史，至和元年八月，劉沆以參知政事拜集賢相。二年六月，以忠武軍節度使知永興軍文彦博爲昭文相，位第一，劉沆遷史館相，位第二，宣徽南院使判并州富弼爲集賢相，位第三，其夕三制是已。而劉先一年已在相位，初無失誤貼改之説。

其五云：「有四儀同，一曰開府儀同三司，二曰儀同三司，三曰左儀同三司，四曰右儀同三司。」案自漢鄧騭始爲儀同三司，魏、晉以降，但有開府儀同三司之目，周、隋又增上字爲一階，又改儀同三司爲儀同大將軍，又有開府、上開府、儀同、上儀同，班列益卑，未嘗有左右之稱也。後進不當輒議前輩，因孫偃有問，書以示之。

沈慶之曹景宗詩

宋孝武嘗令羣臣賦詩，沈慶之手不知書，每恨眼不識字，上逼令作詩，慶之曰：「臣不知書，請口授師伯。」上即令顏師伯執筆，慶之口授之，曰：「微生遇多幸，得逢時運昌。朽老筋力盡，徒步還南岡。辭榮此聖世，何愧張子房。」上甚悦，衆坐並稱其辭意之美。梁曹景宗破魏軍還，振旅凱入，武帝宴飲連句，令沈約賦韻，景宗不得韻，意色不平，啓求賦詩。帝曰：「卿伎能甚多，人才英拔，何必止在一詩。」景宗已醉，求作不已。時韻已盡，唯餘競、病二字。景宗便操筆，其辭曰：「去時兒女悲，歸來笳鼓競。借問行路人，何如霍去病。」帝歎不已，約及朝賢驚嗟竟日，予謂沈、曹二公，未必能辨此，疑好事者爲之，然正可爲一佳對，曰：「辭榮聖世，何愧子房；借問路人，何如去病。」若全用後兩句，亦自的切。

藍尾酒

白樂天《元日對酒》詩云：「三盃藍尾酒，一楪膠牙餳。」又云：「老過占他藍尾酒，病餘收得到頭身。」「歲盞後推藍尾酒，春盤先勸膠牙餳。」《荆楚歲時記》云：「膠牙者，取其堅固如膠也。」而藍尾之義，殊不可曉。《河東記》載申屠澄與路傍茅舍中老父、嫗及處女環火而坐，嫗自外挈酒壺至，曰：「以君冒寒，且進一盃。」澄因揖遜曰：「始自主人翁，即巡澄，當婪尾。」蓋以藍爲婪，當婪尾者，謂最在後飲也。葉少藴《石林燕語》云：「唐人言藍尾多不同，藍字多作啉，出於侯白《酒律》，謂酒巡匝，末坐者連飲三盃，爲藍尾，蓋末坐遠，酒行到常遲，故連飲以慰之，以啉爲貪婪之意。或謂啉爲燣，如鐵入火，貴其出色，此尤無稽。則唐人自不能曉此義。」葉之説如此。予謂不然，白公三盃之句，只爲酒之巡數耳，安有連飲者哉。侯白滑稽之語，見於《啓顔録》。《唐·藝文志》，白有《啓顔録》十卷，《雜語》五卷，不聞有《酒律》之書也。蘇鶚《演義》亦引其説。

歐陽公辭官

歐陽公自亳州除兵部尚書知青州，辭免至四，云：「恩典超優，遷轉頗數。臣近自去春，由吏部侍郎轉左丞，未踰兩月，又超轉三資，除刑部尚書，今纔踰歲，又超轉兩資，尚書六曹，一歲之間，超轉其五。」累降詔不從其請。此是熙寧元年未改官制時，今人多不能曉。蓋昔者左右丞在尚書下，所謂左丞超三資除刑書者，謂歷工、禮乃至刑也。下云又超兩資者，謂歷户部乃至兵也。其上唯有吏部，故言尚書六曹超轉其五云。

南北語音不同

南北語音之異，至於不能相通，故器物花木之屬，雖人所常用，固有不識者。如毛、鄭釋《詩》，以梅爲枏，竹爲王芻，蔞爲翹翹之草是已。顏師古注《漢書》亦然。淮南王安《諫武帝伐越書》曰：「輿轎而隃領。」服虔曰：「轎音橋，謂隘道輿車也。」臣瓚曰：「今竹輿車也，江表作竹輿以行。」項昭曰：「陵絶水曰轎，音旗廟反。」師古曰：「服音、瓚説是也，項氏謬矣。此直言以轎過領耳，何云陵絶水乎。旗廟之音，無所依據。」又《武帝紀》：「戈船將軍。」張晏曰：「越人於水中負人船，又有蛟龍之害，故置戈於船下，因以爲名。」瓚曰：「《伍子胥書》有戈船，以載干戈，因謂之戈船也。」師古曰：「以樓船之例言之，則非爲載干戈也。此蓋船下安戈戟以禦蛟鼉水蟲之害。張説近之。」二説皆爲三劉所破，云：「今南方竹輿，正作旗廟音，項亦未爲全非。顏乃西北人，隨其方言，遂音橋。」又云：「船下安戈戟，既難厝置，又不可以行。且今造舟船甚多，未嘗有置戈者，顏北人，不知行船，項説是也。」予謂項音轎字是也，而云陵絶水則謬，故劉公以爲未可全非。張晏云「越人於水中負船」，尤可笑。

南舟北帳

頃在豫章，遇一遼州僧於上藍，與之閑談，曰：「南人不信北方有千人之帳，北人不信南人有萬斛之舟，蓋土俗然也。」《法苑珠林》云：「山中人不信有魚大如木，海上人不信有木大如魚。胡人見錦，不信有蟲食樹吐絲所成。吳人身在江南，不信有千人氊帳，及來河北，不信有二萬碩船。」遼僧之談合於此。

魏冉罪大

自漢以來，議者謂秦之亡，由商鞅、李斯。鞅更變法令，使民不見德，斯焚燒詩書，欲人不知古，其事固然。予觀秦所以得罪於天下後世，皆自挾詐失信故耳。其始也，以商於六百里啖楚絶齊，繼紿楚懷王入武關，辱爲藩臣，竟留之至死。及其喪歸，楚人皆憐之，如悲親戚。諸侯由是不直秦，未及百年，「三户亡秦」之語遂驗。而爲此謀者，張儀、魏冉也，儀之惡不待言，而冉之計頗隱，故不爲士君子所誅。當秦武王薨，諸弟爭立，唯冉力能立昭王。冉者，昭王母宣太后之弟也。昭王少，太后自治事，任冉爲政，威震秦国，才六年而詐留楚王，又怒其立太子，復取十六城。是時，王不過十餘歲，爲此者必冉也。後冉爲范睢所間而廢逐。司馬公以爲冉援立昭王，除其災害，使諸侯稽首而事秦，秦益彊大者，冉之功也。蓋公不細考之云。又嘗請趙王會澠池，虚心積慮，亦與詐楚同，賴藺相如折之，是以無所成，不然，與楚等耳。冉區區匹夫之見，徒能爲秦一時之功，而詒秦不義不信之名萬世不滅者，冉之罪誠大矣。

辨秦少游義倡

《夷堅已志》載潭州義倡事，謂秦少游南遷過潭與之往来，後倡竟爲秦死。常州教授鍾將之得其説於李結次山，爲作傳。予反復思之，定無此事，當時失於審訂，然悔之不及矣。秦將赴杭倅時，有妾邊朝華，既而以妨其學道，割愛去之，未幾罹黨禍，豈復眷戀一倡女哉。予記國史所書温益知潭州，當紹聖中，逐臣在其巡内，若范忠宣、劉仲馮、韓川原伯、吕希純子進、吕陶元鈞皆爲所侵困。鄒公南遷過潭，暮投宿村寺，益即時遣州都監將數卒夜出城，逼使登舟，竟凌風絶江去，幾於覆舟。以是觀之，豈肯容少游款昵累日。此不待辨而明，《已志》之失著矣。

姓源韻譜

姓氏之書，大抵多謬誤。如唐貞觀《氏族志》，今已亡其本。《元和姓纂》，誕妄最多。國朝所修《姓源韻譜》，又爲可笑【一】。姑以洪氏一項考之，云：「五代時有洪昌、洪

【一】又爲可笑　李本「又」後有「大」字，庫本、祠本「又」作「尤」。

杲【二】，皆爲參知政事。」予案二人乃五代南漢僭主劉龑之子，及晟嗣位，用爲知政事，其兄弟本連「弘」字，以本朝國諱，故《五代史》追改之，元非姓洪氏也。此與洪慶善序丹陽弘氏，云「有弘憲者，元和四年嘗跋《輞川圖》」，不知弘憲乃李吉甫之字耳。其誤正同。《三筆》已載此說。

譽人過實

稱譽人過實，最爲作文章者之疵病，班孟堅尚不能免。如薦謝夷吾一書，予蓋論之於《三筆》矣。柳子厚《復杜温夫書》云：「三辱生書，書皆逾千言，抵吾必曰周、孔，周、孔安可當也。語人必於其倫。生來柳州，見一刺史即周、孔之，今而去我，道連而謁於潮，又得二周、孔。去之京師，京師顯人，爲文詞立聲名以千數，又宜得周、孔千百。何吾生胸中擾擾焉多周、孔哉。」是時，劉夢得在連，韓退之在潮，故子厚云然。此文人人能誦，然今之好爲諛者，固自若也。予表出之，以爲子孫戒。張説賀魏元忠衣紫曰：「公居伊、周之任。」即爲二張所譏，幾於隕命。此但形於語言之間耳。

作文句法

作文旨意句法，固有規倣前人，而音節鏘亮不嫌於同者。如《前漢書·贊》云：「豎

【二】洪杲　「杲」原作「果」，據李本、庫本、祠本改。

牛奔仲叔孫卒，郈伯毁季昭公逐，費忌納女楚建走，宰嚭譖胥夫差喪，李園進妹春申斃，上官訴屈懷王執，趙高敗斯二世縊，伊戾坎盟宋痤死，江充造蠱太子殺，息夫作姦東平誅。」《新唐書》効之，云：「三宰嘯凶牝奪辰，林甫將蕃黄屋奔，鬼質敗謀興元蹙，崔、柳倒持李宗覆。」劉夢得《因論儆舟篇》云：「越子膝行吴君忽，晉宣尸居魏臣怠，白公厲劍子西哂，李園養士春申易。」亦効班史語也。然其模範，本自《荀子·成相篇》。

書簡循習

近代士人，相承於書尺語言，浸涉奇猥，雖有賢識，不能自改。如小簡問委，自言所在，必求新異之名。予守贛時，屬縣興國宰詒書云：「瀲水有驅策，乞疏下。」瀲水者，彼邑一水耳，郡中未嘗知此，不足以爲工，當言下邑、屬邑足矣。爲縣丞者，無不采《藍田壁記》語，云「負丞某處」，「哦松無補」，「涉筆承乏」，皆厭爛陳言。至稱丞曰「藍田」，殊爲可笑。初赴州郡，與人書，必言「前政頽靡，倉庫匱乏，未知所以善後」，沿習一律。正使真如所陳，讀者亦不之信。予到當塗日，謝執政書云：「郡雖小而事簡，庫錢倉粟，自可枝梧，得坐嘯道院，誠爲至幸。」周益公答云：「從前得外郡太守書，未有不以窘冗爲詞，獨創見來緘如此。」蓋覺其與它異也。此兩者，皆狃熟成俗，故紀述以戒子弟輩。

健訟之誤

破句讀書之誤，根著于人，殆不可復正。在《易·彖》之下，先釋卦義，然後承以本名者凡八卦。《蒙》卦曰：「《蒙》，山下有險，險而止，《蒙》」，以「止」字爲句絶，乃及於「蒙」，始係以「《蒙》亨，以亨行」。《訟》卦曰：「《訟》，上剛下險，險而健，《訟》」，以「健」字爲句絶，乃及於「訟」，始係以「《訟》有孚」。《豫》卦「剛應而志行，順以動，《豫》」，《隨》卦「剛來而下柔，動而説，《隨》」，《蠱》卦「剛上而柔下，巽而止，《蠱》」，《恒》卦「巽而動，剛柔皆應，《恒》」，《解》卦「《解》，險以動，動而免乎險，《解》」，《井》卦「巽乎水而上水，《井》」，皆是卦名之上爲句絶。而童蒙入學之初，其師點句，輒混於上，遂以「健訟」相連，此下「説隨」二字，尚爲有説，若「止蒙」、「動豫」之類，將如之何。凡謂頑民好訟者曰「嚚訟」、曰「終訟」可也。黄魯直《江西道院賦》云「細民險而健，以終訟爲能，筠獨不嚚於訟」是已。《同人》卦：「柔得中而應乎《乾》曰《同人》，《同人》曰，同人于野，亨。」據其文義，正與諸卦同，但多下一「曰」字，王弼以爲「乾之所行，故特曰『《同人》曰』」，程伊川以爲衍三字，恐不然也。

用史語之失

今之牽引史語者，亦未免有失。張釋之言便宜事，文帝曰：「卑之，毋甚高論，令今可行也。」遂言秦、漢之間事，帝稱善。顔師古云：「令其議論依附時事。」予謂不欲使爲甚高難行之論，故令少卑之爾。而今之語者，直以言議不足采爲「無甚高論」。又，文帝問上林令禽獸簿，不能對，虎圈嗇夫從旁代對。帝曰：「吏不當如此邪？」薛廣德諫元帝御樓船，曰：「宜從橋。」且有血汙車輪之許。張猛曰：「乘船危，就橋安。」上曰：「曉人不當如是邪？」師古謂：「諫爭之言，當如猛之詳婉也。」案，兩帝之語，皆是褒嘉之詞，猶云「獨不當如是乎」，今乃指人引喻非理或直述其私曰「曉人不當如是」。又，韓公《送諸葛覺往隨州讀書》詩云：「鄴侯家多書，插架三萬軸。一一懸牙籤，新若手未觸。爲人强記覽，過眼不再讀。偉哉羣聖文，磊落載其腹。」鄴侯蓋謂李繁，時爲隨州刺史，藏書既多，且記性警敏，故籤軸嚴整如是耳。今人或指言雖名爲收書而未嘗過目者，輒曰「新若手未觸」，亦非也。

文字書簡謹日

作文字紀月日，當以實言，若拘拘然必以節序，則爲牽强，乃似麻沙書坊桃源居士輩所跋耳。至於往還書問，不可不繫日，而性率者，一切不書。予有壻生子，遣報云：「今日巳時得一子。」更不知爲何時。或又失之好奇。外姻孫鼎臣，每致書必題其後曰「某節」，至云「小暑前一日」、「驚蟄前兩日」之類。文惠公常笑云：「看孫鼎臣書，須著置曆日於案上。」蓋自元正、人日、三元、上巳、中秋、端午、七夕、重九、除夕外，雖寒食、冬至，亦當謹識之，況於小小氣候。後生宜戒。

更衣

雅志堂後小室，名之曰「更衣」，以爲姻賓憩息地。稚子數請所出，因録《班史》語示之。《灌夫傳》「坐乃起更衣」，顔注：「更，改也。凡久坐者，皆起更衣，以其寒煖或變也。」「田延年起至更衣」，顔注：「古者延賓，必有更衣之處。」《衛皇后傳》：「帝起更衣，子夫侍尚衣。」

卷十 十七則

過所

《刑統·衛禁律》云：「不應度關而給過所，若冒名請過所而度者。」又云：「以過所與人。」又，《關津疏議》：「關謂判過所之處，津直度人，不判過所。」《釋名》曰：「過所，至關津以示之。」或曰：「傳，傳轉也，轉移所在，識以爲信。」漢文帝十二年「除關無用傳」，張晏曰：「傳，信也，若今過所也。」「兩行書繒帛，分持其一，出入關，合之乃得過，謂之傳也。」《魏志》：倉慈爲敦煌太守，西域雜胡欲詣洛者，爲封過所。《廷尉決事》曰：「廣平趙禮詣雒治病，門人齎過所詣洛陽，責禮冒名渡津，受一歲半刑。」徐鉉《稽神録》：「道士張謹好符法，客游華陰，得二奴曰德兒、歸寶，謹愿可憑信。張東行，凡書囊、符法、過所、衣服，皆付歸寶負之。將及關，二奴忽不見，所齎之物皆失之矣。時秦、隴用兵，關禁嚴急，客行無驗，皆見刑戮，既不敢東度，復還主人，乃見二兒，因擲過所還之。」然過所二字，讀者多不曉，蓋若今時公憑引據之類，故裒其事于此。

露布

用兵獲勝，則上其功狀於朝，謂之露布。今博學宏詞科以爲一題，雖自魏、晉以來有之，然竟不知所出，唯劉勰《文心雕龍》云：「露布者，蓋露板不封，布諸觀聽也。」唐莊宗爲晉王時，擒滅劉守光，命掌書記王緘草露布，緘不知故事，書之於布，遣人曳之，爲議者所笑。然亦有所從來。魏高祖南伐，長史韓顯宗與齊戍將力戰，斬其裨將。高祖曰：「卿何爲不作露布？」對曰：「頃聞將軍王肅獲賊二三人，驢馬數匹，皆爲露布，私每哂之。近雖得摧醜虜，擒斬不多，脱復高曳長縑，虚張功捷，尤而効之，其罪彌甚。臣所以斂毫卷帛，解上而已。」以是而言，則用絹高懸久矣。

東坡題潭帖

潭州《石刻法帖》十卷，蓋錢希白所鐫，最爲善本。吾鄉程欽之待制，以元符三年帥桂林，東坡自儋耳移合浦，得觀其藏帖，每册各題其末。第二卷云：「唐太宗作詩至多，亦有徐、庾風氣，而世不傳，獨於《初學記》時時見之。」第四卷云：「吴道子始見張僧繇畫，曰：『浪得名耳！』已而坐卧其下，三日不能去。庾征西初不服逸少，有家雞野鶩之論，後乃以爲伯英再生。今觀其書，乃不逮子敬遠甚，正可比羊欣耳。」第六卷云：「『宰相安和，殷生無恙。』宰相當是簡文帝，殷生則淵源也邪？」第八卷云：「希白作字，自有江左風味，故長沙法帖比淳化待詔所摹爲勝，世俗不察，爭訪閣下本，誤矣。此逸少一卷，尤妙。庚辰七夕，合浦官舍借觀。」第九卷云：「謝安問獻之：『君書何如尊公？』答曰：『故自不同。』安曰：『外人不爾。』曰：『人那得知。』」已上所書，今麻沙所刊《大全集·志林》中或有之。案，庾亮及弟翼俱爲征西將軍，坡所引者翼也。坡又有詩曰：「暮年却得庾安西，自厭家雞題六紙。」蓋指翼前所歷官云。此帖今藏予家。

山公啓事

《晉書·山濤傳》：「濤再居選職，十有餘年，每一官缺，輒啓擬數人，詔旨有所向，然後顯奏，隨帝意所欲爲先。故帝之所用，或非舉首，衆情不察，以濤輕重任意。或譖之於帝，濤行之自若。一年之後，衆情乃寢。濤所奏甄拔人物，各爲題目，時稱《山公啓事》。」此語今多引用，然不得其式，法帖中乃有之，云：「侍中、尚書僕射、奉車都尉、新沓伯臣濤言：『臣近啓崔諒【一】、史曜、陳准可補吏部郎，詔書可爾。此三人皆衆所稱，諒尤質正少華，可以崇教，雖大化未可倉卒，風尚所勸，爲益者多。臣以爲宜先用諒。謹隨事以聞。』」觀此一帖，可以槩見。然所啓三人，後亦無聞，既云皆衆所稱，當不碌碌也。舊《潭帖》爲識者稱許，以爲賢於他本，然於此奏「未可倉卒」之下乃云「風筆惻然」，全無意義。

【一】崔諒　清抄本原校：「崔」一作「顧」。

今所録者。臨江本也。

親王回庶官書

《隨筆》中載親王與侍從往還禮數，又得錢丕《行年雜紀》云：「昇王受恩命，丕是時爲將作少監，亦投賀狀，王降回書簽子啓頭。繼爲皇太子，三司判官並通牓子，詣内東門參賀。通入後，中貴出傳令旨傳語。及受册寶訖，百官班賀，又赴東宫賀，宰相親王階下班定，太子降階，宰相前拜，致詞訖，又拜。太子皆答拜，亦致詞叙謝。」一時之儀如此。

青降考試官

天禧二年九月，勑差屯田員外郎判度支計院任布、著作郎直史館徐奭、太子中允直集賢院麻温其並充開封府發解官。十月，差兵部員外郎直集賢院楊侃、太子中允直集賢院丁度並國子監發解官。十一月，解一百四人，解元郭稹。十六日，宣翰林學士錢惟演、盛度，樞密直學士王晦叔，龍圖閣待制李虚己、李行簡，覆考開封舉人，爲落解舉人有訟不平者。及奏名，郭稹依舊，其餘覆落并却考上人數甚多。十二月，發解官並降差遣，任布鄧州，徐奭洪州，楊侃江州，丁度齊州，並監税。此事見於錢丕《雜紀》。用五待從覆考解試，前後未之有也。

青蓮居士

李太白《贈玉泉仙人掌茶詩序》云：「荆州玉泉寺近清溪諸山，往往有乳窟。其水邊處處有茗草羅生，枝葉如碧玉，唯玉泉真公常采而飲之。余遊金陵，見宗僧中孚，示予茶數十片，其狀如手，名爲仙人掌茶，蓋新出乎玉泉之山，曠古未覿，因持之見遺，兼贈詩，要予答之，遂有此作。後之高僧大隱，知仙人掌茶發乎中孚禪子及青蓮居士李白也。」太白之稱，但有謫仙人爾，「青蓮居士」，獨於此見之，文人未嘗引用。而仙人掌茶，今池州九華山中亦頗有之，其狀略如蕨拳也。

閩俗詭祕殺人

姦凶之民，恃富逞力，處心積慮，果於殺人。然揆之以法，蓋有勑律所不曾登載，善治惡者，當原情定罪，必致其誅可也。閩中習俗尤甚，每執縛其仇，窮肆殘虐。或以酒調鋸屑，逼之使飲，欲其粘著肺腑，不能傳化，馴致痰渴之疾。或炒沙鎔蠟灌注耳中，令其聾聵。或以濕薦束體，布裹卵石，痛加毆箠，而外無痕傷。或按擦其肩背，使皮膚寬皺，乃施針刺入肩井，不可復出。或以小釣鉤藏於鰍魚之腹，强使吞之，攻鑽五臟，久而必死。凡此衆者【二】，類非一端，既痕腫不露於外，檢驗不得而見情犯，巨蠹功意兩惡而法所不言。

【二】凡此衆者　清抄本「衆」空格。庫本、祠本「衆」作「術」。

顔度魯子爲轉運使，嘗揭榜禁約。予守建寧，亦窮治一兩事。吴、楚間士大夫宦游於彼者，不可不察也。

富公遷官

富韓公慶曆二年，以右正言知制誥報聘契丹，還，除吏部郎中、樞密直學士，不受。尋除翰林學士，又不受。三年，除右諫議大夫、樞密副使，力辭。乃改資政殿學士，而諫議如初，公受之。又五月，復爲副樞。蓋昔時除目才下，即時命詞給告，及其改命，但不拜執政，而猶得所進官。用今日官制言之，是承議郎、舊爲正言。中書舍人舊知制誥。而爲太中大夫、舊爲諫議。資政殿學士也。

唐藩鎮行墨敕

池州銅陵縣孚貺侯廟有唐中和二年二月一碑。其詞云：「敕宣、歙、池等州都團練、觀察使牒。當道先準詔旨，許行墨敕授管内諸州有功刺史、大將等，憲官具件如後：晉朝故晉陽太守兼揚州長史張寬牒。奉處分，當道先準詔旨，許行墨敕，奬勸功勳，雖幽顯不同，而褒昇一致。神久標奇紀，早揖英風，靈跡屢彰，神逵不昧。夫寵贈之典，非列藩宜爲，神功既昭，乃軍都顒請，是行權制，用副人心。謹議褒贈游擊將軍宣州都督。」後云：

「使、檢校工部尚書兼御史大夫裴押。」邑人以爲裴休，《秋浦志》亦然。予考之，非也。張魏公宣撫川、陝，便宜封爵諸神，實本諸此。

吏部循資格

唐開元十八年四月，以侍中裴光庭兼吏部尚書。先是，選司注官，惟視其人之能否，或不次超遷。或老於下位，有出身二十餘年不得禄者。又州縣亦無等級，或自大入小，或初近後遠，皆無定制。光庭始奏用《循資格》，各以罷官若干選而集，官高者選少，卑者選多，無問能否，選滿則注，限年躡級，毋得踰越，非負譴者皆有陞無降。其庸愚沉滯者皆喜，謂之聖書，而材俊之士，無不怨嘆，宋璟爭之，不能得。二十一年，光庭薨，博士孫琬議光庭用《循資格》，失勸獎之道，請謚曰「克」。是年六月，制自今選人有才業操行，委吏部臨時擢用。雖有此制，而有司以《循資格》便於己，猶踵行之。蓋今日吏部四選，乃其法也。予案元魏肅宗神龜二年，官員既少，應選者多，尚書李韶銓注不行，大致怨嗟。崔亮代之，奏爲格制，不問士之賢愚，專以停解月日爲斷，沉滯者皆稱其能。亮甥劉景安與書曰：「商、周以鄉塾貢士，兩漢由州郡薦材，魏、晉中正，雖未盡美，應什收六七。而朝廷貢材，止求其文，不取其理，察孝廉唯論章句，不及治道，立中正不考材行，空辨姓氏。舅屬當銓衡，宜須改張易調，反爲《停年格》以限之，天下士子，誰復脩厲名行哉。」洛陽令薛琡上書言：「黎元命繫長吏，若選曹惟取年勞，不簡能否，義均行鴈，次若貫魚，執簿呼名，一人足矣，數人而用，何謂銓衡。乞令王公貴人薦賢以補郡縣。」詔公卿議之。其後，甄琛等繼亮，利其便己，踵而行之。魏之選舉失人，自亮始也。至孝靜帝元象二年，以高澄攝吏部尚書，始改亮年勞之制，銓擢賢能，當是自此一變。光庭又祖亮故智云。然後人罕有談亮、澄事者。

五行納音

六十甲子納音之説，術家多不能曉。原其所以得名，皆從五音所生，有條不紊，端如貫珠。蓋甲子爲首，而五音始於宫，宫土生金，故甲子爲金，而乙丑以陰從陽，商金生水，故丙子爲水，而丁丑從之。角木生火，故戊子爲火。徵火生土，故庚子爲土。羽水生木，故壬子爲木。而己丑、辛丑、癸丑各從之。至於甲寅，則納音起於商。商金生水，故甲寅爲水。角木生火，故丙寅爲火。徵火生土，故戊寅爲土。羽水生木，故庚寅爲木。宫土生金，故壬寅爲金。而五卯各從之。至甲辰，則納音起於角，角木生火，故甲辰爲火。徵火生土，故丙辰爲土。羽水生木，故戊辰爲木。宫土生金，故庚辰爲金。商金生水，故壬辰爲水。而五巳各從之。宫、商、角既然，惟徵、羽不得居首。於是甲午復如甲子，甲申如甲寅，甲戌如甲辰，而五未、五酉、五亥，亦各從其類。

五行化真

五行運化，如甲、己化真土之類，若推求其義，無從可得，蓋只以五虎元所生命之。如「甲、己之年丙作首」，謂丙寅月建也，丙屬火，火生土，故甲、己化真土。「乙、庚之歲戊爲頭」，謂戊寅月建也，戊屬土，土生金，故乙、庚化真金。「丙、辛寄向庚寅去」，庚屬金，金生水，故丙、辛化真水【三】。「丁、壬壬位順行流」，壬屬水，水生木，故丁、壬化真木。「戊、癸但向甲寅求」，甲屬木，木生火，故戊、癸化真火。此二説皆得之莆田鄭景實。頃在館中，見魏幾道談五行納音，亦然。

錢忠懿判語

王順伯家有錢忠懿一判語，其狀云：「臣贊寧。右臣伏奉宣旨撰文疏，今進呈，乞給下，取設齋日五更前上塔，臣自宣却欲重建，乞於仁政殿前夜間化却，不然便向塔前化，並取聖旨。判曰：便要吾人宣讀後，於真身塔前焚化。廿七日。」而在前花押。予謂錢氏固嘗三改元，但或言其稱帝，則否也。此狀内「進呈」、「聖旨」等語，蓋類西河之人疑子夏於夫子，故自貽僭帝之議，想它所施行皆然矣。

【三】故丙辛化真水　「故」原脱，據明抄本補。

王逸少爲藝所累

王逸少在東晉時，蓋温太真、蔡謨、謝安石一等人也，直以抗懷物外，不爲人役，故功名成就，無一可言，而其操履識見，議論閎卓，當世亦少其比。公卿愛其才器，頻召不就。殷淵源輔政，勸使應命，遺之書曰：「足下出處，正與隆替對，豈可以一世之存亡，必從足下從容之適。」逸少報曰：「吾素自無廊廟，王丞相欲内吾，誓不許之，手跡猶存，由來尚矣，不於足下參政而方進退。自兒娶女嫁，便懷尚子平之志，數與親知言之，非一日也。」及殷侯將北伐，以爲必敗，貽書止之。殷敗後，復圖再舉，又遺書曰：「以區區江左，所營綜如此，天下寒心久矣。自寇亂以來，處内外之任者，疲竭根本，各從所志，意無一功可論，一事可紀。任其事者，豈得辭四海之責哉。若猶以前事爲未工，故復求之於分外，宇宙雖廣，何所自容。」又與會稽王牋曰：「今雖有可欣之會，内求諸己，而所憂乃重於所欣，以區區吴、越，經緯天下十分之九，不亡何待。願令諸軍皆還保淮，須根立勢舉，謀之未晚。」其識慮精深，如是其至，恨不見於用耳。而爲書名所蓋，後世但以翰墨稱之。《晉書》本《贊》，標爲唐太宗御撰，專頌其研精篆素，盡善盡美，至有「心慕手追」之語，略無一詞論其平生，則一藝之工，爲累大矣。獻之立志，亦似其父。謝安欲使題太極殿榜，以爲萬代寶，而難言之，試及韋仲將陵雲榜事，即正色曰：「使其若此，有以知魏德之不長。」遂不

【四】下若翻書人字　庫本、祠本「人」作「天」。

之逼。觀此一節，可以知其爲人，而亦以書名之故，没其盛德。二王尚爾，况於他人乎。

鄂州南樓磨崖

慶元元年，鄂州修南樓，剗土有大石露于外，奇崛可觀。郡守吴琚見而愛之，命洗剔出圭角，即而諦視，乃磨崖二碑。其一刻兩字，上曰「柳」，徑二尺四寸，筆勢清勁，下若翻書「人」字【四】，唯存人脚，不可復辨，或以爲符，或以爲花押，邦人至褾飾置神堂，香火供事。或云道州學側虞帝廟内亦有之，云柳君名應辰，是唐末五代時湖北人也。其一高丈一尺，闊如其高而加五寸，刻大字八十五，凡爲九行，其文曰：「乾正元年，荆襄寇亂，大吴將軍出陳武昌，詔太守楊公出鎮。」後云：「荆、江、京、漢推忠輔國、侍衛將軍吴居中記。」案楊行密之子溥嗣吴王位，是歲，唐明宗天成二年，溥以十一月僭帝，改元乾貞，宋莒公《紀年通譜》書爲「乾正」，云避仁宗嫌名，《通鑑》亦同。而此直以爲「乾正」，一時所立，不應有誤也。

賞魚袋出處

《隨筆》書衡山唐碑别駕賞魚袋，云「名不可曉」，今按，《唐職林·魚帶門》叙金玉銀鐵帶，及金銀魚袋。云：「開元勑，非灼然有戰功者，餘不得輒賞魚袋。」斯明文也。

卷十一 十八则

京丞相轉官

慶元二年，朝廷奉上三宫徽稱册寶，繼又進敕令、玉牒、實録，大臣遷秩，于再于三，蓋自崇寧至于紹熙，未之有也。於是京右丞相以十月受册寶賞，由正議轉宣奉。十二月，用敕局賞，當得兩官，以一回授，一轉光禄。三年二月，用提舉玉牒實録院及禮儀使賞，有旨三項各轉兩官，辭之至四五。詔減爲四官，其半回授，其二遂轉金紫。四月之間，陟五華資，仍回授三帙。在法，宰執轉官與除拜同，故得給使恩。百二十年而入流者二十有四。邁記淳熙十四年，王左相進玉牒，并充國史禮儀使，梁右相進《四朝史傳》、《國朝會要》，并充玉牒禮儀使。詔各與轉兩官。所謂各者，指二相也。時梁公誤認爲三者各兩官，已係特進，謂如此則序進太師矣。中批只共爲兩官，復辭之，詔許回授，又辭，但令加恩，亦辭。適已罷相在經筵，訖於分毫不受，唯王公獨加恩。今日之事全相類，而又已有去冬二賞矣。有司不諳練故實，徑準昔年中旨行出，聞到京公殊不自安，然無説可免，惜乎東閤賢賓客不告以十年内親的故事，以成其美。邁頃居翰苑，答王、梁諸詔，嘗上章開析論列，是以竊識其詳。

熙寧司農牟利

熙寧、元豐中，聚斂之臣專務以利爲國，司農遂粥天下祠廟。官既得錢，聽民爲賈區，廟中慢侮穢踐，無所不至。南京有閼伯、微子兩廟，一歲所得不過七八千，張文定公判應天府，上言曰：「宋，王業所基也，而以火王。閼伯封於商丘，以主大火，微子爲宋始封，此二祠者獨不可得免乎【一】？乞以公使庫錢代其歲入。」神宗震怒，批出曰：「慢神辱國，無甚於斯。」於是天下祠廟皆得不粥。又有議前代帝王陵寢，許民請射耕墾，司農可之，唐之諸陵，因此悉見芟刈。昭陵喬木，翦伐無遺。御史中丞鄧潤甫言：「熙寧著令，本禁樵采，遇郊祀則勅吏致祭，德意可謂遠矣。小人掊克，不顧大體，使其所得不貲，猶爲不可，況至爲淺鮮者哉。願絀創議之人，而一切如故。」於是未耕之地僅得免。二者可謂前古未有，一日萬幾，蓋無由盡知之也。

文與可樂府

今人但能知文與可之竹石，惟東坡公稱其詩騷，又表出「美人却扇坐，羞落庭下花」之句。予常恨不見其全，比得蜀本石室先生《丹淵集》，蓋其遺文也。於樂府雜詠，有《秦

【一】此二祠者獨不可得免乎　「可」原脫，據馬本、庫本、祠本補。

王卷衣》篇曰：「咸陽秦王家，宮闕明曉霞。丹文映碧鏤，光采相鉤加。銅螭逐銀猊，壓屋驚蟠拏。洞户鎖日月，其中光景賒。春風動珠箔，鸞額金窠斜。美人却扇坐，羞落庭下花。閑弄玉指環，輕冰扼紅牙。君王顧之笑，爲駐七寶車。自卷金縷衣，龍鸞蔚紛葩。持以贈所愛，結懽期無涯。」其語意罙入騷人閫域。又有《王昭君》三絶句云：「絶艷生殊域，芳年入内庭。誰知金屋寵，只是信丹青。」「幾歲後宮塵，今朝絶國春。君王重恩信，不欲遺他人。」「極目胡沙滿，傷心漢月圓。一生埋没恨，長入四條絃。」令人讀之，縹縹然感槩無已也。

譏議遷史

大儒立言著論，要當使後人無復擬議，乃爲至當。如王氏《中説》謂：「陳壽有志於史，依大議而削異端，使壽不美於史，遷、固之罪也。」又曰：「史之失自遷、固始也，記繁而志寡。」王氏之意，直以壽之書過於《漢》、《史》矣，豈其然乎？《元經》續《詩》、《書》，猶有存者，不知能出遷、固之右乎？蘇子由作《古史》，謂：太史公易編年之法，爲本紀、世家、列傳，後世莫能易之。然其人淺近而不學，疎略而輕信，故因遷之舊，別爲《古史》。今其書固在，果能盡矯前人之失乎？指司馬子長爲淺近不學，貶之已甚，後之學者不敢謂然。

常何

唐太宗貞觀五年，以旱，詔文武官極言得失。時馬周客遊長安，舍於中郎將常何之家。何武人，不學，不知所言，周代之陳便宜二十餘條。上怪其能，以問何。對曰：「此非臣所能，家客馬周爲臣具草耳。」上即召周與語，甚悦，以何爲知人，賜絹三百疋。常何後亦不顯，莫知其所以進。予按《李密傳》，密從翟讓與張須陀戰，率驍勇常何等二十人爲游騎，遂殺須陀，常何之名蓋見於此。《唐史》亦采於劉仁軌《行年河洛記》也。

李密詩

李密在隋大業中，從楊玄感起兵被獲，以計得脱，變姓名爲劉智遠，教授諸生自給，鬱鬱不得志，哀吟泣下。《唐史》所書如此。劉仁軌《行年河洛記》專載密事，云：「密往來諸賊帥之間，説以舉大計，莫肯從者，因作詩言志，曰：『金風蕩初節，玉露垂晚林。此夕窮途士，鬱陶傷寸心。平野葭葦合，荒村葵藿深。眺聽良多感，徙倚獨沾襟。沾襟何所爲，悵然懷古意。秦、洛既未平，漢道將何冀。樊噲市井屠，蕭何刀筆吏。一朝逢時會，千載傳名謚。寄言世上雄，虚生真可愧。』諸將見詩漸敬之。」予意此篇，正其哀吟中所作也。

寺監主簿

自元豐官制行，九寺、五監各置主簿，專以掌鉤考簿書爲職，它不得預。紹聖初，韓粹彦爲光禄主簿，自言今輒預寺事，非先帝意也，請如元豐詔書。從之。如玉牒修書，主簿不預，見於王定國《雜録》，予猶及見。紹興中，太府寺公狀文移，惟卿丞繫銜，後來掌故之吏，昧於典章，遂一切與丞等。今百官庶府，背戾官制，非特此一事也。

温大雅兄弟名字

《新唐書》温大雅字彦弘，弟彦博字大臨、大有字彦將。《舊史》不載彦博字，它皆同。三温，兄弟也，而兩人以大爲名，彦爲字，一以彦爲名，大爲字。《宰相世系表》則云彦將字大有，而博、雅與傳同，讀者往往致疑。歐陽公《集古録》引《顔思魯制》，中書舍人彦將行，證《表》爲是，然則唯彦博異耳，故或以爲誤。予少時因文惠公得歐率更所書《虞恭公誌銘》，乃彦博也，其名字實然。後見《大唐創業起居注》，大雅所撰，其中云：「煬帝遣使夜至太原，温彦將宿於城西門樓上，首先見之。報兄彦弘，馳以啓帝，帝方卧，聞而驚起，執彦弘手而笑。」據此，則三温之名皆從彦，而此書首題乃云大雅奉勑撰，不應於其間敢自稱字。已而詳考之，高宗太子弘爲武后所酖，追尊爲孝敬皇帝，廟曰義宗，列於太廟，故諱其名。如弘文館改爲昭文，弘農縣改爲恒農，徐弘敏改爲有功，韋弘機但爲機，李含光本姓弘，易爲李，曲阿弘氏易爲洪，則大雅之名，後人追改之也。顔魯公作《顔勤禮碑》叙顔、温二家之盛，曰思魯、大雅、愍楚、彦博、遊秦、彦將。以雅爲名，亦由避諱耳。錢聞詩在太學，以此爲策問，而言歐陽作《傳》，戾於聞見，彼蓋不察宋子京之作云。

册府元龜

真宗初，命儒臣編修君臣事迹，後謂輔臣曰：「昨見《宴享門》中録唐中宗宴飲，韋庶人等預會和詩，與臣寮馬上口摘含桃事，皆非禮也。已令削之。」又曰：「所編事迹，蓋欲垂爲典法，異端小説，咸所不取，可謂盡善。」而編修官上言：「近代臣僚自述揚歷之事，如李德裕《文武兩朝獻替記》、李石《開成承詔録》、韓偓《金鑾密記》之類，又有子孫追述先德叙家世，如李繁《鄴侯傳》、《柳氏序訓》、《魏公家傳》之類，或隱己之惡，或攘人之善，並多溢美，故匪信書。并僭僞諸國，各有著撰，如僞《吴録》、《孟知祥實録》之類，自矜本國，事或近誣。其上件書，並欲不取。餘有《三十國春秋》、《河洛記》、《壺關録》之類，多是正史已有；《秦記》、《燕書》之類，出自僞邦；《殷芸小説》、《談藪》之類，俱是談諧小事；《河南志》、《邠志》、《平剡録》之類，多是故吏賓從述本府戎帥征伐之功，傷於煩碎；《西京雜記》、《明皇雜録》，事多語怪；《奉天録》尤是虚詞。盡議采收，恐成蕪穢。」並從之。及書成，賜名《册府元龜》，首尾十年，皆王欽若提總，凡一千卷，其所遺棄既多，故亦不能暴白。如《資治通鑑》則不然，以唐朝一代言之，叙王世充、李密事，用《河洛記》；魏鄭公諫爭，用《諫録》；李絳議奏，用《李司空論事》；睢陽事，用《張中丞傳》；淮西事，用《涼公平蔡録》；李泌事，用《鄴侯家傳》；李德裕太原、澤潞、回鶻事，用《兩朝獻替記》；大中吐蕃尚婢婢等事，用林恩《後史補》；韓偓鳳翔謀畫，用《金鑾密記》；平龐勛，用《彭門紀亂》；討裘甫，用《平剡録》；記畢師鐸、吕用之事，用《廣陵妖亂志》。皆本末粲然。然則雜史、瑣説、家傳，豈可盡廢也。

漢高帝祖稱豐公

《前漢書·高祖紀·贊》云：「劉氏自秦獲於魏。秦滅魏，遷大梁，都于豐。故周市説雍齒曰：『豐，故梁徙也。』是以頌高祖云：『漢帝本系，出自唐帝。降及于周，在秦作劉。涉魏而東，遂爲豐公。』豐公，蓋太上皇父。」案上六句皆韻語，不知何人作此頌，諸家注釋，大抵闕如。予自少時讀《班史》，今六七十年，何啻百遍，用朱點句，亦須十本，初不記憶高帝之祖稱豐公，比再閲之，恍然若昧平生，聊表見於此。舊書不厭百回讀，信哉。

樞密行香

唐世樞密使專以内侍爲之，與它使均稱内諸司，五代以來始參用士大夫，遂同執政。案，《實録》所載景德二年三月元德皇后忌，中書、樞密院文武百官並赴相國寺行香。初，樞密院言：「舊例國忌行香，唯樞密使、副依内諸司例不赴，恐有虧恭恪。今欲每遇大忌日，與中書門下同赴行香。」從之。樞密使副、翰林、樞密直學士並赴，自兹始也。然則樞密之同内諸司久矣。隆興以來，定朝臣四參之儀，自宰臣至于郎官、御史，皆班列殿庭拜舞，惟樞密立殿上不預，亦此意云。

船名三翼

《文選》張景陽《七命》曰：「浮三翼，戲中沚。」其事出《越絶書》，李善注頗言其略，蓋戰船也。其書云：「闔閭見子胥，問船運之備。對曰：『船名大翼、小翼、突冒、樓船、橋船。大翼者，當陵軍之車；小翼者，當陵軍之輕車。』」又，《水戰兵法内經》曰：「大翼一艘，廣一丈五尺三寸，長十丈；中翼一艘，廣一丈三尺五寸，長九丈；小翼一艘，廣一丈二尺，長五丈六尺。」大抵皆巨戰船，而昔之詩人乃以爲輕舟。梁元帝云「日華三翼舸」，又云「三翼自相追」，張正見云「三翼木蘭船」，元微之云「光陰三翼過」。其它亦鮮用之者。

東坡誨葛延之

江陰葛延之，元符間，自鄉縣不遠萬里省蘇公於儋耳，公留之一月，葛請作文之法，誨之曰：「儋州雖數百家之聚，而州人之所須，取之市而足，然不可徒得也，必有一物以攝之，然後爲己用。所謂一物者，錢是也。作文亦然，天下之事，散在經、子、史中，不可徒使，必得一物以攝之，然後爲己用。所謂一物者，意是也。不得錢不可以取物，不得意不可以用事，此作文之要也。」葛拜其言，而書諸紳。嘗以親製龜冠爲獻，公受之，而贈以詩曰：「南海神龜三千歲，兆叶朋從生慶喜。智能周物不周身，未死人鑽七十二。誰能用爾作小冠，岣嶁耳孫創其製。今君此去寧復來，欲慰相思時整視。」今集中無此詩。葛常之，延之三從弟也，嘗見其親筆。

用書雲之誤

今人以冬至日爲書雲，至用之於表啓中，雖前輩或不細考，然皆非也。《左氏傳》：「僖公五年正月辛亥朔，日南至，公既視朔，遂登觀臺以望，而書，禮也。凡分、至、啓、閉，必書雲物，爲備故也。」杜預注云：「周正月，今十一月。分，春秋分也；至，冬夏至也；

啓者，立春、立夏；閉者，立秋、立冬；雲物者，氣色災變也。」蓋四時凡八節，其禮並同。漢明帝永平二年春正月辛未，宗祀光武畢，登靈臺觀雲物，尤可爲證。而但讀《左傳》前兩三句，故遂顓以指冬至云。今太史局官，每至此八日，則爲一狀，若立春則曰風從艮位上來，春分則曰風從震位上來，它皆倣此，只是定本，元非摭實。《起居注》隨即修入，顯爲文具，蓋古之書雲意也。

張鷟譏武后濫官

武后革命，濫授人官，故張鷟爲諺以譏之曰：「補闕連車載，拾遺平斗量。杷推侍御史，椀脱校書郎。」唐《新、舊史》亦載其語，但泛言之。案，天授二年二月，以十道使所舉人石艾縣令王山輝等六十一人，並授拾遺、補闕；懷州録事參軍霍獻可等二十四人，並授侍御史，并州録事參軍徐昕等二十四人，授著作郎；内黄縣尉崔宣道等二十三人，授衛佐校書。凡百三十二人，同日而命試官，自此始也。其濫如此。《劉子玄傳》：「武后詔九品以上陳得失。子玄言：『君不虚授，臣不虚受，今羣臣無功，遭遇輒遷，至都下有車載、斗量、杷推、椀脱之諺。正爲此設。』」然只是自外官便除此四職，非所謂輒遷，子玄之言失之矣。

唐王府官猥下

唐自高宗以後，諸王府官益輕，惟開元二十三年，加榮王以下官爵，悉拜王府官屬。浸又減省，僅有一傅、一友、一長史，亦但備員，至與其府王不相見。寶曆中，瓊王府長史裴簡求具狀言：「諸王府本在宣平坊，多年摧毀，後付莊宅使收管，遂爲公局。每聖恩除授，無處禮上。王官爲衆所輕，府既不存，官同虚設，伏乞賜官宅一區。」乃詔賜延康坊宅。予因閲《九經字樣》一書，開成中唐玄度所纂，其官階云朝議郎知沔王友、充翰林待詔。沔王名恂，憲宗之子，而以書吏爲友，其餘可知。案文、武、宣、昭四宗，皆自藩王登大位，剛明果斷，爲史所稱，蓋出於天性，然非資於師友成就也。

御史風聞

御史許風聞論事，相承有此言，而不究所從來，以予考之，蓋自晉、宋以下如此。齊沈約爲御史中丞，奏彈王源曰：「風聞東海王源。」蘇冕《會要》云：「故事，御史臺無受詞訟之例，有詞狀在門，御史採狀有可彈者，即略其姓名，皆云風聞訪知。其後疾惡公方者少，遞相推倚，通狀人頗壅滯。開元十四年，始定受事御史，人知一日劾狀，遂題告事人名，乖自古風聞之義。」然則向之所行，今日之短卷是也。二字本見《尉佗傳》。

唐御史遷轉定限

唐元和中，御史中丞王播奏：「監察御史，舊例在任二十五月轉，準具員不加，今請仍舊；其殿中侍御史，舊十二月轉，具員加至十八月，今請減至十五月；侍御史，舊十月轉，加至十三月，今請減至十二月。」從之。案，唐世臺官，雖職在抨彈，然進退從違，皆出宰相，不若今之雄緊，觀其遷叙定限可知矣。國朝未改官制之前，任監察滿四年而轉殿中，又四年轉侍御，又四年解臺職，始轉司封員外郎。元豐五年以後，陞沉迥別矣。

卷十二 十三則

小學不講

古人八歲入小學，教之六書，《周官》保氏之職，實掌斯事，厥後浸廢。蕭何著法，太史試學童，諷書九千字，乃得爲吏。以六體試之，吏人上書，字或不正，輒有舉劾。劉子政父子校中祕書，自《史籀》以下凡十家，序爲小學，次於六藝之末。許叔重收集篆、籀、古文諸家之學，就隸爲訓注，謂之《説文》。蔡伯喈以經義分散，傳記交亂，訛僞相蒙，乃請刊定《五經》，備體刻石，立于太學門外，謂之《石經》。後有吕忱，又集《説文》之所漏略，著《字林》五篇以補之。唐制，國子監置書學博士，立《説文》、《石經》、《字林》之學，舉其文義，歲登下之。而考功、禮部課試貢舉，許以所習爲通，人苟趍便，不求當否。大曆十年，司業張参纂成《五經文字》，以類相從，至開成中，翰林待詔唐玄度又加《九經字樣》，補参之所不載。晉開運末，祭酒田敏合二者爲一編，並以考正俗體訛謬。今之世不復詳考，雖士大夫作字，亦不能悉如古法矣。韓子曰：「凡爲文辭，宜略識字。」又云：「阿買不識字，頗知書八分。」安有不識字而能書，蓋所謂識字者，如上所云也。

予采張氏、田氏之書，擇今人所共昧者，謾載於此，以訓子孫。本字从木，一在其下，今爲大十者非。休字象人息於木陰，加點者非。美从羊从大，今从犬从火者非。軍字古者以車戰，故軍从勹下車，後相承作軍，義無所取。看字从手，凡視物不審，則以手遮目看之，作看者非。揚州取輕揚之義，从木者非。梁从木，作粱者非。乾有干虔二音，爲字一體，今俗分別作乹字音虔，而乾音干者非。尊从酋下寸，作尊者非。奠从酋从丌，作奠者非。夷从弓从大【一】，作叓者訛。耆从旨作老，下目者訛。漆、泰、黍、黎，下並从水，相承省作小，今从小，从小者訛。決、沖、況、涼、盜並从水，作冫者訛。饑、飢二字，上穀不熟，下餓也，今多誤用。至於果、芻、韭之加草，岡加山，攜之作携，鉏作鋤，惡作悪，霸作覇，笱作笋，頿作髭，須加髟或从水，祕从禾，簡作蕑，寶从尔，趨从多，衡合从角从大而从魚，啓从又及弋，肇从文，徹从去，麤作麄，蟲作虫，墮許規反，俗作隳，又以爲惰，幡作旙，怪爲恠，關爲閞，炙从夕，間从日，功从力，兹合从二玄而作玆，升作廾，輩从北，妬从户，姦爲姧，纛从毒，吝作恡，冤上加點，鄰作隣，年从干，互作㸦，元从點，舌从千，蓋作盖，京作亰，皎从日，次从冫，鼓从皮，潛、譖、僭从替，出作二山，覺从與，游、於以方爲才，阜爲皂，曷爲曷，匹爲疋，收作収，敍作叙，臥从臣从人，而以人爲卜，改从戊己之己而以爲巳，凡作凡，允作允，館作舘，覽作覧，祭合从月从又而作祭，瞻作瞻，綵从衣，淫从壬，徧作遍，徼作僥，漾作漾，琴瑟之弦从系，輕作輕，如是者皆非也。

【一】夷从弓从大 「大」原作「夫」，據庫本、祠本改。

主臣

漢文帝問陳平決獄、錢穀，平謝曰：「主臣。」《史記》、《漢書》皆同。張晏曰：「若今人謝曰『惶恐』也。」文穎曰：「惶恐之辭，猶今言死罪也。」晉灼曰：「主，擊也。臣，服也。言其擊服，惶恐之辭。」馬融《龍虎賦》曰：「勇怯見之，莫不主臣。」正用此意。《文選》載梁任昉《奏彈曹景宗》，先叙其罪，然後繼之曰「景宗即主臣」，仍繼之曰「謹案某官臣景宗」，又《彈劉整》亦曰「整即主臣」。齊沈約《彈王源文》亦然。李善捨《史》、《漢》所書，而引王隱《晉書》庾純自劾以謂然，以主爲句，則臣當下讀，殊爲非是。不知所謂某人即主，有何義哉？

景華御苑

崔德符坐元符上書邪黨，困於崇寧。後監洛南稻田務，嘗送客於會節園，是時冬暮，梅花已開。明年春，監修大内，閹官容佐取以爲景華御苑，德符不知也。至春晚，復騎瘦馬與老兵游園内，坐梅下賦詩。其詞曰：「去年白玉花，結子深枝間。小憩藉清影，低顰啄微酸。故人不可見，春事今已闌。繞樹尋履跡，空餘土花斑。」次日，佐入園，見地上馬糞，知爲德符。是時，府官事佐如不及，而德符未嘗謁之。佐即具奏，劾以擅入御苑作踐。

有旨勒停。家素貧，傳食於諸賢之舍，久乃歸陽翟。德符没於靖康，官卑，不應立傳，予詳考本末，爲特書之，頗憶此段事，擬載於傳中，以悼君子之不幸。且知馬永卿《懶真録》中有之，而求不可得，漫紀于此。

州陞府而不爲鎮

州郡之名，莫重於府，雖節鎮不及焉，固未有稱府而不爲節度者。比年以來，陞蜀州爲崇慶府，劍州爲隆慶府，恭州爲重慶府，嘉州爲嘉定府，秀州爲嘉興府，英州爲英德府，蜀、劍既有崇慶、普安軍之額，而恭、嘉以下獨未然，故幕職官仍云某府軍事判官、推官，大與府不相稱，皆有司之失也。信陽軍一小壘耳，而司户參軍銜内帶兼節推，尤爲可笑。頃在中都時，每爲天官主者言之，云亦不必白朝廷，只本案檢舉改正申知足矣。乃曰：「久例如此。」竟相承到今。文安公嘗爲左選侍郎，是時，未知此也。

漢唐三君知子

英明之君，見其子有材者，必愛而稱之。漢高祖謂趙王如意類己，欲以易孝惠，以大臣諫而止。宣帝以淮陽王欽壯大，好經書、法律，聰達有材，數嗟嘆曰：「真我子也。」常有意欲立爲嗣，而用太子起於微細，且蚤失母，故弗忍。唐太宗以吴王恪英果類我，欲以代雉奴。其後如意爲吕母所戕，恪爲長孫無忌所害，欽陷張博之事，殆於不免。此三王行事，無由表見。然孝惠之仁弱，幾遭吕氏之覆宗；孝元之優柔不斷，權移於閹寺，漢業遂衰；高宗之庸懦，受制凶后，爲李氏禍尤慘。其不能繼述固已灼然。高祖、宣帝、太宗蓋本三子之材而言之，非專指其容貌也，可謂知子矣。彼明崇儼謂英王哲即中宗也。貌類太宗，張説謂太宗畫像雅類忠王，即肅宗也。此惟取其形似也。若以材言之，中宗之視太宗，天壤相隔矣。漢成帝所幸妾曹宫產子，曰：「我兒額上有壯髮，類孝元皇帝。」使其真是孝元，亦何足道，而況於嬰孺之狀邪。

當官營繕

元豐元年，范純粹自中書檢正官謫知徐州滕縣，一新公堂吏舍，凡百一十有六間，而寢室未治，非嫌於奉己也，曰吾力有所未暇而已。是時，新法正行，御士大夫如束濕，雖任二千石之重，而一錢粒粟，不敢輒用，否則必著册書。東坡公歎其廉【二】，適爲徐守，故爲作記。其略曰：「至於宫室，蓋有所從受，而傳之無窮，非獨以自養也。今日不治，後日之費必倍。而比年以來，所在務爲儉陋，尤諱土木營造之功，欹仄腐壞，轉以相付，不敢擅易一椽，此何義也。」是記之出，新進趨時之士，媢疾以惡之。恭覽國史，開寶二年二月詔曰：「一日必葺，昔賢之能事。如聞諸道藩鎮、郡邑公宇及倉庫，凡有隳壞，弗即繕脩，因

【二】東坡公歎其廉　「廉」原作「然」，據庫本、祠本改。

循歲時，以至頹毀，及僝工充役，則倍增勞費。自今節度、觀察、防禦、團練使、刺史、知州、通判等罷任，其治所廨舍，有無隳壞及所增修，著以爲籍，迭相符授。幕職州縣官受代，則對書於考課之曆，損壞不全者，殿一選，修葺、建置而不煩民者，加一選。」太祖創業方十年，而聖意下逮，克勤小物，一至於此。後之當官者不復留意【三】，以興仆植僵爲務，則暗於事體、不好稱人之善者，往往翻指爲妄作名色，盜隱官錢，至於使之束手諱避，忽視傾陋【四】，逮於不可柰何而後已。殊不思貪墨之吏，欲爲姦者，無施不可，何必假於營造一節乎。

【三】不復留意　「不」原作「小」，據馬本、庫本改。

【四】忽視傾陋　「視傾」原作「傾視」，今從馬本、祠本。

治曆明時

《易·革》之《彖》曰：「天地革而四時成。湯武革命，順乎天而應乎人。」魏、晉而降，凡及禪代者，必據以爲說。案漢轅固與黃生爭論湯、武於景帝前，但評受命之是非，不引《易》爲證。卦之《象》曰：「君子以治曆明時。」其義了不相涉。偃孫頗留意曆學，云按唐一行《大衍曆日度議》曰：「《顓頊曆》上元甲寅正月甲寅晨初合朔立春，七曜皆直艮維之首，湯作《殷曆》，更以十一月合朔冬至爲上元，周人因之。」此謂治曆也。至於三統之建，夏以寅爲歲首，得人統；殷以丑，爲得地統；周武王改從子，爲得天統。此謂明時也。其革命之說，劉歆作《三統曆》及《譜》，引《革·彖》「湯、武革命」，又曰「治曆明時，所以和人道也」，如是而已。其前又引《逸書》曰：「先其革命。」顔師古曰：「言王者統業，先立筭數，以命百事也。」推此而伸之，所云革命，蓋謂是耳，非論其取天下也。況大衍之用四十有九，一行以之起曆，而《革》卦之序，在《周易》正當四十九，然則專爲曆甚明。考其上句，尤極顯白，然諸儒贊《易》皆不及此，王弼亦無一言。

仕宦捷疾

唐傅遊藝以期年之中，歷衣青、緑、朱、紫，時人謂之「四時仕宦」，言其速也。國朝惟緑、緋、紫三等。而紫袍者，除武臣外，文官之制其別有六：庶僚黑角帶，佩金魚；未至侍從，而特賜帶者，爲荔枝五子，不佩魚；中書舍人、諫議、待制、權侍郎，紅鞓黑犀帶，佩魚；權尚書、御史中丞、資政、端明殿閣學士、直學士、正侍郎、給事中，金御仙花帶，不佩魚，謂之横金；翰林學士以上正尚書，御仙帶，佩魚，謂之重金；執政官宰相，方團毬文帶，俗謂之笏頭者是也。其叙如此。若猛進躐得者則不然。紹興中，宋樸自侍御史遷中丞，施鉅自中書檢正、鄭仲熊自右正言，並遷權侍郎，三人皆受告日易服，以正謝日拜執政。樸、鉅以緋，仲熊以緑，服紫之次日，而賜毬文帶。蓋侍從以下，俟正謝乃易帶，而執政命才下，即遣中使齎賜，遂服之而赴都堂供職，可謂捷疾矣。若李綱則又異於是，宣和七年十二月二十九日，自太常少卿除兵部侍郎，未謝間，靖康元年正月四日，胡騎將至京城，綱以邊事求見。宰執奏事未退，綱語知閤門事朱孝莊曰：「有急切公事，欲與宰執廷辯。」孝莊曰：「舊例，未有宰執未退而從官求對者。」綱曰：「此何時，而用例邪？」孝莊即具奏。詔引綱立於執政之末。時宰執議欲奉鑾輿出狩襄、鄧，綱請固守，上曰：「誰可將者？」綱曰：「願以死報，第人微官卑，恐不足以鎮服士卒。」白時中乞以爲禮部尚書，綱曰：「亦只是侍從。」即命除尚書右丞。綱曰：「臣未正謝，猶衣緑，非所以示中外。」即面賜袍帶并笏，綱服之以謝，且言：「方時艱難，臣不敢辭。」此爲不經緋紫而極其服章，未之有也。

詞臣益輕

治平以前，謂翰林學士及知制誥爲兩制，自翰林罷補外者，得端明殿學士，謂之換職。熙寧之後，乃始爲龍圖，紹興以來愈不及矣。脩起居注者序遷知制誥，其次及辭不爲者，乃爲待制，趙康靖、馮文簡、曾魯公、司馬公、吕正獻公是也。學士闕，則次補，或爲宰相所不樂者，猶得侍讀學士，劉原甫是也。在職未久而外除者，爲樞密直學士，韓魏公是也；亦爲龍圖直學士，歐陽公是也。後來褒擢者，僅得待制，王時亨是也。餘以善去者，集英脩撰而止耳。

夏英公好處

夏英公既失時譽，且以慶曆《聖德頌》之故，不正之名愈彰，然固自有好處。夏羌之叛，英公爲四路經略安撫招討使，韓魏公副之。賊犯山外，韓公令大將任福自懷遠城趨得勝寨，出賊後，如未可戰，即據險置伏，要其歸，戒之至再。又移檄申約，苟違節度，雖有功亦斬。福竟爲賊誘，没于好水川，朝論歸咎於韓。英公使人收散兵，得韓檄於福衣帶間，言罪不在韓，故但奪一官。英公此事賢矣，而後來士大夫未必知也。予是以表出之。

祖宗用人

祖宗用人，進退遲速，不執一端，苟其材可任，則超資越級，曾不少靳，非拘拘於愛惜名器也。宋琪自員外郎以正月擢拜諫議大夫，三月參知政事。太宗將用李昉，時昉官工部尚書，七月特遷琪刑書，遂並命爲相。而琪居昉上，自外郎歲中至此。石熙載以太平興國四年正月，自右補闕今朝奉郎。爲兵部員外郎、今朝請郎。樞密直學士，才七日，簽書院事，四月拜給事中，今通議大夫。爲副樞，十月遷刑部侍郎，今正議。六年遷户部尚書，今銀青光禄。爲使，八年罷爲右僕射，今特進。從初至此五歲，用今時階秩言之，乃是朝奉郎而爲特進也。當日職名，唯有密直多從庶僚得之，旋即大用。張齊賢、王沔皆自補闕、直史館，遷郎中，充學士，越半歲並遷諫議、簽樞。温仲舒、寇準皆自正言，今承議郎。直館，遷郎中，充職二年，並爲樞密副使。向敏中自工部郎中以本官充職，越三月同知密院。錢若水自同州推官入直史館，踰年擢知制誥，二年除翰林學士，遂以諫議同知密院，首尾五年。

至道九老

李文正公罷相後，只居京師，以司空致仕。至道元年，年七十一矣，思白樂天洛中九老之會。適交游中有此數，曰太子中允張好問，年八十五；太常少卿李運，年八十；故相吏部尚書宋琪，廬州節度副使武允成，皆七十九；吴僧贊寧，年七十八；郢州刺史魏丕，年七十六；左諫議大夫楊徽之，年七十五；水部郎中朱昂與昉，皆七十一。欲繼其事爲宴集，會蜀寇起而罷。其中兩宰相乃著一僧，唐世及元豐耆英所無也。次年，李公即世，此事竟不成。耋老康寧，相與燕嬉於升平之世，而雅懷弗遂，造物豈亦吝此耶。

李文正兩罷相

宰相拜罷，恩典重輕，詞臣受旨者，得以高下其手。李文正公昉【五】，太平興國八年，以工部尚書爲集賢、史館相。端拱元年，爲布衣翟馬周所訟。太宗召學士賈黄中草制，罷爲右僕射，令詔書切責。黄中言：「僕射百寮師長，今自工書拜，乃爲殊遷，非黜責之義。

【五】李文正公昉　「文」原脱，據明抄本補。

若以均勞逸爲辭，斯爲得體。」上然之，其詞略云：「端揆崇資，非賢不授。昉素高問望，久展謨猷，謙和秉君子之風，純懿擅吉人之美。輟從三事，總彼六卿，用資鎮俗之清規，式表尊賢之茂典。」其美如此。淳化二年，復歸舊廳。四年又罷，優加左僕射，學士張洎言：「近者霖霪百餘日，昉職在燮和陰陽，不能決意引退。僕射之重，右減於左，位望不侔，因而授之，何以示勸。」上批洎奏尾，止令罷守本官。洎遂草制峻詆，腦詞云：「燮和陰陽，輔相天地，此宰相之任也。苟或依違在位，啓沃無聞，雖居廊廟之崇，莫著彌綸之効。宜敷朝旨，用罷鼎司。昉自處機衡，曾無規畫。擁化源而滋久，孤物望以何深。俾長中臺，尚爲優渥。可依前尚書右僕射，罷知政事。」歷考前後制麻，只言可某官，其云罷知政事者，洎創增之也。國史昉傳云：「昉厚善洎，及昉罷，洎草制乃如此。」紹興二十九年，沈該罷制，學士周麟之於結句後，添入可罷尚書左僕射同平章事，蓋用此云。

卷十三 二十四則

科舉之弊不可革

法禁益煩，姦僞滋熾，唯科場最然，其尤者莫如銓試。代筆有禁也，禁之愈急，則代之者獲賂謝愈多。其不幸而敗者百無一二，正使得之，元未嘗致法。吏部長貳簾試之制，非不善也，而文具兒戲，抑又甚焉。議論奉公之臣【一】，朝夕建明，然此風如決流偃草，未嘗少革。或以謂失於任法而不任人之故。殊不思所任之人，渠肯一意向方，見惡輒取，於事無益，而禍謗先集于厥身矣。開寶中，太子賓客邊光範掌選，太廟齋郎李宗訥赴吏部銓【二】，光範見其年少，意未能屬辭，語之曰：「苟援筆成六韻，雖不試書判，可入等矣。」宗訥曰：「非唯學詩，亦嘗留心詞賦。」即試詩賦二首，數刻而就，甚嘉賞之。翌日，擬授祕書省正字。今之世寧復有是哉。

宰執子弟廷試

太宗朝，呂文穆公蒙正之弟蒙亨舉進士，禮部高等薦名。既廷試，與李文正公昉之子

校勘記

【一】議論奉公之臣　「之」原脫，據明抄本補。

【二】太廟齋郎李宗訥赴吏部銓　清抄本原校：「訥」一作「納」。

宗諤，並以父兄在中書罷之。國史《許仲宣傳》云，仲宣子待問，雍熙二年舉進士，與李宗諤、吕蒙亨、王扶並預廷試。宗諤即宰相昉之子，蒙亨參知政事蒙正之弟，扶鹽鐵使明之子。上曰：「斯並勢家，與孤寒競進，縱以藝升，人亦謂朕有私也。」皆下第，正此事也。仲宣時爲度支使。仁宗朝，韓忠憲公億爲參知政事，子維以進士奏名禮部，不肯試大廷，受蔭入官。唐質肅公介參政，子義問鎖廳試禮部，用舉者召試祕閣，介引嫌罷之。舊制嚴於宰執子弟如此，與夫秦益公柄國，而子熺、孫塤皆於省殿試輒冠多士者異矣。

國初救弊

國朝削併僭僞，救民水火之中，然亦有因仍舊弊，未暇更張者，故須賴於賢士大夫昌言之。江左初平，太宗選張齊賢爲江南西路轉運使，諭以民間不便事，令一一條奏。先是諸州罪人多錮送闕下，緣路非理而死者，常十五六。齊賢至蘄州，見南劍州吏送罪人者，索得州帖視之。二人皆逢販私鹽者，爲荷鹽籠得鹽二斤，又六人皆嘗見販鹽而不告者，並黥決傳送，而五人已死于路。江州司理院自正月至二月，經過寄禁罪人，計三百二十四人。建州民二人，本田家客户，嘗於主家塘内，以錐刺得魚一斤半，並杖脊、黥面，送闕下。齊賢上言：「乞俟至京，擇官慮問，如顯有負屈者，本州官吏量加懲罰，自今只令發遣正身。」及虔州，送三囚，嘗市得牛肉，并家屬十二人悉詣闕，而殺牛賊不獲，齊賢憫之，即遣其妻子還。自是江南送罪人者減太半。是皆相循習所致也。齊賢改爲，其利民如此。齊賢以太平興國二年方登科，六年爲使者，八年還朝，由密學拜執政，可謂迅用也。

房玄齡名字

《舊唐書》目録書房元齡，而本傳云房喬字玄齡，《新唐書》列傳房玄齡字喬，而《宰相世系表》玄齡字喬松，三者不同。趙明誠《金石録》得其神道碑，褚遂良書，名字與《新史》傳同。予記先公自燕還，有房碑一册，于志寧撰，乃玄齡字喬松，本欽宗在東宫時所藏，其後猶有一印，曰「伯志西齋」，今亦不存矣。

二朱詩詞

朱載上，舒州桐城人，爲黄州教授。有詩云：「官閑無一事，胡蝶飛上階。」東坡公見之，稱賞再三，遂爲知己。中書舍人新仲翌【三】，其次子也，有家學，十八歲時戲作小詞，所謂「流水泠泠，斷橋斜路梅枝亞」者。朱希真見而書諸扇，今人遂以爲希真所作。又有摺疊扇詞云：「宫紗蜂趕梅，寶扇鸞開翅。數摺聚清風，一捻生秋意。摇摇雲母輕，裊裊瓊枝細。莫解玉連環，怕作飛花墜。」公親書稿固存，亦因張安國書扇，而載於《于湖集》中。其詠五月菊詞云：「玉臺金盞對炎光，全似去年香。有色莊嚴端午，不應忘却重陽。

【三】中書舍人新仲翌 「翌」原脱，據明抄本補。

菖蒲九節，金英菊把，同泛瑶觴。舊日東籬陶令，北窗正傲羲皇。」淵明於五六月高卧北窗之下，清風颯至【四】，自謂羲皇上人。用此事於五月菊，詩家嘆其精切云。

金剛經四句偈

今世所行《金剛經》，用姚秦鳩摩羅什所譯，其四句偈曰：「一切有爲法，如夢幻泡影，如露亦如電，應作如是觀。」又曰：「若以色見我，以音聲求我，是人行邪道，不能見如來。」予博觀它本，頗有不同。元魏天竺三藏菩提流支譯云：「一切有爲法，如星翳燈幻。露泡夢電雲，應作如是觀。」而「不能見如來」之下更有四句云：「彼如來妙體，即法身諸佛。法體不可見，彼識不能知。」陳天竺三藏真諦譯云：「如如不動，恒有正説。應觀有爲法，如暗翳燈幻，露泡夢電雲。若以色見我，以音聲求我，是人行邪道，不應得見我。由法應見佛，調御法爲身。此法非識境，法如深難見。」唐三藏玄奘譯云：「諸和合所爲，如星翳燈幻。露泡夢電雲，應作如是觀。諸以色見我，以音聲尋我，彼生履邪斷，不能當見我。應觀佛法性，即導師法身。法性非所識，故彼不能了。」唐沙門義净譯前四句，與魏菩提本同，而後云：「若以色見我，以音聲求我，是人起邪觀，不能當見我。」後四句與玄奘本同。予案，今人稱六如，東坡以名堂者，謂夢、幻、泡、影、露、電也。而此四譯，乃知有九如。《大般若經》第八會《世尊頌》，第九會《能斷金剛》分二頌，亦與玄奘所譯同。

【四】清風颯至　「清」原爲空格，據明抄本補。

四蓮華之名

嗢鉢摩華，青蓮華也；鉢特摩華，亦云波頭摩，赤蓮華也；拘毋陁華，亦云俱物頭，亦云俱牟陁，紅蓮也；奔荼利華，亦云芬陁利，白蓮也。堵羅綿，柳絮之類，即兜羅綿也。

黑法白法

安立黑法，感黑異熟，所謂地獄傍生鬼界。安立白法，感白異熟，听謂人天。安立黑白法，感黑白異熟，所謂一分傍生鬼界及一分人。安立非黑非白法，感非黑非白異熟，所謂預留果，或一來果，或不還果。

多心經偈

《多心經》偈曰：「揭帝揭帝，波羅揭帝，波羅僧揭諦，菩提薩摩訶。」又有《大明呪經》，鳩羅什所譯，曰：「竭帝竭帝，波羅竭帝。彼羅僧竭帝，菩提僧莎呵。」

天宫寶樹

「行行相值，莖莖相望。枝枝相准，葉葉相向。華華相順，實實相當。」此《無量壽經》

所言天宫寶樹，非塵世所有也。

白分黑分

月盈至滿，謂之白分；月虧至晦，謂之黑分。白前黑後合爲一月。又曰：日隨月後行，至十五日覆月都盡【五】，是名黑半；日在月前行，至十五日具足圓滿，是名白半。

月雙閏雙

十五夜爲半月，兩半月爲一月，三月爲一時，兩時爲一行，兩行爲一年【六】，二年半爲一雙。此由閏，故以閏月兼本月，此謂月雙，非閏雙也，以五年再閏爲閏雙。

踰繕那一由旬

數量之稱，謂踰繕那，四十里也。《毗曇論》四肘爲一弓，五百弓爲一拘盧舍，八拘盧舍爲一由旬，一弓長八尺，五百弓長四百丈，一拘盧舍有二里，十六里爲一由旬。

七極微塵

七極微塵成一阿耨池上塵，七阿耨塵爲銅上塵，七銅上塵爲水上塵，七水上塵爲兔毫

【五】至十五日覆月都盡　祠本原校：「盡」一作「虧」。

【六】兩行爲一年　「年」原作「季」。李本原作「季」，校改「年」。馬本、祠本作「年」，今據改。

上塵，七兔毫上塵爲一羊毛上塵，七羊毛上塵爲一牛毛上塵，七牛毛上塵成一嚮遊塵，七嚮遊塵成一蟣，七蟣成一虱，七虱成一穬麥，七穬麥爲一指，二十四指爲一肘，四肘爲一弓。

宰相贈本生父母官

封贈先世，自晉、宋以來有之，迨唐始備，然率不過一代，其恩延及祖廟者絶鮮，亦未嘗至極品。郭汾陽二十四考中書令，而其父贈止太保；權德輿位宰相，其祖贈止郎中。唐末、五季，宰輔貴臣，始追榮三代，國朝因之。李文正公昉本工部郎中超之子，出繼從叔紹【七】。昉再入相，表其事求贈所生父、祖官封，詔贈祖温太子太保，祖母權氏莒國太夫人，父超太子太師，母謝氏鄭國太夫人。可謂異數，後不聞繼之者。

執政贈三代不同

文臣封贈三代，自初除執政外，凡轉廳皆不再該，唯知樞密院及拜相乃復得之。然舊法又不如是。歐陽公作程文簡公琳父神道碑，歷叙恩典曰：「琳參知政事，贈爲太子少師。在政事遷左丞，係轉一官。又贈太子太師。罷爲資政殿學士，又贈太師、中書令。爲宣徽北院使，又贈兼尚書令。」則是轉官與罷政亦褒贈，而自宫師得太師中令，更爲超越。

【七】出繼從叔紹　「紹」原作「沼」，據李本、馬本、庫本改。

它或不然。

唐孫處約事

《新唐書·來濟傳》云：「初，濟與高智周、郝處俊、孫處約客宣城石仲覽家，仲覽衍於財，有器識，待四人甚厚，私相與言志。處俊曰：『願宰天下。』濟及智周亦然。處約曰：『宰相或不可冀，願爲通事舍人足矣。』後濟領吏部，處約始以瀛州書佐入調，濟遽注曰：『如志。』遂以爲通事舍人。後皆至公輔。」《高智周傳》云：「智周始與郝處俊、來濟、孫處約共依江都石仲覽。仲覽傾産結四人驩，因請各語所期。處俊曰：『丈夫惟無仕，仕至宰相乃可。』智周、濟如之。處約曰：『得爲舍人，在殿中周旋吐納可也。』後濟居吏部，處約以瀛州參軍入調，濟曰：『如志。』擬通事舍人。畢，降階勞問平生。」案兩《傳》相去才一卷，不應重複如此，可謂冗長。本出韓琬所撰《御史臺記》，而所載自不實。《處約傳》：「貞觀中，爲齊王祐記室，祐多過失，數上書切諫。王誅，太宗得其書，擢中書舍人。」是歲十七年癸卯，來濟次年亦爲中書舍人，永徽三年拜相，六年檢校吏部尚書，是歲丁巳，去癸卯首尾十五歲。若如兩《傳》所書，大爲不合，韓琬之説誠謬，史氏又失於不考。仲覽鄉里，一以爲宣城，一以爲江都，豈宣城人而家於廣陵也？

夏侯勝京房兩傳

《漢書·儒林傳》，欲詳記經學師承，故序列唯謹，然夏侯勝、京房又自有傳。《儒林》云：「勝其先夏侯都尉，以《尚書》傳族子始昌，始昌傳勝，勝又事同郡簡卿。傳兄子建，建又事歐陽高。」而本傳又云：「從始昌受《尚書》，後事簡卿，又從歐陽氏。從子建，師事勝及歐陽高。」《儒林》言：「房受《易》梁人焦延壽。以明災異得幸，爲石顯所譖，誅。」凡百餘字。而本傳又云：「治《易》，事梁人焦延壽。其説長於災變，房用之尤精。爲石顯告非謗政治，誅。」此兩者，近於重複也。若其它張禹、彭宣、王駿、倪寬、龔勝、鮑宣、周堪、孔光、李尋、韋賢、玄成、薛廣德、師丹、王吉、蔡誼、董仲舒、眭孟、貢禹、疏廣、馬宫、翟方進諸人，但志姓名及所師耳。

漢人坐語言獲罪

漢昭帝時，有大石自立，僵柳復起。眭孟上書，言：「有從匹夫爲天子，宜求索賢人，禪以帝位，而退自封百里。」霍光惡之，論以祅言惑衆，伏誅。案，孟之妄發，其死宜矣。宣帝信任宦官，蓋寬饒奏封事，言：「五帝官天下，三王家天下。家以傳子，官以傳賢。」執金吾議以指意欲求禪，亦坐死。考其所引，亦不爲無罪。楊惲之報孫會宗書，初無甚怨怒之語，其詩曰：「田彼南山，蕪穢不治。種一頃豆，落而爲萁。」張晏釋以爲言朝廷荒亂，百官諂諛。可謂穿鑿。而廷尉當以大逆無道，刑及妻子。予熟味其詞，獨有所謂「君父至尊親，送其終也，有時而既」，蓋宣帝惡其君喪送終之喻耳。莊助論汲黯輔少主守成，武帝不怒，實係於一時禍福云。賈誼、劉向談説痛切無忌諱，文、成二帝未嘗問焉，《隨筆》紀之矣。

樞密書史

景德四年，命宰臣王旦監修兩朝正史，知樞密院王欽若、陳堯叟，參知政事趙安仁並修國史。後來執政入樞府，皆不得提舉修書，非故事也。

知州轉運使爲通判

今世士大夫，既貴不可復賤。淳化中，北戎入寇，以殿前都虞候曹璨知定州，時趙安易官宗正少卿，已知州，遂就徙通判。同時有羅延吉者，既知彭、祁、絳三州，而除通判廣州，滕中正知興元府而通判河南。袁郭知楚、鄆二州，會秦王廷美遷置房州，詔崇儀副使閻彦進知州，而以郭通判州事。范正辭既知戎、淄二州，而通判棣、深。又陳若拙歷知單州、殿中侍御史、西川轉運使，召歸，會李至守洛都，表爲通判；久之，柴禹錫鎮涇州，復表爲通判。連下遷而皆非貶降，近不復有矣。

范正辭治饒州

范正辭太平興國中，以饒州多滯訟，選知州事，至則宿繫皆決遣之，胥史坐淹獄停職者六十三人。會詔令科州兵送京，有王興者，懷土憚行，以刃故傷其足，正辭斬之。興妻上訴，太宗召見，正辭庭辯其事。正辭曰：「東南諸郡，饒實繁盛，人心易動，興敢扇搖。苟失控馭，則臣無待罪之地矣。」上壯其敢斷，特遷官，充江南轉運副使。饒州民甘紹者，爲羣盜所掠，州捕繫十四人，獄具將死。正辭案部至，引問之，囚皆泣下。察其非實，命徙他所訊鞫。既而民有告盜所在者，正辭潛召監軍掩捕之。盜覺遁去，正辭即單騎出郭二十里追及之。賊控弦持矟來逼，正辭大呼，以鞭擊之，中賊雙目，仆之。餘賊渡江散走。被傷者尚有餘息，旁得所棄贓，按其姦狀伏法，十四人皆得釋。此吾鄉里事，而郡人多不聞之。

榮王藏書

濮安懿王之子宗綽【八】，蓄書七萬卷。始與英宗偕學于邸，每得異書，必轉以相付。宗綽家本有《岳陽記》者，皆所賜也。此國史本傳所載。宣和中，其子淮安郡王仲糜進目

【八】濮安懿王之子宗綽　「濮安」原作「濮王」，據李本改。

録三卷，忠宣公在燕得其中秩，云：「除監本外，寫本、印本書籍計二萬二千八百三十六卷。」觀一秩之目如是，所謂七萬卷者爲不誣矣。三舘祕府所未有也，盛哉。

秦杜八六子

秦少游《八六子》詞云：「片片飛花弄晚，濛濛殘雨籠晴。正銷凝，黄鸝又啼數聲」語句清峭，爲名流推激。予家舊有建本《蘭畹曲集》，載杜牧之一詞，但記其末句云：「正銷魂，梧桐又移翠陰。」秦公蓋効之，似差不及也。

卷十四 十四則

祖宗親小事

太宗朝，吕端自諫議大夫、開封判官左遷衛尉少卿。時羣官有負宿譴者，率寘散秩，會置考課院，每引對，多泣涕，以不免飢寒爲請。至端，即前奏曰：「臣罪大而幸深，苟得潁州副使，臣之願也。」上曰：「朕自知卿。」無何，復舊官。踰月，拜參知政事。上留意金穀之務，一日盡召三司吏李溥等對於崇政殿，詢以計司利害，溥等願給筆札，於是二十七人共上七十一事。詔以四十四事付有司奉行，十九事下鹽鐵使陳恕等，議其可否，遣知雜御史監議，賜溥等白金緡錢，悉補侍禁、殿直，領其職。謂宰相曰：「溥等條奏事，亦頗有所長。朕嘗語恕等，若文章稽古，此輩固不可望卿，錢穀利病，彼自幼至長寢處其中，必周知根本。卿但假以顏色，引令剖陳，必有所益。」恕不肯降意詢問，旋以職事曠廢，上召而責之，始頓首謝。王賓以供奉官充亳州監軍，妻極妬悍。時監軍不許挈家至任所，妻擅至亳州，賓具以白上。上召見其妻詰責，俾衛士交捽之，杖一百，配爲忠靖卒妻，一夕死。陳州民張矩，殺里中王裕家兩人，知州田錫未嘗慮問，又詣闕訴冤。遣二朝士鞫之，皆云：

「非矩所殺。」裕家冤甚，其子福應募爲軍，因得見，曰：「臣非欲隸軍，蓋家冤求訴耳。」太宗怒，付御史府治之，寘矩于法，二朝士皆坐貶，錫泊通判郭渭，謫爲海、郢州團練副使。饒州卒妻訴理夫死，至召知州范正辭庭辯。且夫引見散秩庶僚，而容其各各有請，三司胥吏而引對正殿，命以官爵，聽其所陳；一州都監而得自上奏，至召其妻責辱之；一卒應募而得入見，遂伸家冤，爲貶責吏。萬幾如是，安得不理。今之言典故者，蓋未能盡云。

王居正封駮

紹興五六年間，王居正爲給事中，時王繼先方以醫進，中旨以其壻添監浙江稅務，録黄過門下，居正封還。高宗批三省將上，及二相進呈，聖訓云：「卿等亦嘗用醫者否？」對曰：「皆用之。」曰：「所酬如何？」曰：「或與酒，或與錢，或與縑帛，隨大小効驗以答其勞。」上曰：「然則朕宫中用醫，反不得酬謝邪。文字未欲再付出，可以喻居正使之書讀。」丞相退，即語居正曰：「聖意如此，是事亦甚小，給事不必固執。」居正唯唯，遂請對，上語如前，而玉色頗厲。居正對曰：「臣庶之家，待此輩與朝廷有異，量功隨力，各致陳謝之禮。若朝廷則不然，繼先之徒，以技術庸流，享官榮，受禄俸，果爲何事哉。一或失職，重則有刑，輕則斥逐。使其應奉有効，僅能塞責而已，想金帛之賜，固自不少。至於無故增創員闕，誠爲未善，臣不願陛下輒起此門。」上悟曰：「卿言是也。」即日下其奏，前降旨揮更不施行。居正之直諒有守，高宗之聽言納諫，史録中恐不備載，故敬書之。邁頃聞之於張九成。

王元之論官冗

省官之説，昔人論之多矣，唯王元之兩疏，最爲切當。其一云：「臣舊知蘇州長洲縣，自錢氏納土以來，朝廷命官，七年無縣尉，使主簿兼領之，未嘗闕事。三年增置尉，未嘗立一功。以臣詳之，天下大率如是。誠能省官三千員，減俸數千萬，以供邊備，寬民賦，亦大利也。」其二云：「開寶中，設官至少，臣占籍濟上，未及第時，止有刺史一人，李謙溥是也，司户一人，孫賁是也。近及一年，朝廷别不除吏。自後有團練推官一人，畢士安是也。太平興國中，臣及第歸鄉，有刺史、通判、副使、判官、推官、監軍，監酒榷税筭又增四員，曹官之外更益司理。問其租税，減於曩日也，問其人民，逃於昔時也，一州既爾，天下可知。冗兵耗于上，冗吏耗于下，此所以盡取山澤之利而不能足也。」觀此二説，以今言之，何止於可爲長太息哉。

梁狀元八十二歲

陳正敏《遯齋閑覽》：「梁灝八十二歲，雍熙二年狀元及第。其謝啓云：『白首窮經，少伏生之八歲；青雲得路，多太公之二年。』後終祕書監，卒年九十餘。」此語既著，士大夫亦以爲口實。予以國史考之，梁公字太素，雍熙二年廷試甲科，景德元年以翰林學士知開封府，暴疾卒，年四十二。子固亦進士甲科，至直史館，卒年三十三。史臣謂：「梁方當委遇，中途夭謝。」又云：「梁之秀穎，中道而摧。」明白如此，《遯齋》之妄不待攻也。

太宗恤民

曾致堯爲兩浙轉運使，嘗上言：「去歲所部秋租，惟湖州一郡督納及期，而蘇、常、潤三州，悉有逋負，請各按賞罰。」太宗以江、淮頻年水災，蘇、常特甚，致堯所言，刻薄不可行，因詔戒之，使倍加安撫，勿得騷擾。是事必已編入《三朝寶訓》中，此國史本傳所載也。

潘游洪沈

紹興十三年，勑令所進書删定官五員，皆自選人改秩。潘良能季成、游操存誠、沈介德和、伯兄景伯，皆拜祕書省正字，張表臣正民以無出身，除司農丞，四正字同日赴館供職。少監秦伯陽於會食之次，謂坐客言，一旦增四同舍，而姓皆從水傍，熺有一句，願諸君爲對之，以成三館異日佳話。即云：「潘、游、洪、沈泛瀛洲。」坐客合詞賞歎，竟無有能對者。予因記《筆談》所載，元厚之絳少時，曾夢人告之曰：「異日當爲翰林學士，須兄弟數人同在禁林。」厚之自思素無兄弟，疑爲不然。及熙寧中，除學士，同時相先後入院者，韓維持國、陳繹和叔、鄧綰文約、楊繪元素，名皆從糸，始悟兄弟之説。欲用「絳、繹、繪、維綰綸綍」爲對，然未暇考之史録，歲月果同否也？

舞鷗游蜻

戰國時，諸子百家之書，所載絶有同者。《列子·黄帝篇》云：「海上之人有好漚音鷗。鳥者，每旦之海上從漚鳥游，漚鳥之至者百數而不止。其父曰：『吾聞漚鳥皆從汝游，汝取來吾玩之。』明日之海上，漚鳥舞而不下也。」《吕覽·精喻篇》云：「海上人有好蜻蜻蜓也。者，每朝居海上，從蜻游，蜻之至者百數而不止，前後左右盡蜻也，終日玩之而不去。其父告之曰：『聞蜻皆從汝居，取而來，吾將玩之。』明日之海上，蜻無至者矣。」此二説如出一手也。

郎中用資序

國朝官制既行，除用職事官，不問資序高下，但隨階品，而加行、守，試以賦禄，郎中、員外郎亦自爲兩等，頗因履歷而授之。後來相承，必欲已關陞知州資序者爲郎中，於是拜員外郎者具改官後實歷歲月申吏部，不以若干任，但通理細滿八考則陞知州，乃正作郎中，别命詞給告。頃嘗有旨，初除郎官者，雖資歷已高，且爲員外，候吏部再申，然後陞作郎中。近歲掌故失之，故李大性自浙東提刑除吏部，時佐自大理正除刑部，徐閎自太府丞除都官，岳震自將作少監除度支，其告内即云郎中，與元旨揮戾矣。

臺諫分職

臺、諫不相見，已書於《續筆》中，其分職不同，各自有故實。元豐中，趙彦若爲諫議大夫，論大臣不以道德承聖化，而專任小數，與羣有司校計短長，失具瞻體。因言門下侍郎章子厚、左丞王安禮不宜處位。神宗以彦若侵御史論事，左轉祕書監。蓋許其論議，而責其彈擊爲非也。元祐初，孫覺爲諫議大夫。是時諫官、御史論事有分限，毋得越職。覺請申《唐六典》及天禧詔書。凡發令造事之未便【一】，皆得奏陳，然國史所載，御史掌糾察官邪，肅正綱紀，諫官掌規諫諷諭，凡朝政闕失，大臣至百官，任非其人，三省至百司，事有失當，皆得諫正。則蓋許之矣。唐人朝制，大率重諫官而薄御史，中丞温造道遇左補闕李虞，恚不避，捕從者笞辱。左拾遺舒元褒等建言：「故事，供奉官惟宰相外無屈避，造棄蔑典禮，辱天子侍臣。遺、補雖卑，侍臣也，中丞雖高，法吏也。侍臣見陵，法吏自恣，請得論罪。」乃詔臺官、供奉官共道路，聽先後行，相值則揖。然則居此二雄職者【二】，在唐日

【一】凡發令造事之未便　「令造」原作「造令」，據明抄本改。

【二】居此二雄職者　「職」原作「識」，據明抄本、馬本改。

了不相謀云。

貞元朝士

劉禹錫《聽舊宮人穆氏唱歌》一詩云：「曾陪織女度天河，記得雲間第一歌。休唱貞元供奉曲，當時朝士已無多。」劉在貞元任郎官、御史，後二紀方再入朝，故有是語。汪藻始采用之，其《宣州謝上表》云：「新建武之官儀，不圖重見；數貞元之朝士，今已無多。」汪在宣和間爲館職符寶郎，是時紹興十三四年中，其用事可謂精切。邁嘗四用之，《謝侍講修史表》云：「下建武之詔書，正爾恢張於治具；數貞元之朝士，獨憐留落之孤蹤。」以德壽慶典，曾任兩省官者遷秩，蒙轉通奉大夫，謝表云：「供奉當時，敢齒貞元之朝士；頌歌大業，願賡至德之中興。」充永思陵橋道頓遞使，轉宣奉大夫，謝表云：「武德文階，愧三品維新之澤；貞元朝士，動一時既往之悲。」主上即位，明堂禮成，謝加恩云：「考皇祐明堂之故，操以舉行；念貞元朝士之存，今其餘幾。」亦各隨事引用。近者，單夔以知紹興府進華文閣直學士，謝表云：「數甘泉法從之舊，真貞元朝士之餘。」夔當淳熙中雖爲侍郎，然一朝名臣尚多，又距今才十餘歲，似爲未穩貼也。

表章用兩臣字對

表章自叙以兩「臣」字對説，由東坡至汪浮溪多用之。然須要審度君臣之間情義厚薄，及姓名眷顧於君前如何，乃爲合宜。坡《湖州謝表》云：「知臣愚不適時，難以追陪新進；察臣老不生事，或能牧養小民。」《登州表》云：「於其黨而觀過，謂臣或出於愛君；就所短以求長，知臣稍習於治郡。」《侍讀謝表》云：「謂臣雖無大過人之才，知臣粗有不欺君之實，欲使朝夕，與於討論。」《潁州表》云：「意其忠義許國，故暫召還；察其老病畏人，復許補外。」汪《謝徽州》云：「謂臣不改歲寒，故起之散地；察臣素推月旦，故付以本州。」爲《陸藻謝給事中》云：「知臣椎鈍無他，故長奉賢王之學；憫臣踐揚滋久，故亟陞法從之班。」爲《汪樞密謝子自虜中歸不令入城降詔獎諭表》云：「知臣齒髪已凋，常恐鄧攸之無後；憐臣肺肝可見，有如去病之辭家。」凡此所言，皆可自表於君前者。近年劉夢得《代竇羣容州表》，有「察臣前任事實，恕臣本性朴愚」之句，坡公蓋本諸此。近年後生假倩作文，不識事體，至其碌碌常流，乍得一壘，亦輒云知臣察臣之類，真可笑也。

劉夢得謝上表

郡守謝上表，首必云：「伏奉告命授臣某州，已於某月某日到任上訖。」然後入詞。

獨劉夢得數表不然，《和州》者曰：「伏奉去年六月二十五日制書，授臣使持節和州諸軍事，守和州刺史。臣自理巴、賓，不聞善最，恩私忽降，慶抃失容。臣某中謝。伏惟皇帝陛下丕承寶祚，光闡鴻猷，有漢武天人之姿，稟周成睿哲之德。發言合古【三】，舉意通神。委用得人，動植咸悦。理平之速，從古無倫。微臣何幸，獲覩昌運。臣業在辭學，早歲策名。德宗尚文，擢爲御史。出入中外，歷事五朝；累承恩光，三换符竹。分憂之寄，禄秩非輕，而素蓄所長，効用無日。臣聞一物失所，前王軫懷，今逢聖朝，豈患無位。臣即以今月二十六日到所任上訖。伏以地在江、淮，俗參吴、楚，災旱之後，綏撫誠難。謹當奉宣皇風，慰彼黎庶，久於其道，冀使知方。伏乞聖慈俯賜昭鑒。」首尾叙述，皆與他人表不同。其《夔州》、《汝州》、《同州》、《蘇州》諸篇一體。邁長子梓常稱誦之。及爲太平州，遂擬其體，代作一表。其詞云：「臣邁言：伏奉今年九月十七日制書，授臣知太平州者。一麾出守，方切兢危，三命滋共，弗容控避。仰皇天之大造，扣丹地以何言。中謝。恭惟皇帝陛下叡知有臨，神武不殺，慕舜之孝，見堯於牆，德冠古今而獨尊，仁並清寧而偏覆。明見萬里，將大混於車書；子來庶民，更精求於岳牧。臣家本儒素，時無令名。濫竽宏博之科，説駕清華之地。瀛山抱槧，郎省握蘭。在紹興之季年，污記注於右史。龍飛應運，鳳歷紀祥。不遺細微，兼取愚頓。遂以詞賦之職，獲侍清閒之歡。雖宿命應仙，許暫來於天上；而塵心未斷，旋即墮於人間。一去十八年之中，三叨二千石之寄。末繇金華郡，

【三】發言合古　「合」原作「今」，據馬本、庫本、祠本改。按，《劉禹錫集》作「合」。

還紬石室書。從珍臺閒館之游，勸廣厦細旃之講。真拜學士，號名私人。受九重知己之殊，極三入承明之幸。使與大議，不專斯文。而臣弱羽不足以當雄風，蹇步不足以勝重任。上恩惜其終棄，左符寵其餘生。李廣數奇，徒羨侯於校尉；汲黯妄發，敢歎薄於淮陽。臣即以今月二十八日到任上訖。伏以郡在江東，昔稱道院；地鄰淮右，今謂壯藩。謹當宣布恩威，奉行寬大，求民之瘼，問俗所宜。緩帶輕裘，雖弗賢長城於李勣；清心省事，敢不避正堂於蓋公。庶幾固結本根，少復報酬知遇。」全規模其步驟，然視昔所作，猶覺語煩。

陳簡齋葆真詩

自崇寧以來，時相不許士大夫讀史作詩，何清源至於修入令式，本意但欲崇尚經學，痛沮詩賦耳，於是庠序之間，以詩爲諱。政和後稍復爲之，而陳去非遂以墨梅絶句擢寘館閣，嘗以夏日偕五同舍集葆真宫池上避暑，取「緑陰生晝静」分韻賦詩，陳得「静」字。其詞曰：「清池不受暑，幽討起予病。長安車轍邊，有此萬荷柄。是身唯可懶，共寄無盡興。魚游水底凉，鳥語林間静。談餘日亭午，樹影一時正。清風不負客，意重百金贈。聊將兩鬢蓬，起照千丈鏡。微波喜摇人，小立待其定。梁王今何許，柳色幾衰盛。人生行樂耳，詩律已其賸。邂逅一尊酒，它年《五君詠》。重期踏月來，夜半嘯煙艇。」詩成，出示坐上，皆詫爲擅場。朱新仲時親見之，云京師無人不傳寫也。

仙傳圖志荒唐

昔人所作神仙傳之類，大底荒唐謬悠，殊不能略考引史策。如衛叔卿事云：「漢儀鳳二年，孝武皇帝閑居殿上而見之。」月支使者事云：「延和三年，武帝幸安定，而月支國遣使獻香。」案，儀鳳乃唐高宗紀年名，延和乃魏太武、唐睿宗紀年名，而誕妄若是。自餘山經地志，往往皆然。近世士大夫采一方傳記及故老談説，競爲圖志，用心甚專，用力甚博，亦不能免牴牾。高夔守襄陽，命僚屬作一書，其叙歷代沿革云：「在周爲楚、鄧、鄾諸國。」據《左傳》，鄾乃鄧邑，後巴人伐楚圍鄾，蓋楚滅鄧，故亦來屬，元非列國也。又引《左傳》蔓成然事，以蔓爲國。據成然乃楚大夫，靈王奪其邑，無所謂「蔓國」也。

卷十五 十五則

徽廟朝宰輔

蔡京擅國命，首尾二十餘年，一時士大夫未有不因之以至大用者，其後頗采公議，與爲異同。若宰相則趙清憲挺之【一】、張無盡商英、鄭華原居中、劉文憲正夫，所行所言，世多知之。其居執政位者，如張康國賓老、温益禹弼、劉逵公路、侯蒙元功者，皆有可録。康國定元祐黨籍，看詳講議司編彙奏牘，皆深預密議，及後知樞密院，始浸爲崖異。徽宗察京專愎，陽令狙伺其姦，蓋嘗許以相。是時西北邊帥多取部内好官自辟置，以力不以才。康國曰：「並塞當擇人以紓憂，顧柰何欲私所善乎？」乃隨闕選用，定爲格。京使御史中丞吴執中擊之，康國先知之，具以奏。益鎮潭州，凡元祐逐臣在湖南者，悉遭侵困，因《愛莫助之圖》，遂爲京用。至中書侍郎，乃時有立異。京一日除監司郡守十人，將進畫，益判其後，曰：「收。」京使益所厚中書舍人鄭居中問之，益曰：「君在西掖，每見所論事，舍人得舉職，侍郎顧不許邪？今丞相所擬十人，其皆姻黨耳【二】，欲不逆其意，得乎？」逵以附京至中書侍郎。京去相，逵首勸上碎元祐黨碑，寬上書邪籍之禁，凡京所行悖理殃民

校勘記

【一】趙清憲挺之　「憲」原作「獻」，據明抄本改。按，清獻乃趙抃之謚。

【二】其皆姻黨耳　馬本、庫本、祠本「其」作「共」。

事，稍稍釐正之。蒙在政地，上從容問：「蔡京何如人？」對曰：「使京能正其心術，雖古賢相何以加。」上頷首，且使密伺京所爲，京聞而銜之。凡此數端，皆見於國史本傳。

教官掌牋奏

所在州郡，相承以表奏書啓委教授，因而餉以錢酒。予官福州，但爲撰公家謝表及祈謝晴雨文，至私禮牋啓小簡皆不作，然遇聖節樂語嘗爲之，因又作他用者三兩篇，每以自愧。鄒忠公爲潁昌教授，府守范忠宣公屬撰《興龍節致語》，辭不爲。范公曰：「翰林學士亦作此。」忠公曰：「翰林學士則可，祭酒、司業則不可。」范公敬謝之。前輩風節，可畏可仰如此。

經句全文對

予初登詞科，再至臨安，寓於三橋西沈亮功主簿之館，沈以予買飯于外，謂爲不便，自取家饌日相供。同年湯丞相來訪，扣旅食大概，具爲言之。湯公笑曰：「主人亦賢矣。」因戲出一語曰：「哀王孫而進食，豈望報乎？」良久，予應之曰：「爲長者而折枝，非不能也。」公大激賞而去。汪聖錫爲祕書少監，每食罷會茶，一同舍輒就枕不至。及起，亦戲之曰：「宰予晝寢，於予與何誅。」衆未有言，汪曰：「有一對，雖於今事不切，然却是一个出處。」云：「子貢方人，夫我則不暇。」同舍皆合詞稱美。

北郊議論

三代之禮，冬至祀天於南郊，夏至祭地於北郊。王莽於元始中改爲合祭，自是以來，不可復變。元豐中，下詔欲復北郊，至六年，唯以冬至祀天，而地祇不及事。元祐七年，又使博議，而許將、顧臨、范純禮、王欽臣、孔武仲、杜純各爲一說。逮蘇軾之論出，於是羣議盡廢。當時，諸人之説有六。一曰今之寒暑與古無異，宣王六月出師，則夏至之日，何爲不可祭；二曰夏至不能行禮，則遣官攝行，亦有故事；三曰省去繁文末節，則一歲可以再郊；四曰三年一祀天，又一年一祭地；五曰當郊之歲，以十月神州之祭，易夏至之方澤，可以免方暑舉事之患；六曰當郊之歲，以夏至祀地祇於方澤，上不親郊，而通爟火於禁中望祀。軾皆辟之，以謂無一可行之理，其文載於奏議，凡三千言。元符中，又詔議合祭，論者不一，唯太常少卿宇文昌齡之議，最爲簡要。曰：「天地之勢，以高卑則異位，以禮制則異宜，以樂則異數。至於衣服之章，器用之具，日至之時，皆有辨而不亂。夫祀者，自有以感於無，自實以通於虛，必以類應類，以氣合氣，然後可以得而親，可以冀其格。今祭地於圓丘，以氣則非所合，以類則非所應，而求高厚之來享，不亦難乎。」後竟用其議。此兩説之至當如此。

討論濫賞詞

東坡公《行香子》小詞云：「清夜無塵，月色如銀。酒斟時，須滿十分。浮名浮利，休苦勞神。歎隙中駒，石中火，夢中身。雖抱文章，開口誰親。且陶陶，樂盡天真。不如歸去，作箇閑人。對一張琴、一壺酒、一溪雲。」紹興初，范覺民爲相，以自崇寧以來，創立法度，例有汎賞，如學校，茶鹽，錢幣，保伍，農田，居養，安濟，寺觀，開封大理獄空，四方邊事，御前内外諸局【三】，編敕會要、學制、禮制、道史等書局，掖庭編澤，行幸，曲恩，諸色營繕，河埽功役，採石、木栰、花石等綱，祥瑞，禮樂，西城所公田【四】，伎術，伶優，三山，永橋，明堂，西内，八寶，玄圭，種種濫賞，不可勝述。其曰應奉有勞、獻頌可采、職事修舉、特授特轉者，又皆無名直與。及白身補官，選人改官，職名礙格，非隨龍而依隨龍人，非戰功而依戰功人等，每事各爲一項，建議討論。又行下吏部，若該載未盡名色，並合取朝廷旨揮，臨時參酌。追奪事件，遂爲畫一規式，有至奪十五官者。雖公論當然，而失職者胥動造謗，浮議蜂起。無名子因改坡語云：「清要無因，舉選艱辛。繫書錢，須要十分。浮名浮利，虛苦勞神。歎旅中愁，心中悶，部中身。雖抱文書【五】，苦苦推尋。更休説，誰假誰真。不如歸去，作箇齊民。免一回來、一回討、一回論。」至大字書寫貼於内前牆上，邏者得之以聞。是時，僞齊劉豫方盜據河南，朝論慮或搖人心，亟罷討論之舉。范公用是爲臺

【三】御前内外諸局　馬本、庫本「局」作「司」。

【四】西城所公田　馬本、庫本「西」作「兩」。

【五】雖抱文書　馬本、庫本、祠本「書」作「章」。

諫所攻，今章且叟奏稿中正載彈疏，竟去相位云。

尺八

唐盧肇爲歙州刺史，會客於江亭，請目前取一事爲酒令，尾有樂器之名。肇令曰：「遥望漁舟，不闊尺八。」有姚巖傑者，飲酒一器，凭欄嘔噦，須臾即席，還令曰：「凭欄一吐，已覺空喉。」此語載於《摭言》。又《逸史》云：「開元末，一狂僧往終南回向寺，一老僧令於空房内取尺八來，乃玉笛也【六】。謂曰：『汝主在寺，以愛吹尺八，謫在人間，此常吹者也。汝當回，可將此付汝主。』僧進於玄宗，持以吹之，宛是先所御者。」孫夷中《仙隱傳》：「房介然善吹竹笛，名曰尺八。將死，預將管打破，告諸人曰：『可以同將就壙。』」亦謂此云。尺八之爲樂名，今不復有。《吕才傳》云：「貞觀時，祖孝孫增損樂律，太宗詔侍臣舉善音者。王珪、魏徵盛稱才製尺八，凡十二枚，長短不同，與律諧契。太宗即召才參論樂事。」尺八之所出，見於此，無由曉其形製也。《爾雅·釋樂》亦不載。

三給事相攻

元祐中，王欽臣仲至自權工部侍郎除給事中，爲給事姚勔所駁而止。大觀中，陳亨伯自左司員外郎擢給事中，爲權官蔡薿所沮而出。政和末，伯祖仲達在東省，以疾暫謁告兩

【六】乃玉笛也　「笛」原脱，據馬本、庫本補。

日，張天覺復官之命，過門下第四廳，給事方會論爲畏繳駁之故，所以託病，遂罷知滁州。

朱藏一詩

政和末，老蔡以太師魯國公總治三省，年已過七十，與少宰王黼爭權相傾。朱藏一在館閣，和同舍秋夜省宿詩云：「老火未甘退，稚金方力征。炎涼分勝負，頃刻變陰晴。」兩人門下士互興譖言，以爲嘲謗。其後黼獨相，館職多遷擢，朱居官如故，而和人菊花詩云：「紛紛桃李春，過眼成枯萎。晚榮方耐久，造物豈吾欺。」或又譖於黼以爲怨懟。是時，士論指三館爲鬧藍。

蔡京輕用官職

蔡京三入相時，除用士大夫，視官職如糞土，蓋欲以天爵市私恩。政和六年十月，不因赦令，侍從以上先緣左降同日遷職者二十人。通奉大夫張商英爲觀文殿學士，中大夫王襄爲延康殿學士，顯謨閣待制李圖南爲述古殿學士，寶文閣待制蔡薿、顯謨閣待制葉夢得並爲龍圖閣直學士，寶文閣待制張近、通奉大夫錢即、右文殿修撰王漢之並爲顯謨閣直學士，中大夫葉祖洽爲徽猷閣直學士，朝散大夫曾孝蘊爲天章閣待制，朝散郎俞㮚、朝議大夫曾孝序、中奉大夫范致明、右文殿修撰蔡肇、太中大夫孫鼛、朝議大夫王覺、右文殿修撰陳暘並爲顯謨閣待制，朝請郎蔡懋、中奉大夫龐恭孫、朝請郎洪彦昇並爲徽猷閣待制。至十一月冬祀畢，大赦天下，仍復推恩。

節度使改東宫環衛官

太祖有天下，將收藩鎮威柄，故漸行改革。至於位至侍中、中書令、使相者，其高僅得東宫官，次但居環衛。鳳翔王晏爲太子太師，安遠武行德爲太子太傅，護國郭從義爲左金吾上將軍，鳳翔王彦超爲右金吾上將軍，定國白重贇爲左千牛上將軍，保太楊廷璋爲右千牛上將軍，靜難劉重進爲羽林統軍。若符彦卿者，以太師中書令、天雄節度使直罷歸洛，八年不問，亦不別除官。其廟謨雄斷如是。靖康初，以戚里冒政、宣恩典，多建節鉞，乃稽用此制。錢景臻以少傅、安武節度，劉宗元以開府儀同三司、鎮安節度，並爲左金吾上將軍。范訥以平涼，劉敷以保信，劉敏以保成，張楙以嚮德，王舜臣以岳陽，朱孝孫以應道，錢忱以瀘川節度，並爲右金吾上將軍。自後不復舉行矣。

宰相任怨

宰相欲收士譽，使恩歸己，故只以除用爲意，而不任職及顯有過舉者，亦不肯任怨，稍行黜徙。文惠公在相位，嘗奏言：「今之監司、郡守，其無大過者，臺諫固不論擊。但其間實有疲愞庸老之人，依阿留之，轉爲民害。臣欲皆與祠禄，理作自陳，監司或就移小郡，庶幾人有家食之資，國無曠官之失。」孝宗欣然聽許。於是湖南轉運判官任詔改知復州，廣東提舉鹽事劉景改知南雄州。時太常丞闕，監左藏庫許子紹欲得之，公以大超越，諭使小緩。子紹宛轉愈力，乃白其事，出通判靜江府。議者私謂若如此則是廟堂而兼臺諫之職，殊不思進賢退不肖，真宰相之事耳。欲擬宫觀三四人，未暇而去位，子紹之出，遂織入言章中。近者京丞相以國子録吴仁傑居職未久，便欲求遷，奏罷歸吏部注簽判，亦此意也。

四李杜

漢太尉李固、杜喬，皆以爲相守正，爲梁冀所殺。故掾楊生上書，乞李、杜二公骸骨，使得歸葬。梁冀之誅，權勢專歸宦官，傾動中外，白馬令李雲露布上書，有「帝欲不諦」之語。桓帝得奏震怒，逮雲下北寺獄。弘農五官掾杜衆，傷雲以忠諫獲罪，上書願與雲同日死，帝愈怒，下廷尉，皆死獄中。其後襄楷上言，亦稱爲李、杜。靈帝再治鉤黨，范滂受誅，母就與之訣，曰：「汝今與李、杜齊名，死亦何恨。」謂李膺、杜密也。李太白、杜子美同時著名，故韓退之詩云：「李、杜文章在，光焰萬丈長。」凡四李、杜云。

渾脱隊

唐中宗時，清源尉吕元泰上書言時政曰：「比見坊邑相率爲渾脱隊，駿馬胡服，名曰『蘇幕遮』，旗鼓相當，騰逐喧譟。以禮義之朝，法胡虜之俗，非先王之禮樂，而示則於四方。《書》曰：『謀時寒若。』何必羸形體，讙衢路，鼓舞跳躍而索寒焉。」書聞不報。此蓋并論潑寒胡之戲。《唐史》附於《宋務光傳》末，元泰竟亦不顯。近世風俗相尚，不以公私宴集，皆爲耍曲耍舞，如《渤海樂》之類，殆猶此也。

歲陽歲名

歲陽、歲名之説，始於《爾雅》。太歲在甲曰閼逢，在乙曰旃蒙，在丙曰柔兆，在丁曰彊圉，在戊曰著雍，在己曰屠維，在庚曰上章，在辛曰重光，在壬曰玄黓，在癸曰昭陽，謂之歲陽。在寅曰攝提格，在卯曰單閼，在辰曰執徐，在巳曰大荒落，在午曰敦牂，在未曰協洽，在申曰涒灘，在酉曰作噩，在戌曰閹茂，在亥曰大淵獻，在子曰困敦，在丑曰赤奮若，謂之歲名。自後，唯太史公《曆書》用之，而或有不同。如閼逢爲焉逢，旃蒙爲端蒙，柔兆爲游兆，彊圉爲彊梧，著雍爲徒雍【七】，屠維爲祝犂，上章爲商横，重光爲昭陽，玄黓爲横艾，昭陽爲尚章，大荒落爲大芒駱【八】，協洽爲汁洽，涒灘乃爲赤奮若【九】，作噩爲作鄂，閹茂爲

【七】徒雍　《史記》卷二十六《曆書》「雍」作「維」。

【八】大荒落爲大芒駱　馬本、庫本、祠本「駱」作「落」。

【九】涒灘乃爲赤奮若　李本、庫本、祠本「赤奮若」作「汭漢」。

【一〇】赤奮若乃爲汭漢　李本、庫本、祠本「汭漢」作「赤奮若」。

淹茂，大淵獻、困敦更互，赤奮若乃爲汭漢【一〇】。此蓋年祀久遠，傳寫或訛，不必深辨。但漢武帝太初元年太歲丁丑，而以爲甲寅，其失多矣。《爾雅》又有月陽、月名。月在甲曰畢，在乙曰橘，在丙曰修，在丁曰圉，在戊曰厲，在己曰則，在庚曰窒，在辛曰塞，在壬曰終，在癸曰極。正月爲陬，二月爲如，三月爲寎，四月爲余，五月爲臯，六月爲且，七月爲相，八月爲壯，九月爲玄，十月爲陽，十一月爲辜，十二月爲涂。考之典籍，唯《曆書》謂太初十月爲畢聚。《離騷》云：「攝提正于孟陬。」《左氏傳》：「十月曰良月。」《國語》：「至于玄月。」它未嘗稱引。郭景純注釋云：「自歲陽至月名，皆所未詳通者，故闕而不論。」蓋不可强爲之説。非若《律書》所言二十八舍、十母、十二子，猶得穿鑿傅致也。《資治通鑑》專取歲陽、歲名以冠年，不可曉解，殊不若甲子至癸亥爲明白爾。韓退之詩「歲在淵獻牽牛中」，王介甫《字説》言「彊圉」，自餘亦無説。《左傳》所書「歲在星紀，而淫於玄枵」，「歲在降婁，降婁中而旦」，「歲在陬訾之口」，「歲五及鶉火」，「歲在顓頊之虚」，「歲在豕韋」，「歲在大梁」，皆用歲星次舍言之。司馬倬跋温公《潛虚》，其末云：「乾道二年，歲在柔兆閹茂，玄黓執徐月，極大淵獻日。」謂丙戌年、壬辰月，癸亥日，以歲名施於月日，尤爲不然。漢章不自爲文，殆是僚寀强解事者所作也。

官稱别名

唐人好以它名標牓官稱，今漫疏於此，以示子姪之未能盡知者。太尉爲掌武，司徒爲五教，司空爲空土，侍中爲大貂，散騎常侍爲小貂，御史大夫爲亞台、爲亞相、爲司憲，中丞爲獨坐、爲中憲，侍御史爲端公、南牀、横榻、雜端，又曰脆梨，殿中爲副端，又曰開口椒，監察爲合口椒，諫議爲大坡、大諫，補闕今司諫。爲中諫，又曰補衮，拾遺今正言。爲小諫，又曰遺公，給事郎爲夕郎、夕拜，知制誥爲三字，起居郎爲左螭，舍人爲右螭，又並爲修注，吏部尚書爲大天，禮部爲大儀，兵部爲大戎，刑部爲大秋，工部爲大起，吏部郎爲小選、爲省眼，考功、度支爲振行，禮部爲小儀、爲南省舍人，今曰南宫，刑部爲小秋，祠部爲冰柄。廳，比部爲比盤，又曰昆脚皆頭，屯田爲田曹，水部爲水曹，諸部郎通曰哀烏、依烏，木常卿爲樂卿，少卿爲少常、奉常，光禄爲飽卿，鴻臚爲客卿、睡卿，司農爲走卿，大理爲棘卿，評事爲廷平，將作監爲大匠，少監爲少匠，祕書監爲大蓬，少監爲少蓬，左右司爲都公，太子庶子爲宫相，宰相呼爲堂老，兩省相呼爲閣老，尚書丞郎爲曹長，御史、拾遺爲院長。下至縣令曰明府，丞曰贊府、贊公，尉曰少府、少公、少仙，此已見前筆。

卷十六 十二則

漢重蘇子卿

漢世待士大夫少恩，而獨於蘇子卿加優寵，蓋以其奉使持節，褒勸忠義也。上官安謀反，武子元與之有謀，坐死。武素與上官桀、桑弘羊有舊，數爲燕王所訟，子又在謀中，廷尉奏請逮捕武，霍光寢其奏。宣帝立，録羣臣定策功，賜爵關内侯者八人，劉德、蘇武食邑。張晏曰：「舊關内侯無邑，以武守節外國，德宗室俊彦，故特令食邑。」帝閔武年老子坐事死，問左右：「武在匈奴久，豈有子乎？」武曰：「前發匈奴時，胡婦實産一子通國，有聲問來，願因使者贖之。」上許焉。通國至，上以爲郎，又以武弟子爲右曹，以武著節老臣，令朝朔望，稱祭酒，甚優寵之。皇后父、帝舅、丞相、御史、將軍皆敬重武。後圖畫中興輔佐有功德知名者於麒麟閣，凡十一人，而武得預。武終於典屬國，蓋以篤老不任公卿之故。先公縶留絶漠十五年，能致顯仁皇太后音書，蒙高宗皇帝有「蘇武不能過」之語。而厄於權臣，歸國僅陞一職，立朝不滿三旬，訖於竄謫南荒惡地，長子停官。追誦漢史，可爲痛哭者已。又案武本傳云：「奉使初還，拜爲典屬國，秩中二千石。昭帝時，免武官。後以故二千石與計謀立宣帝，賜爵。張安世薦之，即時召待詔，數進見，復爲典屬國。」然則豫定策時，但以故二千石耳。而《霍光傳》連名奏昌邑王時，直稱典屬國，《宣紀》封侯亦然，恐誤也。

昔賢爲卒伍

三代而上，文武不分，春秋列國軍將皆命卿，處則執政，出則將兵，載於《詩》、《書》、《左傳》，可考也。然此特謂將帥耳，乃若卒伍之賤，雖賢士亦爲之，不以爲異。魯哀公時，吴伐魯，次于泗上。微虎欲宵攻王舍，私屬徒七百人，三踊於幕庭，卒三百人，有若與焉。杜預云：「卒，終也，謂於七百人中，終得三百人任行也。」或謂季孫曰：「不足以害吴，而多殺國士，不如已也。」乃止之。此蓋後世斫營劫寨之類，而有若亦爲之。齊伐魯，冉求帥左師，樊遲爲右，季孫曰：「須也弱。」有子曰：「就用命焉。」謂雖年少，能用命也。冉有用矛於齊師，故能入其軍。杜預云：「言能以義勇也。」皆孔門高弟，而親卒伍之事，後世豈復有之。

兵家貴於備預

晉盜盧循據廣州，以其黨徐道覆爲始興相，循寇建康，以爲前鋒。初，道覆遣人伐船材於南康山，至始興賤賣之，居人爭市之，船材大積，而人不疑。至是悉取以裝艦，旬日而辦。蕭衍鎮雍州，以齊室必亂，密修武備，多伐材竹，沉之檀溪，積茅如岡阜，皆不之用。中兵參軍吕僧珍覺其意，亦私具櫓數百張。衍既起兵，出竹木裝艦，葺之以茅，事皆立辦。諸將爭櫓，僧珍出先所具者，每船付二張，爭者乃息。魏太武南伐盱眙，太守沈璞以郡當衝要，乃繕城浚隍，積財穀，儲矢石，爲城守之備。魏攻之，三旬不拔，燒攻具退走。古人如此者甚多，道覆雖失所從，爲畔涣之歸，然其事固可稱也。

渠陽蠻俗

靖州之地，自熙寧九年收復唐溪洞誠州，元豐四年，仍建爲誠州，元祐二年，廢爲渠陽軍，又廢爲寨，五年復之。崇寧二年，改爲靖州。始時渠陽縣爲治所，後改屬沅州而治永平。其風俗夐與中州異。蠻酋自稱曰官，謂其所部之長曰都幙，邦人稱之曰土官。酋官入郭，則加冠巾，餘皆椎髻，能者則以白練布纏之，曾殺人者謂之能。婦人徒跣，不識鞋履，以銀、錫或竹爲釵，其長尺有咫。通以斑紬布爲之裳。紀歲不以建寅爲首，隨所處無常月。要約以木鐵爲契。病不謁醫，但殺牛祭鬼，率以刀斷其咽，視死所向以卜，多至十百頭。凡昏姻，兄死弟繼，姑舅之昏，他人取之，必賄男家，否則爭，甚則讎殺。男丁受田於酋長，不輸租而服其役，有罪則聽其所裁，謂之草斷。凡貸易之逋，甲不能償，則掠乙以取直，謂之準擊。長少相犯，則少者出物，謂之出面。言語相誣，則虛者出物，謂之裹口。田丁之居，峭巖重阜，大率無十家之聚。遇讎殺則立柵布棘以受之。各有門款，門款者，猶言伍籍也。借牛綵於鄰洞者，謂之拽門款。方爭時，以首博首，獲級一二則潰去，明日復來，必相當乃止。欲解仇，則備財物以和，謂之陪頭煖心。戰之日，觀者立其傍和勸之，官雖居其中，不敢犯也。敗則走，謂之上坡。志在於掠，而不在於殺，則震以金鼓，而挺其一隅。縱之逸，謂之趖。敗者屈而歸之，掠其財而還其地，謂之入地。兵器有甲冑、標牌、弓弩，而刀之鐵尤良。弩則傅矢於弦而偏架之，謂之偏架弩，其利侔中土神臂弓，雖暑濕亦可用。凡仇殺，雖微隙必發，雖昔釁必報，父子兄弟之親不避也。子弟爲士人者，隸於學，讎殺則歸，罷則復來。荊湖南、北路如武岡、桂陽之屬傜民，大略如此。

寄資官

內侍之職，至于幹辦後苑，則爲出常調，流輩稱之曰苑使。又進而幹辦龍圖諸閣，曰閤長。其上曰門司，曰御藥，曰御帶。又其上爲省官，謂押班及都知也。在法，內侍轉至東頭供奉官則止，若幹辦御藥院，不許寄資，當遷官則轉歸吏部。司馬公論高居簡云：「舊制，御藥院官至內殿崇班以上，即須出外，今獨留四人，中外以此竊議。」言之詳矣。後乃不然，逮其遷帶御器械可帶階官，然後盡還所寄之資。至於宣政、宣慶諸使【一】，遙

【一】至於宣政宣慶諸使　「宣政」原脫，庫本、祠本有「宣政」二字，今據補。按：宣政使、宣慶使皆階官、加官名，屬內侍班官。參《職官分紀》卷四十四、《宋史・職官志》六。此處既云「諸使」，則以有「宣政」二字爲宜。

郡防、團、觀察，其高者爲延福宮、景福殿承宣使。頃在樞密行府，有院吏兵房副承旨董球，於紹興三十二年正月尚未有正官，至四月，予接伴人使回，球通剌字來謁，已轉出爲武顯大夫。問其何以遽得至此，曰：「副承旨比附武顯郎，後用賞故爾。」蓋亦寄資也。

親王帶將仕郎

薛氏《五代史》，梁太祖開平元年五月，皇第五男友雍封賀王。及友珪篡位，以將仕郎試祕書省校書郎賀王友雍爲銀青光禄大夫、檢校工部尚書兼御史大夫。以親王而階將仕郎，仍試銜初品，雖典章掃地之時，恐不應爾也。

郡縣用陰陽字

山南爲陽，水北爲陽，《穀梁傳》之語也，若山北、水南則爲陰，故郡縣及地名多用之，今略敘於此。山之南者，如嵩陽、華陽、恒陽、衡陽、鎮陽、岳陽、嶧陽、夏陽、城陽、陵陽、岐陽、首陽、營陽、咸陽、櫟陽、宜陽、山陽（屬河内郡，太行在北）、廣陽、辟陽、河陽、魯陽、黎陽、樅陽、零陽、巫陽、東陽、韶陽、郴陽、揭陽、弋陽（屬汝南郡，弋山在西北）、當陽、青陽、黔陽、壽陽、麻陽、雲陽、美陽、復陽（在復山之南【二】）、上曲陽（在常山）、下曲陽（在鉅鹿）、稒陽（在五原）、原陽（在雲中）。

【二】在復山之南　庫本、祠本「復」前有「南陽」二字。

水之北者，馮翊之池陽、頻陽、郃陽、沈陽，扶風之杜陽，河東之大陽（在大河之北）、平陽（在平河之陽），太原之晉陽、汾陽，及河陽、洛陽、滎陽、偪陽、渭陽、淮陽、汶陽、濟陽、襄陽、滏陽、漁陽、遼陽、泗陽、伊陽、永陽、滁陽、潮陽、澧陽、灌陽、汧陽、洮陽、沭陽，東郡之濮陽、東武陽，潁川之潁陽、昆陽、舞陽，汝南之汝陽、鮦陽、細陽、濯陽、滇陽、新陽、安陽、博陽、成陽，南陽之育陽、涅陽、堵陽、蔡陽、筑陽、棘陽、比陽、朝陽、湖陽、紅陽，江夏之西陽，廬江之尋陽，九江之曲陽，濟陰之句陽，音鉤，句瀆之丘。沛郡之穀陽、扶陽、漂陽，魏郡之繁陽，鉅鹿之堂陽，清河之清陽，涿郡之高陽、饒陽、范陽，勃海之浮陽，濟南之般陽、朝陽，泰山之東平陽、東武陽、寧陽，北海之膠陽，東海之開陽、曲陽、都陽，臨淮之射陽、蘭陽，丹陽之丹陽、陵陽、溧陽，豫章之鄱陽、鄡陽，桂陽之耒陽、桂陽、湞陽，武陵之無陽、辰陽、酉陽、零陽，零陵之洮陽，漢中之旬陽、沔陽、安陽，犍爲之江陽、武陽、漢陽，金城之枝陽，天水之略陽、阿陽，安定之涇陽、彭陽，北地之泥陽，上郡之定陽，鴈門之沃陽、劇陽，上谷之沮陽，漁陽之要陽，遼西之海陽，右北平之夕陽、聚陽，蒼梧之封陽，趙國之易陽，膠東之觀陽，長沙之益陽，已上皆見《漢書·地理志》。

其水之下，必曰在某水之陽，合山水之稱陽者，百有五六十，至陰字則甚少，蓋面勢在背，自難立國邑耳。山之北者，唯華陰、山陰、龜陰、蒙陰、鶉陰、雕陰、襄陰，水之南者，汾陰、蕩陰、潁陰、汝陰、舞陰、濟陰、漢陰、晉陰、蒲陰、湘陰、漯陰、河陰、湖陰、江陰、淮陰、圜陰，僅三十而已。若樂陽、南陽、合陽、被陽、富陽（在泰山者）、昌陽、建陽（在東海者）、武陽之類，尚多有之，莫能知其爲山爲水也。

杜畿李泌董晉

漢建安中，河東太守王邑被召，郡掾衛固、范先請留之。固等外以請邑爲名，而內實與并州高幹通謀。曹操選杜畿爲太守，固等使兵絶陝津，數月不得渡。畿曰：「河東有三萬户，非皆欲爲亂也。吾單車直往，出其不意，固爲人多計而無斷，必僞受吾。吾得居郡一月，以計縻之足矣。」遂詭道從郖津度，固遂奉之。畿謂固、先曰：「衛、范，河東之望也，吾仰成而已。」比數十日，諸將斬固等首。

唐貞元初，陝虢兵馬使達奚抱暉殺節度使張勸，代總軍務，邀求旌節。德宗遣李泌往，欲以神策軍送之，泌請以單騎入，上加泌觀察使。泌出潼關，鄜坊步騎三千布於關外，曰：「奉密詔送公。」泌寫宣以却之，疾驅而前。抱暉不使將佐出迎，去城十五里方出謁。泌稱其攝事保城壁之功，入城視事。明日，召抱暉至宅，語之曰：「吾非愛汝而不誅，恐自今有危疑之地，朝廷所命將帥皆不能入，故匄汝餘生。」抱暉遂亡命。

宣武節度使李萬榮疾病，其子迺爲兵馬使，欲爲亂，都虞候鄧惟恭執送京師。詔以東都留守董晉爲節度使。惟恭權軍事，自謂當代萬榮，不遣人迎晉。晉既受詔，即與傔從十餘人赴鎮，不用兵衛。至鄭州，或勸晉且留觀變。有自汴州出者，言不可入，晉不對，遂行。惟恭以晉來之速，不及謀，去城十餘里，乃帥諸將出迎。晉入，仍委以軍政。久之，惟恭内不自安，潛謀作亂，事覺，晉悉捕斬其黨，械惟恭送京師。

觀此三者，其危至矣。杜幾、李泌、董晉，皆以單車入逆城，從容妥定，其智勇過人如此。《唐史》猶譏晉爲懦弛苟安，殆不然也。是時，朝議以晉柔仁多可，恐不能集事，用汝州刺史陸長源爲行軍司馬以佐之。長源性剛刻，多更張舊事，晉初皆許之，案成則命且罷，由是軍中得安。初，劉玄佐、李萬榮、鄧惟恭時，士卒驕不能禦，乃置腹心之士，幕於公庭廡下，挾弓執劍以備之，時勞賜酒肉。晉至之明日，悉罷之。謂之懦弛，實爲失當。晉在汴三年而薨，長源代之，即爲軍士所殺。向使晉聽用其言，汴亂久矣。又《李泌傳》但云拜陝虢觀察使，開車道至三門，及殺淮西亡兵，於赴鎮事略不書，亦失之也。

嚴有翼詆坡公

嚴有翼所著《藝苑雌黄》，該洽有識，蓋近世博雅之士也。然其立説頗務譏詆東坡公，予嘗因論玉川子《月蝕詩》，誚其輕發矣。又有八端，皆近於蚍蜉撼大木，招後人攻擊。如《正誤篇》中，摭其用五十本葱爲「種薤五十本」，發丘中郎將爲「中郎解摸金」【三】，扁鵲見長桑君，使飲上池之水，爲「倉公飲上池」，鄭餘慶烝胡蘆爲盧懷慎云，如

【三】中郎解摸金　庫本、祠本「中郎」作「校尉」。清抄本原作「校尉」，於「校尉」之旁，書「中郎」二字。

此甚多。坡詩所謂抉雲漢，分天章，萬斛泉源不擇地而出。若用葱爲薤，用校尉爲中郎，用扁鵲爲倉公，用餘慶爲懷慎，不失爲名語，於理何害。公豈一一如學究書生，案圖索駿，規行矩步者哉。《四凶篇》中，謂坡稱太史公多見先秦古書，四族之誅，皆非殊死，爲無所攷據。《盧橘篇》中謂坡詠枇杷云「盧橘是鄉人」，爲何所據而言。《昌陽篇》中《昌蒲贊》，以爲信陶隱居之言，以爲昌陽，不曾詳讀《本草》，妄爲此説。《苦荼篇》中謂「周《詩》記苦荼」爲誤用《爾雅》。《如皋篇》中，謂「不向如皋閑射雉」，與《左傳》杜注不合，其誤與江總「暫往如皋路」之句同。《荔枝篇》中，謂四月食荔枝詩，愛其體物之工，而坡未嘗到閩中，不識真荔枝，是特火山耳。此數者或是或非，固未爲深失，然皆不必爾也。最後一篇，遂名曰《辨坡》。謂《雪詩》云「飛花又舞謫仙簷」，李太白本言送酒，即無雪事；「水底笙歌蛙兩部」，無笙歌字。殊不知坡借花詠雪，以鼓吹爲笙歌，正是妙處。「坐看青丘吞澤芥」、「青丘已吞雲夢芥」，用芥字和韻，及以澤芥對溪蘋，可謂工新。乃以爲出處曾不蔕芥，非草芥之芥。「知白守黑名曰谷」，正是《老子》所言，又以爲《老子》只云爲天下谷，非名曰谷也。如此論文章，其意見亦淺矣。

曹馬能收人心

曹操自擊烏桓，諸將皆諫，既破敵而還，科問前諫者，衆莫知其故，人人皆懼。操皆厚賞之，曰：「孤前行，乘危以徼倖，雖得之，天所佐也，顧不可以爲常。諸君之諫，萬安之計，是以相賞，後勿難言之。」魏伐吴，三征各獻計，詔問尚書傅嘏，嘏曰：「希賞徼功，先戰而後求勝，非全軍之長策也。」司馬師不從，三道擊吴，軍大敗。朝議欲貶出諸將，師曰：「我不聽公休，以至於此，此我過也，諸將何罪。」悉宥之。弟昭時爲監軍，唯削昭爵。雍州刺史陳泰求敕并州，并力討胡，師從之。未集，而二郡胡以遠役遂驚反，師又謝朝士曰：「此我過也，非陳雍州之責。」是以人皆愧悦。討諸葛誕於壽春，王基始至，圍城未合，司馬昭敕基斂軍堅壁，基累求進討，詔引諸軍轉據北山。基守便宜，上疏言：「若遷移依險，人心摇蕩，於勢大損。」書奏報聽。及壽春平，昭遺基書曰：「初，議者云云，求移者甚衆，時未臨履，亦謂宜然。將軍深筭利害，獨秉固心，上違詔命，下拒衆議，終於制敵禽賊，雖古人所述，不過是也。」然東關之敗，昭問於衆曰：「誰任其咎？」司馬王儀曰：「責在元帥。」昭怒曰：「司馬欲委罪於孤邪。」引出斬之。此爲謬矣。操及師、昭之姦逆，固不待言，然用兵之際，以善推人，以惡自與，并謀兼智，其誰不歡然盡心悉力以爲之用。袁紹不用田豐之計，敗於官渡，宜悉己謝之不暇【四】，乃曰：「吾不用豐言，卒爲所笑。」竟殺之。其失國喪師【五】，非不幸也。

【四】宜悉己謝之不暇　庫本、祠本「悉」作「罪」。清抄本原作「罪」，於罪旁書「悉」字。李本作「悉」，細味文意，疑作「罪」是。今如仍之。

【五】其失國喪師　「其」原脱，據李本補。

取蜀將帥不利

自巴蜀通中國之後，凡割據擅命者，不過一傳再傳。而從東方舉兵臨之者，雖多以得儁，將帥輒不利，至於死貶。漢伐公孫述，大將岑彭、來歙遭刺客之禍，吴漢幾不免。魏伐劉禪，大將鄧艾、鍾會，皆至族誅。唐莊宗伐王衍，招討使魏王繼岌、大將郭崇韜、康延孝皆死。國朝伐孟昶，大將王全斌、崔彦進，皆不賞而受黜，十年乃復故官。

李嶠楊再思

李嶠、楊再思相唐中宗，皆以諛悦保位，爲世所詆，然亦有可稱。武后時，嶠爲給事中，來俊臣陷狄仁傑等獄，將抵死，敕嶠與大理少卿張德裕、侍御史劉憲覆驗。德裕等内知其冤，不敢異，嶠曰：「知其枉不申，是謂見義不爲者。」卒與二人列其枉。忤后旨，出爲潤州司馬，然仁傑數人竟賴此獲脱。嶠此舉可謂至難，而《資治通鑑》不載。神龍初，要官闕，執政以次用其親。韋巨源秉筆，當除十人，再思得其一，試問餘授，皆諸宰相近屬。再思喟然曰：「吾等誠負天下。」巨源曰：「時當爾耳。」再思此言，自狀其短，觀過知仁，亦足稱也。

⊙洪　邁撰

容齋五筆

孔凡禮　整理

目録

校勘記

卷一　十九則

天慶諸節

大中祥符之世，諛佞之臣，造爲司命天尊下降及天書等事，於是降聖、天慶、天祺、天貺諸節並興。始時，京師宮觀每節齋醮七日，旋減爲三日、一日，後不復講。百官朝謁之禮亦罷。今中都未嘗舉行，亦無休假，獨外郡必詣天慶觀朝拜，遂休務，至有前後各一日。此爲敬事司命過於上帝矣，其當寢明甚，惜無人能建白者。

虢州兩刺史

唐韓休爲虢州刺史，虢於東、西京爲近州，乘輿所至，常税廄芻。休請均賦它郡，中書令張説曰：「免虢而與它州，此守臣爲私惠耳。」休復執論，吏白恐忤宰相意。休曰：「刺史幸知民之弊而不救，豈爲政哉。雖得罪，所甘心焉。」訖如休請。盧杞爲虢州刺史，奏言虢有官豕三千，爲民患。德宗曰：「徙之沙苑。」杞曰：「同州亦陛下百姓，臣謂食之便。」帝曰：「守虢而憂它州，宰相材也。」詔以豕賜貧民，遂有意柄任矣。俄召入，踰年拜相。案兩人皆以虢州守臣言公家事，而休見疑於名相，杞受知於猜主，遇合有命，信哉。

狐假虎威

諺有「狐假虎威」之語，稚子來叩其義，因示以《戰國策》、《新序》所載。《戰國策》云：「楚宣王問羣臣曰：『吾聞北方之畏昭奚恤也，果誠何如？』羣臣莫對。江乙對曰：『虎求百獸而食之，得狐，狐曰：「子無敢食我矣，天帝使我長百獸，今子食我，是逆天帝命也。子以我爲不信，吾爲子先行，子隨我後，觀百獸之見我而敢不走乎？」虎以爲然，故遂與之行。獸見之皆走，虎不知獸畏己而走也，以爲畏狐也。今王之地方五千里，帶甲百萬，而專屬之昭奚恤，故北方之畏奚恤也，其實畏王之甲兵也，猶百獸之畏虎也』」《新序》並同。而其後云：「故人臣而見畏者，是見君之威也，君不用，則威亡矣。」俗諺蓋本諸此。

徐章二先生教人

徐仲車先生爲楚州教授，每升堂訓諸生曰：「諸君欲爲君子，而勞己之力，費己之財，如此而不爲，猶之可也；不勞己之力，不費己之財，何不爲君子。鄉人賤之，父母患之【一】，如此而不爲可也，鄉人榮之，父母欲之，何不爲君子。」又曰：「言其所善，行其所

【一】父母患之　馬本、庫本、祠本「患」作「惡」。

善，思其所善，如此而不爲君子者，未之有也。言其不善，行其不善，思其不善，如此而不爲小人者，未之有也。」成都冲退處士章詧，隱者，其學長於《易》、《太玄》，爲范子功解述大旨，再復攡詞曰：「『人之所好而不足者，善也；所醜而有餘者，惡也。君子能强其所不足，而拂其所有餘，則《太玄》之道幾矣。』此子雲仁義之心，予之於《太玄》，述斯而已。或者苦其思，艱其言，迂溺其所以爲數，而忘其仁義之大，是惡足以語道哉。」二先生之教人，簡易明白，學者或未知之，故表出于此。

張吕二公文論

張文潛誨人作文，以理爲主，嘗著論云：「自《六經》以下，至于諸子百氏、騷人、辯士論述，大抵皆將以爲寓理之具也。故學文之端，急於明理，如知文而不務理，求文之工，世未嘗有是也。夫決水於江、河、淮、海也，順道而行，滔滔汩汩，日夜不止，衝砥柱、絶吕梁，放於江湖而納之海，其舒爲淪漣，鼓爲濤波，激之爲風飈，怒之爲雷霆，蛟龍魚黿，噴薄出没，是水之奇變也。水之初豈若是哉，順道而決之，因其所遇而變生焉【二】。溝瀆東決而西竭，下滿而上虚，日夜激之，欲見其奇，彼其所至者，蛙蛭之玩耳。江、河、淮、海之水，理達之文也，不求奇而奇至矣。激溝瀆而求水之奇，此無見於理，而欲以言語句讀爲奇，反覆咀嚼，卒亦無有，此最文之陋也。」一時學者，仰以爲至言。予作史，采其語著於本

【二】因其所遇而變生焉　清抄本原校：「遇」一作「寓」。按：《張耒集》卷五十五《答李推官書》作「適」，《張耒集》校勘者謂一作「遇」。

傳中。

又，吕南公云：「士必不得已於言，則文不可以不工。蓋意有餘而文不足，則如吃人之辯訟，心未始不虚，理未始不直，然而或屈者，無助於辭而已矣。觀書契以來，特立之士未有不善於文者。士無志於立則已，必有志焉，則文何可以卑淺而爲之。故毅然盡心，思欲與古人並。」此南公與人書如此，予亦載之傳中。

郎官非時得對

唐肅宗在靈武，關東獻俘百，將即死，有歎者。司膳員外郎李勉過而問之，曰：「被脅而官，非敢反。」勉入見帝，曰：「寇亂之汙半天下，其欲澡心自歸無繇，如盡殺之，是驅以助賊也。」帝馳騎全宥。以一郎吏之微，而非時得入對，雖唐制不可詳知，想兵戈艱難時暫如是耳。

王安石棄地

熙寧七年，遼主洪基遣泛使蕭禧來言河東地界未決。八年再來，必欲以代州天池分水嶺爲界。詔詢于故相文彦博、富弼、韓琦、曾公亮以可與及不可許之狀，皆以爲不可。王安石當國，言曰：「將欲取之，必固與之。」於是詔不論有無照驗，擗撥與之。往時界於黄嵬山麓，我可以下瞰其應、朔、武三州，既以嶺與之，虜遂反瞰忻、代，凡東西失地七百里。案慶曆中，虜求關南十縣，朝廷方以西夏爲慮，猶不過增歲幣以塞其欲，至於土地，尺寸弗與。熙寧之兵力勝於曩時，而用蕭禧堅坐都亭之故，輕棄疆埸設險要害之處。安石果於大言，其實無詞以却之也。孫權謂：「魯肅勸吾借劉玄德地云：『帝王之起，皆有驅除，關羽不足忌。』此子敬内不能辨，外爲大言耳。」安石之語亦然。

雙生以前爲兄

《續筆》已書《公羊傳》注雙生子事，兹讀《西京雜記》，得一説甚詳，云：「霍將軍妻一産二子，疑所爲兄弟。或曰：『前生爲兄，後生爲弟，今雖俱日，亦宜以先生爲兄。』或曰：『居上者宜爲兄，居下者宜爲弟，居下者前生，今宜以前生爲弟。』光曰：『昔殷王祖甲一産二子，以卯日生囂，以巳日生良，則以囂爲兄，以良爲弟，若以在上者爲兄，囂亦當爲弟矣。』許莊公一産二女，曰妖曰茂，楚大夫唐勒一産二子，一男一女，男曰正夫，女曰瓊華，皆以先生爲長。近代鄭昌時、文長倩並生二男，滕公一生二女，李黎生一男一女，並以前生爲長。霍氏亦以前生爲兄焉。」此最可證。

風俗通

應劭《風俗通》雖東漢末所作，然所載亦難盡信。其叙希姓者曰：「合浦太守虎旗、上郡太守邸杜、河内太守遇冲、北平太守賤瓊、東平太守到質、沐寵、北平太守卑躬、雁門太守宿詳、五原太守督瓚、汝南太守謁渙、九江太守荆修、東海太守鄐熙、弘農太守移良、南郡太守爲昆、酒泉太守頻暢、北海太守處興、巴郡太守鹿旗、涿郡太守作顯、廬江太守貴遷、交趾太守賴先、外黄令集一、洛陽令諸於、單父令即賁、烏傷令昔登、山陽令職洪、高唐令用虯。」此二十君子，皆是郡守、縣令，惟移良之名曾見於史，恐未必然也。

俗語有出

今人意錢賭博，皆以四數之，謂之攤。案《廣韻》攤字下云：「攤蒱，四數也。」竹工謂屋椽上織箔曰篖笪，《廣韻》篖字下云：「符篖，竹笪也【三】。」采帛鋪謂剪截之餘曰帵子。帵，一憧切。注：裁餘也。挑剔燈火之杖曰桥，他念切。注：火杖也。李濟翁《資暇集》云：「意錢當曰攤鋪，疾道之，訛其音爲蒲。」此説不然。

【三】符篖竹笪也　「竹」原作「行」，據明抄本、馬本、庫本改。按，《鉅宋廣韻》卷二下平聲十一「唐」韻「篖」之下作「竹」。

昏主棄功臣

燕昭王伐齊，取其七十城，所存者惟莒、即墨，田單一旦悉復之，使齊復爲齊，而襄王聽幸臣九子之譖，單幾不免。秦苻堅舉百萬之師伐晉，賴謝安却之，而孝武帝聽王國寶之讒，安不能立於朝廷之上。桓温伐慕容暐，暐兵屢挫，議欲奔北，慕容垂一戰使燕復存，乃用慕容評之毁，垂竄身苻氏，國隨以亡。朱泚據京都，德宗播遷奉天，李懷光繼叛，李晟孤軍堅壁，竟平大難，而德宗用張延賞之譖，訖罷其兵，且百端疑忌，至於鞅鞅以死。自古昏主不明，輕棄功臣如此，真可歎也。

問故居

陶淵明《問來使》詩云：「爾從山中來，早晚發天目。我屋南窗下，今生幾叢菊。薔薇葉已抽，秋蘭氣當馥。歸去來山中，山中酒應熟。」諸集中皆不載，惟晁文元家本有之。蓋天目疑非陶居處。然李太白云：「陶令歸去來，田家酒應熟。」乃用此爾。王摩詰詩云：「君自故鄉來，應知故鄉事。來日綺窗前，寒梅著花未？」杜公《送韋郎歸成都》云：「爲問南溪竹，抽梢合過牆。」《憶弟》云：「故園花自發，春日鳥還飛。」王介甫云：「道人北山來，問松我東岡。舉手指屋脊，云今如許長。」古今詩人懷想故居，形之篇詠，必以松竹梅菊爲比興，諸子句皆是也【四】。至於杜公《將別巫峽贈南卿兄瀼西果園》詩云：「苔竹素所好，萍蓬無定居。遠遊長兒子，幾地別林廬。雜蘂紅相對，他時錦不如。具舟將出峽，巡圃念携鉏。」每讀至此，未嘗不爲之悽然。《寄題草堂》云：「尚念四小松，蔓草易拘纏。霜骨下甚長，永爲鄰里憐。」又一篇云：「四松初移時，大抵三尺强。別來忽三歲，離立如人長。」尤可見一時之懷抱也。

【四】諸子句皆是也　「子」原作「此」，據馬本、庫本、祠本改。

唐宰相不歷守令

唐楊綰、崔祐甫、杜黄裳、李藩、裴垍，皆稱英宰。然考其履歷，皆未嘗爲刺史、縣令。綰初補太子正字，擢右拾遺，起居、中書舍人，禮、吏部侍郎，國子祭酒，太常卿，拜相。祐甫初調壽安尉，歷藩府判官，入爲起居、中書舍人，拜相。黄裳初佐朔方府，入爲侍御史，太子賓客，太常卿，拜相。藩佐東都、徐州府，入爲祕書郎，郎中，給事中，拜相。垍由美原尉，四遷考功員外郎，中書舍人，户部侍郎，拜相。五賢行業，史策書之已詳，兹不復論。然則後之用人，必言踐揚中外，諳熟民情，始堪大用，殆爲隘矣。

張釋之柳惲

漢張釋之爲廷尉，文帝出行，有人驚乘輿馬，使騎捕之，屬廷尉。釋之奏當此人犯蹕，罰金。上怒，釋之曰：「方其時，上使使誅之則已。」顔師古謂：「言初執獲此人，天子即令誅之，其事即畢。」唐柳渾爲相，玉工爲德宗作帶，誤毁一銙，工私市它玉足之。帝識不類，怒其欺，詔京兆論死。渾曰：「陛下遽殺之則已，若委有司，須詳讞乃可。於法，罪當杖，請論如律。」由是工不死。予謂張、柳之論，可謂善矣。然張云「上使使誅之則已」，柳云「陛下遽殺之則已」，無乃啓人主徑殺人之端乎。斯一節，未爲至當也。

人臣震主

人臣立社稷大功，負海宇重望，久在君側，爲所敬畏，其究必至於招疑毁。漢高祖有天下，韓信之力爲多，終以挾不賞之功，戴震主之威，至於誅滅。霍光擁昭立宣，勢侔人主，宣帝謁見高廟，光從驂乘，上内嚴憚之，若有芒刺在背。其家既覆，俗傳之曰：「威震主者不畜，霍氏之禍，萌於驂乘。」周亞夫平定七國，景帝怒其固爭栗太子，由此疏之，後目送其出，曰：「此鞅鞅，非少主臣也。」訖以無罪殺之。謝安却苻堅百萬之衆，晉室復存，功名既盛，險詖求進之徒，多毁短之，孝武稍以疏忌，又信會稽王道子之姦扇，至使避位出外，終以至亡。齊文宣之篡魏，皆高德政之力，德政爲相，數彊諫，帝不悦，謂左右曰：「高德政恒以精神淩逼人。」遂殺之，并其妻子。隋文帝將篡周，欲引高熲入府，熲忻然曰：「願受驅馳，縱公事不成，亦不辭滅族。」及帝受禪，用爲相二十年，朝臣莫與爲比。

頞自以爲任寄隆重，每懷至公，無自疑意。積爲獨孤皇后、漢王諒等所譖，帝欲成其罪，既罷之後，至云：「自其解落，瞑然忘之，如本無高頞。不可以身要君，自云第一也。」迨于煬帝，竟以冤誅。郭子儀再造王室，以身爲天下安危，權任既重，功名復大，德宗即位，自外召還朝，所領副元帥諸使悉罷之。李晟以孤軍復京城，不見信於庸主，使之晝夜泣，目爲之腫，卒奪其兵，百端疑忌，幾於不免。李德裕功烈光明，佐武宗中興，威名獨重，宣宗立，奉册太極殿，帝退謂左右曰：「向行事近我者，非太尉邪。每顧我，毛髮爲之森竪。」明日罷之，終於貶死海外。若郭崇韜、安重誨，皆然也。

五經秀才

唐楊綰爲相，以進士不鄉舉，但試辭賦浮文，非取士之實，請置《五經》秀才科。李栖筠、賈至以綰所言爲是，然亦不聞施行也。

陶潛去彭澤

《晉書》及《南史·陶潛傳》皆云：「潛爲彭澤令，素簡貴，不私事上官。郡遣督郵至，縣吏白，應束帶見之。潛歎曰：『吾不能爲五斗米折腰，拳拳事鄉里小人。』即日解印綬去，賦《歸去來》以遂其志。」案陶集載此辭，自有序，曰：「余家貧，耕植不足以自給，彭澤去家百里，故便求之。及少日，眷然有歸歟之情。何則？質性自然，非矯勵所得，飢凍雖切，違己交病。悵然慷慨，深愧平生之志，猶望一稔，當斂裳宵逝。尋程氏妹喪于武昌，情在駿奔，自免去職，在官八十餘日。」觀其語意，乃以妹喪而去，不緣督郵。所謂矯勵違己之説，疑心有所屬，不欲盡言之耳。詞中正喜還家之樂，略不及武昌，自可見也。

羌戎畏服老將

漢先零羌犯塞，趙充國往擊之。羌豪相數責曰：「語汝亡反，今天子遣趙將軍來，年八九十矣，善爲兵。今請欲壹鬭而死，可得邪。」充國時年七十六，訖平之。唐代宗時，回紇、吐蕃合兵入寇，郭子儀單騎見回紇，復與之和。諸酋長皆大喜曰：「鼂以二巫師從軍，巫言：『此行甚安穩，不與唐戰，見一大人而還。』今果然矣。」郭公是時年七十，乃知羌、戎畏服老將如此。班超久在西域，思歸，故其言云：「蠻夷之俗，畏壯侮老。」蓋有爲而云。

古人字只一言

《檀弓》云：「幼名冠字，五十以伯仲，周道也。」古之人命字，一而已矣。初曰子，已而爲仲爲伯，又爲叔爲季，其老而尊者爲甫，蓋無以兩言相連取義。若屈原《離騷經》：

「名余曰正則兮，字余曰靈均。」案《史記》原字平，所謂「靈均」者，釋「平」之義，以緣飾詞章耳。下至西漢，與周相接，故一切皆然。除子房、子卿、子孟、子政、子孺、子長、子雲、子兄、子真、子公、子陽、子賓、子幼之外，若仲孺、仲卿、仲子、長卿、少卿、孺卿、君卿、客卿、游卿、翁卿、聖卿、長君、少君、穉君、游君、次君、贛君、近君、曼君、王孫、翁孫、次公、少公、孟公、游公、仲公、長公、君公、少叔、翁叔、長叔、中叔、子叔、長倩、曼倩、次倩、穉季、長孺、仲孺、幼孺、少孺、次孺、翁孺、君孺、長翁、弱翁、仲翁、少翁、君房、君賓、君倩、君敖、君蘭、君長、君仲、君孟、少季、少子、少路、少游、稚賓、稚圭、稚游、稚君、巨先、巨君、長賓、長房、翁思、翁子、翁仲之類，其義只從一訓，極爲雅馴。至於婦人，曰少夫、君俠、政君、君力、君弟、君之、阿君。單書一字者，若陳勝字涉，項籍字羽，彭越字仲，張歐、吴廣、枚乘字叔，楚元王交、朱雲字游，爰盎字絲，張釋之字季，鄭當時字莊，劉德字路，眭弘字孟。迨東漢以下，則不盡然。

卷二十五則

二叔不咸

《左氏傳》載富辰之言曰：「昔周公弔二叔之不咸，故封建親戚，以蕃屏周。」士大夫多以二叔爲管、蔡。案《蔡仲之命》云：「羣叔流言，乃致辟管叔于商，囚蔡叔，降霍叔爲庶人。」蓋三叔也。杜預注以爲周公傷夏殷之叔世，疏其親戚，以至滅亡，故廣封其兄弟。是以方叙説管、蔡、郕、霍十六國，其義昭然。所言親戚者，指兄弟耳。

官階服章

唐憲宗時，因數赦，官多汎階。又，帝親郊，陪祠者授三品、五品，不計考，使府軍吏以軍功借賜朱紫率十八。近臣謝，郎官出使，多所賜與。每朝會，朱紫滿庭，而少衣緑者，品服太濫，人不以爲貴，帝亦惡之。詔太子少師鄭餘慶條奏懲革。淳熙十六年，紹熙五年，連有覃霈，轉官賜服者衆。紹熙元年，予自當塗徙會稽，過闕，遇起居舍人莫仲謙於漏舍，仲謙云：「比赴景靈行香，見朝士百數，無一緑袍者。」又，朝議、中奉皆直轉行，故五品官不勝計，頗類元和也。

月非望而食

曆家論日月食，自漢太初以來，始定日食，不在朔則在晦，否則二日，然甚少。月食則有十四、十五、十六之差，蓋置望參錯也。天體有二交道，曰交初、曰交中。交初者，星家以爲羅睺。交中者，計都也。隱暗不可見，於是爲入交法以求之，然不過能求朔望耳。若餘日入交，則書所不載，由漢及唐二十八家，曁本朝十一曆，皆然。姑以慶元丁巳歲五次月食考之，二月望爲入交中，七月爲交初，唯十月二十日、二十一日連兩夜，乃以二更盡月食之既，纔兩刻復明，十一月十八夜復如之。案，此三食皆是交中。十月二十夜月在張五度，而計都在翼二度，次夜月在張十七度，計都未動，相距才四度耳。十一月十八夜，月在星五度，計都在張十九度，相距二十度。十二月十七夜，五更，月在星二度，入交陽末，卯初四刻交甚，食六分半，八刻退交。十八夜四更，月在張六度，入交中陰初，至寅四刻交甚，食九分，卯五刻退交。其驗如此。予竊又有疑焉。太陰一月一周天，必兩值交道，今年遂至八食，一一如星官、曆翁之説，仍不拘月望，則玉川子之詩不勝作矣，當更求其旨趣云。頃見太史局官劉孝榮言：「月本無光，受日爲明，望夜正與日對，故一輪光滿。或月行有遲疾先後，日光所不照處，則爲食。朔旦之日，日月同宮，如月在日上，掩太陽而過，則日光爲所遮，故爲日食。非此二日，則無薄食之理。」其説亦通。

慶善橋

饒州學非范文正公所建，予既書之矣。城内慶善橋之説，亦然。比因郡人修橋，拆去舊石，見其上鐫云「康定庚辰」。案范公以景祐乙亥爲待制，丙子知開封府，黜知饒州，後徙潤、越，至庚辰歲乃復職，帥長安，既去此久矣。

西漢以來加官

《漢書·百官表》云，侍中、左右曹、諸吏、散騎、中常侍皆加官，所加或將軍、列侯、卿、大夫、將、都尉。給事中亦加官，所加或大夫、博士、議郎。其侍中、中常侍得入禁中，諸曹受尚書事，諸吏得舉法，散騎並步浪切。乘輿車。案漢世除授此等稱謂，殆若今之兼職者，不甚爲顯秩，然魏相以御史大夫而給事中【一】。它如劉向以宗正，散騎，給事中；蘇武以右曹，典屬國；揚雄爲諸吏，光禄大夫是也。至於金日磾以降虜爲侍中，其子賞、建，諸孫常、敞、岑、明、涉、湯、融、欽，皆爲左曹、諸吏、侍中【二】，故《班史》贊之云：「七世内侍，何其盛也。」蓋如今時閤門宣贊、祇候之類。但漢家多用士人，武帝所任莊助、朱買臣、吾丘壽王、東方朔諸人，皆天下選，此其所以爲人貴重。東漢大略亦然。晉、宋以來，

【一】魏相以御史大夫而給事中　庫本、祠本「而」作「兼」。

【二】皆爲左曹諸吏侍中　庫本、祠本「爲」作「以」。

又有給事黃門侍郎、散騎常侍、通直散騎常侍、散騎侍郎等，皆爲兼官，但視本秩之高下。已而復以將軍爲寵，齊高帝以太子詹事何戢領選，以戢資重，欲加常侍。褚淵曰：「臣與王儉既已左珥，若復加戢，則八座遂有三貂。若帖以驍、游，亦爲不少。」乃以爲吏部尚書，加驍騎將軍。唐有檢校官，文武散階、憲銜，乃此制也。國朝自真宗始創學士、直學士、待制、直閣職名，尤爲仕宦所慕。今自觀文殿大學士至直祕閣，幾四十種，不刊之典，明白易曉，非若前代之冗泛云。

呂望非熊

自李翰《蒙求》有「呂望非熊」之句，後來據以爲用。然以史策考之，《六韜》第一篇《文韜》曰：「文王將田，史編布卜曰：『田於渭陽，將大得焉。非龍非彲，螭。非虎非羆，兆得公侯，天遺汝師。』文王曰：『兆致是乎？』史編曰：『編之太祖史疇，爲禹占得皐陶兆【三】。』」《史記》云：「呂尚窮困年老，以漁釣干西伯，西伯將出獵，卜之，曰：『所獲非龍非彲，非虎非羆，所獲霸王之輔。』」後漢崔駰《達旨》云「漁父見兆於元龜」，注文乃引《史記》「非龍非驪，非熊非羆」爲證。今之《史記》，蓋不然也。「非熊」出處，惟此而已。

【三】爲禹占得皐陶兆　「兆」原作「比」，據庫本、祠本改。

唐曹因墓銘

慶元三年，信州上饒尉陳莊發土得唐碑，乃婦人爲夫所作。其文云：「君姓曹，名因，字鄙夫，世爲鄱陽人。祖、父皆仕於唐高祖之朝，惟公三舉不第，居家以禮義自守。及卒於長安之道，朝廷公卿、鄉鄰耆舊，無不太息。惟予獨不然，謂其母曰：『家有南畝，足以養其親，室有遺文，足以訓其子。肖形天地間，範圍陰陽内，死生聚散，特世態耳，何憂喜之有哉！』予姓周氏，公之妻室也。歸公八載，恩義有奪，故贈之銘曰：『其生也天，其死也天，苟達此理，哀復何言。』」予案唐世上饒本隸饒州，其後分爲信，故曹君爲鄱陽人。婦人能文達理如此，惜其不傳，故書之，以裨圖志之缺。

唐史省文之失

楊虞卿兄弟怙李宗閔勢，爲人所奔向。當時爲之語曰：「欲入舉場，先問蘇、張。蘇、張尚可，三楊殺我。」而《新唐書》減去「先」字。李德裕《賜河北三鎮詔》曰：「勿爲子孫之謀，欲存輔車之勢。」《新書》減去「欲」字。遂使兩者意義爲不鏗鏘激越，此務省文之失也。

李德裕論命令

李德裕相武宗，言從計行。韋弘質建言宰相不可兼治錢穀。德裕奏言：「管仲明於治國，其語曰：『國之重器，莫重於令。令重君尊，君尊國安，治人之本，莫要於令。故曰虧令者死，益令者死，不行令者死，留令者死，不從令者死，五者無赦。』又曰：『令在上，而論可否在下，是主威下繫於人也。』大和後，風俗寖敝，令出於上，非之在下，此敝不止，無以治國。臣謂制置職業，人主之柄，非小人所得干，弘質賤臣，豈得以非所宜言，妄觸天聽，是輕宰相也。」德裕大意欲朝廷尊、臣下肅，而政出宰相，故感憤切言之。予謂德裕當國，它相取充位而已。若如所言，則一命一令之出，臣下皆不得有言，諫官、御史、給事、舍人之職廢矣。弘質位給事中，亦非賤臣。宜其一朝去位，遂罹抵巇，皆自取之也。

漢武唐德宗

漢張湯事武帝，舞文巧詆以輔法，所治夷滅者多，旋以罪受誅。上惜湯，稍進其子安世，擢爲尚書令。安世宿衛忠正，肅敬不怠，勤勞國家，卒爲重臣，其可大用不疑。而武帝之意，乃以父湯故爾。唐盧杞相德宗，姦邪險賊，爲天下禍。以公議不容，譴逐致死。帝念之不忘，擢叙其子元輔，至兵部侍郎。元輔端靜介正，能紹其祖奕之忠規，陟之臺省要官，宜也。而德宗之意，乃以父杞故爾。且武帝之世，羣臣不幸而誅者，如莊助、朱買臣、吾丘壽王諸人，及考終名臣如汲黯、鄭莊、董仲舒、卜式，未嘗恤其孤。德宗輔相之賢如崔祐甫、李泌、陸贄皆身没則已。而獨於湯、杞二人卷卷如此，是可歎也。

諸公論唐肅宗

唐肅宗於干戈之際，奪父位而代之，然尚有可諉者。曰：「欲收復兩京，非居尊位，不足以制命諸將耳。」至於上皇還居興慶，惡其與外人交通，劫徙之西内，不復定省，竟以怏怏而終，其不孝之惡，上通於天。是時，元次山作《中興頌》，所書天子幸蜀，太子即位於靈武，直指其事。殆與《洪範》云「武王勝殷殺受」之詞同。其詞曰：「事有至難，宗廟再安，二聖重歡。」既言重歡，則知其不歡多矣。杜子美《杜鵑》詩：「我看禽鳥情，猶解事杜鵑。」傷之至矣。顔魯公《請立放生池表》云：「一日三朝，大明天子之孝；問安視膳，不改家人之禮。」東坡以爲彼知肅宗有愧於是也。黄魯直《題磨崖碑》尤爲深切：「撫軍監國太子事，何乃趣取大物爲？　事有至難天幸爾，上皇局脊還京師。南内凄凉幾苟活，高將軍去事尤危。臣結春秋二三策【四】，臣甫《杜鵑》再拜詩。安知忠臣痛至骨，世上但賞瓊琚詞。」所以揭表肅宗之罪，極矣。

【四】臣結春秋二三策　庫本、祠本「春秋」作「春陵」。按，明陳斗訂補《涪溪詩文集》卷上録此詩作「春陵」。疑作「春陵」是。

孫馬兩公所言

盧照鄰有疾，問孫思邈曰：「高醫愈疾奈何？」答曰：「天有四時五行，寒暑迭居，和爲雨，怒爲風，凝爲雪霜，張爲虹蜺，天常數也。人之四支五藏，一覺一寐，吐納往來，流爲榮衛，章爲氣色，發爲音聲，人常數也。陽用其形，陰用其精，天人所同也。失則烝生熱，否生寒，結爲瘤贅，陷爲癰疽，奔則喘乏，竭則焦槁，發乎面，動乎形。天地亦然，五緯縮贏，孛彗飛流，其危診也。寒暑不時，其烝否也。石立土踴，是其瘤贅。山崩土陷，是其癰疽。奔風暴雨，其喘乏。川瀆竭涸，其焦槁。高醫導以藥石，救以砭劑，聖人和以至德，輔以人事，故體有可愈之疾，天有可振之災。」睿宗召司馬子微問其術，對曰：「爲道日損，損之又損，以至於無爲。夫心目所知，見每損之尚不能已，況攻異端而增智慮哉。」帝曰：「治身則爾，治國若何？」曰：「國猶身也，故游心於淡，合氣於漠，與物自然，而無私焉，而天下治。」孫公、司馬所言，皆至道妙理之所寓，治心養性，宜無出此者矣。

元微之詩

《唐書·藝文志》元稹《長慶集》一百卷，《小集》十卷，而傳於今者，惟閩、蜀刻本，爲六十卷。三館所藏，獨有《小集》。文惠公鎮越，以其舊治，而文集蓋缺，乃求而刻之。外

《春游》一篇云：「酒户年年減，山行漸漸難。欲終心懶慢，轉恐興闌散。鏡水波猶冷，稽峯雪尚殘。不能辜物色，乍可怯春寒。遠目傷千里，新年思萬端。無人知此意，閑凭小欄干。」白樂天書之，題云《元相公春游》。錢思公藏其真跡，穆父守越時，摹刻于蓬萊閣下，今不復存。集中逸此詩，文惠爲列之於集外。李端民平叔嘗和其韻寄公云：「東閣經年別，窮愁客路難。望塵驚岳峙，懷舊各雲散。茵醉恩逾厚，檣歌興未殘。馮唐嗟已老，范叔敢言寒。玉燭調魁柄，陽春在筆端。應憐掃門役，白首滯江干。」樂天所書，予少時得其石刻，後亦失之。

諫繚綾戲龍羅

李德裕爲浙西觀察使，穆宗詔索盤條繚綾千匹，德裕奏言：「立鵝、天馬、盤條、掬豹，文彩怪麗，惟乘輿當御，今廣用千匹，臣所未諭。」優詔爲停。崇寧間，中使持御札至成都，令轉運司織戲龍羅二千，繡旗五百，副使何常奏：「旗者，軍國之用，敢不奉詔。戲龍羅唯供御服，日衣一匹，歲不過三百有奇，今乃數倍，無益也。」詔獎其言，爲減四之三。以二事觀之，人臣進言於君，切而不忤，蓋無有不聽者。何常所論，甚與德裕相類云。

詳正學士

唐太宗時，命祕書監魏徵寫四部羣書，將藏内府，置讎正二十員。後又詔虞世南、顔師古踵領之，功不就。顯慶中罷讎正官，使散官隨番刊正。後詔東臺侍郎趙仁本等，充使檢校，置詳正學士以代散官，此名甚雅，不知何時罷去。然祕省自有校書郎、正字，使正名責實足矣。紹興中，以貴臣提舉祕書省，而置編定書籍官二員，亦其類也。

卷三十五則

人生五計

朱新仲舍人常云：「人生天地間，壽夭不齊，姑以七十爲率：十歲爲童兒，父母膝下，視寒暖燥濕之節，調乳哺衣食之宜，以須成立，其名曰生計；二十爲丈夫，骨强志健，問津名利之場，秣馬厲兵，以取我勝，如驥子伏櫪，意在千里，其名曰身計；三十至四十，日夜注思，擇利而行，位欲高，財欲厚，門欲大，子息欲盛，其名曰家計；五十之年，心怠力疲，俯仰世間，智術用盡，西山之日漸逼，過隙之駒不留，當隨緣任運，息念休心，善刀而藏，如蠶作繭，其名曰老計；六十以往，甲子一周，夕陽銜山，倏爾就木，内觀一心，要使絲毫無慊，其名曰死計。」朱公每以語人，以身計則喜，以家計則大喜，以老計則不答，以死計則大笑，且曰：「子之計拙也。」朱既不勝笑者之衆，則亦自疑其計之拙，曰：「豈皆惡老而諱死邪。」因爲南華長老作《大死庵記》，遂識其語。予之年齡踰七望八，當以書諸紳云。

瀛莫間二禽

瀛、莫二州之境，塘濼之上有禽二種。其一類鵠，色正蒼而喙長，凝立水際不動，魚過其下則取之，終日無魚，亦不易地。名曰信天緣。其一類鶩，奔走水上，不閒腐草泥沙，唼唼然必盡索乃已，無一息少休。名曰漫畫。信天緣若無能者，乃與漫畫均度，一日無飢色，而反加壯大。二禽皆稟性所賦，其不同如此。

士大夫避父祖諱

國朝士大夫，除官避父、祖名諱，蓋有不同。不諱嫌名，二名不偏諱，在禮固然，亦有出於一時恩旨免避，或旋爲改更者。建隆創業之初，侍衛帥慕容彦釗、樞密使吴廷祚皆拜使相，而彦釗父名章，廷祚父名璋，制麻中爲改同中書門下平章事爲同二品。紹興中，沈守約、湯進之二丞相，父皆名舉，於是改提舉書局爲提領，自餘未有不避者。吕希純除著作郎，以父名公著而辭。然富韓公之父單名言，而公以右正言知制誥，韓保樞之子忠憲公億，孫絳、縝，皆歷位樞密，未嘗避。豈别有説乎？

元正父子忠死

唐安禄山表權臯入幕府，臯度禄山且叛，以其猜虐不可諫，欲行，慮禍及親，因獻俘京師，在道詐死，既唅斂而逸去。臯母謂實死，慟哭感行路，故禄山不之虞，歸其母，臯潛奉侍，晝夜南奔。既渡江而禄山反。天下聞其名，爭取以爲屬。甄濟居青巖山，諸府五辟，詔十至，堅卧不起。安禄山入朝，求濟於玄宗，授范陽掌書記，濟不得已而起。察禄山有反謀，不可諫，因謁歸，陽歐血不支，舁歸舊廬。禄山反，使封刀召之，曰：「即不起，斷其首。」濟引頸待之。使以實病告，慶緒復使强輿至東都【一】。會廣平王平東都，詣軍門上謁，肅宗使汙賊官羅拜，以媿其心。《唐書》列二人於《卓行傳》，褒之至矣。有元正者，在河南幕府，史思明陷河、洛，輦父匿山中，賊以名召之。正度事急，謂弟曰：「賊禄不可養親，彼利吾名，難免矣。然不汙身而死，吾猶生也。」賊既得，誘以高位，瞋目固拒，兄弟皆遇害。父聞，仰藥死。事平，詔録伏節十一姓，而正爲冠。臯、濟之終，與正皆贈祕書少監。予謂臯、濟得生，而正一門皆并命，故當時以爲伏節之冠。而《唐史》不列之《忠義》、《卓行》中，但附見於其祖萬頃《文藝》之末，《資治通鑑》亦不載其事，使正之名寂寥不章顯，爲可恨也。白樂天作《張諴碑》云：「以左武衛參軍分司東都，屬安禄山陷覆洛京，以僞職淫刑，脅劫士庶，公與同官盧巽潛遁于陸渾山，食木實，飲泉水者二年，訖不爲逆命所

【一】慶緒復使强輿至東都　「强」原作「輿」，據馬本、庫本、祠本改。按：《新唐書》卷一九四《甄濟傳》作「强」。

汙。肅宗詔河南搜訪不仕賊庭、隱藏山谷者，得六人以應詔，公與巽在焉。繇是名節聞于朝，優詔褒美，特授密縣主簿。」

蕭穎士風節

蕭穎士爲唐名人，後之學者但稱其才華而已，至以笞楚童奴爲之過。予反復考之，蓋有風節識量之士也。爲集賢校理，宰相李林甫欲見之，穎士不詣，林甫怒其不下己。後召詣史館，又不屈，愈見疾，至免官更調河南參軍。安禄山寵恣，穎士陰語柳并曰：「胡人負寵而驕，亂不久矣。東京其先陷乎。」即託疾去。禄山反，往見河南採訪使郭納，言禦守計，納不用。歎曰：「肉食者以兒戲禦劇賊，難矣哉。」聞封常清陳兵東京，往觀之，不宿而還，身走山南，節度使源洧欲退保江陵，穎士説曰：「襄陽乃天下喉襟，一日不守，則大事去矣。公何遽輕土地取天下笑乎？」洧乃按甲不出。洧卒，往客金陵，永王璘召之，不見。劉展反，圍雍丘，副大使李承式遣兵往救，大宴賓客，陳女樂。穎士曰：「天子暴露，豈臣下盡歡時邪。夫投兵不測，乃使觀聽華麗，誰致其死哉。」弗納。穎士之言論操持如此，今所稱之者淺矣。李太白，天下士也，特以墮永王亂中，爲終身累。穎士，永王召而不見，則過之焉。

石尤風

石尤風，不知其義，意其爲打頭逆風也。唐人詩好用之。陳子昂《入峽苦風》云：「故鄉今日友，歡會坐應同。寧知巴峽路，辛苦石尤風。」戴叔倫《送裴明州》：「瀟水連湘水，千波萬浪中。知君未得去，慙愧石尤風。」司空文明《留盧秦卿》云：「知有前期在，難分此夜中。無將故人酒，不及石尤風。」計南朝篇詠，必多用之，未暇憶也。

江楓雨菊

作詩要有來處，則爲淵源宗派。然字字執泥，又爲拘澁。予於此學，無自得之見，少年時，尤失之琱琢。記一聯，初云：「雨深荒病菊，江冷落愁楓。」後以其太險，改爲：「雨深人病菊，江冷客愁楓。」比前句微有藴藉。蓋取崔信明「楓落吴江冷」，杜老「雨荒深院菊」、「南菊再逢人卧病」，嚴武「江頭赤葉楓愁客」，合而用之。乃如補納衣裳，殊爲可笑。聊書之以示兒輩云。

開元宫嬪

自漢以來，帝王妃妾之多，唯漢靈帝、吴歸命侯、晉武帝、宋蒼梧王、齊東昏、陳後主。

晉武至於萬人。唐世明皇爲盛，白樂天《長恨歌》云「後宮佳麗三千人」，杜子美《劍器行》云「先帝侍女八千人」，蓋言其多也。《新唐史》所叙，謂開元、天寶中，宮嬪大率至四萬。嘻，其甚矣。隋大業離宮徧天下，所在皆置宮女。故裴寂爲晉陽宮監，以私侍高祖，及高祖義師經過處，悉罷之。其多可想。

相里造

唐内侍監魚朝恩，怙貴誕肆，凡詔會羣臣計事，折愧坐人出其上，雖宰相元載辯彊，亦拱默。唯禮部郎中相里造、殿中侍御史李衎，酬詰往返，未始降屈。朝恩不懌，黜衎以動造，又謀將易執政，以震朝廷，乃會百官都堂，且言：「今水旱不時，屯軍饋運困竭，天子卧不安席，宰相何以輔之？不退避賢路，尚何賴乎【二】。」宰相俛首，坐皆失色。造徙坐從之，因曰：「陰陽不和，五穀踊貴，皆軍容事，宰相何與哉。且軍帑不散，故天降之沴。今京師無事，六軍可相維鎮，又屯十萬，饋糧所以不足，百司無稍食，軍容爲之。宰相行文書而已，何所歸罪。」朝恩拂衣去，曰：「南衙朋黨且害我。」此段載於《唐史·宦者傳》中，不能記相里造之本末。予謂造當閹侍威權震主生殺在手之時，以區區一郎吏，而抗身與爲敵，後來名人議論及叙列忠言鯁詞，未見有稱述之者，《通鑑》亦不書，聊紀於此，以章潛德。同時劉給事爭幸河中，亦然。

【二】尚何賴乎　「賴」原作「須」，據馬本、祠本改。按《新唐書》卷二百七《魚朝恩傳》作「賴」。

先公詩詞

先忠宣公好讀書，北困松漠十五年，南謫嶺表九年，重之以風淫末疾，而繙閱書策，早暮不置，尤熟於杜詩。初歸國到闕，令邁作謝賜物一劄子，竄定兩句云：「已爲死別，偶遂生還。」謂邁曰：「此雖不必泥出處，然有所本更佳。東坡《海外表》云：『子孫慟哭於江邊，已爲死別。』杜老《羌村》詩云：『世亂遭飄蕩，生還偶然遂。』正用其語。」在鄉邦日，招兩使者會集，出所將宣和殿書畫舊物示之。提刑洪慶善作詩曰：「願公十襲勿浪出，六丁取將飛辟歷。」二字如古文，不從雨。公和之曰：「萬里懷歸爲公出，往事宣和空歷歷。」邁請其意，曰：「亦出杜詩『歷歷開元事，分明在目前』也。」紹興丁巳，所在始歌《江梅引》詞，不知爲誰人所作，己未、庚申年，北庭亦傳之。至于壬戌，公在燕，赴張總侍御家宴，侍妾歌之，感其「念此情，家萬里」之句，愴然曰：「此詞殆爲我作。」既歸不寐，遂用韻賦四闋。時在囚拘中，無書可檢，但有《初學記》、韓、杜、蘇、白樂天集，听引用句語，一一有來處。北方不識梅花，士人罕有知梅事者，故皆注所出。其一《憶江梅》云：「天涯除館憶江梅。幾枝開。使南來。還帶餘杭春信到燕臺。准擬寒英聊慰遠，隔山水，應銷落，赴愬誰。空恁遐想笑摘蘂。斷回腸，思故里，漫彈緑綺。引三弄，不覺魂飛。更聽胡笳哀怨淚沾衣。亂插繁華須異日，待孤諷，怕東風，一夜吹。」元注引杜公：「忽憶兩京梅發時。」「胡笳在樓上，哀怨不堪聽。」「安得健步移遠梅，亂插繁華向晴昊【三】。」樂天《憶杭州梅花》：「三年閑悶在餘杭，曾爲梅花醉幾場。」車駕時在臨安。柳子厚：「欲爲萬里贈，杳杳山水隔。寒英坐銷落，何用慰遠客。」江總：「桃李佳人欲相照，摘蘂牽花來並笑。」高適：「遥憐故人思故鄉，梅花滿枝空斷腸。」盧仝：「含愁更奏緑綺琴，相思一夜梅花發。」劉方平：「晚歲芳梅樹，繁花四面同。東風吹漸落，一夜幾枝空。」東坡：「忽見早梅花，不飲但孤諷。」「一夜東風吹石裂，半隨飛雪度關山。」

其二《訪寒梅》云：「春還消息訪寒梅。賞初開。夢吟來。映雪銜霜清絶繞風臺。可怕長洲桃李妬，度香遠，驚愁眼，欲媚誰。　曾動詩興笑冷蘂，効少陵，慙《下里》。萬株連綺。歎金谷，人墜鶯飛。引領羅浮翠羽幻青衣。月下花神言極麗，且同醉，休先愁，玉笛吹。」注引李太白：「聞道春還未相識，走傍寒梅訪消息。」「緑珠樓下梅花滿，今日曾無一枝在。」江總：「金谷萬株連綺甍，梅花隱處藏嬌鶯。」何遜：「銜霜當路發，映雪擬寒開。枝横却月觀，花繞淩風臺。」杜公：「東閣官梅動詩興，還如何遜在揚州。」「未將梅蘂驚愁眼，要取楸花媚遠天。」「巡簷索共梅花笑，冷蘂疎枝半不禁。」樂天：「賞自初開直至落。」「莫怕長洲桃李妬，明年好爲使君開。」王昌齡夢中作梅花詩。梁簡文賦「香隨風而遠度」，及趙師雄《羅浮見美人在梅花下有翠羽啾嘈相顧》詩云：「學粧欲待問花神。」崔櫓：「初開已入雕梁畫，未落先愁玉笛吹。」

【三】亂插繁華向晴昊　「昊」原作「漢」。祠本作「昊」，杜集作「昊」，今據改。

其三《憐落梅》云：「重閨佳麗最憐梅。牖春開，學粧來。爭粉翻光何遽落梳臺。笑坐雕鞍歌古曲，催玉柱，金巵滿，勸阿誰。貪爲結子藏暗蘂。斂娥眉，隔千里。舊時羅綺。已零散，沈、謝雙飛。不見嬌姿真悔著單衣。若作和羹休訝晚，墮煙雨，任春風，片片吹。」注引梁簡文賦：「重閨佳麗，貌婉心嫻。憐早花之驚節，訝春光之遺寒。」「顧影丹墀，弄此嬌姿。洞開春牖，四卷羅帷。春風吹梅畏落盡，賤妾爲此斂娥眉。」又：「爭樓上之落粉，奪機中之織素。」梁王詩：「翻光同雪舞。」鮑泉：「縈窗落梳臺。」江總：「滿酌金巵催玉柱，落梅樹下宜歌舞。」太白：「千金駿馬邀少妾，笑坐雕鞍歌落梅。」古曲有《落梅花》。又：「片片吹落春風香。」謝莊賦：「隔千里兮共明月。」庾信：「早知覓不見，真悔著衣單。」東坡：「抱叢暗蘂初含子。」「玉妃謫墮煙雨村。」王建：「自是桃花貪結子。」

第四篇失其稿，每首有一笑字，北人謂之「四笑《江梅引》」，爭傳寫焉。

州縣名同

晉、宋以來，置立州郡，惟以多爲貴。先是中原陷胡、羯，本土遺民，或僑寓南方，故即其所聚爲立郡。而方伯所治之州，亦仍舊名。如南徐、南兖、南豫、南雍州、南蘭陵、南東海、南琅邪、南東莞、南魯郡，其類不一。魏、周在北，亦如此。隋、唐不復然。國朝之制，州名或同，則增一字以別之。若河北有雄州、恩州，故廣東者增南字。蜀有劍州，故福建者亦增南字。以至西和、西安州亦然。其聲音頗同，患於舛誤，則俗間稱呼，自加上下東西爲别。故稱岳爲上岳，鄂爲下鄂。清州與青類，稱爲北清，郢州與潁類，稱爲西郢。融州與容類，稱爲西融者是也。若縣邑則不問。今河南、靜江府、鞏州皆有永寧縣，饒、邛、衡州皆有安仁縣，蔡、英之真陽，廬、汝之梁，光、台之仙居，臨安、建昌之新城，越、筠之新昌，婺、蜀之永康，處、吉之龍泉，嚴、池之建德，渭、秀之華亭，信、吉之永豐，郴、興國之永興，衢、嘉之龍游，施、臨江之清江，洪、萬之武寧，福、循之長樂，郴、連之桂陽，福、桂之永福是也。

三衙軍制

乾道四年正月，邁爲中書舍人，因入對，論三衙軍制名稱不正：以祖宗之制論之，軍職之大者，凡八等。除都指揮使或不常置外，曰殿前副都指揮使、馬軍副都指揮使、步軍副都指揮使，曰殿前都虞候、馬軍都虞候、步軍都虞候，曰捧日天武四廂都指揮使、龍神衛四廂都指揮使，秩秩有序，若登梯然，不可一級輒廢。一或有闕，即以功次遞遷。降此而下，則分營、分廂，各置都副指揮使，如捧日左廂第一軍、天武右廂第二軍之類。邊境有事，命將討捕，則旋立總管、鈐轄、都監之名，使各將其所部以出。事已則復初。累聖相承，皆用此術，以制軍詰禁。自南渡以後，觸事草創，於是三帥之資淺者，始有主管某司公事之稱。而都虞候以下，不復設置，乃以宿衛虎士而與在外諸軍同其名，以統制、統領爲之長。又使遥帶外路總管、鈐轄。考之舊制則非法，稽之事體則非是。以陛下聖明，能知人善任，使所謂爪牙之士，豈無十數人以待用者。若法祖宗之制，正三衙之名，改諸軍爲諸廂，改統制以下爲都虞候、指揮使，使宿衛之職預有差等，士卒之心明有所係，異時拜將，必無一軍皆驚之舉。於以銷壓未萌，循名責實，則環衛將軍雖不置可也。乞下樞密院討論故實，圖議其當，恐或可以少贊布昭聖武之意。

讀劄子畢，孝宗甚喜，即批付樞密院。是時，知院虞允文使四川，同知劉琪不樂，曰：「舍人要如何行？」對之以：「但隨所見敷陳，若施行與否，自係廟堂處分。」竟寢不行。後閲《華陽集》，王珪撰《高瓊神道碑》云：「王爲殿前都指揮使，管軍員闕，兼領二司，王乃言曰：『臣老矣，如有負薪之憂，誰爲可任者？先朝自殿前而下，各置副都指揮使及都虞候，常有十人，職近事親，易以第進，又使士卒預識其威名，緩急臨戎，上下得以附習，此軍制之大要也。』有旨從之。」據瓊所言如此，正合前説。

歐陽公勳封贈典

吉州新刊《歐陽公文集》，於年譜下盡載官爵、制詞，無一遺落。考之今制，多有不合。雖非事之所以損益，謾書於策，且記典章隨時之異云。公自太子中允初加勳，便得騎都尉，越過驍、武、飛、雲四級，自龍圖閣直學士初封爵，便得信都縣子，越過男一等。翰林學士加恩而得五百户，初加實封，便得二百户。及罷政，爲觀文學士，遇郊而加食邑五百户，實封二百户。薨之後，以子登朝，遇大禮，自太子太師合贈司空，而躐贈太尉，蓋超空、徒、保、傅四官。再贈即爲太師，仍封國公。今殊不然，除勳官既罷外，侍從初封，亦從縣男爲始。每加不過三百户。待制侍郎只二百。初得實封財百户。執政去位，但與侍從同，均爲虚邑三百而已。身後加贈，只單轉一官，兩子升朝，乃進二官，雖三四人亦不增，未有宫師直贈太尉者。今太傅也。又公任知制誥、知潁州轉官而與直龍圖閣、知亳州王洙同一詞。《唐書》成，進秩，五人同制。公與宋景文公、范忠文公【四】、王忠簡公皆帶從官職，而宋次道乃集賢校理耳。

嘉祐四真

嘉祐中，富韓公爲宰相，歐陽公在翰林，包孝肅公爲御史中丞，胡翼之侍講在太學，皆極天下之望。一時士大夫相語曰：「富公真宰相，歐陽永叔真翰林學士，包老真中丞，胡公真先生。」遂有四真之目。歐陽公之子發、棐等叙公事迹載此語，可謂公言。

【四】范忠文公　「忠文」原作「文忠」。按，此處乃言歐陽修與宋祁、范鎮（景仁）等修《唐書》事。鎮修《唐書》，謚忠文，見《蘇軾文集》卷十四《范景仁墓誌銘》。今改。按，祠本亦誤作「文忠」。

五方老人祝聖壽

聖節所用祝頌樂語，外方州縣各當筵致語一篇，又有王母隊者，若教坊，唯祝聖而已。歐陽公集，乃載《五方老人祝壽文》五首，其東方曰：「但某太山老叟，東海真仙，溜穿石而曾究始終，松避雨而備知歲月。羲氏定三百六日，嘗守寅賓之官；夷吾紀七十二君，盡覩登封之事。遇安期而遺棗，笑方朔之偷桃。風入律而來自巖前，斗指春而光臨洞口。昔漢武帝嘗懷三島之勝遊，有羨門生欲謁巨公於昭代。今則紫庭降聖，華渚開祥。遠離朝日之方，來展望雲之懇。千八百國，咸歸至治之風；億萬斯年，共禱無疆之壽。」其頌只四句，西、中、南、北方皆然。集中不云何處所作，今無復用之。

卷四 九則

作詩旨意

詩三百篇中，其譽婦人者至多。如叙宗姻之貴者，若「平王之孫，齊侯之子」，「汾王之甥，蹶父之子」，「齊侯之子，衛侯之妻，東宫之妹，邢侯之姨，譚公維私」。夸服飾之盛者，若「副笄六珈」，「如山如河」，「玉之瑱也，象之揥也」。贊容色之美者，若「唐棣之華」，「華如桃李」，「鬒髮如雲」，「手如柔荑，膚如凝脂，領如蝤蠐，齒如瓠犀，螓首蛾眉。巧笑倩兮，美目盼兮」，「顔如舜華」，「洵美且都」。語嫁娉之侈者，若「百兩彭彭，八鸞鏘鏘，不顯其光。諸娣從之，祁祁如雲，爛其盈門」。其詞可謂盡善矣。魏、晉、六朝流連光景，不可勝述。唐人播之歌詩，固亦極摯。若「態濃意遠淑且真，肌理細膩骨肉匀。綉羅衣裳照暮春，蹙金孔雀銀麒麟」，「翠微匐葉重鬢脣，珠壓腰衱穩稱身」，「深宫高樓入紫清，金作蛟龍盤繡楹。佳人當窗弄白日，絃將手語彈鳴箏」，「回眸一笑百媚生，六宫粉黛無顔色」，「後宫佳麗三千人，三千寵愛在一身」，「金屋粧成嬌侍夜，玉樓宴罷醉和春」，「樓上樓前盡珠翠，眩轉熒煌照天地」。此皆李、杜、元、白之麗句也。予獨愛朱慶餘《閨意》一絶句上張籍水部者曰：「洞房昨夜停紅燭，待曉堂前拜舅姑。粧罷低聲問夫壻，畫眉深淺入時無？」細味此章，元不談量女之容貌，而其華豔韶好，體態温柔，風流醖藉，非第一人不足當也。歐陽公所謂「狀難寫之景如在目前，含不盡之意見於言外，然後爲工」，斯之謂也。慶餘名可久，以字行。登寶曆進士第，而官不達。著録於《藝文志》者只一卷，予家有之，他不逮此。張籍酬其篇云：「越女新粧出鏡心，自知明豔更沉吟。齊紈未是人間貴，一曲菱歌直萬金。」其愛之重之，可見矣。然比之慶餘，殊爲不及。

平王之孫

《周南》、《召南》之詩，合爲二十有五篇。自漢以來爲之説者，必系之文、武、成、康，故不無牴牾。如《何彼襛矣》乃美王姬之詩，其辭有「平王之孫，齊侯之子」兩句，翻覆再言之。毛公箋云：「武王女，文王孫，適齊侯之子。」鄭氏不立説。考其意，蓋以平王爲平正之王，齊侯爲齊一之侯，若所謂武王載旆，成王之孚，成王不敢康，非指武與成者。然證諸《春秋經》，魯莊公元年，當周莊王之四年，齊襄公之五年，書曰「單伯送王姬」，繼之以「築王姬之館于外」，又繼之以「王姬歸于齊」。杜預注云：「王將嫁女于齊，命魯爲主。莊公在諒闇，慮齊侯當親迎，不忍便以禮接於廟，故築舍於外。」末書「歸于齊」者，終此一事也。十一年又書「王姬歸于齊」，《傳》言「齊侯來逆共姬」，乃桓公也。莊王爲平王之孫，則所嫁王姬當是娣妹，齊侯之子即襄公、桓公也。二者必居一于此矣。明白如是，而以爲武王女，文王孫，於義何取。

毛詩語助

《毛詩》所用語助之字，以爲句絶者，若之、乎、焉、也、者、云、矣、爾、兮、哉，至今作文者皆然。他如只、且、忌、止、思、而、何、斯、旃、其之類，後所罕用。「只」字如「母也天只，不諒人只」，「且」字如「椒聊且」、「遠條且」、「狂童之狂也且」、「既亟只且」。「忌」字如「叔善射忌，又良御忌」。「止」字如「齊子歸止」、「曷又懷止」、「女心傷止」。「思」字如「不可求思」、「爾羊來思」、「今我來思」。「而」字如「俟我於著乎而，充耳以素乎而，尚之以瓊華乎而」。「何」字如「如此良人何」、「如此粲者何」。「斯」字如「恩斯勤斯，鬻子之閔斯」、「彼何人斯」。「旃」字如「舍旃舍旃」。「其」字，音基。如「夜如何其」、「子曰何其」皆是也。「忌」唯見於《鄭詩》，「而」唯見於《齊詩》。《楚詞·大招》一篇全用「只」字。《太玄經》：「其人有輯杭，可與過其。」至於「些」字，獨《招魂》用之耳。

東坡文章不可學

東坡作《蓋公堂記》，云：「始吾居鄉，有病寒而欬者，問諸醫，醫以爲蠱，不治且殺人。取其百金而治之，飲以蠱藥，攻伐其腎腸，燒灼其體膚，禁切其飲食之美者。期月而百疾作，内熱惡寒而欬不已，纍然真蠱者也。又求於醫，醫以爲熱，授之以寒藥，旦朝吐之，莫夜下之，於是始不能食。懼而反之，則鍾乳、烏喙，雜然並進，而漂疽、癰疥、眩瞀之狀，無所不至。三易醫而病愈甚。里老父教之曰：『是醫之罪，藥之過也。子何疾之有。人之生也，以氣爲主，食爲輔。今子終日藥不釋口，臭味亂于外，而百毒戰于内，勞其主，隔其輔，是以病也。子退而休之，謝醫却藥，而進所嗜，氣全而食美矣。則夫藥之良者，可以一飲而效。』從之，期月而病良已。昔之爲國者亦然。吾觀夫秦自孝公以來，至於始皇，立法更制，以鐫磨鍛鍊其民，可謂極矣。蕭何、曹參親見其斲喪之禍，而收其民於百戰之餘，知其厭苦、憔悴、無聊而不可與有爲也，是以一切與之休息，而天下安。」是時熙寧中，公在密州，爲此説者，以諷王安石新法也。其議論病之三易，與秦、漢之所以興亡治亂，不過三百言而盡之。

張文潛作《藥戒》，僅千言，云：「張子病痞，積於中者，伏而不能下，自外至者，捍而不能納，從醫而問之。曰：『非下之不可。』歸而飲其藥，既飲而暴下。不終日，而向之伏者散而無餘，向之捍者柔而不支。焦膈導達，呼吸開利，快然若未始有疾者。不數日，痞復作，投以故藥，其快然也亦如初。自是逾月，而痞五作五下，每下輒愈。然張子之氣，一語而三引，體不勞而汗，股不步而慄，膚革無所耗於外，而其中薾然，莫知其所來。聞楚之南，有良醫焉，往而問之。醫歎曰：『子無嘆是薾然者也。天下之理，其甚快於予心者，其末必有傷，求無傷於終者，則初無望於快吾心。痞橫乎胸中，其累大矣。擊而去之，不須臾而除甚大之累，和平之物不能爲也。必將擊搏震撓而後可，其功未成而和氣已病。則子之痞，凡一快者，子之和一傷矣。不終月而快者五，則和平之氣，不既索乎。且將去子之痞，而無害於和乎？子歸，燕居三月，而後予之藥可爲也。』張子歸三月而復請之。醫曰：『子之氣少全矣。』取藥而授之，曰：『服之三月而疾少平，又三月而少康，終年而復常。且飲藥不得亟進。』張子歸而行其說。其初使人滋然遲之，蓋三投其藥而三反之也。然日不見其所攻，久較則月異而時不同，蓋終歲而疾平。張子謁醫謝而問其故。醫曰：『是治國之説也。獨不見秦之治民乎？勑之以命，捍而不聽令；勸之以事，放而不畏法。令之不聽，治之不變，則秦之民嘗痞矣。商君見其痞也，厲以刑法，威以斬伐，痛剗而力鋤之。流蕩四達，無敢或拒，痞嘗一快矣。至于二世，凡幾痞而幾快矣。積快而不已，而秦之四支，枵然徒有其物而已。民心日離，而君孤立于上，故匹夫大呼，不終日而百疾皆起，欲運其手足肩膂，而漠然不我應，故秦之亡者，是好爲快者之過也。昔者，先王之民初亦嘗痞矣。先王不敢求快於吾心，陰解其亂，而除去其滯，使之悠然自趨於平安而不自知。於是政成教達，悠久而無後患。則余之藥終年而愈疾者，蓋無足怪也。』」予觀文潛之説，盡祖蘇公之緒論，而千言之煩，不若三百言之簡也。故詳書之，俾作文立説者知所矜式【一】。竊料蘇公之記，文潛必未之見，是以著此篇；若既見之，當不復屋下架屋也。

韓文稱名

歐陽公作文，多自稱予，雖説君上處亦然，《三筆》嘗論之矣。歐公取法於韓公，而韓不然。《滕王閣記》、《袁公先廟》爲尊者所作，謙而稱名，宜也。至於《徐泗掌書記壁記》《科斗書後記》、《李虚中墓誌》之類皆曰愈，可見其謙以下人。後之爲文者所應取法也。

棘寺棘卿

今人稱大理爲棘寺，卿爲棘卿，丞爲棘丞，此出《周禮·秋官》：「朝士掌建邦外朝之法。左九棘，孤、卿、大夫位焉。右九棘，公、侯、伯、子、男位焉。」鄭氏注云：「植棘以爲位者，取其赤心而外刺也。棘與棗同。」棘之字，兩朿相並，棗之字，兩朿相承。此所言者，今之棗也。然孤、卿、大夫皆同之，則難以獨指大理。《王制》云：「正以獄成，告于大司寇，大司寇聽之棘木之下。」料後人藉此而言。鄭注亦只引前説，此但謂其入朝立治之處，若以指刑部尚書亦可也。《易·坎卦》「係用徽纆【二】，寘于叢棘」，以居險陷囚執爲詞，其義自別。

【一】知所矜式　「矜」原作「務」，據明抄本、馬本改。

【二】係用徽纆　「纆」原作「纏」，據庫本、祠本改。按，《易·坎》卦作「纆」。

晉代遺文

故麓中得舊書一帙，題爲《晉代名臣文集》。凡十四家，所載多不能全，真太山一毫芒耳。有張敏者，太原人，仕歷平南參軍、太子舍人、濟北長史。其一篇曰《頭責子羽文》，極爲尖新。古來文士皆無此作，恐《藝文類聚》、《文苑英華》或有之，惜其泯没不傳，謾采之以遺博雅君子。其序云：「太原温長仁、潁川荀景伯、范陽張茂先、士鄉劉先生【三】、南陽鄒潤甫、河南鄭思淵。余友有秦生者，雖有姊夫之尊，少而狎之，同時昵好。張、荀之徒，數年之中，繼踵登朝，而此賢身處陋巷，屢沽而無善價，抗志自若，終不衰墮，爲之慨然。又怪諸賢既已在位，曾無伐木嚶鳴之聲，又違王、貢彈冠之義，故因秦生容貌之盛，爲頭責之文以戲之，并以嘲六子焉。雖似諧謔，實有興也。」

文曰：「維泰始元年，頭責子羽曰：『吾託爲子頭，萬有餘日矣。大塊禀我以精，造我以形。我爲子蒔髮膚，置鼻耳，安眉頞，插牙齒。眸子橋光，雙權隆起。每至出入人間，遨游市里，行者辟易，坐者竦跽。或稱君侯，或言將軍，捧行傾側，佇立踦驅。如此者，故我形之足偉也。子冠冕弗戴，金銀弗佩，艾以當笄，帽以代帶，百味弗嘗，食粟茹菜，歲暮年過，曾不自悔。子厭我形容，我賤子意態。若此者，必子行己累也。子遇我如讎，我視子如仇。居常不樂，兩者俱憂。何其鄙哉。子欲爲仁賢耶？則當如咎陶、后稷、巫咸、伊

【三】士鄉劉先生　祠本「鄉」作「卿」，「先」作「文」。按《全晉文》卷八十引《世説新語》注文引《張敏集》、《藝文類聚》卷十七「士鄉」作「上郡」，「先」作「文」。疑《全晉文》是。又，本則下文「士鄉劉許」之「士鄉」，《全晉文》亦作「上郡」。今姑仍其舊。

陟，保乂王家，永見封殖。子欲爲名高耶？則當如許由、子臧、卞隨、務光，洗耳逃禄，千載流芳。子欲爲遊説耶？則當如陳軫、蒯通、陸生、鄧公，轉禍爲福，含辭從容。子欲爲進趨耶？則當如賈生之求試，終軍之請使，砥礪鋒穎，以幹王事。子欲爲恬淡耶？則當如老聃之守一，莊周之自逸，漠然離俗，志凌雲日。子欲爲隱遯耶？則當如榮期之帶索，漁父之瀺灂，栖遲神岳，垂餌巨壑。此一介之人，所以顯身成名者也。今子上不睎道德，中不效儒、墨，塊然窮賤，守此愚惑。察子之情，覩子之志，退不爲處士，進無望三事，而徒玩日勞形，習爲常人之所喜，不亦過乎。』子羽愀然深念而對曰：『凡所教勑，謹聞命矣。受性拘係，不聞禮義，誤以天幸，爲子所寄。今子欲使吾爲忠耶？當如包胥、屈平；欲使吾爲信耶？則當殺身以成名；欲使吾爲節耶？則當赴水火以全貞。此四者，人之所忌，故吾不敢造意。』頭曰：『子所謂天刑地網，剛德之尤。不登山抱木，則褰裳赴流。吾欲告爾以養性，誨爾以優游。而與蟣虱同情，不聽我謀。悲哉。俱御人體，而獨爲子頭。且儗人其倫，喻子儕偶，曾不如太原温顒、潁川荀禹、范陽張華、士卿劉許、南陽鄒湛、河南鄭詡。此數子者，或謇吃無宫商，或尫陋希言語，或淹伊多姿態，或讙譁少智諝，或口如含膠飴，或頭如巾齏杵。而猶以文采可觀，意思詳序，攀龍附鳳，並登天府。夫舐痔得車，沉淵竊珠，豈若夫子，徒令脣舌腐爛，手足沾濡哉。居有事之世，而耻爲權謀，譬猶鑿地抱甕，難以求富。嗟乎子羽，何異牢檻之熊，深穽之虎，石間餓蟹，竈中之鼠。事雖多而見工甚少，宜其卷局煎蹙，至老無所睎也。支離其形者，猶能不困，命也夫，與子同處。』」其文九百餘言，頗有東方朔《客難》、劉孝標《絶交論》之體。《集仙傳》所載神女《成公智瓊傳》見於《太平廣記》，蓋敏之作也。鄒湛姓名，因羊叔子而傳，而字曰潤甫，則見於此。

漢武帝田蚡公孫弘

尚論古人者，如《漢史》所書，於武帝，則譏其好大喜功，窮奢極侈，置生民於塗炭；於田蚡，則詆其負貴驕溢，以肺腑爲相，殺竇嬰、灌夫；於公孫弘，則云性意忌，外寬内深，飾詐釣名，不爲賢大夫所稱述。然以予考之，三君臣者，實有大功於名教。自秦始皇焚書坑儒，六學散缺，高帝初興，未皇庠序之事，孝惠、高后時，公卿皆武力功臣，孝文好刑名，孝景不任儒。至於武帝，田蚡爲丞相，黜黄、老刑名百家之言，延文學儒者以百數。帝詳延天下方聞之士，咸登諸朝，令禮官勸學，講議洽聞，舉遺興禮，以爲天下先。而公孫弘以治《春秋》爲丞相，天下學士靡然鄉風。弘爲學官，悼道之鬱滯，始請爲博士官置弟子，郡國有秀才異等，輒以名聞。請著功令。而《詩》、《書》、《易》、《禮》之學，彬彬並興，使唐、虞、三代以來稽古禮文之事，得以不廢。今之所以識聖人至道之要者，實本於此。史稱其「罷黜百家，表章《六經》，號令文章，焕焉可述」。蓋已不能盡其美。然則武帝奢暴，固貽患於一時；蚡、弘之爲人，得罪於公論，而所以扶持聖教者，乃萬世之功也。平帝元始詔書，尚能稱弘之率下篤俗，但不及此云。

近世文物之殊

國家南渡以來，典章文物，多不與承平類。姑以予所親見者言之，蓋月異而歲不同，今聊紀從官立班隨駕、省試官入院、政府呼召、百官騶從、朝報簡削數項，以示子姪。

侍從常朝，紹興中分立於垂拱殿隔門上，南北相向，以俟追班。乾道中猶然。暨淳熙，則引於殿門上，東西對立。車駕出，常朝文臣自宰相至二史，武臣自宗王、使相至觀察使，以雜壓次序行焉。孝宗在普安邸，官檢校少保節度使，每出必處正尚書之後。而乾道以來，兩班分而爲二，唯使相不然。故開府儀同三司皆與執政官聯行，而居其上。

紹興十二年壬戌，予寓南山淨慈，待詞科試，見省試官聯騎，公服戴帽，不加披衫。每一員以親事官一人執勑黄行前。是時，知舉、參詳、點檢官合三十一員，最後一中官宣押者，入下天竺貢院。及三十年庚辰，予以吏部郎充參詳官，既入内受勑，則各各乘馬，不同時而赴院。至淳熙十四年丁未，忝司貢舉，則了與昔異。三三兩兩，自爲遲速，其乘轎者十人而九矣。

宰府呼召之禮，始時庶僚皆然，已而卿、監、郎官及史局、玉牒所緣提舉官屬之故，一切得免。逮乾道以後，宰相益自卑，於是館職亦免。迄于淳熙則凡職事官悉罷此制。朝士騶從至少，各得雇募若干，取步軍司名籍，而幫錢米於左藏，率就雇游手、冗卒，兩分可供一名。如假借於近郡者，給其半。初猶破省，馬并一馭者，後不復有焉。若乘轎，僅能充負荷而已。今日似益增，雖下列亦占十餘輩。

進奏院報狀，必載外郡謝上或監司到任表，與夫慶賀表章一篇。凡朝廷除郡守，先則除目，但云某人差知某州，替某人。及録黄下吏部，但前銜後擬云：「某官姓名。宜差知或權知，權發遣。某州軍州兼管内勸農營田事，替某人。」到任成資闕，或云年滿。仍借紫借緋，候回日却依舊服色。外官求休致，則云：「某州申某官姓名，爲病乞致仕。」或兩人三人後，云：「某時已降勑，命各守本官致仕。」今不復行，但小報批下。或禁小報，則無由可知。此必一宰相以死爲諱者，故去之。外官表章聞，有一二欲士大夫見之者，須以屬東省乃可。郡守更不報細銜。禮文簡脱，一至於此。

卷五十五則

庾公之斯

《孟子》：「逢蒙學射於羿，盡羿之道，思天下惟羿爲愈己，於是殺羿。孟子曰：『是亦羿有罪焉？』公明儀曰：『疑若無罪焉。』曰：『薄乎云爾，惡得無罪？』」此一段既畢，而繼之曰：「鄭人使子濯孺子侵衛，衛使庾公之斯追之。子濯孺子曰：『今日我疾作，不可以執弓，吾死矣夫。』問其僕，曰：『追我者誰也？』其僕曰：『庾公之斯也。』曰：『吾生矣。』其僕曰：『庾公之斯，衛之善射者也。夫子曰吾生，何謂也？』曰：『庾公之斯學射於尹公之他，尹公之他學射於我。夫尹公之他，端人也，其取友必端矣。』庾公之斯至，曰：『夫子何爲不執弓？』曰：『今日我疾作，不可以執弓。』曰：『小人學射於尹公之他，尹公之他學射於夫子，我不忍以夫子之道反害夫子。雖然，今日之事，君事也，我不敢廢。』抽矢扣輪，去其金，發乘矢而後反。」孟子書子濯、庾公一段，幾二百字，其旨以謂使羿如子濯得尹公而教之，則必無逢蒙之禍。然前段結尾，自常爲文者處之，必云如子濯孺子，施教於尹公之他則可，不然，後段之末，必當云以是事觀之，羿之不善取友，至於殺身，其失如此，然後文體相屬。兹判爲兩節，若不關聯，而宫商相宣，律吕明焕，立言之妙，是豈步趨模倣所能彷彿哉。人爲兒童時，便讀此章，未必深識其趣，故因表出而極論之。《左氏傳》書衛獻公奔齊云：「尹公他學射於庾公差，庾公差學射於公孫丁。他與差爲孫林父追公，公孫丁御公。庾公差曰：『射爲背師，不射爲戮，射爲禮乎？』射兩軥而還。尹公他曰：『子爲師，我則遠矣。』乃反之。公孫丁授公轡而射之，貫他臂。」即《孟子》所引者，而名字先後美惡皆不同。

萬事不可過

天下萬事不可過，豈特此也。雖造化陰陽亦然。雨澤所以膏潤四海，然過則爲霖淫；陽舒所以發育萬物，然過則爲燠亢。賞以勸善，過則爲僭；刑以懲惡，過則爲濫。仁之過則爲兼愛無父，義之過則爲爲我無君。執禮之過，反鄰於諂；尚信之過，至於證父。是皆偏而不舉之弊，所謂過猶不及者。揚子《法言》云：「周公以來，未有漢公之懿也，勤勞則過於阿衡。」蓋諂王莽也。後之議者，謂阿衡之事不可過也，過則反，乃誚莽耳。其旨意固然。

致仕官上壽

國朝大臣及侍從致仕後，多居京師。熙寧中，范蜀公自翰林學士以本官户部侍郎致仕，同天節乞隨班上壽，許之。遂著爲令。元祐初，韓康公以故相判大名府，還都，拜司空致仕，值太皇太后受册禮畢，乞隨班稱賀，降詔免赴，皆故事也。

桃花笑春風

王荆公集古《胡笳詞》一章云：「欲問平安無使來，桃花依舊笑春風。」後章云：「春風似舊花仍笑，人生豈得長年少。」二者貼合，如出一手，每歎其精工。其上句蓋用崔護詩，後一句久不見其所出。近讀范文正公《靈巖寺》一篇云：「春風似舊花猶笑。」以「仍」爲「猶」，乃此也。李義山又有絶句云：「無賴夭桃面，平明露井東。春風爲開了，却擬笑春風。」語意兩極其妙。

嚴先生祠堂記

范文正公守桐廬，始於釣臺建嚴先生祠堂，自爲記，用《屯》之初九，《蠱》之上九，極論漢光武之大，先生之高，財二百字。其歌詞云：「雲山蒼蒼，江水泱泱。先生之德，山高水長。」既成，以示南豐李泰伯。泰伯讀之，三歎味不已，起而言曰：「公之文一出，必將名世，某妄意輒易一字，以成盛美。」公瞿然握手扣之，答曰：「雲山、江水之語，於義甚大，於詞甚溥，而『德』字承之，乃似趢趚，擬換作『風』字，如何？」公凝坐頷首，殆欲下拜。張伯玉守河陽，作《六經閣記》，先託游士及在職者各爲之，凡七八本，既畢，並會於府，伯玉一一閱之，取紙書十四字，徧示客曰：「六經閣，諸子、史、集在焉，不書，尊經也。」時曾子固亦預坐，驚起摘伏。邁頃聞此二事於張子韶，不能追憶經閣所在及其文竟就於誰手，後之君子，當有知之者矣。

大言誤國

隗囂謀畔漢，馬援勸止之甚力，而其將王元曰：「今天水全富，士馬最强，案秦舊迹，表裏河山，元請以一丸泥爲大王東封函谷關【一】。」囂反遂決，至於父子不得其死。元竟降漢。隋文帝伐陳，大軍臨江，都官尚書孔範言於後主曰：「長江天塹，古以爲限隔南北，今日虜軍豈能盡度邪【二】？臣每患官卑，虜若渡江，臣定作太尉公矣。」或妄言北軍馬死，範曰：「此是我馬，何爲而死？」帝笑以爲然，故不爲深備。已而國亡，身竄遠裔。唐元宗有克復中原之志，及下南閩，意以謂諸國可指麾而定，而事力窮薄，且無良將。魏岑因侍宴言：「臣少遊元城，好其風物，陛下平中原，臣獨乞任魏州。」元宗許之。岑趨墀

【一】

請以一丸泥爲大王東封函谷關　「丸」原作「寸」，據馬本、庫本、祠本改。按，《東觀漢記》卷二十三《隗囂載記》作「丸」。

【二】

虜軍豈能盡度　馬本、庫本、祠本「盡」作「飛」。按，《南史》卷七十七《孔範傳》作「飛」。疑作「飛」是。

下拜謝，人皆以爲佞。孟蜀通奏使王昭遠，居常好大言，有雜耕渭上之志，聞王師入討，對賓客援手言：「此送死來爾。乘此逐北，遂定中原，不煩再舉也。」不兩月蜀亡，昭遠爲俘。此四臣之佞，本爲爵禄及一時容悦而已，亦可悲哉。

宗室覃恩免解

淳熙十三年，光堯太上皇帝以聖壽八十，肆赦推恩，宇宙之内，蒙被甚廣。太學諸生，至于武學，皆得免文解一次，凡該此恩者，千二三百人。而宗子在學者不預，諸人相率詣宰府，且偏謁侍從、臺諫，各納一劄子，叙述大旨，其要以爲：「德壽霈典，普天同慶，而玉牒支派，辱居膠庠，顧不獲與布衣書生等。竊譬之世俗尊長生日，召會族姻，而本家子孫，不享杯酒臠炙，外議謂何？今庬鴻之澤如此，宗學乃不許厠名，於義於禮，恐爲未愜。」是時，諸公莫肯出手爲言，邁以待制侍講内宿，適蒙宣引，因出其紙以奏，仍爲敷陳此輩所云尊長生日會客而本家子弟不得坐，譬諭可謂明白。孝宗亦笑曰：「甚是切當有理。」時所携只是白劄子，蒙徑付出施行，遂一例免舉。其人名字，今不復能記憶矣。

唐書載韓柳文

宋景文修《唐書》，《韓文公傳》全載其《進學解》、《諫佛骨表》、《潮州謝上表》、《祝鱷魚文》，皆不甚潤色，而但换《進學解》數字，頗不如本意。元云「招諸生立館下」，改「招」字爲「召」，既言先生入學，則諸生在前，招而誨之足矣，何召之爲。「障百川而東之」，改「障」字爲「停」，本言川流横潰，故障之使東，若以爲停，於義甚淺。改「跋前疐後」爲「躓後」，韓公本用《狼跋》詩語，非躓也。其他以「爬羅剔抉」爲「杷羅」，「焚膏油」爲「燒」，以「取敗幾時」爲「其敗」。《吴元濟傳》書《平淮西碑》文千六百六十字，固有他本不同，然才減節輒不穩當。「明年平夏」一句悉芟之。「平蜀西川」減「西川」字。「非郊廟祠祀，其無用樂」減「祠」、「其」兩字。「皇帝以命臣愈，臣愈再拜稽首」減下「臣」字。殊害理。「汝其以節都統討軍」，以「討」爲「諸」，尤不然。討者，如《左傳》討軍實之義，若云「諸軍」，何人不能下此語。《柳子厚傳》載其文章四篇，《與蕭俛》、《許孟容書》、《貞符》、《懲咎賦》也。《孟容書》意象步武，全與漢楊惲《答孫會宗書》相似，《貞符》倣班孟堅《典引》，而其四者次序或失之。至云：「宗元不得召，内閔悼，作賦自儆。」然其語曰：「逾再歲之寒暑。」則責居日月未爲久，難以言不得召也。《資治通鑑》但載《梓人》及《郭橐駞傳》以爲其文之有理者。其識見取舍，非宋景文可比云。

冥靈社首鳳

光堯上仙，於梓宫發引前夕，合用警場導引鼓吹詞。邁在翰苑製撰，其《六州歌頭》

内一句云：「春秋不説楚冥靈。」常時進入文字，立待報者，則貼黄批急速，未嘗停滯。是時，首尾越三日，又入奏，趣請付出。太常吏欲習熟歌唱，守院門伺候，適有表弟沈日新在軍將橋客邸，一士人乃上庠舊識，忽問「楚冥靈」出處，沈亦不能知，來扣予，因以《莊子》語告之，急走報，此士大喜。初，孝宗以付巨璫霍汝弼，使釋其意。此士，霍客也。故宛轉費日如此。又面奉旨令代作挽詩五章。其四云：「鼎湖龍去遠，社首鳳來遲。」當時不敢宣泄，而帶御器械謝純孝密以爲問，乃爲舉王子年《拾遺記》，蓋周成王事也。禁苑文書，周悉乃爾。

左傳州郡

《左傳》魯哀公二年，晉趙鞅與鄭戰，誓衆曰：「克敵者，上大夫受縣，下大夫受郡，士田十萬。」注云：「《周書·作雒篇》：千里百縣，縣有四郡。」然則郡乃隸縣，而歷代地理、郡國志，未之或書。又《傳》所載地名，從州者凡五。「魯宣公會齊於平州，以定其位。」注云：「齊地，在泰山牟縣西。」見於正經。它如：「允姓之姦，居于瓜州。」注：「今墩煌也。」「楚莊王滅陳，復封之，鄉取一人焉以歸，謂之夏州。」「齊子尾使閭丘嬰伐我陽州。」注：「魯地。」後四十年，又書「魯侵齊，門于陽州」。注：「攻其門也。」「苫越生子，將待事而名之，陽州之役獲焉，名之曰陽州。」是齊、魯皆有此地也。衛莊公登城以望，見戎州，曰：「我姬姓也，何戎之有焉。」以上唯瓜州之名至今。

貧富習常

少時，見前輩一説云：「富人有子不自乳，而使人棄其子而乳之；貧人有子不得自乳，而棄之以乳他人之子。富人懶行，而使人肩輿；貧人不得自行，而又肩輿人。是皆習以爲常而不察之也。天下事，習以爲常而不察者，推此亦多矣，而人不以爲異，悲夫。」甚愛其論。後乃得之於晁以道《客語》中，故謹書之，益廣其傳。

唐用宰相

唐世用宰相不以序，其得之若甚易，然固有出入大僚，歷諸曹尚書、御史大夫，領方鎮，入爲僕射、東宫師傅，而不得相者，若顔真卿、王起、楊於陵、馬總、盧鈞、韓皋、柳公綽、公權、盧知猷是也。如人主所欲用，不過侍郎、給事中，下至郎中、博士者，才居位即禮絶百僚，諫官御史聽命之不暇，顧何敢輒抨彈其失，與國朝異矣。其先在職者，仍許引其同列，若姚元崇之引宋璟，蕭嵩之引韓休，李林甫引牛仙客、陳希烈，楊國忠引韋見素，盧杞引關播，李泌引董晉、竇參，李吉甫引裴垍，李德裕引李回，皆然。

史記淵妙處

太史公書不待稱説，若云褒贊，其高古簡妙處，殆是摹寫星日之光輝，多見其不知量也。然予每展讀至《魏世家》、《蘇秦》、《平原君》、《魯仲連傳》，未嘗不驚呼擊節，不自知其所以然。魏公子無忌與王論韓事，曰：「韓必德魏愛魏重魏畏魏，韓必不敢反魏。」十餘語之間，五用魏字。蘇秦説趙肅侯曰：「擇交而得則民安，擇交而不得則民終身不安。齊、秦爲兩敵而民不得安，倚秦攻齊而民不得安，倚齊攻秦而民不得安。」平原君使楚，客毛遂願行，君曰：「先生處勝之門下，幾年于此矣？」曰：「三年于此矣。」君曰：「先生處勝之門下，三年於此矣，左右未有所稱誦，勝未有所聞，是先生無所有也。先生不能，先生留。」遂力請行，而折楚王，再言：「吾君在前，叱者何也？」至左手持盤血，而右手招十九人於堂下，其英姿雄風，千載而下，尚可想見，使人畏而仰之，卒定從而歸。至於趙，平原君曰：「勝不敢復相士。勝相士多者千人，寡者百數，今乃於毛先生而失之。毛先生一至楚，而使趙重於九鼎、大吕。毛先生以三寸之舌，强於百萬之師。勝不敢復相士。」秦圍趙，魯仲連見平原君曰：「事將柰何？」君曰：「勝也何敢言事。魏客新垣衍令趙帝秦，今其人在是。勝也何敢言事。」仲連曰：「吾始以君爲天下之賢公子也，吾今然後知君非天下之賢公子也。客安在【三】。」平原往見衍，曰：「東國有魯仲連先生者，勝請爲紹

【三】客安在　「客安」原作「梁客」，據馬本、庫本、祠本改。按，《史記》卷八十三《魯仲連傳》作「客安」。

介，交之於將軍。」衍曰：「吾聞魯仲連先生，齊國之高士也。衍，人臣也，使事有職，吾不願見魯仲連先生。」及見衍，衍曰：「吾視居此圍城之中者，皆有求於平原君者也；今吾觀先生之玉貌，非有求於平原君者也。」又曰：「始以先生爲庸人，吾乃今日知先生爲天下之士也。」是三者，重沓熟復，如駿馬下駐千丈坡，其文勢正爾。風行於上而水波，真天下之至文也。

玉津園喜晴詩

淳熙十二年三月二十六日，車駕宿戒幸玉津園，命下，大雨，有旨許從駕官帶雨具。將曉，有晴意，已而天宇豁然。至晚歸，邁進一詩，歌詠其實，云：「五更猶自雨如麻，無限都人仰翠華。翻手作雲方悵望，舉頭見日共驚嗟。天公的有施生妙，帝力堪同造物誇。上苑春光無盡藏，可須羯鼓更催花。」四月四日，扈從詣景靈宮朝獻，蒙於幕次賜和篇。聖製云：「比幸玉津園，縱觀春事，適霽色可喜，卿有詩來上，因俯同其韻：春郊柔緑遍桑麻，小駐芳園覽物華。應信吾心非暇逸，頓回晴意絶咨嗟。每思富庶將同樂，敢務游畋漫自誇。不似華清當日事，五家車騎爛如花。」後二日，兵部尚書宇文价内引，上舉似此詩曰：「洪待制用雨如麻字，偶思得桑麻可押，又其末句用羯鼓催花事，故以華清車騎答之。」价拱手稱贊，明日以相告云。

虢巨賀蘭

天下國家不幸而有四郊之警，爲人臣者，當隨其事力，悉心盡忠，以致尺寸之效。苟爲叨竊禄位，視如秦、越，一切惟己私之是徇，雖千百載後，覩其事者，猶使人怒髮衝冠也。唐天寶禄山之亂，可謂極矣。虢王巨爲河南節度使，賀蘭進明繼之，擁數道之兵，臨要害之地，尊爲征鎮，有民有財，而汗漫忌疾，非徒無益，而反敗之。巨在彭城，張巡在雍丘，以將士有功，遣使詣巨請空名告身及賜物，巨惟與折衝、果毅告身三十通，不與賜物，巡竟不能，立徙于睢陽。先是太守許遠積糧六萬石，巨以其半給濮陽、濟陰，遠固爭不得。二郡得糧，遂以城叛，而睢陽食盡。顔魯公起兵平原，合衆十萬，既成魏郡堂邑之功矣。是時，進明爲北海太守，亦起兵，公以書召之并力，進明度河，公每事咨之，軍權始移，遂取捨任意，以得招討後詣行在，因譖房琯，自嶺南而易河南。張巡受圍困棘，遣南霽雲告急於其所治臨淮，相去三百里，棄而不救。平原、睢陽失守，實二人之故。一時議者，皆不以爲言，使之連據高位，顯爲佚罰。曾不十年，巨斥刺遂州，爲段子璋所殺；進明坐第五琦黨，自御史大夫竄謫以死。天網恢恢，兹焉不漏。

校勘記

卷六十二則

鄱陽七談

鄱陽素無圖經地志，元祐六年，餘干進士都頡始作《七談》一篇，敘土風人物，云：「張仁有篇，徐濯有説，顧雍有論，王德璉有記，而未有形於詩賦之流者，因作《七談》。」其起事則命以建端先生，其止語則以畢意子。其一章，言澹浦、彭蠡山川之險勝，番君之靈傑。其二章言濱湖蒲魚之利，膏腴七萬頃，柔桑蠶繭之盛。其三章，言林麓木植之饒，水草蔬果之衍，魚鱉禽畜之富。其四章，言銅冶鑄錢，陶埴爲器。其五章，言宮寺游觀，王遥仙壇，吴氏潤泉，叔倫戴隄。其六章，言鄱江之水。其七章，言堯山之民，有陶唐之遺風。凡三千餘字，自謂八日而成。比之太沖十稔、平子十年爲無慊。予偶於故簏中得之，惜其不傳于世，故表著於此。其所引張、徐、王、顧所著，今不復存，更爲可恨也。

經解之名

晉、唐至今，諸儒訓釋《六經》，否則自立佳名，蓋各以百數，其書曰傳、曰解、曰章句而已。若戰國迨漢，則其名簡雅。一曰故，故者，通其指義也。《書》有《夏侯解故》，《詩》有《魯故》、《后氏故》、《韓故》也。《毛詩故訓傳》，顔師古謂流俗改故訓傳爲詁，字失真耳。小學有杜林《蒼頡故》。二曰微，謂釋其微指。如《春秋》有《左氏微》、《鐸氏微》、《張氏微》、《虞卿微傳》。三曰通，如洼丹《易通論》名爲《洼君通》，班固《白虎通》，應劭《風俗通》，唐劉知幾《史通》，韓滉《春秋通》。凡此諸書，唯《白虎通》、《風俗通》僅存耳。又如鄭康成作《毛詩箋》，申明其義【一】，他書無用此字者。《論語》之學，但曰《齊論》、《魯論》、《張侯論》，後來皆不然也。

卜筮不敬

古者龜爲卜，筴爲筮，皆興神物以前民用。其用之至嚴，其奉之至敬，其求之至悉【二】，其應之至精。齋戒乃請，問不相襲，故史祝所言，其驗若答。周史筮陳敬仲，知其八世之後莫之與京，將必代齊有國。史蘇占晉伯姬之嫁，而及於爲嬴敗姬，惠、懷之亂。至邃至賾，通於神明。後世浸以不然，今而愈甚。至以飲食猥雜之際，呼日者隅坐，使之占卜，往往不加冠裳，一問四五，而責其術之不信，豈有是理哉。善乎班孟堅之論曰：「君子將有爲也，將有行也，問焉而以言，其受命也如響。及至衰世，懈於齋戒，而婁煩卜筮，神明不應。故筮瀆不告，《易》以爲忌，龜厭不告，《詩》以爲刺。」謂《周易》之《蒙》卦

【一】申明其義　馬本、庫本、祠本「其」作「傳」。

【二】其求之至悉　「求」原作「來」，據馬本、庫本、祠本改。

曰：「初筮告，再三瀆，瀆則不告。」《詩・小旻》之章云：「我龜既厭，不我告猶。」言卜問煩數，狎嫚於龜，龜靈厭之，不告以道也。漢世尚爾，況在於今，未嘗頃刻盡敬，而一歸咎於淫巫瞽史，其可乎哉。

糖霜譜

糖霜之名，唐以前無所見，自古食蔗者始爲蔗漿，宋玉《招魂》所謂「胹鼈炰羔有柘漿」是也。其後爲蔗餳，孫亮使黄門就中藏吏取交州獻甘蔗餳是也。後又爲石蜜，《南中八郡志》云：「笮甘蔗汁，曝成飴，謂之石蜜。」《本草》亦云「煉糖和乳爲石蜜」是也。後又爲蔗酒，唐赤土國用甘蔗作酒，雜以紫瓜根是也。唐太宗遣使至摩揭陁國，取熬糖法，即詔揚州上諸蔗，榨瀋如其劑，色味愈於西域遠甚，然只是今之沙糖。蔗之技盡於此，不言作霜，然則糖霜非古也。歷世詩人模奇寫異，亦無一章一句言之，唯東坡公過金山寺，作詩送遂寧僧圓寶云：「涪江與中泠，共此一味水。冰盤薦琥珀，何似糖霜美。」黄魯直在戎州，作頌答梓州雍熙長老寄糖霜云：「遠寄蔗霜知有味，勝於崔子水晶鹽。正宗掃地從誰説，我舌猶能及鼻尖。」則遂寧糖霜見於文字者，實始二公。甘蔗所在皆植，獨福唐、四明、番禺、廣漢、遂寧有糖冰，而遂寧爲冠。四郡所産甚微，而顆碎色淺味薄，纔比遂之最下者，亦皆起於近世。唐大曆中，有鄒和尚者，始來小溪之繖山，教民黄氏以造霜之法。繖山在縣北寺十里，山前後爲蔗田者十之四，糖霜户十之三。蔗有四色，曰杜蔗，曰西蔗，曰艻蔗【三】，《本草》所謂荻蔗也，曰紅蔗，《本草》崑崙蔗也。紅蔗止堪生噉，艻蔗可作沙糖，西蔗可作霜，色淺，土人不甚貴，杜蔗紫嫩，味極厚，專用作霜。凡蔗最困地力，今年爲蔗田者，明年改種五穀以息之。霜户器用，曰蔗削、曰蔗鎌、曰蔗凳、曰蔗碾、曰榨斗、曰榨牀、曰漆甕，各有制度。凡霜，一甕中品色亦自不同，堆疊如假山者爲上，團枝次之，甕鑑次之，小顆塊次之，沙脚爲下；紫爲上，深琥珀次之，淺黄又次之，淺白爲下。宣和初，王黼創應奉司，遂寧常貢外，歲别進數千斤。是時，所産益奇，牆壁或方寸，應奉司罷，乃不再見。當時因之大擾，敗本業者居半。久而未復，遂寧王灼作《糖霜譜》七篇，具載其説，予采取之以廣聞見。

李彦仙守陝

靖康夷虜之禍，忠義之士，死於守城，而得書史傳者，如汾州之張克戩、隆德之張確、懷之霍安國、代之史抗、建寧寨之楊震、震武之朱昭是已【四】。唯建炎以來，士之得其死者蓋不少。兹讀王灼所作《李彦仙傳》，雖嘗具表上進，然慮實録、正史未曾采用，謹識於此。

彦仙字少嚴，本名孝忠，其先寧州人也，後徙于鞏。幼有大志，喜談兵，習騎射，所歷

【三】艻蔗　祠本「艻」作「艻」。按，庫本《糖霜譜》作「艻」。

【四】震武之朱昭　《東都事略》卷一一一《朱昭傳》、《宋史》卷四四八六《夏國傳》「武」作「威」。

山川形勢必識之。尚氣，謹然諾，非豪俠不交。金人南侵，郡縣募勤王軍，彦仙散家貲，得三千人，入援京師。虜圍太原，李綱爲宣撫使，彦仙上書切詆，有司逮捕急，乃易今名，棄官亡命。頃之，復從种師中，師中敗死，仙走陝州。守將李彌大問北事，條對詳複，使扼殽、澠間。金人再圍汴，陝西范致虚總六路兵進援，仙請曰：「殽、澠險隘，難於立軍，前却即衆潰矣。宜分道並進，伺空以出。且留半軍于陝，爲善後計。」致虚曰：「如子言，乃逗撓也。」仙曰：「兵輕而分，正可速達。」不從，爭益牢，致虚怒，罷其職。既而敗績，卒無功。

建炎元年四月，金人屠陝州，經制使王瓊度不能支，引部曲去，官吏逃逸。仙爲石壕尉，獨如平時，歸者繈屬，即徙老稚入土花砦、三觜、石柱、大通諸山，拔武鋭者分主之，自營三觜。諭衆曰：「虜實易與，今得地利，若輩堅守足矣。」少日虜復據陝，分軍來攻，有健酋升前阜嫚罵，仙單騎衝擊，挾之以歸，始料衆，正部伍。虜數萬圍三觜，仙邀戰，伏精兵後崦，掩殺萬計，奪馬三百，虜解去。京、洛間多爭附者，勢益雄張，未閱月，破虜五十餘壁。

初，虜再入陝，官其土人，俾招復業者，人給符別之。仙陰縱麾下往，約日内應。二年三月，引兵直州南，城中火起，虜方備南壁，而水軍自新店，夜順流薄城東北蒙泉坡、龍堂溝以入，表裏夾攻，僵尸相藉，遂復陝。

始，河東之人倡義拒虜，仙約胡夜叉者爲助，假以沿河提舉，意不滿，叛趨南原。仙誘致殺之，奪五千衆。邵隆、邵雲本其黨，欲爲復讎，仙因客鐫説，遂來歸。乘勝渡河，柵中條諸山，蒲、解至太原皆響動，乃分遣隆、雲等取安邑、虞鄉、芮城、正平、解，皆下之，蒲幾拔，會援至，不克。以功遷閤門宣贊舍人，就畀陝，兼安撫司公事，悉裒所俘酋長護送行在。

上咨歎，賜袍帶、槍劍，許直達奏事，便宜處決。時關以東獨陝在，益增陴、疏塹、蒐軍、繕鎧，廣屯田，訓農耕作。家素留鞏，盡取至官，曰：「吾父母妻子同城存亡矣。」聞者感悦，各有固志。十二月，金酋烏魯撒拔圍陝，仙背城鏖鬭，七日，虜傷甚跳奔。三年，婁宿孛堇自絳移屯蒲、解，諜知之，設伏於諸谷，鼓躁横突，俘馘十八，婁宿僅以身免。制置使王庶檄使輕軍掎角，次虞鄉，虜以萬甲逆石鍾谷口，終日戰，斬級二千。遷武功大夫、寧州觀察使、河、解、同、耀制置使。

時河東土豪密附，期王師來爲應。仙益治軍，欲請于朝，乞詔陝西諸路各助步騎二萬。會張浚經略處置川、陝，弗之許。十二月，婁宿衆十萬復圍陝，仙夜使人隧地，焚其攻具，營部囂亂，縱兵乘之，虜稍退。

四年正月，益生兵傅壘，晝夜進攻，鵝車、天橋、火車、衝車叢進，仙隨機拒敵，又爲金汁礮，火藥所及，糜爛無遺，而圍不解。日憑堞須外援，浚爲遣軍，虜先阻雍，不得進，則令涇原曲端出鄜坊繞虜後。端素嫉仙聲績逾己，幸其敗，詭託不行。丁巳，城陷，仙挾親軍巷戰，矢集身如蝟，左臂中刃，不殊，戰逾力，遂死之，并其家遇害。

先是，虜嘗許以河南元帥，及圍合，復言如前約，當退師。仙叱曰：「吾寧鬼於宋，安用汝富貴爲。」虜惜其才，必欲降之，城將破，先令軍中，生致者予萬金。仙平時弊衣同士卒，及是，雜羣伍中死，虜不能察。其爲人，面少和色，有犯令，雖親屬不貸。諸將敗事，或有他過，其外屯者，輒封篚，遣帳下往，皆裸就笞，不敢出一詞。當是時，同、華、長安盡爲敵藪，陝斗絶一隅，初無朝家素定約束，中立孤軍日與虜确，但誦忠義，感勵其衆。每拜君賜暨取敵金貲，悉均之，毛銖不入己。以是精兵三萬，大小二百戰，皆樂爲用。軍事獨裁決，至郡政必問法所底，闔境稱治。浚承制贈彰武軍節度使，建廟商州。

邵雲者，龍門人。城破被執，婁宿欲命以千户長，肆詈不屈，乃釘之木架上，置解州東門外。惡少撫其背涅文，戲曰：「可鞘吾佩刀。」雲怒，偃架仆之。後五日磔解之，至抉眼摘肝，詈不絶，喉斷乃已。初行刑，將剸刃，雲叱之，失刀而斃，其忠勇蓋如此。

姦雄疾勝己者

自古姦雄得志，包藏禍心，窺伺神器，其勢必嫉士大夫之勝己者，故常持「寧我負人，無人負我」之説。若蔡伯喈之值董卓，孔文舉、禰正平、楊德祖之值曹操，嵇叔夜、阮嗣宗之值司馬昭、師，温太真之值王處仲，謝安石、孟嘉之值桓温，皆可謂不幸矣。伯喈僅僅脱卓手，終以之隕命。正平轉死於黄祖，文舉覆宗，德祖被戮。叔夜罹東市之害，嗣宗沉湎佯狂，至爲勸進表以逃大咎。太真以智挫錢鳳而免，其危若蹈虎尾。唯謝公以高名達識，表裹至誠，故温敬之重之，不敢萌相窺之意。然尚有「爲性命忍須臾」及「晉祚存亡在此一行」之虞。孟嘉爲人夷曠冲默，名冠州里，稱盛德人。仕於温府，歷征西參軍、從事、中郎、長史，在朝隤然仗正，必不効郗超輩輕與温合。然自度終不得善其去，故放志酒中，如龍山落帽，豈爲不自覺哉。温至云「人不可以無勢，我乃能駕馭卿」，老賊於是見其肺肝矣。嘉雖得全於酒，幸以考終，然財享年五十一，蓋酒爲之累也。陶淵明實其外孫，傷其「道悠運促」，悲夫。

俗語放錢

今人出本錢以規利入，俗語謂之放債，又名生放，予考之亦有所來。《漢書·谷永傳》云：「至爲人起責，分利受謝。」顔師古注曰：「言富賈有錢，假託其名，代之爲主，放與他人，以取利息而共分之。」此放字所起也。

漢書多叙谷永

予亡弟景何，少時讀書甚精勤，晝夜不釋卷，不幸有心疾，以至夭逝。嘗見梁宏夫誦

《漢書》，即云：「唯谷永一人，無處不有。」宏夫驗之於史，乃服其說。今五十餘年矣，漫摭永諸所論建，以渫予在原之思。薛宣爲少府，御史大夫缺，永言宣簡在兩府。諫大夫劉輔繫獄，永同中朝臣上書救之。光禄大夫鄭寬中卒，永乞以師傅恩加其禮謚。陳湯下獄，永上疏訟其功。鴻嘉河決，永言當觀水勢，然後順天心而圖之。成帝好鬼神方術，永言皆妄人惑衆，挾左道以欺罔世主，宜距絶此類。梁王爲有司奏禽獸行，永上疏諫止勿治。淳于長初封，下朝臣議，永言長當封。段會宗復爲西域都護，永憐其老，復遠出，手書戒之。建昭雨雪，燕多死，永請皇后就宮，令衆妾人人更進。建始星孛營室，永言爲後宮懷妊之象，彗星加之，將有絶繼嗣者【五】。永始日食，永以《易》占對，言酒亡節之所致。次年又食，永言民愁怨之所致。星隕如雨，永言王者失道，下將叛去，故星叛天而隕，以見其象。《樓護傳》言：「谷子雲之筆札。」《叙傳》述其論許、班事。《許皇后傳》云：「上采永所言以答書。」其載於史者，詳複如此。本傳云：「永善言災異，前後所上四十餘事。」蓋謂是云。

玉堂殿閣

漢谷永對成帝問曰：「抑損椒房、玉堂之盛寵。」顔師古注：「椒房，皇后所居。玉堂，嬖幸之舍也。」按，《漢書・李尋傳》：「久汙玉堂之署。」注：「玉堂殿在未央宮。」翼

【五】將有絶繼嗣者　「有」原爲空格，據明抄本補。

奉疏曰：「孝文帝時，未央宮又無高門、武臺、麒麟、鳳皇、白虎、玉堂、金華之殿。」《三輔黄圖》曰：「未央宮有殿閣三十二，椒房、玉堂在其中。」《漢宮閣記》云：「未央宮有玉堂、宣室閣。」又引《漢書》「建章宮南有玉堂，璧門三層，臺高三十丈【六】，玉堂内殿十二門階，階皆玉爲之。又有玉堂、神明堂二十六殿。」然今《漢書·郊祀志》但云「建章宮南有玉堂璧門」，而無它語。晉灼注揚雄《解嘲》「上玉堂」之句，曰「《黄圖》有大玉堂、小玉堂殿」，而今《黄圖》無此文。國朝太宗淳化中，賜翰林「玉堂之署」四字，其後以最下一字犯廟諱，故元符中只云「玉堂」。紹興末，學士周麟之又乞高宗御書「玉堂」二字揭於直廬，麟之跋語，自有所疑。已而議者皆謂玉堂乃殿名，不得以爲臣下直舍，當如承明故事，請曰「玉堂之廬」可也。今翰林但扁摛文堂三字，示不敢居。然則其爲禁内宮殿明白，有殿、有閣、有臺。谷永以配椒房言之，意當日亦嘗爲燕游之地。師古直以爲嬖幸之舍，與前注自相舛異，大誤矣。

【六】臺高三十丈　庫本、祠本「三」作「二」。

漢武帝喜殺人者

漢武帝天資剛嚴，聞臣下有殺人者，不唯不加之罪，更喜而褒稱之。李廣以故將軍屏居藍田，夜出至亭，爲霸陵醉尉所辱。居無何，拜右北平太守，請尉與俱，至軍而斬之。上書自陳謝罪。上報曰：「將軍者，國之爪牙也。怒形則千里竦，威振則萬物伏。夫報忿除害，朕之所圖於將軍也。若廼免冠徒跣，稽顙請罪，豈朕之指哉。」胡建守軍正丞，謂未得真官，兼守之也。時監軍御史穿北軍壘垣以爲賈區，建欲誅之。當選士馬日，御史與護軍諸校列坐堂皇上，建趨至拜謁，因令走卒曳御史下，斬之。遂上奏曰：「案軍法：『正亡屬將軍，將軍有罪以聞，二千石以下行法焉。』丞於用法疑，臣謹以斬。」謂丞屬軍正，斬御史於法有疑也。制曰：「『三王或誓於軍中，欲民先成其慮也。或誓於軍門之外，欲民先意以待事也。或將交刃而誓，致民志也。』建又何疑焉。」建繇是顯名。觀此二詔，豈不開妄殺之路乎。

知人之難

霍光事武帝，但爲奉車都尉，出則奉車，入侍左右，雖以小心謹飭親信，初未嘗少見於事也。一旦位諸百寮之上，使之受遺當國。金日磾以胡父不降，没入官養馬，上因游宴見馬，於造次頃刻間，異其爲人，即日親近，其後遂爲光副。兩人皆能稱上所委。然一日用四人，若上官桀、桑弘羊，亦同時輔政，幾於欲害霍光，苟非昭帝之明，社稷危矣。則其知人之哲，得失相半，爲未能盡，此雖帝堯之聖而以爲難也。

館職遷除

建炎南渡，稍置館職。紹興初，始定制，除監、少丞外，以著作郎、佐郎、祕書郎二員，校書、正字通十二員爲額，倣唐瀛洲十八學士之數。其遷出它司，非郎官即御史。唯林之奇以疾，王十朋以論事，皆徙越府大宗正丞。自乾道以後，有旨，須曾任知縣，始得除臺、察，曾任郡守，始得爲郎。三館之士固無有歷此者，於是朝廷欲越次擢用者，乃以爲將作、軍器少監，旋進爲監，既班在郎上，則無所不可爲。欲徑躋清要者，則由著廷祕郎而拜左右二史，不然，不過兼權省郎，年歲間求一郡而去，而御史之除，皆歸六院矣。爾後頗靳其選，俟再遷寺監丞簿，然後命之。向時郡守召用，雖自軍壘亦除郎，今資淺望輕者，但得丞及司直，或又再命，始入省云。

卷七十四則

盛衰不可常

東坡謂廢興成毀不可得而知。予每讀書史，追悼古昔，未嘗不掩卷而歎。伶子于叙《趙飛燕傳》，極道其姊弟一時之盛，而終之以荒田野草之悲，言盛之不可留，衰之不可推，正此意也。國初時，工部尚書楊玢長安舊居，多爲鄰里侵占，子弟欲以狀訴其事，玢批紙尾，有「試上含元基上望，秋風秋草正離離」之句。方去唐末百年，而故宫殿已如此，殆於宗周《黍離》之詠矣。慈恩寺塔有荆叔所題一絶句，字極小而端勁，最爲感人。其詞曰：「漢國河山在，秦陵草樹深。暮雲千里色，無處不傷心。」旨意高遠，不知爲何人，必唐世詩流所作也。李嶠《汾陰行》云：「富貴榮華能幾時，山川滿目淚沾衣。不見只今汾水上，唯有年年秋鴈飛。」明皇聞之，至於泣下。杜甫《觀畫馬圖》云：「憶昔巡幸新豐宫，翠華拂天來向東。騰驤磊落三萬匹，皆與此圖筋骨同。君不見金粟堆前松柏裏，龍媒去盡鳥呼風。」《公孫大娘弟子舞劍器行》云：「先帝侍女八千人，公孫劍器初第一。五十年間似反掌，風塵澒洞昏王室。梨園弟子散如煙，女樂餘姿映寒日。」元微之《連昌宫詞》

云：「兩宮定後六七年，却尋家舍行宮前。莊園燒盡有枯井，行宮門闔樹宛然。」又云：「舞榭欹傾基尚在，文窗窈窕紗猶緑。」「上皇偏愛臨砌花，依然御榻臨堦斜。」「寢殿相連端正樓，太真梳洗樓上頭。晨光未出簾影黑，至今反挂珊瑚鈎。指似傍人因慟哭，却出宫門淚相續。」凡此諸篇，不可勝紀。《飛燕别傳》以爲伶玄所作，又有玄自叙及桓譚跋語【一】，予竊有疑焉。不唯其書太媟，至云揚雄獨知之，雄貪名矯激，謝不與交；爲河東都尉，捽辱決曹班躅，躅從兄子彪續司馬《史記》，絀子于無所叙録，皆恐不然。而自云：「成、哀之世，爲淮南相。」案，是時淮南國絶久矣，可照其妄也【二】。因序次諸詩，聊載於此。

【一】桓譚跋語　「桓」原作「宣」，據馬本、庫本、祠本改。

【二】可照其妄也　庫本、祠本「照」作「昭」。

唐賦造語相似

唐人作賦，多以造語爲奇。杜牧《阿房宫賦》云：「明星熒熒，開粧鏡也。緑雲擾擾，梳曉鬟也。渭流漲膩，棄脂水也。煙斜霧横，焚椒蘭也。雷霆乍驚，宫車過也。轆轆遠聽，杳不知其所之也。」其比興引喻，如是其侈。然楊敬之《華山賦》又在其前，叙述尤壯，曰：「見若咫尺，田千畝矣。見若環堵，城千雉矣。見若杯水，池百里矣。見若蟻垤，臺九層矣。醯雞往來，周東西矣。蠛蠓紛紛，秦速亡矣。蜂窠聯聯，起阿房矣。俄而復然，立建章矣。小星奕奕，焚咸陽矣。纍纍繭栗，祖龍藏矣。」後又有李庾者，賦西都云：「秦址薪矣，漢址蕪矣。西去一舍，鞠爲墟矣。代遠時移，作新都矣。」其文與意皆不逮楊、杜遠甚。高彥休《闕史》云敬之「賦五千字，唱在人口」。賦內之句，如上數語。杜司徒佑、李太尉德裕，常所誦念。牧之乃佑孫，則《阿房賦》實模倣楊作也。彥休者，昭宗時人。

張蘊古大寶箴

唐太宗初即位，直中書省張蘊古上《大寶箴》，凡六百餘言，遂擢大理丞。《新唐史》雖具姓名於《文藝·謝偃傳》末，又不載此文，但云「諷帝以民畏而未懷，其辭挺切」而已。《資治通鑑》僅載其略曰：「聖人受命，拯溺亨屯。」「故以一人治天下，不以天下奉一人。」「壯九重於內，所居不過容膝，彼昏不知，瑶其臺而瓊其室；羅八珍於前，所食不過適口，惟狂罔念，丘其糟而池其酒。」「勿汶汶而闇【三】，勿察察而明，雖冕旒蔽目而視於未形，雖黈纊塞耳而聽於無聲。」然此外尚多規正之語，如曰：「惟辟作福，惟君實難。宅普天之下【四】，處王公之上。任土貢其有求，具寮陳其所唱。是故恐懼之心日弛，邪僻之情轉放。豈知事起乎所忽，禍生乎無妄。」「大明無私照，至公無私親。」「禮以禁其奢，樂以防其佚。」「勿謂無知，居高聽卑；勿謂何害，積小就大。樂不可極，樂極生哀；欲不可縱，縱欲成災。」「勿內荒於色，勿外荒於禽。勿貴難得貨，勿聽亡國音。內荒伐人性，外荒蕩人心。難得之貨侈，亡國之音淫。勿謂我尊，而慢賢侮士；勿謂我智，而拒諫矜

【三】勿汶汶而闇　庫本、祠本「汶汶」作「没没」。下同。按，《資治通鑑》作「没没」。《全唐文》卷一百五十四作「汶汶」。

【四】宅普天之下　庫本、祠本「宅」作「主」。按，《全唐文》卷一百五十四作「主」。今姑仍之。

已。」「安彼反側，如春陽秋露；巍巍蕩蕩，恢漢高大度。撫兹庶事，如履薄臨深；戰戰栗栗，用周文小心。」「一彼此於胸臆，損好惡於心想。」「如衡如石，不定物以限，物之懸者，輕重自見；如水如鏡，不示物以情，物之鑒者，妍媸自生。勿渾渾而濁，勿皎皎而清；勿汶汶而闇，勿察察而明。」「吾王撥亂，戡以智力，民懼其威，未懷其德；我皇撫運，扇以淳風，民懷其始，未保其終。」「使人以公，應言以行。」「天下爲公，一人有慶。」其文大抵不凡，既不爲史所書，故學者亦罕傳誦。藴古爲丞四年，以無罪受戮，太宗尋悔之，乃有覆奏之旨，傳亦不書，而以爲坐事誅，皆失之矣。《舊唐書》全載此箴，仍專立傳，不知宋景文何爲削之也？

國初文籍

國初承五季亂離之後，所在書籍印板至少，宜其焚煬蕩析，了無孑遺。然太平興國中編次《御覽》，引用一千六百九十種，其綱目並載于首卷，而雜書、古詩賦又不及具録，以今攷之，無傳者十之七八矣，則是承平百七十年，翻不若極亂之世。姚鉉以大中祥符四年集《唐文粹》，其序有云：「況今歷代墳籍，略無亡逸。」觀鉉所類文集，蓋亦多不存，誠爲可歎。

叙西漢郊祀天地

郊祀合祭、分祭之論，國朝元豐、元祐、紹聖中三議之矣，莫辯於東坡之立説，然其大旨駁當時議臣，謂周、漢以來，皆嘗合祭，及謂夏至之日行禮爲不便。予固贊美之於《四筆》矣。但熟考《漢史》，猶爲未盡。自高皇帝增秦四時爲五，以事天地。武帝以來，至于元、成，皆郊見甘泉。武帝因幸汾陰，始立后土祠於脽上，率歲歲間舉之，或隔一歲，常以正月郊泰畤，三月祠后土。成帝建始元年，初立南北郊，亦用正月、三月辛日，而罷甘泉、汾陰之祭。元豐、祐、紹三議，皆未嘗及。此蓋盛夏入廟出郊，在漢禮元不然也。是時，坡公以非議者所起，故不暇更爲之説，似不必深攻合祭爲王莽所行，庶幾往復考頤，不至矛盾，當復俟知禮者折衷之焉。

騫騫二字義訓

騫騫二字，音義訓釋不同。以字書正之，騫，去乾切。注云：「馬腹縶，又虧也。」今列於《禮部韻略》下平聲二仙中。騫，虚言切。注云：「飛皃。」今列於上平聲二十二元中。文人相承，以騫騰之騫爲軒昂掀舉之義，非也。其字之下從馬，馬豈能掀舉哉？閔損字子騫，雖古聖賢命名制字，未必有所拘泥，若如虧少之義，則涣然矣。其下從鳥，則於掀飛之訓爲得。此字殆廢於今，故東坡、山谷亦皆押「騫」字入「元」韻【五】。如「時來或作鵬騫」、「傳非其人恐飛騫」之類，特不暇毛舉深考耳，唯韓公《和侯協律詠筍》一聯云：「得時方張王，挾勢欲騰騫。」乃爲得之。此固小學瑣瑣，尤可以見公之不苟於下筆也。

書麴信陵事

夜讀白樂天《秦中吟》十詩，其《立碑》篇云：「我聞望江縣，麴令撫惸嫠。麴，名信陵。在官有仁政，名不聞京師。身殁欲歸葬，百姓遮路歧。攀轅不得去，留葬此江湄。至今道其名，男女涕皆垂，無人立碑碣，唯有邑人知。」予因憶少年寓無錫時，從錢伸仲大夫借書【六】，正得信陵遺集，財有詩三十三首，祈雨文三首。信陵以貞元元年鮑防下及第，爲四人，以六年作望江令。讀其《投石祝江》文云：「必也私欲之求，行於邑里，慘黷之政，施於黎元，令長之罪也。神得而誅之，豈可移於人以害其歲。」詳味此言，其爲政無愧於神天可見矣。至大中十一年，寄客鄉貢進士姚輦，以其文示縣令蕭縝，縝輟俸買石刊之。樂天十詩，作於貞元、元和之際，距其亡十五年耳，而名已不傳。《新唐·藝文志》但記詩一卷，略無它説。非樂天之詩，幾於與草木俱腐。乾道二年，歷陽陸同爲望江令，得其詩於汝陰王廉清，爲刊板而致之郡庫，但無《祈雨文》也。

【五】押騫字入元韻　「韻」原作「字」，據祠本改。

【六】從錢伸仲大夫借書　「借」原作「信」，據庫本、祠本改。

貢禹朱暉晚達

貢禹壯年，仕不遇，棄官而歸。至元帝初，乃召用，由諫大夫遷光禄，奏言：「臣犬馬之齒八十一，凡有一子，年十二。」則禹入朝時，蓋年八十，其生子時固已七十歲矣。竟再遷至御史大夫，列於三公。杜子美云：「長安卿相多少年，富貴應須致身早。」是不然也。朱暉在章帝朝，自臨淮太守屏居，後召拜僕射，復爲太守，上疏乞留中，詔許之。因議事不合，自繫獄，不肯復署議，曰：「行年八十，得在機密，當以死報。」遂閉口不復言。帝意解，遷爲尚書令。至和帝時，復諫征匈奴，計其年當九十矣。其忠正非禹比也。

琵琶行海棠詩

白樂天《琵琶行》一篇，讀者但羡其風致，敬其詞章，至形於樂府，詠歌之不足，遂以謂真爲長安故倡所作。予竊疑之。唐世法網雖於此爲寬，然樂天嘗居禁密，且謫官未久，必不肯乘夜入獨處婦人船中，相從飲酒，至於極彈絲之樂，中夕方去，豈不虞商人者它日議其後乎。樂天之意，直欲攄寫天涯淪落之恨爾。東坡謫黄州，賦定惠院海棠詩，有「陋邦何處得此花，無乃好事移西蜀」、「天涯流落俱可念，爲飲一尊歌此曲」之句，其意亦爾也。或謂殊無一話一言與之相似，是不然。此真能用樂天之意者，何必効常人章摹句寫而後已哉！

東坡不隨人後

自屈原詞賦假爲漁父、日者問答之後，後人作者悉相規倣。司馬相如《子虛》、《上林賦》以子虛、烏有先生、亡是公，揚子雲《長楊賦》以翰林主人、子墨客卿，班孟堅《兩都賦》以西都賓、東都主人，張平子《兩都賦》以憑虛公子、安處先生，左太沖《三都賦》以西蜀公子、東吴王孫、魏國先生，皆改名换字，蹈襲一律，無復超然新意稍出於法度規矩者。晉人成公綏《嘯賦》，無所賓主，必假逸群公子【七】，乃能遣詞。枚乘《七發》，本只以楚太子、吴客爲言，而曹子建《七啓》，遂有玄微子、鏡機子。張景陽《七命》，有冲漠公子、殉華大夫之名。言話非不工也，而此習根著，未之或改。若東坡公作《後杞菊賦》，破題直云：「吁嗟先生，誰使汝坐堂上稱太守？」殆如飛龍搏鵬，騫翔扶摇於煙霄九萬里之外，不可搏詰，豈區區巢林翾羽者所能窺探其涯涘哉。於詩亦然，樂天云：「醉皃如霜葉，雖紅不是春。」坡則曰：「兒童誤喜朱顔在，一笑那知是酒紅。」杜老云：「休將短髮還吹帽，笑倩傍人爲正冠。」坡則曰：「酒力慚消風力軟，颼颼，破帽多情却戀頭。」鄭谷《十日菊》云：「自緣今日人心別，未必秋香一夜衰。」坡則曰：「相逢不用忙歸去，明日黄花蝶也愁。」又曰：「萬事到頭都是夢，休休，明日黄花蝶也愁。」正采舊公案，而機杼一新，前無古人，於

【七】必假逸群公子　「公子」原作「父子」，據李本改。

是爲至。與夫用「見他桃李樹，思憶後園春」之意，以爲「長因送人處，憶得別家時」爲一僧所嗤者有間矣。

元白習制科

白樂天、元微之同習制科，中第之後，白公寄微之詩曰：「皆當少壯日，同惜盛明時。光景嗟虚擲，雲霄竊暗闚。攻文朝矻矻，講學夜孜孜。策目穿如札，毫鋒鋭若錐。」注云：「時與微之結集策畧之目，其數至百十，各有纖鋒細管筆，携以就試，相顧輒笑，目爲毫錐。」乃知士子待敵，編綴應用，自唐以來則然，毫錐筆之名起於此也。

門生門下見門生

後唐裴尚書年老致政。清泰初，其門生馬裔孫知舉，放榜後引新進士謁謝於裴，裴勸宴永日，書一絶云：「宦途最重是文衡，天與愚夫作盛名。三主禮闈今八十，門生門下見門生。」時人榮之。事見蘇耆《開譚録》。予以《五代登科記》考之，裴在同光中三知舉，四年放進士八人，裔孫預焉。後十年，裔孫爲翰林學士，以清泰三年放進士十三人，兹所書是已。裔孫尋拜相，《新史》亦載此一句云【八】。白樂天詩有《與諸同年賀座主高侍郎新拜太常同宴蕭尚書亭子》一篇，注云：「座主於蕭尚書下及第。」予考《登科記》，樂天以貞

【八】「五代登科記考之」至「新史亦載此一句云」六十五字　原在本則之末，據庫本、祠本移此。

元十六年庚辰中書舍人高郢下第四人登科，郢以寶應二年癸卯禮部侍郎蕭昕下第九人登科，迨郢拜太常時，幾四十年矣。昕自癸卯放進士之後，二十四年丁卯，又以禮部尚書再知貢舉，可謂壽俊。觀白公所賦，益可見唐世舉子之尊尚主司也。

韓蘇杜公叙馬

韓公《人物畫記》，其叙馬處云：「馬大者九匹，於馬之中又有上者下者焉，行者，牽者，奔者，涉者，陸者，翹者，顧者，鳴者，寢者，訛者，立者，齕者，飲者，溲者，陟者，降者，痒磨樹者，噓者，嗅者，喜而相戲者，怒相踶齧者，秣者，騎者，驟者，走者，載服物者，載狐兔者，凡馬之事二十有七焉。馬大小八十有三，而莫有同者焉。」秦少游謂其叙事該而不煩，故倣之而作《羅漢記》。坡公賦《韓幹十四馬》詩云：「二馬並驅攢八蹄，二馬宛頸鬉尾齊。一馬任前雙舉後，一馬却避長鳴嘶。老髯奚官騎且顧，前身作馬通馬語。後有八匹飲且行，微流赴吻若有聲。前者既濟山林鶴，後者欲涉鶴俛啄。最後一匹馬中龍，不嘶不動尾摇風。韓生畫馬真是馬，蘇子作詩如見畫。世無伯樂亦無韓，此詩此畫誰當看。」詩之與記，其體雖異，其爲布置鋪寫則同。誦坡公之語，蓋不待見畫也。予《雲林繪監》中有臨本，略無小異。杜老《觀曹將軍畫馬圖》云：「昔日太宗拳毛騧，近時郭家師子花。今之新圖有二馬，復令識者久歎嗟。其餘七匹亦殊絶，迥若寒空動煙雪。霜蹄蹴踏長楸間，馬官厮養森成列。可憐九馬爭神駿，顧視清高氣深穩。」其語視東坡，似若不及，至於「斯須九重真龍出，一洗萬古凡馬空」，不妨獨步也。杜又有《畫馬讚》云：「韓幹畫馬，毫端有神。驊騮老大，騕褭清新。」及「四蹄雷雹，一日天地。瞻彼駿骨，實惟龍媒」之句。坡公《九馬贊》言：「薛紹彭家藏曹將軍《九馬圖》，杜子美所爲作詩者也。」其詞云：「牧者萬歲，繪者惟霸。甫爲作誦，偉哉九馬。」讀此詩文數篇，真能使人方寸超然，意氣橫出，可謂「妙絶動宫牆」矣。

風災霜旱

慶元四年，饒州盛夏中，時雨頻降，六七月之間未嘗請禱，農家水車龍具，倚之於壁，父老以爲所未見，指期西成有秋，當倍常歲，而低下之田，遂以潦告。餘干、安仁乃於八月罹地火之厄。地火者，蓋苗根及心，孽蟲生之，莖幹焦枯，如火烈烈，正古之所謂蟊賊也。九月十四日，嚴霜連降，晚稻未實者，皆爲所薄，不能復生，諸縣多然。有常産者，訴于郡縣，郡守孜孜愛民，有意蠲租，然僚吏多云「在法無此兩項」，又云「九月正是霜降節，不足爲異」。案白樂天《諷諫·杜陵叟》一篇曰：「九月霜降秋早寒，禾穗未熟皆青乾。長吏明知不申破，急斂暴征求考課。」此明證也。予因記元祐五年蘇公守杭日，與宰相吕汲公書論浙西災傷曰：「賢哲一聞此言，理無不行，但恐世俗諂薄成風，揣所樂聞與所忌諱，爭言無災，或有災而不甚損。八月之末，秀州數千人訴風災，吏以爲法有訴水旱而無訴風災，閉拒不納，老幼相騰踐，死者十一人。由此言之，吏不喜言災者，蓋十人而九，不可不察也。」蘇公及此，可謂仁人之言。豈非昔人立法之初，如所謂風災、所謂旱霜之類，非如水旱之田可以稽考，懼貪民乘時，或成冒濫，故不輕啓其端。今日之計，固難添創條式。但凡有災傷，出於水旱之外者，專委良守令推而行之，則實惠及民，可以救其流亡之禍，仁政之上也。

卷八 十二則

白蘇詩紀年歲

白樂天爲人誠實洞達，故作詩述懷，好紀年歲。因閲其集，輒抒録之。「此生知負少年心，不展愁眉欲三十」，「莫言三十是年少，百歲三分已一分」，「何况纔中年，又過三十二」，「不覺明鏡中，忽年三十四」，「我年三十六，冉冉昏復旦」，「非老亦非少，年過三紀餘」，「行年欲四十，有女曰金鑾」，「我今欲四十，秋懷亦可知」，「行年三十九，歲暮日斜時」，「忽因時節驚年歲，四十如今欠一年」，「四十爲野夫，田中學鉏穀」，「四十官七品，拙宦非由它」，「毛鬢早改變，四十白髮生」，「况我今四十，本來形皃羸」，「衰病四十身，嬌癡三歲女」，「自問今年幾，春秋四十初」，「四十未爲老，憂傷早衰惡」，「莫學二郎吟太苦，纔年四十鬢如霜」，「下有獨立人，年來四十一」，「若爲重入華陽院，病髮愁心四十三」，「已年四十四，又爲五品官」，「面瘦頭斑四十四，遠謫江州爲郡吏」，「行年四十五，兩鬢半蒼蒼」，「四十六時三月盡，送春爭得不殷勤」，「我今四十六，衰顇卧江城」，「鬢髮蒼浪牙齒疏，不覺身年四十七」，「明朝四十九，應轉悟前非」，「四十九年身老日，一百五夜月明天」，「衰鬢蹉跎將五十，關河迢遞過三千」，「青山舉眼三千里，白髮平頭五十人」，「宦途氣味已諳盡，五十不休何日休」，「五十江城守，停杯忽自思」，「莫學爾兒年五十，蹉跎始得掌絲綸」，「五十未全老，尚可且歡娱」，「長慶二年秋，我年五十一」，「二月五日花如雪，五十二人頭似霜」，「老校於君合先退，明年半百又加三」，「前歲花前五十二，今年花前五十五」，「倘年七十猶强健，尚得閑行十五春」，「去時十一二，今年五十六」，「我年五十七，榮名得幾許」，「我年五十七，歸去誠已遲」，「身爲三品官，年已五十八」，「五十八翁方有後，靜思堪喜亦堪嗟」，「半百過九年，艷陽殘一日」，「火銷燈盡天明後，便見平頭六十人」，「六十河南尹，前途足可知」，「不准擬身年六十，上山仍未要人扶」，「不准擬身年六十，遊春猶自有心情」，「我今悟已晚，六十方退閑」，「今歲日餘二十六，來歲年登六十二」，「心情多少在，六十二三人」，「六十三翁頭雪白，假如醒黠欲何爲【二】」，「行年六十四，安得不衰羸」，「我今六十五，走若下坡輪」，「年開第七秩，屈指幾多人」，「五十八歸來，今年六十六」，「無憂亦無喜，六十六年春」，「共把十千沽一斗，相看七十欠三年」，「七十欠四歲，此生那足論」，「六十八衰翁，乘衰百疾攻」，「又問年幾何，七十行欠二」，「更過今年年七十，假如無病亦宜休」，「今日行年將七十，猶須慚愧病來遲」，「且喜同年滿七十，莫嫌衰病莫嫌貧」，「舊語相傳聊自慰，世問七十老人稀」，「皤然七十翁，亦足稱壽考」，「昨日復今辰，悠悠七十春」，「人生七十稀，我年幸過之」，「白須如雪五朝

【二】假如醒黠欲何爲　「黠」原作「點」，據庫本、祠本改。按：《白居易集》作「點」。

臣」，又入新正第七旬」，時年七十一。「行開第八秩，可謂盡天年」，「吾今已年七十一，眼昏須白頭風眩」，「七十人難到，過三更較稀」，「七十三人難再到，今春來是別花來」，「七十三翁旦暮身，誓開險路作通津」，「風光拋得也，七十四年春」，「壽及七十五，俸霑五十千」，其多如此。

蘇公素重樂天，故間亦効之。如「龍鍾三十九，勞生已强半」，「歲莫日斜時，還爲昔人歎」，正引用其語。又「四十豈不知頭顱，畏人不出何其愚」，「我今四十二，衰髮不滿梳」，「憶在錢塘正如此，回頭四十二年非」，「行年四十九，還此北窗宿」，「吾年四十九，賴此一笑喜」，「嗟我與君皆丙子，四十九年窮不死」，「五十之年初過二，衰顏記我今如此」，「白髮蒼顏五十三，家人强遣試春衫」，「先生年來六十化，道眼已入不二門」，「紛紛華髮不足道，當返六十過去魂」，「我年六十一，頹景薄西山」，「結髮事文史，俯仰六十踰」，「與君皆丙子，各已三萬日」。翫味莊誦，便如閱年譜也。

天將富此翁

唐劉仁軌任給事中，爲宰相李義府所惡，出爲青州刺史。及代還，欲斥以罪，又坐漕船覆没免官。其後百濟叛，詔以白衣檢校帶方州刺史。仁軌謂人曰：「天將富貴此翁邪。」果削平遼海。白樂天有《自題酒庫》一篇云：「身更求何事，天將富此翁。此翁何處富，酒庫不曾空。」注云：「劉仁軌詩『天將富此翁』，以一醉爲富也。」然則《唐史》以此爲仁軌之語，而不言其詩，爲未審耳。

白公説俸禄

白樂天仕宦，從壯至老，凡俸禄多寡之數，悉載於詩，雖波及它人亦然。其立身廉清，家無餘積，可以槩見矣。因讀其集，輒叙而列之。其爲校書郎，曰：「俸錢萬六千，月給亦有餘。」爲左拾遺，曰：「月慚諫紙二千張，歲愧俸錢三十萬。」兼京兆户曹，曰：「俸錢四五萬，月可奉晨昏。廩禄二百石，歲可盈倉囷。」貶江州司馬，曰：「散員足庇身，薄俸可資家。」《壁記》曰：「歲廩數百石，月俸六七萬。」罷杭州刺史，曰：「三年請禄俸，頗有餘衣食。」「移家入新宅，罷郡有餘資。」爲蘇州刺史，曰：「十萬户州尤覺貴，二千石禄敢言貧。」爲賓客分司，曰：「俸錢八九萬，給受無虚月。」「嵩洛供雲水，朝廷乞俸錢。」「老宜官冷靜，貧賴俸優饒。」「官優有禄料，職散無覊縻。」「官銜依口得，俸禄逐身來。」爲河南尹，曰：「厚俸如何用，閑居不可忘。」不赴同州，曰：「誠貪俸錢厚，春如身力衰。」爲太子少傅，曰：「月俸百千官二品，朝廷雇我作閑人。」「又問俸厚薄，百千隨月至。」「七年爲少傅，品高俸不薄。」其致仕，曰：「全家遁此曾無悶，半俸資身亦有餘。」「俸隨日計錢盈貫，禄逐年支粟滿囷。」「壽及七十五，俸占五十千。」其泛叙曰：「歷官凡五六，禄俸及妻拏。」「料錢隨官用，生計逐年營。」「形骸僶俛班行内，骨肉勾留俸禄中。」其它人者，如陝州王司馬曰：「公事閑忙同少尹，俸錢多少敵尚書。」劉夢得罷賓客，除祕監，禄俸略同，曰：「日望揮金賀新命，俸錢依舊又如何。」歎洛陽、長水二縣令，曰：「朱紱洛陽官位屈，青袍長水俸錢貧。」其將下世，有《達哉樂天行》曰：「先賣南坊十畝園，次賣東郭五頃田。然後兼賣所居宅，髣髴獲緡二三千。但恐此錢用不盡，即先朝露歸夜泉。」後之君子試一味其言，雖日飲貪泉，亦知斟酌矣。觀其生涯如是，東坡云：「公廩有餘粟，府有餘帛。」殆亦不然。

白居易出位

白居易爲左贊善大夫，盜殺武元衡，京都震擾，居易首上疏，請亟捕賊，刷朝廷耻，以必得爲期。宰相嫌其出位，不悦，因是貶江州司馬。此《唐書》本傳語也。案是時宰相張弘靖、韋貫之，弘靖不足道，貫之於是爲失矣。白集載與楊虞卿書云：「左降詔下，明日而東，思欲一陳於左右。去年六月，盜殺右丞相於通衢中，迸血髓，磔髮肉，所不忍道。合朝震慄，不知所云。僕以書籍以來，未有此事，苟有所見，雖畎畝皁隸之臣，不當默默，況在班列，而能勝其痛憤耶。故武丞相之氣平明絶，僕之書奏日午入。兩日之内，滿城知之，其不與者，或語以僞言，或陷以非語，皆曰：『丞、郎、給、舍、諫官、御史尚未論請，而贊善大夫何反憂國之甚也。』僕聞此語，退而思之，贊善大夫誠賤冗耳，朝廷有非常事，即日獨進封章，謂之忠，謂之憤，亦無愧矣。謂之妄，謂之狂，又敢逃乎。以此獲辜，顧何如耳，况又不以此爲罪名乎。」白之自述如此。然則一時指爲出位者，不但宰相而已也。史又曰：「居易母墜井死，而賦《新井篇》，以是左降。」《前書》所謂不以此爲罪名者是已。

醉翁亭記酒經

歐陽公《醉翁亭記》、東坡公《酒經》，皆以「也」字爲絶句。歐用二十一「也」字，坡用十六「也」字，歐記人人能讀，至於《酒經》，知之者蓋無幾。坡公嘗云：「歐陽作此記，其詞玩易，蓋戲云耳，不自以爲奇特也。而妄庸者作歐語云：『平生爲此文最得意。』又云：『吾不能爲退之《畫記》，退之不能爲吾《醉翁亭記》。』此又大妄也。」坡《酒經》每一「也」字上必押韻，暗寓於賦，而讀之者不覺，其激昂淵妙，殊非世間筆墨所能形容，今盡載于此，以示後生輩。其詞云：

南方之氓，以糯與秔，雜以卉藥而爲餅，嗅之香，嚼之辣，揣之枵然而輕，此餅之良者也。吾始取麵而起肥之，和之以姜液，烝之使十裂，繩穿而風戾之，愈久而益悍，此麴之精者也。米五斗爲率，而五分之，爲三斗者一，爲五升者四，三斗者以釀，五升者以投，三投而止，尚有五升之贏也。始釀，以四兩之餅，而每投以二兩之麴，皆澤以少水，足以散解而匀停也。釀者必齧按而井泓之，三日而井溢，此吾酒之萌也。酒之始萌也，甚烈而微苦，蓋三投而後平也。凡餅烈而麴和，投者必屢嘗而增損之，以舌爲權衡也。既溢之三日乃投，九日三投，通十有五日而後定也。既定乃注以㪷水，凡水必熟而冷者也。凡釀與投，必寒之而後下，此炎州之令也。既水五日，乃篘，得二㪷有半，此吾酒之正也。先篘半日，取所謂贏者爲粥，米一而水三之，揉以餅麴，凡四兩，二物并也。投之糟中，熟攪而再釀之，五日壓得㪷有半，此吾酒之少勁者也。勁、正合爲四㪷，又五日而飲，則和而力、嚴而不猛也。篘絶不旋踵而粥投之，少留則糟枯中風而酒病也。釀久者酒醇而豐，速者反是，故吾酒三十日而成也。

此文如太牢八珍，咀嚼不嫌於致力，則真味愈雋永，然未易爲俊快者言也。

白公感石

白樂天有《奉和牛思黯以李蘇州所寄太湖石奇狀絶倫因作詩兼呈劉夢得》，其末云：「共嗟無此分，虛管太湖來。」注：「與夢得俱典姑蘇，而不獲此石。」又有《感石上舊字》云：「太湖石上鐫三字，十五年前陳結之。」案，陳結之並無所經見，全不可曉。後觀其《對酒有懷寄李郎中》一絶句，曰：「往年江外拋桃葉，去歲樓中别柳枝。寂寞春來一盃酒，此情唯有李君知。」注云：「桃葉，結之也。柳枝，樊素也。」然後結之義始明。樂天以病而去柳枝，故作詩云：「兩枝楊柳小樓中，嫋娜多年伴醉翁。明日放歸歸去後，世間應不要春風。」因劉夢得有戲之之句，又答之云：「誰能更學孩童戲，尋逐春風捉柳花。」然其鍾情處竟不能忘，如云「病共樂天相伴住，春隨樊子一時歸」，「金羈駱馬近貰却，羅袖柳枝尋放還」，「觸詠罷來賓閣閉，笙歌散後妓房空」是也，讀之使人悽然。

禮部韻略非理

《禮部韻略》所分字，有絶不近人情者，如東之與冬，清之與青，至於隔韻不通用。而爲四聲切韻之學者，必强立説，然終爲非是。如「撰」字至列於上、去二韻中，仍義訓不一。頃紹興三十年，省闈舉子兼經出《易簡天下之理得賦》。予爲參詳官，有點檢試卷官蜀士杜莘云：「簡字韻甚窄，若撰字必在所用，然唯撰述之撰乃可爾，如『雜物撰德』，『體天地之撰』，『異夫三子者之撰』，『欠伸，撰仗屨』之類，皆不可用。」予以白知舉，請揭榜示衆。何通遠諫議初亦難之，予曰：「倘舉場皆落韻，如何出手？」乃自書一榜。榜才出，八廂邏卒以爲逐舉未嘗有此例，即録以報主者。士人滿簾前上請，予爲逐一剖析，然後退。又「靜」之與「靚」，其義一也，而以「靜」爲上聲，「靚」爲去聲。案，《漢書》賈誼《服賦》「澹虖若深淵之靚」，顔師古注「靚與靜同」。《史記》正作靜。揚雄《甘泉賦》「暗暗靚深」，注云「靚即靜字耳」。今淅入兩音【二】，殊爲非理。予名雲竹莊之堂曰「賞靜」，取杜

【二】今淅入兩音　李本「淅」作「析」。疑作「析」是。

詩「賞靜憐雲竹」之句也。守僧居之，頻年三易，有道人指曰：「靜之左傍乃爭字，以故不定疊。」於是撤去元扁，而改爲靓云。

唐臣乞贈祖

唐世贈典唯一品乃及祖，餘官只贈父耳。而長慶中流澤頗異，白樂天制集有户部尚書楊於陵，回贈其祖爲吏部郎中，祖母崔氏爲郡夫人。馬總准制贈亡父，亦請回其祖及祖母。散騎常侍張惟素亦然。非常制也。是時崔植爲相，亦有《陳情表》云：「亡父嬰甫，是臣本生，亡伯祐甫，臣今承後。嗣襲雖移，孝心則在。自去年以來，累有慶澤，凡在朝列，再蒙追榮，或有陳乞，皆許回授。臣猥當寵擢，而顯揚之命，獨未及於先人。今請以在身官秩并前後合叙勳封，特乞回充追贈。」則知其時一切之制如此。伯兄文惠執政，乞以己合轉官回贈高祖，既已得旨，而爲後省封還。固近無此比，且失於考引唐時故事也。

承習用經語誤

經傳中事實多有轉相祖述而用，初不考其訓故者。如：《邶・谷風》之詩，爲淫新昏棄舊室而作，其詞曰：「宴爾新昏，以我御窮。」宴，安也，言安愛爾之新昏，但以我御窮苦之時，至於富貴則棄我。今人乃以初娶爲宴爾，非惟於詩意不合，且又再娶事，豈堪用也。《抑》之詩曰：「訏謨定命，遠猶辰告。」毛公曰：「訏，大也；謨，謀也；猶，道也；辰，時也。」猶與猷同。鄭箋曰：「猶，圖也，言大謀定命。爲天下遠圖庶事，而以歲時告施之，如正月始和布政也。」案，此特謂上告下之義，今詞臣乃用於制詔，以屬臣下，而臣下於表章中亦用之，不知其與「入告爾后」之告不侔也。《生民》之詩曰：「誕彌厥月。」毛公曰：「誕，大也；彌，終也」鄭箋言：「后稷之在其母，終人道十月而生。」案，訓彌爲終，其義亦未易曉。至「俾爾彌爾性，似先公酋矣」，託釋彌爲終，又曰酋終也，頗涉煩複。《生民》凡有八誕字，「誕寘之隘巷」，「誕寘之平林」，「誕寘之寒冰」，「誕實匍匐」，「誕后稷之穡」，「誕降嘉種」，「誕我祀如何」，若悉以誕爲大，於義亦不通。它如「誕先登于岸」之類，新安朱氏以爲發語之辭，是已。莆田鄭氏云：「彌只訓滿，謂滿此月耳。」今稱聖節曰降誕，曰誕節，人相稱曰誕日、誕辰、慶誕，皆爲不然。但承習膠固，無由可革，雖東坡公亦云「仰止誕彌之慶」，未能免俗。書之於此，使子弟後生輩知之。《左傳》：「王使宰孔賜齊侯胙，齊侯將下拜，孔曰：『天子使孔曰：以伯舅耋老，無下拜。』對曰：『天威不違顏咫尺，敢不下拜。』下拜登受。」謂拜於堂下，而受胙於堂上。今人簡牘謝饋者，輒曰「謹已下拜」，猶未爲甚失，若「天威不違顏咫尺」，則上四字爲天子設，下三字爲人臣設，故注言：「天鑒察不遠，威嚴常在顏面之前。」今士大夫往往於表奏中言違顏，或曰咫顏、咫尺之顏，全與本指爽戾。如用龍顏、聖顏、天顏之類，自無害也。

長慶表章

唐自大曆以河北三鎮爲悍藩所據，至元和中，田弘正以魏歸國，長慶初王承元、劉總去鎮、幽，於是河北略定。而穆宗以昏君，崔植、杜元穎、王播以庸相，不能建久長之策，輕徙田弘正，以啓王庭湊之亂，繆用張弘靖，以啓朱克融之亂。朝廷以諸道十五萬衆，裴度元臣宿望，烏重胤、李光顔當時名將，屯守踰年，竟無成功，財竭力盡，遂以節鉞授二賊，再失河朔，訖于唐亡。觀一時事勢，何止可爲痛哭。而宰相請上尊號表云：「陛下自即大位，及此二年，無巾車汗馬之勞，而坐平鎮、冀；無亡弓遺鏃之費，而立定幽、燕。以謂威靈四及，請爲『神武』。」君臣上下，其亦云無羞恥矣。此表乃白居易所作。又翰林學士元積求爲宰相，恐裴度復有功大用，妨己進取，多從中沮壞之。度上表極陳其狀，帝不得已，解積翰林，恩遇如故。積怨度，欲解其兵柄，勸上罷兵。未幾，拜相，居易代作謝表，其略云：「臣遭遇盛明，不因人進，擢居禁内，訪以密謀。恩獎太深，讒謗並至。雖内省行事，無所愧心，然上黷宸聰，合當死責。」其文過飾非如此。居易二表，誠爲有玷盛德。

元白制科

元、白習制科，其書後分爲四卷，命曰《策林》。其《策頭》、《策項》各二道，《策尾》三道，此外曰《美謙遜》、《塞人望》、《政必成》、《不勞而理》、《風化澆朴》、《復雍熙》、《感人心》之類，凡七十五門，言所應對者百不用其一二，備載於文集云。

八種經典

開士悟入諸佛知見，以了義度無邊，以圓教垂無窮，莫尊於《妙法蓮華經》，凡六萬九千五百五字。證無生忍，造不二門，住不可思議解脱，莫極於《維摩經》，凡二萬七千九十二字。攝四生九類，入無餘涅槃，實無得度者，莫先於《金剛般若波羅密經》，凡五千二百八十七字。壞罪集福，淨一切惡道，莫急於《佛頂尊勝陀羅尼經》，凡三千二十字。應念順願，願生極樂土，莫疾於《阿彌陀經》，凡一千八百字。用正見，觀真相，莫出於《觀音普賢菩薩法行經》，凡六千九百九十字。詮自性，認本覺，莫深於《實相法密經》，凡三千一百五字。空法塵，依佛智，莫過於《般若波羅密多心經》，凡二百五十八字。是八種經典十二部【三】，合一十一萬六千八百五十七字。三乘之要旨，萬佛之祕藏，盡矣。唐長慶二年，蘇州重玄寺法華院石壁所刻金字經，白樂天爲作碑文，其叙如此。予切愛其簡明潔亮，故備録之。

【三】八種經典　「典」原作「具」，據庫本、祠本改。按，此則之題即作「八種經典」。

卷九十二則

畏人索報書

士大夫得交朋書問，有懶傲不肯即答者，記白樂天《老慵》一絶句曰：「豈是交親向我疏，老慵自愛閉門居。近來漸喜知聞斷，免惱嵇康索報書。」案，嵇康《與山濤絶交書》云：「素不便書，又不喜作書，而人間多事，堆案盈几，不相酬答，則犯教傷義，欲自勉强，則不能久。」樂天所云正此也。乃知畏於答書，其來久矣。

不能忘情吟

予既書白公鍾情蠻、素於前卷，今復見其《不能忘情吟》一篇，尤爲之感歎，輒載其文，因以自警。其序云：「樂天既老，又病風。乃録家事，會經費，去長物。妓有樊素者，年二十餘，綽綽有歌舞態，善唱《楊柳枝》，人多以曲名名之，由是名聞洛下，籍在經費中，將放之。馬有駱者，籍在長物中，將鬻之。馬出門，驤首反顧，素聞馬嘶，慘然立見拜，婉孌有辭，辭畢涕下。予亦愍默不能對，且命反袂，飲之酒，自飲一盃，快吟數十聲，聲成文，文無定句。予非聖達，不能忘情，又不至於不及情者，事來攪情，情動不可栕，因自哂，題其篇曰《不能忘情吟》。」吟曰：「鬻駱馬兮，放楊柳枝。掩翠黛兮，頓金羈。馬不能言兮，長鳴而却顧。楊柳枝再拜長跪而致辭。辭曰：『素事主十年，凡三千有六百日。巾櫛之間，無違無失。今素貌雖陋，未至衰摧，駱力猶壯，又無虺隤。即駱之力，尚可以代主一步，素之歌，亦可以送主一盃。一旦雙去，有去無回。故素將去，其辭也苦，駱將去，其鳴也哀。此人之情也，馬之情也，豈主君獨無情哉。』予俯而歎，仰而咍，且曰駱駱爾勿嘶，素素爾勿啼，駱反廐，素反閨。吾疾雖作年雖頹，幸未及項籍之將死，亦何必一日之内棄騅兮而别虞兮。乃目素兮，素兮爲我歌《楊柳枝》，我姑酌彼金罍，我與爾歸醉鄉去來。」觀公之文，固以遣情釋意耳，素竟去也。此文在一集最後卷，故讀之者未必記憶。東坡猶以爲柳枝不忍去，因劉夢得「春盡絮飛」之句方知之。於是美朝雲之獨留，爲之作詩，有「不似楊枝别樂天，恰如通德伴伶玄」之語。然不及二年而病亡，爲可歎也。

擒鬼章祝文

東坡在翰林作《擒鬼章奏告永裕陵祝文》云：「大獮獲禽，必有指蹤之自；豐年多廩，孰知耘耔之勞。昔漢武命將出師，而呼韓來庭，効于甘露；憲宗厲精講武，而河湟恢復，見于大中。」其意蓋以神宗有平唃氏之志，至于元祐，乃克有成，故告陵歸功，謂武帝、憲宗亦經營於初，而績効在於二宣之世，其用事精切如此。今蘇氏眉山功德寺所刻大小二本及季真給事在臨安所刊，并江州本、麻沙書坊《大全集》，皆只自「耘耔」句下，便接「憬彼西戎，古稱右臂」。正是好處，却芟去之，豈不可惜。唯成都石本法帖真跡獨得其全。坡集奏議中登州上殿三劄，皆非是。司馬季思知泉州，刻温公集，有作中丞日彈王安石章，尤可笑。温公以治平四年解中丞，還翰林，而此章乃熙寧三年者。二集皆出本家子孫，而爲妄人所誤。季真、季思不能察耳。坡内制有《温公安葬祭文》，云：「元豐之末，天步爲艱。社稷之衛，中外所屬。惟是一老，屏予一人。名高當世，行滿天下。措國於太山之安，下令於流水之源。歲月未周，綱紀畧定。天若相之，又復奪之。殄瘁之哀，古今所共。知之者神考，用之者聖母。馴致其道，太平可期。長爲宗臣，以表後世。往奠其葬，庶知予懷。」而石本頗不同，其詞云：「元豐之末，天步惟艱。社稷之衛，存者有幾。惟是一老，屏予一人。措國於太山之安，下令於流水之原。歲未及朞，綱紀畧定。道之將行，非天而誰。天既予之，又復奪之。惟聖與賢，莫如天何。然其所立，天亦不能亡也。知之者神考，用之者聖母。馴致其道，終於太平。永爲宗臣，與國無極。於其葬也，告諸其柩。」今莫能攷其所以異也。

歐公送慧勤詩

國朝承平之時，四方之人，以趨京邑爲喜。蓋士大夫則用功名進取係心，商賈則貪舟車南北之利，後生嬉戲則以紛華盛麗而悦。夷攷其實，非南方比也。讀歐陽公《送僧慧勤歸餘杭》之詩可知矣。曰：「越俗僭宫室，傾貲事雕牆。佛屋尤其侈，耽耽擬侯王。文彩瑩丹漆，四壁金焜煌。上懸百寶蓋，宴坐以方牀。胡爲棄不居，棲身客京坊。辛勤營一室，有類燕巢梁。南方精飲食，菌筍比羔羊。飲以玉粒粳，調之甘露漿。一饌費千金，百品羅成行。晨興未飯僧，日昃不敢嘗。乃兹隨北客，枯粟充饑腸。東南地秀絶，山水澄清光。餘杭幾萬家，日夕焚清香。煙霏四面起，雲霧雜芬芳。豈如車馬塵，鬢髮染成霜。三者孰苦樂，子奚勤四方。」觀此詩中所謂吴越宫室、飲食、山水三者之勝，昔日固如是矣。公又有《山中之樂》三章送之歸。勤後識東坡，爲作詩集序者。

委蛇字之變

歐公《樂郊詩》云：「有山在其東，有水出逶夷。」近歲，丁朝佐《辨正》謂其字參古今之變，必有所據。予因其説而悉索之，此二字凡十二變。一曰委蛇，本於《詩·羔羊》：「退食自公，委蛇委蛇。」毛公注：「行可從跡也。」鄭箋：「委曲自得之皃。委，於危

【一】委於危反　「於」原爲空格，據明抄本補。

反【二】。蛇，音移。」《左傳》引此句，杜注云：「順貌。」《莊子》載齊桓公澤中所見，其名亦同。二曰委佗，《詩·君子偕老》：「委委佗佗。」毛注：「委委者，行可委曲從迹也。佗者，德平易也。」三曰逶迤，《韓詩》釋上文云：「公正貌。」《説文》：「逶迤，斜去貌。」四曰倭遲，《詩》：「四牡騑騑，周道倭遲。」注：「歷遠之貌。」五曰倭夷，《韓詩》之文也。六曰威夷，潘岳詩：「迴谿縈曲阻，峻阪路威夷。」孫綽《天台山賦》：「既克隮於九折，路威夷而脩通。」李善注引《韓詩》「周道威夷」。薛君曰：「威夷，險也。」七曰委移，《離騷經》：「載雲旗之委蛇。」一本作逶迤，一本作委移。注：「雲旗委移，長也。」八曰逶移，劉向《九歎》：「遵江曲之逶移。」九曰逶蛇，後漢《費鳳碑》：「君有逶蛇之節。」十曰蝼蛇，張衡《西京賦》：「女、娥坐而長歌，聲清暢而蝼蛇。」李善注：「蝼蛇，聲餘詰曲也。」十一曰遍迆，漢《逢盛碑》：「當遂遍迆，立號建基。」十二曰威遲，劉夢得詩：「柳動御溝清，威遲堤上行。」韓公《南海廟碑》：「蜿蜿蛇蛇。」亦然也。則歐公正用《韓詩》，朝佐不暇尋繹之爾。

東不可名園

今人亭館園池，多即其方隅以命名。如東園、東亭、西池、南館、北榭之類，固爲簡雅，然有當避就處。歐陽公作《真州東園記》，最顯。案《漢書·百官表》：「將作少府，掌治宫室。屬官有東園主章。」注云：「章謂大材也。主章掌大材，以供東園大匠。」紹興三十年，予爲省試參詳官，主司委出詞科題，同院或欲以「東園主章」爲箴，予曰：「君但知《漢・表》耳。《霍光傳》：『光之喪，賜東園温明。』服虔曰：『東園處此器，以鏡置其中，以懸尸上。』師古曰：『東園，署名也。屬少府。其署主作此器。』《董賢傳》：『東園祕器以賜賢。』注引《漢舊儀》：東園祕器作棺。若是，豈佳處乎。」同院驚謝而退。然則以東名園，是爲不可。予有兩園，適居東西，故扁西爲西園，而以東爲東圃，蓋避此也。

一二三與壹貳叁同

古書及漢人用字，如一之與壹，二之與貳，三之與叁，其義皆同。《鳲鳩序》：「刺不壹也。」又云：「用心之不壹也。」而正文「其儀一兮」。《表記》：「節以壹惠。」注：「言聲譽雖有衆多者，節以其行一大善者爲謚耳。」漢《華山碑》：「五載壹巡狩。」《祠孔廟碑》：「恢崇壹變。」《祝睦碑》：「非禮，壹不得犯。」而後碑云：「非禮之常，一不得當。」則與壹通用也。《孟子》：「市價不貳。」趙岐注云：「無二賈者也。」本文用大貳字，注用小二字，則二與貳通用也。《易繫辭》：「叁天兩地。」《釋文》云：「參，七南反。又如字，音三。」《周禮》：「設其參。」注：「參，謂卿三人。」則三與參通用也。九之與久，十之與拾，百之與栢，亦然。予頃在英州，訪鄰人利秀才。利新作茅齋，頗淨潔，從予乞名。其前有兩高松，因爲誦《藍田壁記》，命之曰二松。其季請曰：「是使大貳字否？」坐者皆哂。蓋其人不知書，信口輒言，以貽譏笑。若以古字論之，亦未爲失也。文惠公名流杯亭曰「一詠」，而采借隸法，扁爲「壹詠」，讀者多以爲疑，顧第弗深考耳。

何恙不已

公孫弘爲丞相，以病歸印，上報曰：「君不幸罹霜露之疾，何恙不已？」顔師古注：「恙，憂也。何憂於疾不止也。」《禮部韻略》訓恙字，亦曰憂也。初無訓病之義。蓋既云罹疾矣，不應復云病，師古之説甚爲明白。而世俗相承，至問人病爲貴恙，謂輕者爲微恙，心疾爲心恙，風疾爲風恙，根著已深，無由可改。

西漢用人人元元字

《前漢書》好用人人字。如《文帝紀》「人人自以爲得之者以萬數」，又曰「人人自安難動摇」，《元帝紀》「人人自以得上意」，《食貨志》「人人自愛而重犯法」，《韓信傳》「人人自以爲得大將」，《曹參傳》「齊故諸儒以百數，言人人殊」，《張良傳》「人人自堅」，《叔孫通傳》「吏人人奉職」，《賈誼傳》「人人各如其意所出」，《揚雄傳》「人人自以爲咎繇」，《鮑宣傳》「人人牽引所私」，《韓延壽傳》「人人問以謡俗」、「人人爲飲」，《張騫傳》「人人有言輕重」，《李尋傳》「人人自賢」，《王莽傳》「人人延問」，《嚴安傳》「人人自以爲更生」，《王吉傳》「人人自制」是也。《後漢書》亦間有之，如《崔駰傳》「人人有以自優」，《五行志》「人人莫不畏憲」，《吴漢傳》「諸將人人多請之」，《申屠剛傳》「人人懷憂」，《王允傳》「人人自危」，《荀彧傳》「人人自安」，《吕强傳》「諸常侍人人求退」是也。

又元元二字，考之《六經》無所見，而《兩漢書》多用之。如《前漢·文帝紀》「全天下元元之民」，《武紀》「燭幽隱，勸元元」、「所以化元元」，《宣紀》「不忘元元」、《元紀》「元元失望」、「元元何辜」、「元元大困」、「元元之民，勞於耕耘」、「元元騷動」、「元元安所歸命」，《成紀》「元元冤失職者衆」，《哀紀》「元元不贍」，《刑法志》「罹元元之不逮」，《嚴安傳》「元元黎民，得免於戰國」，《嚴助傳》「使元元之民，安生樂業」，《賈捐之傳》「保全元元」，《東方朔傳》「元元之民，各得其所」，《魏相傳》「尉安元元」、「唯陛下留神元元」，《鮑宣傳》「爲天牧養元元」，《蕭育傳》「安元元而已」，《匡衡薛宣傳》「哀閔元元」，《王嘉傳》「憂閔元元」，《谷永傳》「以慰元元之心」，《匈奴傳》「元元萬民」是也。《後漢·光武紀》「下爲元元所歸」、「賊害元元」、「元元愁恨」、「惠茲元元」，《章紀》「誠欲元元去末歸本」、「元元未諭」、「深元元之愛」，《和紀》「愛養元元」、「下濟元元」，《順紀》「元元被害」，《質紀》「元元嬰此困毒」，《桓紀》「害及元元」，《鄧后紀》、《劉毅傳》「垂恩元元」，《王昌傳》「元元創痍」，《耿弇傳》「元元叩心」，《郎顗傳》「弘濟元元」、「貸贍元元」，《曹褒傳》「仁濟元元」，《范升傳》「元元焉所呼天」、「免元元之急」，《鍾離意傳》「憂念元元」，《何敞傳》「元元怨恨」、「安濟元元」，《楊終傳》「以濟元元」，《虞詡傳》「遭元元無妄之災」，《皇甫規傳》「平志畢力，以慶元元」是也。予謂元元者，民也。而上文又言元元之民，元元黎民，元元萬民，近於複重矣。故顏注：「或云：元元，善意也。」

韓公潮州表

韓文公《諫佛骨表》，其詞切直，至云：「凡有殃咎，宜加臣身，上天監臨，臣不怨悔。」坐此貶潮州刺史。而《謝表》云：「臣於當時之文，未有過人者。至論陛下功德，與《詩》、《書》相表裏，作爲歌詩，薦之郊廟，雖使古人復生【二】，臣亦未肯多遜。而負罪嬰釁，自拘海島，懷痛窮天，死不閉目。伏惟天地父母，哀而憐之。」考韓所言，其意乃望召還。憲宗雖有武功，亦未至編之《詩》、《書》而無愧，至於「紀泰山之封，鏤白玉之牒，東巡奏功，明示得意」等語，摧挫獻佞，大與諫表不侔，當時李漢輩編定文集，惜不能爲之除去。東坡自黃州量移汝州，上表云：「伏讀訓詞，有『人材實難，不忍終棄』之語。臣在常州【三】，有田粗給饘粥，欲望許令常州居住。」輒叙徐州守河及獲妖賊事，庶因功過相除，得從所便。讀者謂與韓公相類，是不然。二表均爲歸命君上，然其情則不同。坡自列往事，皆其實跡，而所乞不過見地耳，且略無一佞詞，真爲可服。

【二】雖使古人復生　「使」原爲空格，據明抄本、馬本、庫本補。

【三】東坡自黃州量移汝州上表云云伏讀訓有人材實難不忍終棄之語臣在常州云云　查《蘇軾文集》卷二十三「上」前應有「途中」二字，「上」後應有「乞常州居住」五字。今姑仍之。「在」前原有「昔」字，《蘇軾文集》無，今據刪。

燕賞逢知己

白樂天爲河南尹日，有《答舒員外》云：「員外游香山寺，數日不歸，兼辱尺書，大誇勝事，時正值坐衙慮囚之際，走筆題長句以贈之曰：『黄菊繁時好客到，碧雲合處佳人來。請遣英、蒨二妓與舒君同遊也。酡顔一笑夭桃綻，清吟秋聲寒玉哀。軒騎逶迤棹容與，留連三日不能回。白頭老尹府中坐，早衙纔退暮衙催。』」謝希深、歐陽公官洛陽，同游嵩山歸，暮抵龍門香山，雪作，留守錢文僖公遣吏以厨傳歌妓至，且勞之曰：「山行良勞，當少留龍門賞雪，府事簡，無遽歸也。」王定國訪東坡公於彭城，一日，棹小舟與顔長道携盼、英、卿三子游泗水【四】，南下百步洪，吹笛飲酒，乘月而來。坡時以事不得往，夜著羽衣，佇立黄樓上，相視而笑，以爲李太白死，世間無此樂三百餘年矣。定國既去，逾月，復與參寥師泛舟洪下，追憶曩游，作詩曰：「輕舟弄水買一笑，醉中蕩槳肩相摩。歸來笛聲滿山谷，明月正照金叵羅。」味此三游之勝，今之燕賓者寧復有之。蓋亦值知己也。

端午貼子詞

唐世五月五日揚州於江心鑄鏡以進，故國朝翰苑撰端午貼子詞，多用其事，然遣詞命意，工拙不同。王禹玉云：「紫閤曈曨隱曉霞，瑶墀九御薦菖華。何時又進江心鑑，試與

【四】携盼英卿三子游泗水　「英」原脱，據明抄本、馬本、庫本補。

君王却衆邪。」李邦直云：「艾葉成人後，榴花結子初。江心新得鏡，龍瑞護仙居。」趙彥若云：「揚子江中方鑄鏡，未央宮裏更飛符。菱花欲共朱靈合，驅盡神姦又得無？」又：「揚子江中百鍊金，寶奩疑是月華沉。爭如聖后無私鑑，明照人間萬善心。」又：「江心百鍊青銅鏡，架上雙紉翠縷衣。」李士美云：「何須百鍊鑑，自勝五兵符。」傅墨卿云：「百鍊鑑從江上鑄，五時花向帳前施。」許沖元云：「江中今日成龍鑑，苑外多年廢鷺陂。合照乾坤共作鏡，放生河海盡爲池。」蘇子由云：「揚子江中寫鏡龍，波如細縠不摇風。宮中驚捧秋天月，長照人間助至公。」大槩如此。唯東坡不然，曰：「講餘交翟轉回廊，始覺深宮夏日長。揚子江心空百鍊，只將《無逸》監興亡。」其輝光氣焰，可畏而仰也。若白樂天《諷諫·百鍊鏡》篇云：「江心波上舟中鑄，五月五日日午時。」「背有九五飛天龍，人人呼爲天子鏡。」又云：「太宗常以人爲鏡，監古監今不監容。」「乃知天子別有鏡，不是揚州百鍊銅。」用意正與坡合。予亦嘗有一聯去：「願儲醫國三年艾，不博江心百鍊銅。」然去之遠矣。端午故事，莫如楚人競渡之的，蓋以其非吉祥，不可施諸祝頌，故必用鏡事云。

卷十 十二則

哀公問社

哀公問社於宰我，宰我對曰：「夏后以松，殷人以柏，周人以栗。」曰：「使民戰栗。」子聞之，曰：「成事不説，遂事不諫，既往不咎。」古人立社，但各因其土地所宜木爲之，初非求異而取義於彼也。哀公本不必致問，既聞用栗之言，遂起「使民戰栗」之語。其意謂古者弗用命戮于社，所以威民。然其實則非也。孔子責宰我不能因事獻可替否，既非成事，尚爲可説，又非遂事，尚爲可諫，且非既往，何咎之云。或謂「使民戰栗」一句，亦出於宰我，記之者欲與前言有别，故加「曰」字以起之，亦是一説。然戰栗之對，使出於我，則導君於猛，顯爲非宜。出於哀公，則便即時正救，以杜其始。兩者皆失之，無所逃於聖人之責也。哀公欲以越伐魯而去三家，不克成，卒爲所逐，以至失邦，其源蓋在於此。何休注《公羊傳》云：「松，猶容也，想見其容貌而事之，主人正之意也。柏，猶迫也，親而不遠，主地正之意也。栗猶戰栗，謹敬貌，主天正之意也。」然則戰栗之説，亦有所本。《公羊》云：「虞主用桑，練主用栗。」則三代所奉社，其亦以松、柏、栗爲神之主乎，非植此木也。程伊川之說有之。

絶句詩不貫穿

「夜涼吹笛千山月，路暗迷人百種花。棋罷不知人換世，酒闌無柰客思家。」此歐陽公絶妙之語。然以四句各一事，似不相貫穿，故名之曰《夢中作》。永嘉士人薛韶喜論詩，嘗立一說云：老杜近體律詩，精深妥帖，雖多至百韻，亦首尾相應。如常山之蛇，無間斷齟齬處。而絶句乃或不然，五言如「遲日江山麗，春風花草香。泥融飛燕子，沙暖睡鴛鴦」，「急雨梢溪足，斜暉轉樹腰。隔巢黄鳥並，飜藻白魚跳」，「江動月移石，溪虛雲傍花。鳥棲知故道，帆過宿誰家」，「鑿井交棕葉，開渠斷竹根。扁舟輕褭纜，小徑曲通村」，「日出籬東水，雲生舍北泥。竹高鳴翡翠，沙僻舞鵾鷄。」「釣艇收緡盡，昏鴉接翅稀。月生初學扇，雲細不成衣」，「舍下筍穿壁，庭中藤刺簷。地晴絲冉冉，江白草纖纖」，七言如「糝徑楊花鋪白氈，點溪荷葉疊青錢。筍根雉子無人見，沙上鳧雛傍母眠」，「兩箇黄鸝鳴翠柳，一行白鷺上青天。窗含西嶺千秋雪，門泊東吴萬里船」之類是也。予因其說，以《唐人萬絶句》考之，但有司空圖《雜題》云「驛步堤縈閣，軍城鼓振橋。鷗和湖鴈下，雪隔嶺梅飄」，「舴艋猿偷上，蜻蜓燕競飛。樵香燒桂子，苔濕挂莎衣」。

農父田翁詩

張碧《農父》詩云：「運鋤耕斸侵星起，隴畔豐盈滿家喜。到頭禾黍屬他人，不知何處拋妻子。」杜荀鶴《田翁》詩云：「白髮星星筋力衰，種田猶自伴孫兒。官苗若不平平納，任是豐年也受飢。」讀之使人愴然，以今觀之，何啻倍蓰也。

衛宣公二子

衛宣公二子之事，《詩》與《左傳》所書，始末甚詳，《乘舟》之詩，爲伋、壽而作也。《左傳》云：「宣公烝於庶母夷姜，生急子。爲之娶於齊而美，公取之，生壽及朔。宣姜與公子朔譖急子。」宣姜者，宣公所納急子之妻，翻譖其過。「公使諸齊，使盜待諸莘，將殺之。壽子告之，使行，不可。壽子載其旌以先，盜殺之，遂兄弟并命。」案，宣公以魯隱四年十二月立，至桓十二年十一月卒，凡十有九年。姑以即位之始，便成烝亂，而急子即以次年生，勢須十五歲然後娶。既娶而奪之，又生壽、朔，朔已能同母譖兄，壽又能代爲使者以越境，非十歲以下兒所能辦也。然則十九年之間，如何消破？此最爲難曉也。

謂端爲匹

今人謂縑帛一匹爲壹端，或總言端匹。按《左傳》「幣錦二兩」，注云：「二丈爲一端，二端爲一兩，所謂匹也。二兩，二匹也。」然則以端爲匹非矣。《湘山野録》載夏英公鎮襄陽，遇大禮赦恩，賜致仕官束帛，以絹十匹與胡旦。旦笑曰：「奉還五匹，請檢《韓詩外傳》及諸儒韓康伯等所解『束帛戔戔』之義，自可見證。」英公檢之，果見三代束帛、束脩之制。若束帛則卷其帛爲二端，五匹遂見十端，正合此説也。然《周易正義》及王弼注、《韓詩外傳》皆無其語。文瑩多妄誕，不足取信。按，《春秋公羊傳》「乘馬束帛云」，注云：「束帛謂玄三纁二，玄三法天，纁二法地。」若文瑩以此爲證，猶之可也。

唐人草堂詩句

予於東圃作草堂，欲采唐人詩句書之壁而未暇也，姑録之于此。杜公云「西郊向草堂」，「昔我去草堂」，「草堂少花今欲栽」，「草堂塹西無樹林」。白公有《别草堂》三絶句，又云「身出草堂心不出」。劉夢得《傷愚溪》云「草堂無主燕飛回」。元微之《和裴校書》云「清江見底草堂在」。錢起有《暮春歸故山草堂詩》，又云「暗歸草堂靜，半入花源去」。朱慶餘「稱著朱衣入草堂」。李涉「草堂曾與雪爲鄰」。顧況「不作草堂招遠客」。郎士元「草堂竹徑在何處」。張籍「草堂雪夜携琴宿」，又云「西峯月猶在，遥憶草堂前」。武元衡「多君能寂寞，共作草堂游」。陸龜蒙「草堂祇待新秋景」，又云「草堂盡日留僧坐」。司空圖「草堂舊隱猶招我」。韋莊「今來空訝草堂新」。子蘭「策杖吟詩上草堂」。皎然有《題湖上草堂》云：「山居不買剡中山，湖上千峯處處閑。芳草白雲留我住，世人何事得相關。」

公穀解經書日

孔子作《春秋》，以一字爲褒貶，大抵志在尊王，至於紀年叙事，只因舊史。杜預見《汲冢書·魏國史記》，謂「其著書文意大似《春秋經》，推此足以見古者國史策書之常也」。所謂書日不書日，在輕重事體本無所系，而《公羊》、《穀梁》二傳，每事斷之以日，故窒而不通。《左氏》惟有公子益師卒，「公不與斂，故不書日」一説，其它亦鮮。今表二《傳》之語，以示兒曹。

《公羊》云：「益師卒，何以不日？遠也。」「葬者不及時而日，渴葬也。不及時而不日，慢葬也。過時而日，隱之也。過時而不日，謂之不能葬也。當時而不日，正也。當時而日，危不得葬也。」「庚寅，入邴，其日何？難也。」「取邑不日。」「桓之盟不日，信之也。」「甲寅，齊人伐衛。伐不日，此何以日？至之日也。」「壬申，公朝于王所。其日何？

録乎内也。」「辛巳，晉敗秦于殽。詐戰不日，此何以日？ 盡也。」「甲戌，敗狄于鹹。其日何？ 大之也。」「子卒。何以不日？ 隱之也。」「即位不日。」《穀梁》最多。「卑者之盟，不日。」「大夫日卒，正也。」「諸侯日卒，正也。」「日入，惡入者也。」「外盟不日。」「取邑不日。」「大閲崇武，故謹而日之。」「前定之盟，不日。」「公敗齊師。不日，疑戰也。」「公敗宋師，其日，成敗之也。」「齊人滅遂，其不日，微國也。」「公會齊侯，盟于柯，桓盟雖内與，不日，信也。」「媵陳人之婦。其不日，數渝，惡之也。」「癸亥，葬紀叔姬，不日卒，而日葬，閔紀之亡也。」「子卒日，正也。不日，故也。有所見則日。」「戊辰，盟于葵丘。桓盟不日，此何以日？ 美之也。」「辛卯，沙鹿崩。其日，重變也。」「戊申，隕石于宋。是月，六鷁退飛。石無知，故日之。鷁微有知之物，故月之。」「乙亥，齊侯小白卒。此不正【一】，其日之，何也？」「壬申，公朝于王所。其日，以其再致天子，故謹而日之。日繫於月，月繫於時。其不月，失其所繫也。」「丁未，商臣弑其君髡。日髡之卒，所以謹商臣之弑也。」「乙巳，及晉處父盟。不言公，諱也。何以知其與公盟？ 以其日也。」「甲戌，所取須句。取邑不日，此其日，何也？ 不正其再取，故謹而日之也。」「辛丑，葬襄王。日之，甚矣，其不葬之辭也。」「乙卯，晉、楚戰于邲。日，其事敗也。」「癸卯，晉滅潞。滅國有三術，中國謹日，卑國月，夷狄不日。其日，潞子賢也。」「甲戌，楚子卒。夷狄卒而不日。日，少進也。」「癸酉，戰于鞌。其日，或曰日其戰也。或曰日其悉也。」「梁山崩。不日，何也？ 高者有崩道

【一】此不正　「不」原作「以」，據庫本、祠本改。按，《春秋穀梁傳注疏》卷八作「不」。

也。」「鼷鼠食郊牛角。不言日，急辭也。」「庚申，莒潰惡之，故謹而日之也。」「秋，公至自會。不日，至自伐鄭也。」「丙戌，鄭伯卒于操。其日，未踰竟也。」「乙亥，臧孫紇出奔邾。其日，正紇之出也。」「蔡世子弒其君。其不日，子奪父政，是謂夷之。」「冬十月，葬蔡景公。不日卒而月葬，不葬者也。」「四月，楚公子比弒其君。弒君者日，不日，比不弒也。」「甲戌，同盟于平丘。其日，善是盟也。」「内之大事日。即位，君之大事也。其不日，何也？以年決者，不以日決也。定之即位，何以日也？著之也。」它釋時月者亦然，通經之士，可以默諭矣。沙鹿、梁山爲兩説，尤不然，蘇子由《春秋論》云：「《公羊》、《穀梁》之傳，日月土地，皆所以爲訓。夫日月之不知，土地之不祥，何足以爲喜怒。」其意蓋亦如此。

柳應辰押字

予頃因見鄂州南樓土中磨崖碑，其一刻「柳」字，下一字不可識，後訪得其人，名應辰，而云是唐末五代時湖北人也，既載之《四筆》中，今始究其實，柳之名是已。蓋以國朝寶元元年吕溱榜登甲科，今浯溪石上有大押字，題云：「押字起於心，心之所記，人不能知。大宋熙寧七年甲寅歲刻，尚書都官員外郎武陵柳應辰，時爲永州通判。」仍有詩云：「浯溪石在大江邊，心記閑將此地鐫。自有後人來屈指，四千六百甲寅年。」有閩中陳思者跋云,「右柳都官欲以怪取名,所至留押字盈丈,莫知其何爲。押字古人書名之草者,施於文記間,以自別識耳。今應辰鐫刻廣博如許,已怪矣。好事者從而爲之説,謂能祛逐不祥,真大可笑。」予得此帖,乃恨前疑之非。石傍又有蔣世基《述夢記》云:「至和三年八月、知永州職方員外郎柳拱辰受代歸闕,祁陽縣令齊術送行至白水,夢一儒衣冠者曰:『我元結也。今柳公游浯溪,無詩而去,子盍求之?』覺而心異之,遂獻一詩。柳依韻而和,其語不工。」拱辰以天聖八年王拱辰牓登科,殆應辰兄也,輒并記之。

唐堯無後

堯、舜之子,不肖等耳。舜之後雖不有天下,而傳至於陳及田齊,幾二千載。惟堯之後,當舜在位時即絶,故禹之戒舜曰:「毋若丹朱傲,用殄厥世。」又作戒曰:「惟彼陶唐,有此冀方。今失厥道,亂其紀綱,乃底滅亡。」原丹朱之惡,固在所絶。方舜、禹之世,顧不能別訪賢胄爲之立繼乎。《左傳》載子産之辭曰:「唐人是因,以服事夏、商,其季世曰唐叔虞。謂唐人之季,非周武王子封於晉者。成王滅唐而封太叔。」又蔡墨曰:「陶唐氏既衰,其後有劉累氏,曰御龍。」范宣子曰:「匄之祖,自虞以上爲陶唐氏,在夏爲御龍氏。」然則封國雖絶,尚有子孫。武王滅商,封帝堯之後於薊,而未嘗一見於簡策。史趙言楚之滅陳,曰:「盛德必百世祀,虞之世數未也。」臧文仲聞蓼與六二國亡,曰:「皋陶、庭堅不祀，忽諸。」堯之盛德，豈出舜、皐之下，而爵邑不能及孫，何也？

斯須之敬

今公私宴會，稱與主人對席者曰席面。古者謂之賓，謂之客是已。《儀禮·燕禮篇》：「射人請賓。公曰：『命某爲賓。』賓少進，禮辭。又命之，賓許諾。」《左傳》季氏飲大夫酒，臧紇爲客。宋公兼享晉、楚之大夫，趙孟爲客。杜預云：「客，一坐所尊也。」乾道二年十一月，薛季益以權工部侍郎受命使金國，侍從共餞之於吏部尚書廳，陳應求主席，自六部長貳之外，兩省官皆預，凡會者十二人。薛在部位最下，應求揖之爲客，辭不就，曰：「常時固自有次第，柰何今日不然。」諸公言：「此席正爲侍郎設，何辭之爲。」薛終不可。予時爲右史，最居末坐，給事中王日嚴目予曰：「景盧能倉卒間應對，願出一轉語折衷之。」予笑謂薛曰：「孟子不云乎：『庸敬在兄，斯須之敬在鄉人。』侍郎姑處斯須之敬可也。明日以往，不妨復如常時。」薛無以對，諸公皆稱善，遂就席。

丙午丁未

丙午、丁未之歲，中國遇此輒有變故，非禍生於内，則夷狄外侮。三代遠矣，姑摭漢以來言之。高祖以丙午崩，權歸吕氏，幾覆劉宗。武帝元光元年爲丁未，長星見，蚩尤旗亘天，其春，戾太子生，始命將出征匈奴。自是之後，師行三十年，屠夷死滅，不可勝數，及於巫蠱之禍，太子子父皆敗。昭帝元平元年丁未，帝崩，昌邑立而復廢，一歲再易主。成帝永始二年、三年，爲丙午、丁未，王氏方盛，封莽爲新都侯，立趙飛燕爲皇后，由是國統三絶，漢業遂頽。雖光武建武之時，海内無事，然勾引南匈奴，稔成劉淵亂華之釁，正是歲也。殤帝、安帝之立，值此二年，東漢政亂，實基於此。桓帝終於永康丁未，孝靈繼之，漢室滅矣。魏文帝以黄初丙午終，明帝嗣位，司馬氏奪國，兆於此時。晉武太康六年、七年，惠帝正在東宫，五胡毒亂，此其源也。東晉訖隋，南北分裂，九縣飈回，在所不論。唐太宗貞觀之季，武氏已在後宫，中宗神龍、景龍，其事可見。代宗大曆元、二，大盗初平，而置其餘孽於河北，强藩悍鎮，卒以亡唐。寶曆丙午，敬宗遇弑。大和丁未，是爲文宗甘露之悲，至於不可救藥。僖宗光啓之際，天下固已大亂，而中官劫幸興元，襄王煴僭立。石晉開運，遺禍至今。皇朝景德，方脱契丹之擾，而明年祥符，神仙宫觀之役崇熾，海内虚耗。治平丁未，王安石入朝，愲亂宗社。靖康丙午，都城受圍，逮于丁未，汴失守矣。淳熙丁未，高宗上仙。總而言之，大抵丁未之災，又慘於丙午，昭昭天象，見於運行，非人力之所能爲也。

祖宗命相

祖宗進用宰相，惟意所屬，初不以内外高卑爲主。若召故相，則率置諸見當國者之上，太平興國中，薛文惠公居正薨，盧多遜、沈倫在相位，而趙韓王普以太子太保散秩而拜昭文。咸平四年，李文靖公沆爲集賢，而召故相吕文穆公蒙正爲昭文。景德元年，文靖薨，王文正公旦、文穆公欽若爲參政，不次補，而畢文簡公士安由侍讀學士、寇忠愍公準由三司使，並命爲史館、集賢，畢公雖歷參政，不及一月。至和二年，陳恭公執中罷，劉沆在位，而外召文、富上公，文公復爲昭文，富爲集賢，而沆遷史館。熙寧三年，韓獻肅公絳、王荆公安石同拜，韓在上而先罷，荆公越四年亦罷。韓復爲館相，明年荆公再入，遂拜昭文，居韓之上。元祐元年，召文潞公於洛，司馬公自門下侍郎，拜左僕射，固辭，乞令彦博以太師兼侍中行左僕射，而己爲右以佐之。宣仁不許，曰：「彦博豈可居卿上。」欲命兼侍中行右僕射，會臺諫有言，彦博不可居三省長官，於是但平章軍國重事。崇寧以後，蔡京凡四入，輒爲首台。此非可論典故也。隆興元年冬，湯岐公思退爲右僕射，張魏公浚爲樞密使，孝宗欲命張爲左，請於德壽，高宗曰：「湯思退元是左相，張浚元是右相，只仍其舊可也。」於是出命。

圖書在版編目(CIP)數據

全宋筆記. 第五編. 六/上海師範大學古籍整理研究所編. —鄭州:大象出版社,2012. 1
ISBN 978 -7 -5347 -7010 -4

Ⅰ. ①全… Ⅱ. ①上… Ⅲ. ①中國歷史—史料—宋代
Ⅳ. ①K244. 066

中國版本圖書館 CIP 數據核字(2011)第 241094 號

全宋筆記 第五編 六

特約編輯 陳 新
責任編輯 郭一凡
整體設計 張 勝
出版發行 大象出版社
鄭州市開元路18號450044
製　　版 上海杰申電腦排版有限公司
印　　刷 河南新華印刷集團有限公司
版　　次 2012年1月第1版第1次印刷
開　　本 640×960 1/16 32.25印張
字　　數 330千字
印　　數 2000冊
定　　價 80.00元